# 사랑의 현상학

**DIE LIEBE**

by Hermann Schmitz

Copyright © Bouvier Verlag, 1993

Korean translation Copyright © Greenbee Publishing Co., 2022

All rights reserved.

This translation of Die Liebe is published by arrangement with Bouvier Verlag through Shinwon Agency Co.

**사랑의 현상학**— 환상 없는 사랑을 위하여

초판1쇄 펴냄 2022년 4월 15일

**지은이** 헤르만 슈미츠
**옮긴이** 하선규
**펴낸이** 유재건
**펴낸곳** 그린비
**주소** 서울시 마포구 와우산로 180, 4층
**대표전화** 02-702-2717 | **팩스** 02-703-0272
**홈페이지** www.greenbee.co.kr
**원고투고 및 문의** editor@greenbee.co.kr

**주간** 임유진 | **편집** 홍민기, 신효섭, 구세주, 송예진 | **디자인** 권희원, 이은솔
**마케팅** 유하나, 육소연 | **물류유통** 유재영, 한동훈 | **경영관리** 유수진

이 책의 한국어판 저작권은 신원에이전시를 통해 저작권자와 독점 계약한 (주)그린비출판사에 있습니다.
저작권법에 의해 한국 내에서 보호를 받는 저작물이므로 무단전재와 무단복제를 금합니다.
책값은 뒤표지에 있습니다. 잘못 만들어진 책은 구입처에서 바꿔 드립니다.
ISBN 978-89-7682-845-3 93160

學問思辨行: 배우고 묻고 생각하고 판단하고 행동하고

독자의 학문사변행을 돕는 든든한 가이드 _그린비 출판그룹

**그린비** 철학, 예술, 고전, 인문교양 브랜드
**엑스북스** 책읽기, 글쓰기에 대한 거의 모든 것
**곰세마리** 책으로 통하는 세대공감, 가족이 함께 읽는 책

# 사랑의 현상학

환상 없는 사랑을 위하여

헤르만 슈미츠 지음 · 하선규 옮김

그린비

**일러두기**

1 이 책의 번역은 Hermann Schmitz, *Die Liebe*, 2nd ed., Bonn: Bouvier, 2007(초판 1993)을 저본으로 삼았다.

2 주석은 모두 각주이며, 옮긴이 주는 끝에 '—옮긴이'라고 표시했다. 본문의 이해를 위해 옮긴이가 보충한 부분은 대괄호([ ])로 표시했고, 일부 개념을 명확히 전달하기 위해 원서에 없는 작은따옴표를 사용했다.

3 원서와 달리 한국어 판본에는 각 장 말미에 해설이 추가되었는데, 이는 독자의 이해를 위해 옮긴이가 작성한 것이다.

4 자주 인용되는 괴테의 『친화력』, 『빌헬름 마이스터의 수업시대』, 『빌헬름 마이스터의 편력시대』 그리고 톨스토이의 『안나 카레니나』는 우리말 번역본을 참조하고 해당 위치를 함께 밝혀 두었다.

5 단행본·정기간행물 등에는 겹낫표(『 』)를, 논문·단편 등에는 낫표(「 」)를 사용했다.

6 외국어 고유명사는 2002년 국립국어원에서 펴낸 외래어표기법을 따랐다.

# 서언

삶의 고통은 알려지지 않았네,

사랑은 배우지 못했으며,

죽음에 이르러 우리에게서 멀어지는 것,


그 베일은 벗겨지지 않았네.

오로지 지상의 노래만이

사랑을 신성하게 만들고 찬미하누나.


릴케는 이 시구에서 유럽 문화가 처한 난처한 상황을 적절히 묘사하고 있다. 유럽 문화가 압도적으로 인간을 사로잡는 차원 앞에서 옴짝달싹하지 못하는 처지라는 것이다. 지배적인 성향으로 볼 때, 유럽 문화는 자아의 권력을 지향하고 있다고 할 수 있다. 권력의 성취는 인간이 저절로 느끼게 되는 자극들에 대항하여 자아를 강화하는 일을 통해, 그리고 일종의 '환원주의'와 정제된 '지성적 가공'을 발판으로 하여 외적 자연에 대한 지배력을 획득함으로써 이루어진다. 환원주의는 오직 쉽게 확정 가능한 특징만을, 소수의 표준화된 분류로 묶일 수 있는 특징만을 객관적 실재로서 인정한다. 그리고 지성이 행하는 가공은 빈약하기만 한 감각적 재료를 추론하여 활용함으로써 자연 전체에 대한 지배를 시도한다. 여기서 인간의 사로잡힘이 결코 완전히 망각되지는 않는다. 하지만 이 사로잡힘에 대한 관리는 숭고하지만 구속력이 없는 영역으로 떠밀린다. 곧 릴케가 말하듯이, 시인이 땅 위에서 부르는 아폴론적인 노래가 저 아래에서 연모되고 고통받고 죽어 가는 것을 신성하게 만들고 찬미하는 것이다. 나아가 권력 지향을 위협하는 사로잡힘을 어디엔가 묶어 두기 위해서 유럽의 문화적 성향은 놀라운 비책을 마련했는데, 그것은 바로 권력 지향을 신에게 투사하는 일이었다. 다른 측면에서 보자면, 무언가를 사로잡을 수 있는 잠재력이 종교적으로 형성된 신에게 거의 완전한 정도로 집중되어 부가되었다. 전능한 신은 또한 완전히 정의롭고 선하고 현명한 존재다. 신은 사랑하는 아버지로서 기도를 들어주고 이러저러한 사람들의 집단을 선택된 자들로 각별히 우대한다. 사랑하는 아버지로서 신은 기술이 아직 미치지 않는 (예를 들어 죽음을 넘어선) 곳도 인간적 권력이 미칠 수 있는 공간으로 확장한다. 이러한 유럽의 지배적인 문화적 성향은 이마누엘 칸트의 윤리적-신학적 사변에 이르러 정점에 도달한다. 칸트 철학의 세계사적 의미는 『순수이성비판』에 있지 않다. 이 저작은 단지 몇 가지 개념적 대비만 쓸모 있을 뿐이다. 『순수이성비판』의 이론적 전개는 한편으로 근시안적이며 그릇된 방식을 보여 주며, 다른 한편으로 온전히 파악하기 어렵고, 사려 깊지도 않은 모순들의 실타래처럼 헝클어진 상태다.[1] 칸트의 세계사적 의미는 오히려, 신 존재를 요청하고 있는 이성의 자율성을 선포했다는 데에 있다. 이성은 자율적이지 않으며, 이러한 요청이란 실은 종교에 대한 일종의 패러디라 할 수 있다. 다시 말해서 이성의 요청은 신적 차원이 야기하는 놀람의 상태Betroffensein에 대한 패러디인 것이다. 그럼에도 불구하고 칸트의 이중적 구성물 —— 자율성 테제와 신에 대한 요청 —— 은 위대한 혁명적 실천이다. 왜냐하면 이들 이중적 구성물이 종교적 사로잡힘과 신을 통한 권력 지향을 결합시킨 교묘한 책략을 해체했으며, 종교적 사로잡힘 속에서 인간에게 영향을 미치고 있는 힘들을 가시화시켰기 때문이다. 대양으로 나아가는 항해 기관이라 할 이성의 사명은 비자의적으로 찾아오는 자극들의 파동, 자연력들의 바람과 폭풍에 대항하면서 진로를 유지하는 일이다. 이성은 자율적이고자 한다. 즉 스스로 진로를 결정하고자 하는 것이다. 이성은 일차적인 성취를 달성한다. 절대적으로 넘어설 수 없는 완전성의 견지에서[2] 신을 마음대로 조정할 수 있게 되었는데, 왜냐하면 전지전능하며 완전히 정의로운 신은 이성적인 사람이 행한 미덕에 상응하는 행복감을, 단순 명료한 논리에 따라서 완벽하고 정교하게 계산해서 그 사람에게 보상해 주어야 하기 때문이다. 인간 이성이 그 권능, 지혜, 정의에 따라 마음대로 조정하게 된 이러한 신은 종교적인 사로잡힘을 더는 의무로 강요할 수 없다. 그러나 이성(곧 유럽의 지성적 문화가 실체화시킨 권력 지향) 또한 자신의 승리를 기뻐할 수 없다. 사로잡는 차원을 말소해 버린 이성은 이제 그 무엇

---

1) 나의 책 『칸트는 무엇을 원했는가?』(*Was wollte Kant?*, Bonn: Bouvier, 1989)를 참조하라.
2) 이는 칸트가 신을 이성의 '선험적 이상'으로 환원시킨 것을 가리킨다(『순수이성비판』, A 567~583, B 595~611).—옮긴이

에도 사로잡힐 수 없게 되었기 때문이다. 선택할 수 있다는 것을 제외한다면, 이성은 자신이 무엇을 원하는지를 더는 알지 못한다. 그러므로 칸트에 따르면, 인간 삶에 관한 모든 구상은 인간적 힘들을 마음대로 사용할 수 있는 자유공간을 흔들림 없이 확보하고자 한다. 혹은 그러한 구상들은 인간적 힘들을 협소하게 만드는 일을 목표로 하는데, 이는 내면의 심층 속으로 뛰어들거나 아니면 군중 속으로 뛰어듦으로써 자율적 이성이 당면하게 된 당혹스러움에서 벗어나려 하는 것이다. 바로 이것이 가능한 진리의 순간, 즉 다음과 같은 성찰을 일깨우는 순간이다. 그것은 릴케가 부분적으로 환기해 주는 것처럼, '비자의적인 놀람의 상태'라는 인간의 근원적인 상황에 대해서 —— 지배적인 유럽 문화의 성향이 여태껏 허용해 왔던 수준보다 —— 훨씬 더 조심스럽고 진지하게 익숙해져야 한다는 성찰이다.

이로써 철학적 현상학이 호출된 셈이다. 철학적 현상학은 철학함의 소임, 즉 인간이 자신을 둘러싼 상황 속에서 자신을 발견하는 일을 성찰한다는 소임에 대해 다음과 같은 과제를 부여한다. 그것은 여러 가지 전제를 변화시키면서, 철학하는 사람이 더는 부인할 수 없는 가정이라 할 불변하는 요소들 속으로 돌파해 들어가는 일이다. 철학하는 사람은 지적으로 진지한 상태에서, 이 불변적 요소들을 의심할 수 없다. 철학하는 사람은 혼자서 행하는 자기 관찰에 의지하고 있는 것이 아니다. 반대로 그는 타인의 경험과 관점에 대해 주의 깊게 열려 있는 상태이며, 그럼으로써 개인적 편파성이 영향을 미치는 영역을 깨뜨리거나 적어도 확장할 수 있다. 소위 현상학이라 일컬어지는 철학이 20세기 전반前半, 독일 철학과 프랑스 철학에 활력을 불어넣었다. 그것은 일종의 원형적 현상학으로서 "사태 자체로!"Zu den Sachen!라는 모토를 내세웠다. 하지만 원형적 현상학은 사유의 기차를 전통적인 형이상학의 궤도 위에 계속 달리게 함으로써 진정한 철학함의 과제를 해결하기에는 매우 미흡했다. 그리고 오늘날은 마치 박물관에 있는 유물을 손가락으로 조심스럽게 매만지듯이, 원형적 현상학을 관리하는 학자들이 아류적 관리자로서 이 현상학을 관장하고 있을 뿐이다. 하이데거가 후기에 외친 "형이상학을 이겨 넘Verwindung"은 힘없는 제스처에 그치고 말았다. 그것은 지식을 심화시키지는 못하면서 애통함과 공격성을 담은 하나의 호소에 불과했다. 이와 달리 내가 폭넓게 전개하고 체계화한 '새로운 현상학'Neue Phänomenologie은 앞서 인용한 시구에서 릴케가 알려 주고 있는 과제를 적절히 해결할 수 있다. 새로운 현상학은 릴케의 과제를 해결하는 데 있어, 유럽의 사상적 전통과 현대적 문화 의식 속에 남아 있는 이 전통의 침전물보다 훨씬 더 나은 토대를 제공해 준다. 신체성Leiblichkeit, 감정, 개체성의 현상학을 통해서 나는 예컨대 아픔, 불안, 우울, 슬픔과 같은 인간적 고통을 인식하는 문제와 관련하여 철학적으로 기여하고자 노력했다. 이러한 이론적 성취와 상황, 인상, 분위기, 신체적 소통(곧 내체화)3) 등의 주제에 대한 성취를 함께 묶는다면, 릴케가 두 번째 과제로 제시한 것을 위한 사유의 기반이 될 수 있다. 이 과제란 "사랑을 공부하는 일"이다. 물론 사랑에 관한 공부는 철학적 성찰이 도달할 수 있는 범위 안에서 이루어질 것이다. 만약 공부하는 일이 실제로 행할 수 있음이 되어야 한다면, 삶을 살아가는 사람 각자가 그 어떤 철학자도

---

3) '내체화'에 대해서는 4장 3절 마지막 문단과 7장 2.1절을 보라. —옮긴이

줄 수 없는 자신만의 삶의 형성력[4]을 통해서 철학적 성찰을 보충해야 할 것이다. 이로써 이 책의 과제가 명시된 셈이다. 나는 이전에 내가 출간했던 저서들에 포함된 여러 [이론적] 부분과 상세한 논의를 함께 통합시키면서 이 책을 저술했다. 그리하여 내 저작의 독자에게 이미 익숙한 목소리들이 이를테면 하나의 오케스트라를 이루어 새로운 음악을 연주하도록 했는데, 왜냐하면 감정에 대한 나의 연구에서 사랑이 배후에 머물러 있었기 때문이다. 나는 이미 충분히 검증된 연구 방법을 견지했다. 오늘날 사람들이 사랑을 (또한 스스로 사랑할 수 있음으로서의 사랑을) 찾을 때 떠올리는 현상에 다가가는 일, 그리고 이 현상에 적합한 충만함과 섬세함을 가지고 조심스럽게 다가가서 그 현상을 최대한 온전히 파악하는 일, 이 과제는 오늘날 학문 가운데 오직 '철학적 현상학'만이 적절히 해결할 수 있다. 반면에 이른바 실증적인 학문들은 ── 현대 심리학처럼 가설적이며 연역적인 연구 방법을 사용하고 있는 경우에 ── 유럽 문화의 권력 획득을 향한 성향이 이끌어 가고 있는 '환원주의'에 빠져 있다. 또한 실증적 학문들은 우리의 과제를 위해 반드시 요구되는 섬세한 태도에 어울리지 않는, 너무나도 거친 사유의 틀이 필요하다.

헤르만 슈미츠

---

4) '형성력'(Gestaltungskraft)에 대해서는 뒤의 「핵심 용어 해설」을 참조하라. ─옮긴이

# 차례

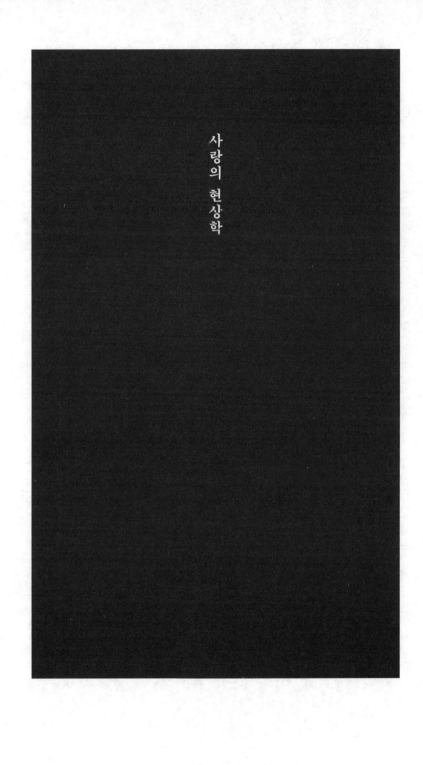

사랑의 현상학

# 1장 주제의 한정

"사랑이 없는 삶, 사랑하는 사람의 가까움이 없는 삶이란 일종의 삼류 희극, 즉 서랍 속에 내버려진 형편없는 작품에 지나지 않을 것이다. 사람들은 이런 작품을 하나 꺼냈다가 다시 집어넣고 이내 다음 작품을 재촉할 것이다. 좋고 특별한 것으로 다가오는 모든 일조차 옹색한 몰골로 여기저기 널려 있을 것이다. 사람들은 어디서나 처음부터 다시 시작해야만 하고, 또 아무 데서나 끝내고 싶을 것이다."[1]

오틸리에는 마음에서 우러나와 많은 사람에게 말한다. 사랑이 비로소 사람들의 삶에 따뜻함과 생동감, 그리고 그들이 동의하는 연관성을 부여해 준다. 이때 사람들은 오틸리에와 마찬가지로 우선은 성적인 파트너 사랑Paarliebe을 떠올린다.[2] "사랑 안에서의 행복"은 대부분의 사

---

1) 요한 볼프강 폰 괴테, 『친화력』, 제2부, 제9장, 오틸리에의 일기[『친화력』, 김래현 옮김, 민음사, 2001, 240~241쪽].
2) 사랑하는 한 쌍이 남자와 여자로 이루어져 있을 때 —쾌락이 관여되어 있는가와는 무관하게—, 그리고 친족(예를 들어 어머니와 아들) 사이 일반적인 파트너 사랑을 제외할 때, 나는 좁은 의미의 '성적인 파트너 사랑'을 얘기할 것이다. 동성애적 관계에서도 '성적인 파트너 사랑'을 인정하는 것이 일반적이므로 동성 파트너 사랑 또한 넓은 의미에서 '성적인 파트너 사

람이 지닌 소망 이미지 가운데 매우 중요한 것에 속하며, 특히 여성의 경우에, 종종 완전히 인정하지 않거나 수줍게 주저하며 인정하지만, 분명 중요한 소망 이미지다. 하지만 일상어에서 '사랑'이란 말은 훨씬 더 복잡하게 얽힌 의미를 갖고 있다. 관용적으로 사용하는 "애정을 갖고 일에 전념하다"라는 표현은 우리에게 익숙하다. 이 표현은 약간의 열광적 기분을 갖고 기꺼이 일에 참여한다는 것을 뜻한다. 일상어를 보면, 사람들이 애정을 갖고 임하는 모든 유형의 일에 대해 각각 특수화된 사랑의 이름이 존재한다. 예를 들어 동물사랑, 자유애, 음악사랑, 방랑에 대한 사랑, 소유에 대한 사랑,[3] 지혜에 대한 사랑Philosophie[4] 등이 있다. 참여적 관심의 주제가 될 수 있는 모든 대상이 이러한 각별한 의미를 지닌 일들이라 할 것이다. 나는 이런 뜻의 사랑을 **주제적** 사랑이라 부르고자 한다. 일반적으로 말해서 주제적 사랑에 대해서는 생산적으로 논의할 수 없다. 왜냐하면 이 사랑을 지칭하는 언어 사용이 무한정하기

---

랑'에 속해야 할 것이다. 이 사랑에서는 적어도 한쪽 편에게 사랑이 현저한 쾌락과 결합되어 있어야 한다. 사랑이 응답받지 못하는 경우, 그리하여 파트너 사이의 결합이 오직 한쪽의 관점에서만 성립되어 있는 경우에도 나는 '사랑의 파트너'(Liebespaar)라는 말을 사용할 것이다.

3) 요한 볼프강 폰 괴테, 『빌헬름 마이스터의 편력시대』, 1권 12장[『빌헬름 마이스터의 편력시대 1』, 김숙희 옮김, 민음사, 1999, 187쪽]. "자신이 소유하고 있는 것에 대한 애정 어린 관심은 인간을 풍요롭게 만들어 주지요. 관심을 가짐으로써 무미건조한 사물들에 대한 추억의 보물을 쌓아 나가기 때문이죠."

4) 철학, 즉 인간이 자신을 둘러싼 세계 안에서 자기 자신을 발견하는 일에 대해 스스로 성찰하는 일이 '지혜에 대한 사랑'이라는 이름을 갖고 있는 것은 적절하다(Hermann Schmitz, *System der Philosophie*, vol. I, Bonn 1964[2nd ed., 1981], p. 15; *Der unerschöpfliche Gegenstand. Grundzüge der Philosophie*, Bonn 1990, p. 5). 왜냐하면 만약 누군가가 진정 지혜롭다면, 그는 전적으로 이러한 자발적인 성찰들로 가득 찬 삶을 영위할 것이기 때문이다. 그러나 본질적인 (개인적이며 공동체적인) 상황들을 투명하게 꿰뚫어 보는 일이 불가능하기 때문에 이러한 성찰적 삶은 단지 일정한 한계 안에서만 가능할 것이다. 따라서 우리는 지혜를 향한 **사랑**에 머무를 수밖에 없다.

때문이다. 루트비히 클라게스는 자신의 책『우주 생성의 에로스에 관하여』*Vom kosmogonischen Eros* 1장에서 이를 적절히 지적한 바 있다. 하지만 충분히 유연한 태도로 개념을 정교하게 만들어 가면서 삶에 도움을 주고자 하는 현상학자는 또 다른 접근 방식을 갖고 있다. 현상학자는 이 방식을 통해 **사랑**이라는 주제의 윤곽을 충분히 명확하게 한정할 수 있다. 사람들은 사랑을 필요로 한다. 그런데 주제적 사랑 모두가 이러한 욕구에 상응하는 것은 아니다. 사랑을 필요로 하는 사람이 찾는 사랑, 바로이 사랑의 동경을 충족시키기 위해 찾는 사랑은 정원에 대한 것, 지혜에 대한 것 혹은 자유에 대한 것이 아니다. 설사 이러한 주제적 사랑이 사람을 대단히 매혹한다고 해도, 이러한 사랑이 저 동경의 대상은 아니다. 오히려 그것은 오틸리에의 경우처럼 인간에 대한 사랑이다. 반려동물에 대한 사랑을 덧붙일 수도 있겠지만, 근본적으로는 인간에 대한 사랑이다. 여기서 문제는 단지 사랑받고자 하는 욕구만이 아니다. 결코쉽게 충족되기 어려운 스스로 사랑하고자 하는 욕구 또한 이에 못지않게 중요하다. 이에 따라 이 책이 제기하는 문제는 이렇다. 사람들이 사랑을 찾을 때 그들은 무엇을 욕구하는 것일까? 이런 의미의 사랑은 사람들이 사랑이 필요하다고 여길 때, 사람들이 욕구하는 바로 그것을 가리킨다. 이는 물론, 말의 순서에 따른다면 순환논리에 빠진 정의다. 그러나 이 정의를 우리가 충분히 수긍할 수 있는 방식으로 적절히 이해한다면, 이 정의는 결코 내용 없는 공허한 것이 아니다. 이 정의를 통해서 주제적 사랑이 지시하는 무한정하게 넓은 언어 사용을, '사랑의 욕구'라는 의미를 가리키는 좁은 영역으로 한정할 수 있기 때문이다.

만약 사랑하고 싶은 욕구나 사랑받고 싶은 욕구로 인해 인간이 사랑을 찾는 것이라면, 이때 문제가 되는 것은 두 가지 사랑일 것이다. 적어도 한 사람 혹은 여러 사람에 대한 사랑, 또는 이러한 사랑을 대체하는 사랑이다. 후자에서는 예컨대 사랑의 대상이 반려동물인 경우, 보통은 본래 원했으나 이루지 못했던 사랑을 [반려동물에 대한 사랑이] 대체하고 있음을 알 수 있다. 우리는 이렇게 범위가 제한된 의미에서의 사랑의 영역을 일종의 동일한 중심을 가진 원환圓環의 배열 관계를 통해 좀 더 상세히 구체화할 수 있다. 가장 중앙에 위치한 것은 한 쌍을 이루는 '파트너 사랑'이다. 이 사랑은 이를테면 사랑의 욕구가 정확히 정곡을 찌른 경우다. 예를 들자면, 직계 가족에 속하는 두 사람의 사랑(어머니와 자식, 형제자매), 성적 파트너 사랑, 또는 친구 사이의 사랑(혹은 '우정'이라 부르는) 등이 이에 속한다. 이 중심 주위의 원환을 이루고 있는 것이 집단적 사랑이다. 집단적 사랑은 신약성서 「고린도전서」 13장과 「요한일서」 4장에 나타난 아가페agápē, 즉 초기 기독교 공동체에 있었던 열광적인 집단적 사랑과 같은 것이다. 이러한 사랑은 이후 등장한 여러 종교적 분파나 가족 영역 내의 집단적 사랑에도 적용된다. 가족 영역 안에 있는 집단적 사랑이 가족 구성원 사이에 존재하는 파트너 사랑의 근거와 바탕이 되지만, 그러한 집단적 사랑은 앞서 언급한 한 쌍을 이루는 사랑과 구별되어야 한다. 한 쌍을 이루는 사랑과 집단적 사랑, 이 두 가지 유형은 오직 사람들 사이에 대해서만 유효하다(이는 최대한 넓힌다면 유아나 지적 장애인처럼 '일반적 개인'이 아직 아니거나 될 수 없는 사람들도 포괄할 수 있다). 왜냐하면 집단적 사랑도 또한 집단 자체가 아니라 집단에 속한 구성원들 개개인에 대해 효력을 지닌 사랑이기 때문이다. 그다음 원환을 이루는 것은 예컨대 '고향에 대한 사랑'이나 '조국에 대한 사랑'일 텐데, 이는 지방과 지역, 사람들, 그리고 이들에 속한 사물들을 향한 것이다. 예전 같으면 이러한 사랑의 맥락에서 신에 대한 사랑을 위해 자리를 마련했을 뿐 아니라 핵심적이며 탁월한 위상을 부여했을 것이다. 하지만 유일신 사상이 숭배하는 전통적인 신에게 계속 매달린다면, 이는 공허한 일이 될 것이다. 왜냐하면 유일신 종교가 숭배하는 신은 인간이 단지 구원과 해방, 권력과 [총체적] 조망을 추구하면서 만들어 낸 투사의 형상에 불과하기 때문이다. 특히 급작스럽게 인간을 사로잡는 신적 요소의 우연성에 맞서기 위한 일종의 '보호 장치'로서 만들어 낸 것, 최상급의 속성들[5]을 보유한 개별 존재자를 각별하게 부각하면서 만들어 낸 것이다. 이러한 속성들로 인해 신이라는 개별 존재자는 측량할 수 있는 존재자가 되었다. 즉 칸트가 참으로 알기 쉽게 연역했듯이, 덕성에 비례해서 행복감을 계산해 주는 회계 책임자로서 말이다.[6] 이제 우리가 신이 이렇게 일종의 투사로 감정적인 에너지를 충전시켜 만든 개념적 구성물임을 간파했다면, 우리는 이제 더는 이러한 구성물을 사랑할 수 없다.

사랑의 범위를 개념적으로 제한하는 일은 일종의 분류 작업도 포함하고 있다. 곧 사랑을 어떤 사물의 부류에 포함시켜야 하는 것일까? 이에 대한 관례적인 대답은 "사랑은 감정"이라는 것이다.

---

5) Anselm von Canterbury, *Proslogion*: "그것보다 더 큰 것을 생각할 수 없는 것"(quo maius cogitari nequit).

6) Hermann Schmitz, *System der Philosophie*, vol. III part 4, Bonn 1977, pp. 172~181; *Der unerschöpfliche Gegenstand*, pp. 448~451.

허나 그래도 갈망이 찾아온다면, 사랑하는 자들을 노래하라.

이들이 품고 있는 저 유명한 감정이 불멸임은 여전히 충분치 않으니.[7]

사랑에 대해 이렇게 알려 주는 일이 완전히 틀린 것은 아니다. 하지만 이는 여러 가지 견지에서 불충분하다. 우선 사랑은 단지, 생생한 분노나 기쁨처럼 현재 순간에 감지할 수 있는 감정에 그치지 않는다. 이들 감정이 막 생생한 경우, 이들에 대해 속는다는 것은 거의 불가능하다. 사랑은 또한 내적 성향Disposition이기도 하다. 이 성향이 존재하는가는 다양한 도전에 직면해 있기에, 그에 상응하여 어떤 행동의 뉘앙스와 어떤 입장 표명을 보여 주는가를 보고 비로소 그 존재 여부를 확인할 수 있다. 이러한 행동의 뉘앙스와 입장 표명은 사랑하는 사람이 확신하고 있는 사랑 속에 잠재적인 형태로 포함되어 있다. 물론 여기서 이 사람이 미래에 대해서 이 사랑을 완벽하게 확신해야 하는 것은 아니다. 따라서 "나는 너를 사랑해"라는 확언이 가진 확실성의 정도는 "나는 지금 미치도록 화났다"라고 단언할 때와 "나는 독일어를 할 수 있다"라고 주장할 때의 중간 정도 수준이다. 이어 둘째로 전래의 감정 개념은 대단히 불명료할 뿐만 아니라 ── '감정'을 하나의 종류(혹은 집합)로 보고 그 명확한 특징을 제시하고자 할 때 어떤 말을 할 수 있는가를 떠올려 보라 ──, 쾌감과 불쾌감으로 환원하는 경우에서 보듯, 전적으로 그릇된 이해에 머물러 있다(마치 '장엄한 진지함'과 같은 강력한 감정이 쾌감 혹은 불쾌감의 어떤 요소를 가져야만 하는 것처럼 말이다). 세 번째 난점은

---

7) Rainer Maria Rilke, *Duineser Elegien*, 1. Elegie.

이 두 번째 문제점과 긴밀하게 연관되어 있으며 사랑과 관련하여 각별하게 두드러진다. 사람들은 감정을 사적인 영혼의 상태로 간주하는 방식에 익숙하다. 때때로 사적인 내적 세계를 나타내기 위해 '영혼' 대신에 다른 용어를 (예컨대 '의식', '마음', '모나드' 등을) 사용하기도 하지만 이는 [사실상] 아무런 차이가 없다. 이러한 통념을 따를 때, 두 사람의 상호 간 사랑이란, 두 개의 사랑이 분리된 내적 세계 안에 있으면서 서로 적응하면서 경쟁하고 있는 상태라고 얘기할 수밖에 없다. 상호 간의 사랑이 두 사람의 '공통적인 무엇'이어야 함에도 말이다. 우리는 두 사람 '서로 간의 사랑'(특별히 서로 사랑하는 두 사람에 맞추어진, 구체적이며 개별적인 사랑)을 이야기하지, 서로 교차하거나 아니면 따로 타오르고 있는 두 개의 불꽃처럼 [분리된] 두 개의 사랑을 이야기하지 않는다. 나는 이제, 현상 자체에 적합한 방식으로 개념을 형성하면서 이들 난점을 해소하고자 한다. 나는 전통적으로 사랑을 귀속시키는 지나치게 협소한 틀에서 사랑을 해방할 것이다. 아울러 모호한 인식의 바탕 위에 있는 전통적인 개념적 분류, 그 자체가 불안정하게 동요하고 있는 개념적 분류의 도식에서 사랑이 빠져나올 수 있도록 할 것이다.

### ◆1장 해설

다른 학문 분야와 마찬가지로 철학적 성찰에서도 두 가지 조건이 반드시 요구된다. 하나는 적절한 방법론이며, 다른 하나는 대상의 한정이다. 슈미츠는 「서언」에서 사랑에 대한 자신의 관찰과 분석이 '현상학적' 방법에 근거하고 있음을 밝혔다. 이어지는 1장에서 그는 연구 대상을 명확히 한정한다. 대상이 불명확하거나 너무 광범위하면, 철학적 성찰이 방향을 잡기 어렵고 길을 잃는다. '사랑'이란 말도 그 의미와 외연이 대단히 다양하고 넓기 때문에, 슈미츠는 연구 대상을 두 사람 사이의 '성적인 파트너 사랑'으로 분명하게 한정한다.

그런데 1장에서 슈미츠는 대상의 한정과 함께 사랑에 대한 두 가지 중요한 통찰을 제시한다. 하나는 인간이 사랑을 원할 때, 이 원함 속에 두 종류의 욕망이 함께 포함되어 있다는 통찰이다. 즉 '사랑받고' 싶은 욕망과 '사랑하고' 싶은 욕망이 함께 내포되어 있다. 우리는 사랑에 대해 얘기할 때, 암묵적으로 '사랑받고' 싶은 욕망을 중심으로 생각하는 경향이 있다. 하지만 인간적 사랑의 실상을 왜곡하지 않으려면, '사랑하고' 싶은 욕망이 '사랑받고' 싶은 욕망 못지않게 절실하다는 점에 유념해야 한다.

슈미츠의 두 번째 통찰은 '감정'에 대한 상식적 통념의 교정이다. 사랑은 분명 '감정'에 속한다. 성적인 파트너 사랑도 '파트너를 향한 사랑의 감정'으로 규정할 수 있다. 그런데 이렇게 생각할 때, 우리는 '감정' 자체를 어떻게 이해하고 있는가? 또한 두 사람 사이의 '파트너 사랑'은 각자가 마음속에 품고 있는 두 개의 사랑인가, 아니면 두 사람을 함께 포괄하는 '하나의 사랑'인가? 슈미츠는 감정을 '비밀스러운 방(영혼, 의식)의 자극과 동요 상태'로 보는 통념을 근본적으로 비판하고 넘어선다. 그럼으로써 '두 사람을 포괄하는 하나의 사랑'을 이론적으로, 존재론적으로 정초할 수 있는 바탕을 마련한다.

# 2장  주제의 동기

사랑은 철학의 연구주제 가운데 하나다. 이는 앞서 언급한 철학의 개념에서부터 명백하다. 나아가 내가 보기에 이 주제의 철학적 중요성은 오늘날 역사적 상황으로 인해 더더욱 시급한 것이 되었다고 할 수 있다. 내 의도를 잘 설명하기 위해서는 유럽의 정신사를 거슬러 올라가는 일이 불가피하다. 고대 그리스인들이 살라미스 해전(기원전 480년)에서 고대 동방의 군주 문화와 사제 문화의 위협적인 힘을 막아 낸 이후, 유럽의 지적 문화는 자유로운 모험의 길을 걷게 되었다. 유럽적 지성은 두 개의 무기를 갖고 있었다. 그것은 비판적 논증의 무기와 통계학적 귀납에까지 도달한, 표준화시키는 관찰이라는 무기였다. 유럽적 지성은 이들 무기를 한껏 활용하는 모험으로 인간의 힘과 지위를 상승시켰으며, 또 놀라운 문화적 결실을 이루어 냈다. 그러나 유럽적 지성은 이과정에서 강압적, 아니 폭력적일 정도로 사유와 의지를 일면적으로 발전시키는 잘못을 저질렀다. 지식은 한낱 "지배의 지식"(막스 셸러)[1]으

---

1) 현상학자이자 철학적 인간학자였던 셸러(Max Scheler, 1874~1928)는 후기의 논고 「앎의 형

로 왜곡되었으며, 억압의 잘못에서 벗어나기 위해 억압된 것을 구속력이 없는 시적 아름다움과 경건함 속으로 투사한 일도 끝내 미미한 역할밖에는 하지 못했다. [사실] 잘못을 저지른 이는 지적 문화의 전문가들이 아니었다. 지적 문화의 태동기에 활동했던 위대한 수학자들, 의학자들, (가령 투키디데스와 같은) 역사가들과 이들의 후계자인 현대 자연과학자들과 기술자들은 문제가 아니었다. 오히려 잘못의 근원은 "너 자신을 알라!"를 천명하는 과제를 담당했어야 할 이들, 다시 말해 인간 존재가 의존하고 있는 [사유의] 망網에 대해 성찰하고, 이를 잘 주시했어야 할 철학자들이었다. 철학자들은 이러한 성찰 대신, 이미 달리기 시작한 유럽 지성의 마차 위에 뛰어올라 마부의 자리를 차지하고는 개체적 권력의 획득이라는 길을 더욱 빨리 내달리기 위해 채찍질을 가했다. 그것은 한편으로는 자신의 비자의적인 자극들(정동,[2] 감성 등)에 대항하는 개체의 내적인 권력 획득을 위한 것이었고, 다른 한편으로는 자신을 둘러싼 주위 세계를 특성(속성)들 및 이 특성들의 담지체(실체들)로 환원하는 개체의 외적 권력 획득을 위한 것이다. 이때 특성들은 소수의 표준화된 집합들로 구성되었으며, 또한 그 정체를 쉽게 확인하고 조작할 수 있도록 만들어졌다. 그리고 이러한 환원 작업에 버려진 폐기물을,

---

식들과 도야」(1925)에서 세 가지 앎(지식)의 형식을 구별한다. 이들은 성취와 지배의 앎, 정신적 도야의 앎, 구원과 성스러움에 대한 앎이다("Die Formen des Wissens und die Bildung", *Späte Schriften*, Bern 1976, pp. 99~105). — 옮긴이

2) '정동'(情動)은 Affekt의 번역어다. '감화'(感化)로 번역되기도 하지만, 정동의 사전적 의미인 "사고 과정이 갑자기 멎게 되거나 신체 변화가 뒤따르는 강렬한 감정 상태"가 Affekt의 라틴어 어원 'ad-facere'의 본래 의미에 훨씬 더 가깝고, 무엇보다 슈미츠가 이런 강렬하고 충격적인 감정 상태를 나타내기 위해 Affekt라는 말을 사용하기 때문에 '정동'으로 옮긴다. — 옮긴이

이성으로서의 개체Person가 주인 역할을 해야 하는 영혼 속으로 몰아넣었다. 영혼은 개체가 자신에게 권능을 부여하고자 하는 관심에서 구성해 낸 '비자의적인 자극들'의 집이었으며, 환원의 폐기물은 이 안에서 '단지 주관적인 것에 불과한'이라는 아무 구속력이 없는 상태로 방치되었다. 자신이 스스로 철학자가 아닌 한, '실증적 학문'을 수행하는 전문가들이 저지른 잘못은 단지 철학자들이 의지의 지배를 향해 걸어간 길을 너무나 순진하게 뒤쫓아 간 것뿐이다. 실증적 전문가들은 위험하기는 하지만, 그 자체로는 죄가 없는 자신들의 기예를 사용하는 일에서 철학자들이 내민 두 개의 열쇠, 즉 실체와 영혼이라는 열쇠를 받아들인 것이다. 그리고 몇 가지 해방의 단계를 거친 후, 이 두 개의 열쇠에서 오늘날 일면적인 실증주의적 발전의 가장 강력한 도구들이 탄생한다. 바로 물리학과 심리학이다.

전통 철학의 근본적인 과오는 이성의 자율성이라는 독단이었다. 철학이 자신의 과제, 즉 자신을 둘러싼 주변 세계 속에서 자기 자신을 찾는 일에 대한 성찰이라는 과제를 실패한 것도 이 과오 속에 합류하게 된다. 이미 데모크리토스와 플라톤이 자율성의 독단을 확립하려 했으며, 칸트가 이를 명확하게 정식화했다. 이성은 물론 비판적인 심급으로서, 또 설정된 목적 달성에 있어 여러 수단을 조직하기 위한 도구로서 반드시 필요하다. 그러나 이성이 자율적으로 자신의 목적을 설정해야만 한다면, 이때 이성은 이 과제에 실패하고 공전空轉하게 된다. 이성적으로 조직하는 일 자체가 목적이 되는 한, 이성 자신의 속수무책은 감춰진 채 밖으로 드러나지 않을 수 있었다. 여기서 '이성적 조직'은 플라톤이 대화편 『파이드로스』에서 두 마리의 말을 이끄는 마부 이미지로 묘사한 것처럼 비자의적인 자극들에 대한 통제권을 획득하고 이를 유지하는 일을 가리킨다. 철학자들이 (특히 감성적인) 정동의 힘(이 힘을 칸트는 '병리적 경향성들'이라 일컫는데)을 저주한 것은, 개체적인 자기 권능을 위해 이성이 일방적으로 권력을 획득하는 일을 정당화하는 데 기여했다. 플라톤[3]에게서 프로이트[4]에 이르는 철학적 의지의 대로大路는 이 방향으로 진행되었다. 그 이래로 "문명화의 과정"Norbert Elias은 적어도 철학적 두려움을 ─ 곧 감성적 열정[5]을 막아 내는 제방의 붕괴에 대한 철학적 두려움을 ─ 묘사할 필요가 전혀 없을 정도로 진척되었다. 성적인 해방은 이미 청소년들조차 자유롭게 선택한 파트너와의 성행위를 일상적인 일로 여길 정도에 이르렀다. 파트너와의 성행위는 이제 아무런 특별한 일이 아니다. 그 반면에 이성이 거둔 성공, 즉 이성이 적어도 형식적으로 문명화된 자기 통제의 산출에 성공하게 된 것

---

3) 플라톤, 『국가』, 606d. "영혼 안에 있는 성적 쾌락, 분노, 모든 욕망, 쾌락, 고통을 고사시키거나 (déon auchmeïn) 적어도 지배해야만 하거늘, 시인들은 이들을 흥분시키고 이들이 지배하도록 만든다."

4) "이드가 있던 곳에 자아가 존재하도록 해야 한다. 그것은 예컨대 자위더르해를 메마르게 하는 일과 같은 문화적 작업이다." *Neue Folge der Vorlesungen zur Einführung in die Psychoanalyse*, Gesammelte Werke, vol. XV, London 1944(5th ed., Frankfurt 1969), p. 86. 메마르게 한다는 이미지에서 프로이트는 『국가』의 플라톤과 일치한다.

5) 프리드리히 슐레겔의 소설 『루친데』(*Lucinde*)와 이 소설에 대한 프리드리히 슐라이어마허의 『친숙한 편지들』(*Vertraute Briefe*)에서 자유로운 성을 옹호하고 있는 것을 빌헬름 딜타이가 여전히 비난하고 있음을 참조하라. "하지만 만약 윤리적 개체들에게 자유로운 유희를 보장해 주기 위해 도덕의 엄격함과 사회 제도의 성스러운 불가침성을, 인간적 열정을 막아 내는 견고한 제방을 무너뜨리려 한다면, 이는 인간적 열정의 힘을 완전히 오인한 것이라 할 것이다. 속박에서 풀려난 열정들이 이상적 윤리가 윤리적 개체들에게 만들어 주려는 공간을 그의 눈앞에서 곧바로 휩쓸어 버릴 것이다. 이 열정들이 지닌 현실적 힘은 개체들의 정신적 차이보다 비교할 수 없이 큰 것이다"(*Leben Schleiermachers*, vol. I, ed. H. Mulert, 2nd ed., Berlin/Leipzig 1922, p. 546).

이 아이러니하게도 이성 자신에 대해 적대적인 선회를 가져왔다. 이성은 인간을 사로잡는 것을 잘라 내면서 비자의적인 자극들에 대한 지배력을 획득했지만, 이제 인간은 (단지 접촉만 하는 것이 아닌) 자신을 사로잡는 것을 더 이상 가질 수 없는 처지가 되었다. 인간은 승리를 구가한 이성으로 도대체 무슨 일을 시작해야 할지 알지 못한다. 왜냐하면 이 이성은 비판하고 조직하는 일을 할 수는 있지만, 어떠한 방향 제시도 적절히 할 수 없기 때문이다. 인간이 가질 수 있는 자의적 소망의 여지Spielraum는 엄청나게 확대되었다. 그러나 인간은 기분이나 장난에 따른 것이 아니라, 자신이 진정으로 애호하는 것을 더는 알지 못한다. 더는 어떠한 일도 비자의적으로, 또 전면적으로 인간 자신을 요구하지 않기 때문이다. 오늘날 이성적 인간은 '권태'와 '막연한 절망'을 느끼며 사는데,[6] 이는 그에게 더 이상 어떠한 일도 매우 중요하게 다가오지 않기 때문이다. 이성적 인간은 다른 많은 사람이 그렇듯이, 발작적으로 자신을 가볍게 해주는 사로잡힘을 추구하면서 이러한 고통을 떨쳐 버리려 한다. 예를 들어, 마약이나 또는 훨씬 더 위험한 정치적이며 종교적인 군중 운동의 도취를 통해서 말이다. 이러한 군중 운동으로 소시민적 개인들은 **집단적으로** 거대한 인간 속으로 용해되면서 자신의 불안정성을 잊어버린다. 다른 이성적 인간들은 [종종] 자살로 생을 마감하는데, 왜냐하면 이들이 어디로 가는 것이 옳은지 모르기 때문이다. 자살하는 이

---

6) 슈미츠가 여기서 더 밝히지는 않지만, 이 지점에서 우리는 키르케고르의 철학적 인간학, 특히 그가 『불안의 개념』(1844)과 『죽음에 이르는 병』(1849)에서 치밀하게 분석한 실존함의 근본적인 불안정성과 위기를 반드시 기억해야 한다.—옮긴이

성적 인간 가운데에는 자신의 개체적 주권성을 스스로, 혹은 사회화 과정의 산물로 획득한 청소년들도 적지 않다. 현대 문화의 난제Aporia는 더는 위협하는 열정의 과도한 힘이 아니라, '사로잡힐 수 있음'에 생긴 장애와 이 장애를 발작적으로 보상하려는 시도다.

이성의 승리가 이렇게 역설적으로 이성의 속수무책으로 전도되었다는 사실이야말로 유럽의 문화적 지향을 교정해야 할 계기가 된다. 그것은 전통을 지배해 온 철학자들이 사회적으로 널리 익숙한 것으로 만든 문화적 지향이다. 그것은 "권력에의 의지"를 무한한 차원으로 투사해 온 문화인데, 오랫동안 이러한 투사는 전능한 신의 무한함으로 위장하고 있었다. 이제 관건은 인간으로부터 늘 "더 높이, 더 멀리, 더 넓게"[7] 나아가고자 하는 충동을 몰아내는 일이 아니다. 하지만 삶의 무게 중심이 미래에 있을 때, 다시 말해 삶에 대한 동의, 살아가고자 하는 준비가 앞으로 도래할 것, 그리고 도달해야 할 것을 기대하고 기다리는 일에 달려 있게 될 때, 강함을 바탕으로 한 충만함은 전혀 나타나지 않고,[8] 오히려 삶의 의지의 허약함이 드러나게 된다. 미래로 투사하는 일의 공전을 끝낼 수 있으려면, 삶의 의지를 미래가 아닌 현재 속에 뿌리내리도록 해야만 한다. 그리고 현재 속에 뿌리내리도록 하기 위해 긴요한 것은 개체의 활기 있는 자긍심을 고취하는 일일 텐데, 이러한 자긍심은 더 이상 이성이 충동들 위에 군림하는 것을 근거로 해서는 안 될

---

7) Friedrich Nietzsche, "An den Mistral"(Lieder des Prinzen Vogelfrei).

8) "강함을 바탕으로 한 충만함"은 앞에서 언급한 "권력에의 의지"와 마찬가지로 니체를 염두에 둔 표현이다(「회복하는 자」, 『차라투스트라는 이렇게 말했다』, 제3부: KSA 4, p. 149). —옮긴이

것이다. 오히려 이 자긍심은 신체적인 자아감自我感, Selbstgefühl, 곧 신체적 느낌을 통해 확인하는 자아에 대한 감각을 바탕으로 해야 한다. 인간이 수치심이나 오만함 없이 당당히 고개를 들고 신체적 존재라는 자신의 운명을 받아들이는 일, 이 운명의 모든 가능성과 결함을 온전히 받아들이는 일을 배우게 될 때, 이러한 활기 있는 자긍심은 자신의 가능성을 펼칠 수 있다. 이 자긍심은 자신 안에 어떤 태도, 어떤 형식의 발견과 척도를 위한 규제적 요소[원칙]를 품고 있는데, 이 요소[원칙]는 예컨대 플라톤이 충동들이 아무런 요구 없이 이성 아래에 복종하는 상태로 그 품격을 격하시키기 이전에 그리스 문화에서 '사려 깊음'sōphrosýnē이라 불린 것에 상응한다. 이것이 바로 독일 도시 밤베르크에 서 있는 기사 조각상이 전달하는 메시지다. 밤베르크의 기사는 인간과 동물이 서로 화합한 상태에서 긴장을 풀고 말을 타고 있는 활기찬 자긍심을 보여 준다. 기사는 과도함 없이 침착한 자기 확실성의 태도로 앞을 바라보면서 말고삐를 당기고 있다. 이러한 활기찬 자긍심은 또한 신체적 존재가 가진 공명共鳴 능력의 이면으로서 장애받을 수 있음, 손상될 수 있음, 죽을 수밖에 없음 등도 포괄하고 있다. 이때 공명 능력이란 자신을 사로잡는 것에 직면하여 신체성의 차원에서 공격당할 수 있음을 뜻한다. 인간은 자신을 사로잡는 것과 함께 움직이고 도약하면서, 바로 이러한 움직임과 도약으로부터 자라 나오고, 그러한 사로잡힘에 대해 응답하는 형성력을 실현하는 수준까지 도달할 수 있다. 그리하여 자신을 과대평가하지 않는 활기찬 자긍심의 인간은 죽음마저도 의연하게 받아들일 수 있다. 그는 자기 자신을 일종의 '매개체' 내지 '그릇'으로서, 곧 자신을 사로잡고 자신을 넘어서는 어떤 사건을 위한 매개체요 그릇으로서 이해한다. 물론 자신을 사로잡을 수 있고 사로잡으려 하는 모든 것을 위한 그릇은 아니다. 반대로 그는 필수 불가결한 이성의 비판적 기능을 활용하여 스스로 선택하는 그릇, '감정적 물결의 자의성'이 아니라 '자신이 지닌 통찰의 의지'[9]를 따르는 그릇이라 할 수 있다.

삶의 의지를 현재 속에 뿌리내리는 일은 일정한 형식들을 요구한다. 이 형식들은 물론, 어떤 처방전을 통해 지시할 수 있는 것들이 아니다. 반대로 이 형식들은 인상들과 감정들이 신체성의 느낌을 사로잡는 것으로부터 생성되는 자극들을 기다려야만 한다. 이 자극들이 생성되는 것은 인상과 감정을 수용하는 감수성이, 자극을 가공하고 자극에 형태를 부여하며 응답할 수 있는 형성력과 합치될 때다. 역사적으로 이러한 성공이 이루어진 것은 단지 우연에 지나지 않는다. 그러나 만약 이러한 성공의 싹을 죽이려 하지 않거나 지나치게 번성하여 기이한 형태로 변형되는 일을 막으려 한다면, 그것을 신중하게 보호하는 일이 필요할 것이다. 이 일은 경험 내용에 관한 연관성 있는 담론으로 인도하는 철학하기를 통해서도 가능하다. 몇 가지 예를 들어 보겠다. 보통의 경우 인간의 다리를 움직이는 일은 어떤 목표를 향해 있다. 즉 미래를 향해 있는 것이다. 반면 춤을 출 때 다리의 움직임은 아직 도달하지 않은 목표에 종속되지 않고, 삶의 의지를 현재 속으로 펼치기 위한 것이다. 춤의 현재성이라는 이러한 문화적 산출물은, 괴테 시대에 남녀 한 쌍의 왈츠춤이라는 경이로운 발명이 이루어지면서 삶의 도약을 위한 최

---

9) J. W. von Goethe, *Maximen und Reflexionen*, ed. Max Hecker, Weimar 1907(*Schriften der Goethe-Gesellschaft*, vol. 21), Nr. 477.

고의 형식으로 발돋움했다. 왈츠춤은 후에 빈의 왈츠 작곡가인 두 사람의 요한 슈트라우스에 의해 고전적인 완성 단계에 도달한다. 이것이 내가 주장하고자 하는 종류의 위대한 역사적 성취의 예다. 또 다른 예는 이른바 '순수한 사랑'amour pur이다. 페늘롱과 귀용 부인은 보쉬에와 루이 14세와의 정숙주의Quietismus 논쟁에서 순수한 사랑을 옹호함으로 인해 큰 고초를 겪은 바 있다. 순수한 사랑이란, 두려움 없이 스스로 전력을 다해 참여하고자 하는 포괄적인 열려 있음이자 그러한 참여를 위한 준비 상태다. 이러한 사랑의 상태는 닥쳐올지 모를 신의 저주마저도 아랑곳하지 않는다. 왜냐하면 그것이 미래 위에 지어진 것이 아니라 절대적으로 현재적인 과정이기 때문이다. 이와 마찬가지로 고대의 에피쿠로스도 자신의 삶의 의지를 현재 속에 뿌리내리는 하나의 방식을 실현했다. 그것은 목전의 죽음도 개의치 않는, 고요하면서도 완강하게 '삶의 쾌락을 긍정'하는 방식이었다. 다른 방식을 하나 더 들자면, 신념으로서의 '정의'를 얘기할 수 있다. 이는 신중한 검증을 거친 순간 반드시 필요한 것으로 확인된 올바른 일을, 더 이상 결과나 유용성을 고려하지 않고 분명하게 실천하는 것을 가리킨다. 이와 같은 방식에 속한 것으로 아시아로부터 유럽으로 수용된 '명상적 수행'의 형식들, 또는 일본 전통의 스스로 침잠하는 '내적 수양의 기술들'을 들 수 있다. 후자는 아리스토텔레스적 의미에서의 실행Vollzug, 곧 특정한 외적 목표의 추구가 부재하거나 부수적일 뿐인 '실행 과정 자체'를 의미하는데, 예컨대 제의적 성격의 궁술이나 다도에서 이를 확인할 수 있다.[10] 삶의 의지를 현재

---

10) Hermann Schmitz, *System der Philosophie*, vol. II part 1, Bonn 1965, pp. 105~109, 178~194;

속에 뿌리내리도록 하는 유럽의 고유한 방식을 들자면, 중세 후기부터 형태를 갖추기 시작한 '편안하게 거주하기Wohnen'와 '유머'를 들 수 있다.[11] 그리고 거주하기와 유머를 능가하는 방식이 바로 남녀 두 사람 사이의 사랑이다. 내가 곧 서술할 것처럼(3장), 이 사랑은 그리스인들에게는 낯선 로마인들의 발명이었으며, 후에 중세 전성기 시기에 재발견되었다.[12] 그 이래로 이러한 사랑은 서구 문화가 이룬 가장 경탄할 만한 결실 가운데 하나가 된다. 이것이 가능했던 것은 무엇보다도 엄청난 형성력을 발휘하여 형상화의 과업을 수행한 시인들 때문이었다. 시인들이 유럽인들에게 삶의 의지를 현재 속에 뿌리내리도록 하는 각별한 길로 남녀 간의 사랑을 제시해 준 것이다. 사람들은 사랑하는 이들에게는 시간이 흘러가지 않는다고 말한다. 사랑하는 이들의 삶의 의지는 그렇게 현재 속에 뿌리내리고 있다. 하지만 시인이 형상화한 사랑의 형식은 지극히 섬세한 만큼 깨지기 십상이다. 그것은 유리처럼 부서지기 쉬우며 구부러지지 않는다. 그렇기에 그것은 개별자의 삶이나 거시적인 역사적 변화에 수반되는 전환에 마주하여 스스로 유연하게 적응할 수가 없다. 시인의 언어는 마치 번개처럼 급작스럽게 내려오고 삶 속으로 파고들어 뿌리내린 후 그 안에서 계속해서 영향을 미친다. 그러나 그 언

---

vol. III part 4, pp. 272~276 참조. 또한 K. Graf Dürckheim, "Meditative Praktiken in der Psychotherapie", *Freud und die Folgen II*(Die Psychologie des 20. Jahrhunderts, vol. III, ed. D. Eicke), Zürich 1977, pp. 1295~1309 참조.

11) Schmitz, *System der Philosophie*, vol. III part 4, pp. 263~269; vol. IV, Bonn 1980, pp. 145~149.

12) Peter Dintzelbacher, "Über die Entdeckung der Liebe im Hochmittelalter", *Saeculum*, vol. 32, 1981, pp. 185~208. ['중세 전성기 시기'는 11~13세기를 가리키며, 이에 대해서는 8장 「사랑의 역사에 대하여」에서 상세히 논의한다.]

어는 번개와 마찬가지로 탄력과 유연성이 없다. 이 때문에 우리 시대처럼 무차별적인 임의성이 지배하는 시기에는, 사랑이란 형식을 조심스럽게 돌보기 위해서 정확한 개념을 궁구하는 현상학적 철학자의 언어가 중요한 의미를 지니고 있다. 현상학적 철학자의 언어는 시적 언어보다 쉽게 대체할 수 있으며, 그럼으로써 시작詩作의 마법에서 떨어져 나온 삶의 경험에 좀 더 유연하게 적용할 수 있기 때문이다. 이 책에서 이어지는 서술은 사랑을 이런 방식으로 돌보기 위한 것이다.


### ◆2장 해설

2장은 성적인 파트너 사랑이라는 연구 대상을 왜 철학적 성찰이 논의할 필요가 있는가에 대한 답변이다. 그런데 슈미츠는 거시적인 역사적 전망에서, 그리고 서구의 현대 주체가 처한 '실존적 상황'을 비판적으로 진단하면서 그 성찰의 필요성을 답변한다. 일견, 2장의 거시적인 논의는 사랑의 현상학과 관련이 없어 보인다. 하지만 이 책을 전체적으로 균형감 있게 평가하려면 2장의 내용을 반드시 숙고해야 한다. 무엇보다도 2장은 「서언」과 함께 서구 문화와 현대 주체를 바라보는 슈미츠의 사상적 입장을 잘 파악할 수 있는 장이다.

　　슈미츠가 보기에 서구정신과 문화의 근본적인 문제점은 두 가지 '사상적 무기'를 일면적으로 발전시킨 데 있다. 두 가지 무기란 "비판적 논증의 무기"와 "표준화된 관찰의 무기"를 가리킨다. 이것은 다른 말로, '논리적이며 수학적인 사유'와 '사물—속성의 도식에 따른 지각이론'을 말한다. 두 가지 무기를 활용하여 서구 유럽 세계는 자연을 통제하는 인간의 힘을 강화하고 놀라운 기술문명을 발전시켰다. 그러나 그 대가는 컸다. "지식은 한낱 '지배의 지식'으로 왜곡되었으며, 억압의 잘못에서 벗어나기 위해 억압된 것을 구속력이 없는 시적 아름다움과 경건함 속으로 투사한 일도 끝내 미미한 역할밖에는 하지 못했다." 슈미츠가 여기서 '억압된 것'이라 부르는 것은 현상학적인 '신체성의 차원'과 감정에 물든 '주관적 사실들'로 이해해야 한다. 서구 문화의 '지배하는 지식' 편향으로 인해 주체는 내면적 과부하, 방향 상실, 냉소주의, 우울과 절망 상태에 처하게 되었다. "오늘날 이성적 인간은 **권태와 막연한 절망**을 느끼며 사는데, 이는 그에게 더 이상 어떠한 일도 매우 중요하게 다가오지 않기 때문이다. 이성적 인간은 … 발작적으로 자신을 가볍게 해주는 사로잡힘을 추구하면서 이러한 고통을 떨쳐 버리려 한다. 예를 들어, 마약이나 또는 **훨씬** 더 위험한 정치적이며 종교적인 **군중 운동의 도취**를 통해서 말이다." 9/11 이후 계속되고 있는 전 지구적인 정치적—종교적 분쟁, 미국과 유럽의 극우 선동주의, 우울증과 자살 증가 등을 떠올리면 슈미츠의 어두운 진단을 충분히 공감할 수 있다.

하지만 슈미츠는 주체의 어려운 존재 상태에서 벗어나기 위해 인류의 문화적 형성력이 흥미로운 '상징형식'을 만들고 가꾸어 왔다는 점도 함께 지적한다. 그는 구체적인 예로 '편안하게 주거하기', '유머', 유럽의 '왈츠'(춤), 일본의 '다도' 등을 드는데, 이 상징형식들의 공통적인 의미는 '순간적 쾌락이나 광기에 빠져들지 않으면서, 자신의 삶을 **충만한 현재 속에 뿌리내리도록**' 한다는 데 있다. 파트너와의 사랑(하기)도 바로 이런 의미에서 삶을 '충만한 현재 속에 뿌리내리도록 하는' 가능성이다.

# 3장 역사적 입문

극작가 클라이스트는 몰리에르의 희극 작품을 각색하여 『암피트리온』Amphitryon이라는, 외롭게 사랑을 갈망하는 신에 대한 비극을 만들었다. 『암피트리온』에서 주피터는 더 이상 숭고하게 혼자 지내지 않기 위해서 인간 여성의 사랑을 훔치려 한다.

> 그는 사랑받고자 하며, 이는 그의 망상이 아니다.
> 영원한 베일에 싸인 채로
> 그는 한 영혼 속에서 자신을 비추어 보고자,
> 황홀함의 눈물에 되비친 자신을 보고자 한다.[1]

이는 감상적으로 들린다. 로마 시인 카툴루스라면 이에 대응되는 라틴어로 이렇게 노래하지 않았을 것이다. 하지만 카툴루스가 사랑에 대한 자신의 갈망을 성적 파트너 사랑의 결합 속에서 충족하고자 할

---

1) 1522~1525행,

때, 그 또한 클라이스트의 주피터와 마찬가지로 이를테면 모든 것을 단 하나의 기회에 걸고 있다. 카툴루스에게 파트너 사랑의 결합은, 사랑하면서 함께 속해 있다는 것에 대해서 양쪽이 책임감을 갖고 신뢰하면서 황홀함, 매혹, 열광을 모두 하나로 결합하고 있는 상태를 의미한다. 이러한 사랑은 그리스인에게는 없었다. 나는 파트너 사랑이 도달한 이러한 최고의 형태가 역사적인 형성 과정과 발견의 결과라는 사실을 그리스인들에서 로마인들로 넘어가는 이행기를 통해 분명히 밝히고자 한다. 이러한 사랑에서 사랑에 대한 현대적 이상을 떠올릴 때도 두드러지게 나타나는 특징들을 확인하게 될 텐데, 이 특징들은 뒤에서 시도할 현상학적 분석을 위해서도 중요하다.

## 1. 그리스인들의 두 사람 사이 성적인 사랑

베라강과 풀다강이 베저강으로 합쳐지기 전에 별도의 지류로 흐르는 것처럼, 그리스인들에게는 사랑의 갈망이 충족되는 두 가지 유형이 서로 분리되어 있었다. 즉 이성애적 파트너 사랑이 삶 속에서 충족되는 방식이 두 개의 유형으로 독립된 채 양립하고 있었다. 이들을 하나로 종합한 것은 로마인들이었다. 그리스적 사랑의 한 유형을 나타내는 말은 번역하기가 거의 불가능한 '필로스'phílos, 그리고 이 말의 명사적 파생어들인 '필리아'philía와 '필로테스'philótes다. '필로스'는 한 사람이 어떤 대상을 자신의 것으로, 자신에게 속하거나 귀속된 것으로 여기며 애호하는 일을 가리킨다. 이들 대상은 당연히 당사자에게 친숙한 상태다. 필로스의 대상에 속하는 것은 (특히 호메로스에게) 자기 몸의 사지와 의

복들, 그리고 좋아하고 친숙한 사람들이다. 이들은 가까운 친족들(부모, 자식, 형제자매)과 배우자는 물론, 친구들과 동료들philoi을 포괄한다. 만약 누군가가 우리 귀에다 대고 호메로스의 영웅들처럼 '친애하는 눈 또는 무릎'에 대해 말한다면, 우리는 매우 당혹할 것이다. 하지만 그렇다고 해서 "필로스 개념의 분열"[2], 다시 말해 필로스가 한번은 자신의 것을, 다른 경우에는 애호하는 것을 가리킨다고 가정할 필요는 전혀 없다. 반대로 이러한 모호함은 쉽게 제거할 수 있다. 왜냐하면 만약 오디세우스가 테르시테스에게 그 누더기 옷을 몸에서 뜯어 내겠다고 위협하면서 "이 애호되는 의복phíla heímata이 그 자신의 옷 조각이야"(『일리아스』2, 261)라고 덧붙이려 한다면, 이는 어리석은 잉여적 표현이 될 것이기 때문이다. 여기서 형용사 '필라'의 핵심은 오디세우스가 테르시테스에게 그가 자신의 것(의복)을 애호하기 때문에 그것을 잃는 일이 고통스러울 것임을 가리키는 데 있을 뿐이다. 멜레아그로스는 어머니가 자신의 죽음을 원할 때, 친애하는 어머니mētri phílei에 대해 격분하는데(『일리아스』9, 555~571) 이때도 마찬가지다. 친족관계에서 기인하는 기본적인 애호함(사랑)이 정동에 가득 찬 가족 간의 불화를 넘어서고 있는 것이다. 반면에 만약 "지금 문제가 되는 것은 자기 자신의 어머니다"라고만 말한다면, 이는 핵심을 놓치는 일이 된다. 아리스토텔레스의 『니코마코스 윤리학』은 두 권에 걸쳐 '필리아'를 논의한다. 그런데 여기서도 만약 아리스토텔레스에게는 그 의미가 너무나 당연하여 별도의 설

---

2) Franz Dirlmeier, *PHILOS und PHILIA im vorhellenistischen Griechentum*, Diss. München 1931, p. 9.

명이 필요 없이 쓰이는 필리아를 통상적으로 하듯이 '우정'으로 번역한다면, 아리스토텔레스의 주제를 완전히 그르치는 잘못을 저지르게 된다. 필리아를 풀어서 묘사하려 한다면, 오직 다음과 같이 해야 적절할 것이다. 즉 '필리아'는 친족들, 친구들과 애정 깊게 또는 적어도 ── 특별한 경우에 ── 호의적으로 결합되어 있음을 의미한다고 말이다. 아리스토텔레스 논고의 근본적인 생각은 애호하는 사랑의 근원을, 필로스(친구 혹은 일족)가 다름 아니라 "마치 나의 한 부분인 듯"[3] 또 다른 자아_alter ego_라는 사실로 소급하는 데 있다(1156b 19 이하, 1157b 30). 결국 이 부분에서 필로스의 저 오래된 호메로스적 의미가 플라톤보다 더욱 분명하게 관철되고 있다.

성적 파트너 사랑에서는, 필로스의 성격에 바탕을 두고 있는 호의와 결속(필로테스)은 남녀가 혼인 관계로 혹은 가정적으로 결합하고 있는 상태를 가리킨다. 이 결합 상태는 강력한 결속 효과를 가진 두 사람의 혼인, 그리고 서로에 대한 자애로운 보살핌의 관심을 정상적인 일로 받아들이고 강조하는, 그러한 결합 상태를 나타낸다. 하지만 필로스적 결합은 매혹적으로 사로잡는 요소, 곧 유혹적 자극이나 열광적인 상승[4]의 계기를 지니고 있지는 않다. 이러한 관계를 잘 부각해 주는 것은 아킬레우스가 『일리아스』(9, 340~343)에서, 자신이 뤼르네소스에서 빼앗아 일종의 혼인 관계를 맺고 있던 애첩 브리세이스를 아가멤논이 다

---

3) Ludwig Uhland, "Das Lied vom guten Kameraden".

4) 그리스적 특징인 동성애 관계에서도 동일한 것이 분명하게 드러난다. 연장자의 열정적인 에로스에 대해서 미소년은 "늘 더 약하고 열정이 부족한 것으로 여겨지는 친절함"을 통해 응답했다. Dirlmeier, *op. cit.*, p. 60 이하.

시 빼앗아 간 것에 대해 비통하게 탄식하면서 사용한 말들이다. 자신의
애호 대상으로서 부인과의 관계에서, 자애로운 관심을 가지고 배려하
는 일은 명확하게 언어를 말할 수 있는merópōn 모든 성실한agathós 남자의
'건전한 이성echéphrōn'에 속한다. 다시 말해서 자신의 충동을 맹목적으로
부르짖지 않고 자각한 상태에서 언어를 잘 사용할 수 있는 모든 성실
한 남자에게 당연한 일인 것이다. 이러한 신념을 제대로 보여 주지 못
하는 사람은 이를테면 '전적으로 정상은 아닌', '생각이 올바른 상태가
아닌' 것이다. 여기서 사랑의 음조Ton가 되는 것은 품격 있는 남성에게
당연한 것 혹은 그러한 남성이 응당 행해야 하는 것이다. 이는 클라이
스트의 주피터가 동경하는 황홀함과는 전혀 다르다. 오디세우스와 페
넬로페 사이의 관계도 이와 같은 종류의 사랑이다. 그것은 니콜라이 하
르트만이 말하는 개체적 사랑이 아니라,[5] 화합을 이루고 있는 가정 공
동체의 기능이라 할 수 있다. 페넬로페는 집으로 돌아온 남편이 침대를
만든 이야기를 통해 그 자신임을 증명했을 때, 비로소 남편으로서 인정
한다. 그의 정당성을 가정 공동체의 기반을 마련한 일에서 확인해 주는
것이다. 남편과 부인이 서로를 확인하는 장면은 오디세우스가 그의 늙
은 아버지 라에르테스를 재회하면서 보여 주는 아들과 아버지의 감동
의 표현에 비하면 상당히 절제되어 있으며 관습적인 수준에 그치고 있
다(『오디세이아』 23, 225~250와 24, 315~323; 345~348을 비교하라). 아버
지와 아들의 관계가 남편과 부인 사이의 사랑보다 더 자발적인 관계인
것처럼 보인다. 남편과 부인 두 사람이 트로이 전쟁 10년과 이후 10년

---

5) Nicolai Hartmann, *Ethik*, 3rd ed., Berlin 1949, chap. 58, pp. 532~544.

동안 온갖 고초와 유혹을 무릅쓰면서, 강할 뿐만 아니라 부분적으론 영
웅적인 강인함으로 삶의 공동체를 다시 회복하는 데 성공했음에도 말
이다. 물론 이들의 공동체는 '함께 속해 있음'을 알고 있는, 고요하게 서
로를 끌어당기고 있는 앎을, 매혹의 요소 없이 단지 서로가 자신의 것
이라고 여기는 앎을 바탕으로 하고 있다.

그리스인들에게 두 사람 사이의 성적 사랑이 취하는 또 다른 형
태는 — 이는 오랜 시간 지속하는 삶의 공동체로부터 분리된 사랑인
데 — 유혹적인 에로스적 사랑이다. (유혹하는 역할을 맡은 창녀들이나
동성애의 미소년들에 대한 에로스적 사랑과 같은) 이는 황금빛 아프로디
테가 발광하고 불꽃을 내며 몽롱하게 어른거리며 보여 주는 빛남의 사
랑이며, 이 빛남은 사랑을 향유하면서, 그리고 짧은 순간이지만 연애의
행복을 흠뻑 맛보는 황홀함의 빛남이다. "만약 황금빛 아프로디테가 없
다면 삶은 도대체 무엇이며, 어떤 일이 기쁨을 주겠는가? 만약 내 마음
에 비밀스러운 연애와 감미로운 선사와 결합에 대한 간절함이 없다면,
나는 차라리 죽고 싶을 것이다. 여자들과 남자들에게 유일하게 매력적
인 것은 이들이 젊음을 꽃피울 때다. 하지만 가련한 세월이 찾아와 남
자를 추하고 비참하게 만들면, 심각한 근심이 그의 오장육부를 온통 갉
아먹는다. 태양의 빛나는 광선을 보면서도 그는 이제 더는 기뻐하지 않
는다. 소년들은 그를 싫어하고 여성들도 그를 존중하지 않는다. 신은
나이 드는 것을 이토록 흉하게 만들어 놓았다."[6] "남들과 동일한 부를
소유하는 것. 많은 금과 은은 물론, 밀밭, 말들, 노새들을 소유한 사람이

---

6) Mimnermos, Elegie 1(Diehl).

배, 옆구리, 발을 가지고 미소년과 여성의 부드럽고 풍만한 몸의 형태를 감촉하게 되는 것. 여기에다가 성년이 된 젊음이 덧붙여진다면, 이는 적절한 시기에 흡족한 일이 될 것이다. 이와 같은 일은 죽어야만 하는 인간에게 필요 이상의 과잉일 것이다. 그러나 누구도 모든 엄청난 부를 가진 채 지하세계로 가지는 않는다. 또한 누구도 아무리 몸값을 많이 낸다 해도 죽음과 위중한 질병, 그리고 다가오는 비참한 나이를 피해 갈 수는 없다."[7] 내가 독일어 산문으로 번역한 이 시들은 기원전 6세기 내지 7세기에 활동했던 두 고대 시인의 활기 넘치는 엘레지 형식의 시들이다. 이 시들은 전형적인 그리스적 분방함으로 소년에 대한 사랑과 여성 육체에 대한 성애적 향락, 이 두 가지를 똑같이 가치 있는 것으로 내세우고 있다. 시인들은 동성애적 관계에 대해서 일차적으로 떠오르는 비난, 즉 세대를 이어 주고 가족적 삶의 질서를 보장해 주는 성적 사랑의 자연스러운 연관에서 벗어나 있다는 비난을 염려할 필요가 없다. 왜냐하면 그러한 장기간 지속되는 질서는 사랑의 또 다른 형식, 즉 필로스적 결속(필리아)에 근거한 성적 사랑이 담당하고 있었기에 아프로디테의 영역에서는 고려할 필요가 없기 때문이다. 이러한 아프로디테란 일종의 분위기Atmosphäre, 말하자면 일종의 성애적 긴장감이 실려 있는 삶의 영역인데, 이 영역이 인격화를 거쳐 하나의 여신으로 생생하게 구체화된 것이다. 물론 이때 개체와 영역을 서로 깨끗하게 분리한다는 것은 그리스인들의 의미에서는 불가능하다.[8] 핀다로스가 젊은 여성

---

7) Solon, Elegie 14(Diehl).

8) 이에 따라 발터 푀처(Walter Pötscher)는 그리스 종교에서 개체-영역의 사유에 관해 이야기한

의 최초의 성행위 경험에 대해 "그녀는 그때 처음으로 감미로운 아프로디테와 접촉했다"라고 말할 때, 그가 주장하는 것이 바로 이런 의미의 영역이다.[9]

그리스인들에게 있어 두 사람 사이의 성적 사랑을 좀 더 정확히 이해하기 위해서는 '에로틱'과 '에로스', 즉 성애적 영역(그리스어로 아프로디테)과 에로스적 충동을 명확히 구별해야 한다. 나는 이미 이 두 개념의 대비를 아주 철저하고, 또 풍부한 예증을 동원하여 분석한 바 있다.[10] 여기서는 단지 이에 대해 몇 가지 요약하는 지적으로 만족하겠다. 에로스가 성애적으로 특수화된 것은 기원전 400년경에 이르러서야 완성된, 2차적인 과정이었다. 이 과정은 플라톤의 대화편 『향연』이이후 강력하게 영향력을 행사하면서 은폐되어 있었다. 물론 이 대화편에서도 한 번은, 즉 에로스라는 말의 넓은 의미와 좁은 의미를 ('포에지'를 '시작'詩作 내지 '제작'으로 구별하는 것에 유비적으로) 구별하는 대목에서 에로스의 더 오래된 의미, 특수화되기 이전의 의미가 내비치고 있다. 그리스인들의 체험에서 에로스는 어떤 불확정적인 힘, 그렇기 때문에 섬뜩하게 흥분시키는, 하지만 파악하기 어려운 갈망의 힘Drangmacht이었다. 그것은 쇼펜하우어적 의미의 의지Wille에 비교할 수 있다. 쇼펜하우어는 세계 원리(우주 생성적 에로스)로서의 자격을 의지에 부여하

---

다(*Wiener Studien*, vol. 72, 1959). Schmitz, *System der Philosophie*, vol. III part 4, p. 27 이하, 105, 158 이하 참조. 특히 아프로디테에 대해서는 vol. III part 2, Bonn 1969(2nd ed. 1981), pp. 446~449 참조.

9) Pindaros, *Olympian Odes* 6, 35.

10) Schmitz, *System der Philosophie*, vol. III part 2, pp. 440~451.

고, 그에 대해 전체적으로 비관주의적인 태도를 취했다. 나아가 쇼펜하우어는 의지가 성적인 삶 속에서 자신을 실현하고자 하는 강력한 경향성을 갖고 있다고 보았는데, 이러한 측면에서 그리스의 에로스와 동일하다고 할 수 있다. 물론 그리스의 에로스적 사랑은 이외에 수많은 다른 영역(예를 들어 배고픔, 갈증, 소유욕, 파괴의 광기, 죽음 충동, 고향이나 먼 곳을 향한 동경, 질도벽 등등)에서도 영향력을 발휘했다. "그리스인들은 에로스를 일종의 강력하게 추동하지만, 어떤 통일된 목표를 추구하지는 않는 비밀스러운 흥분Erregung으로서 스스로 직접적으로 생생하게 감지했으며, 이를 맞닥뜨리고 있는 대상 내지 해석된 대상으로 전이했다."[11] (가령 플라톤의 『향연』에서처럼) 에로스를 다양하게 해석하고자 시도하는 것도 바로 이로부터 연유한 것이라 하겠다. 이들 시도 대부분은 계보론의 형태를 띠고 있으며, 거기서 에로스적 사랑은 대부분 특수화되지 않은 넓은 의미에 걸맞게 세계의 시초로 소급되고 있다. 에로스가 성애적으로 특수화되는 과정이 이미 진행되고 있을 때, 아테네의 중기(기원전 4세기) 희극 시인들은 에로스의 좀 더 오래되고 모호한 형태를 주시하면서 이에 대해 강력히 이의를 제기했다. 성애적으로 특수화되는 과정은 화살 쏘는 소년으로 귀엽게 형상화되기에 이르렀으며, 기독교 시대에 들어와서는 심지어 어린아이 모습의 남신들 혹은 아모르Amor 동자상童子像들의 집단으로 표현되게 된다. 지금까지 그리스의 유산을 학문적으로 소화하는 일과 이를 통해 널리 대중적으로 알려진 에로스의 이미지("에로틱")는 이러한 성애적 에로틱과 에로스적 충동

---

11) *Ibid.*, p. 445.

사이의 대비를 충분히 밝혀 주지 못했다. 표준적인 그리스어 사전으로 널리 인정받고 있는 리들-스콧-존스 사전을 펼쳐 보라. 이 사전의 표제어 '에로스'érōs를 보면 이에 대한 설명으로 "사랑, 대부분 성적 열정의 의미에서", 나아가 "일반적으로, 어떤 사물에 대한 사랑, 사물을 향한 욕망", "사랑 혹은 욕망의 대상", 마지막에는 저자들의 근거 없는 발명으로서[12] "열정적인 기쁨" 등이 적혀 있다. 에로스는 어떤 성숙화의 과정을 통해서가 아니라, 오히려 사랑하는 능력을 방해하고 손상시킴으로써 그리스인들에게 자신의 마력을 행사했다. 아마도 그 때문에 그리스인들이 필리아와 아프로디테를 통합하는 일에 실패했을 것이다. 또한 아마도 그리스인들은 섬뜩하고 특수화되지 않은 갈망의 힘을 회피하기 위한 성찰을 진행하면서, 두 가지 형태의 성적 사랑을 갖게 되었을 것이다. 한편으로 그리스인들은 강도가 약화된 대신, 자신이 애호하는 것을 오랜 기간 지속적으로, 전체적으로 명확한 상태에서 자애롭게 돌보려 하는 사랑을 갖게 되었다. 이는 묘비에 새겨진 많은 아름다운 시들이 잘 보여 준다.[13] 다른 한편으로 그리스인들은 아프로디테적 유

---

12) 리들-스콧-존스(Liddell-Scott-Jones)는 소포클레스의 『아이아스』 693행을 증거로 든다: "강렬한 흥분이 나를 뒤흔드네, 솟구치는 환희여"(éphrix' érōti, pericharès d' aneptáman). 기쁨이 얘기되는 것은 이 시행의 후반부에 이르러서다. 그리고 이 기쁨은, 코러스가 시행 전반부 이후 공포에 사로잡히면서 감지하는 에로스적 사랑의 특수화되지 않은 자극을 사후적으로 해석한 것이다. 여기서 '에로스'란 말은 호메로스의 「헤르메스 찬가」 434행("저항할 수 없는 갈망이 상대방 가슴속 영혼을 사로잡았네"[tòn d' éros en stéthessin améchnos aínyto thymón])에서와 같은 의미이며, '감동을 주는 자극' 정도로 번역되어야 한다.

13) 예를 들어 기원전 360~340년경의 피레우스의 한 부조상에 새겨진 시를 보라. Werner Peek, *Griechische Grabgedichte. griechisch und deutsch*, Darmstadt 1960, Nr. 101 (Inscriptiones Graecae II/III² 12067).

희라 할 일시적인 광채의 사랑을 갖게 되었다. 이러한 필리아적 사랑과 에로스 사이의 갈등은 에우리피데스의 드라마 『알케스티스』에 선명하게 그려져 있다. 주인공 아드메토스는 자신의 죽음을 피하기 위해 부인인 알케스티스가 대신 자결하는 것을 받아들인다. 그런데 정작 그때가 되자, 곧 이미 너무 늦었을 때, 아드메토스는 자신에게서 그녀를 향한 다정다감한 사랑의 존재를 발견한다. 이 사랑은 그가 자신의 웅변술을 생동감 있게, 하지만 실제 행위의 진지함은 동반하지 않은 방식으로 분출할 때 잘 드러나고 있다. 이 웅변 가운데 특기할 만한 것은, 좋은 모습을 보이지 못한 것에 대한 수치스러움의 표명(954~961행), 스스로 죽은 자들의 무덤 속으로 떨어지겠다는 열망의 맹세(895~902행), 또한 거의 트리스탄과 이졸데에게 어울릴 정도의 신비주의적 합일unio mystica을 연상시키는 헌사(277~279행) 등이다. 무엇이 아드메토스를 이러한 열변으로 몰아가는지를 그 자신도 설명하지 못한다. 이러한 한탄이 아무 소용이 없다는 지적에 대해 그는 이렇게 대답한다. "그건 나 자신도 알고 있다. 하지만 어떤 에로스가 분출되어 나오고 있다."[14] 여기서 에로스는 물론, 일반적인 사랑이 아니다. 오히려 그것은 특수화되지 않은 갈망의 힘, 당사자조차 파악할 수 없는 이러한 힘의 흐름이다. 에로스는 일종의 분산된 흥분으로서, 너무 늦게 도착한 회개하는 사랑 안으로 흘러들고 있다. 회개하는 사랑의 강바닥으로 흘러넘치고 있다. 다른 이미지로 표현하자면, 에로스는 당사자에게도 엄청난 것으로 다가오는, 급작스럽게 솟구쳐 오르는 불길과 같다. 그리스적 부부간 사랑은 모호한

---

14) 1080행: "égnōka kautós, all' érōs tis exágei."

에로스의 강력한 힘을 받아들일 준비를 전혀 갖추지 못하고 있었다.


## 2. 로마인들의 성취

로마인들은 그리스의 에로스, 필리아, 아프로디테 사이에 존재했던 긴장에 대해서 아무런 공감을 보이지 않았다. 프로페르티우스[15]는 밈네르모스[16]가 황금빛 아프로디테를 신봉하는 것을 너무도 당연하게 사랑(아모르)을 신봉하는 것으로 해석했다.[17] 그리스 초기의 비가 시인 밈네르모스는 자신의 삶의 의미를 광채를 발하는 아프로디테의 달콤함이 아니라, 섬뜩한 에로스에게 위임하는 일을 결코 허용하지 않았을 것이다. 로마인들도 그리스 에로스 신을 '큐피드'Cupido라는 이름으로 받아들이면서 에로스의 강렬한 갈망의 성격을 인식하고 존중하기는 했다. 하지만 그들은 쇼펜하우어의 형이상학에 근접해 있는, 이 갈망의 널리 분산되어 있으며 수수께끼 같은 본성을 좀 더 협소하게 표면 위에 드러나 있는 것으로 만들었다. 이 갈망의 성격은 훨씬 더 강하게 감각적이고 육체적이며, 성적인 욕망을 뜻하는 방향으로 고정되었다. 그런데 이것이 두 사람 사이의 성적 사랑에 대한 고유한 로마적 이해를 충분히

---

15) 프로페르티우스(Sextus Aurelius Propertius, 대략 기원전 47~2)는 코르넬리우스 갈루스, 티불루스, 오비디우스와 함께 기원전 2세기 후반에 대중적이었던 로마의 연애 '비가' 형식을 꽃피운 시인이다.—옮긴이

16) 밈네르모스(Μίμνερμος, Mímnermos)는 기원전 6세기경 활동했던 그리스 시인이다. 그의 시들은 단편으로만 일부 전해지는데, 비가 형식을 연애시의 대표적 장르로 만들었다. 밈네르모스의 비가 형식은 후기 고대와 로마 시대 시인들에게 적지 않은 영향을 미쳤다.—옮긴이

17) Propertius, *Elegies* I 9, 11행 이하.

만족시키지 못했기 때문에, 로마인들, 특히 로마의 시인들은 사랑(아모르)을 사랑의 욕망(큐피드) 대신 내세운 것으로 보인다.[18] 로마인들에게서는 에로스의 특수화되지 않은 갈망의 힘과 이 수수께끼 같은 힘으로 인해 사랑할 수 있는 능력이 저지되는 일이 사라진다. 그리고 로마인들에 이르러 그리스인들에게 분리되어 있던 두 사람의 성적 사랑을 이루는 두 사랑, 즉 '필리아'와 '아프로디테'가 마침내 종합될 수 있는 단계에 도달한다. 이렇게 종합된 성적 사랑은 현대적 의미의 성적 사랑과 그 의미가 대동소이하다고 할 수 있다. 획기적 전기轉機의 기록, 즉 고대에 필리아와 아프로디테의 성공적인 종합을 보여 주는 최초의, 또 가장 순수한 기록은 바로 시인 카툴루스의 작품이다. 카툴루스는 성애적 사랑(밈네르모스의 아프로디테 사랑)이 가진 매혹을, 누군가에 귀속된 것을 애호하는 일이 지니고 있는(오디세우스와 페넬로페) 결속 의식意識 및 이 결속 의식의 권위와 결합했다. 그리하여 그는 내밀하고 열광적일 뿐 아니라 신뢰와 책임감 속에서 서로 화합하는 상태, 이 상태에 기꺼이 자신을 의탁하는 방식으로 상대방에게 애정을 쏟는 사랑의 형태를 창출했다. 나는 이러한 성취의 특징을 두 측면에서 살펴볼 것이다. 이 두 측면은 이후 시도될 현상학적 분석을 준비하는 의미도 갖고 있다.

## 2.1. 주관성

카툴루스는 68번째 시에서 사랑하는 여인과의 밀회를 주선해 준 친구

---

18) Antonie Wlosok, "Amor and Cupid", *Res humanae-res divinae. Kleine Schriften*, eds. E. Heck and E. A. Schmidt, Heidelberg 1990, pp. 101~115.

알리우스Allius를 이렇게 칭송한다.


    is clausum lato patefecit limite campum,

    isque domum nobis isque dedit dominam,

    ad quam communes exerceremus amores,

    quo mea se molli candida diva pede

    intulit et trito fulgentem in limine plantam

    innixa arguta constituit solea,[19)]


그는 넓은 길을 내어 닫혀 있던 평원을 열어 주었네

또한 그는 우리에게 거처를 마련해 주고,

우리가 공동의 사랑을 연습할 수 있도록 여주인까지도 선사해 주었네.

그곳으로 부드러운 발의 광채를 발하는 나의 여신이 등장하고,

나의 여신은 눈이 부신 발바닥을 발자국에 닿은 문지방에 버틴 채 자신

을 드러냈다네.

---

19) Catullus, *Carmina* 68 67~72행. 한스 페터 신디쿠스는 시행 68과 관련하여 이미 오래전에 제
안되었고 또 일부 문헌학자들도 승인한 바 있는 교정 제안을 받아들인다(Hans Peter Syndikus,
*Catull. Eine Interpretation*, part 2: Die großen Gedichte (61~68), Darmstadt 1990, p. 270). 그는
'dominam'(여주인을)을 'dominae'(여주인의)로 교체하려 한다. 나는 이러한 텍스트 변형이 불
필요할 뿐만 아니라 결코 인정할 수 없다고 본다. 왜냐하면 이러한 변형은 시의 의미를 망쳐
버리기 때문이다. 시의 의미는 알리우스가 시인에게 자신의 집을 제공함으로써 사랑하는 여
인이 문지방에서 시인에게 여신처럼 나타날 수 있도록 했으며, 그럼으로써 집의 여주인이 될
수 있도록 했다는 데 있다. 시행 69의 관계 문장이 'dominam' 앞에 있는 'domum'(거처를)으로
건너뛰는 방식으로 파격적인 형태가 되어 있는 것은 내가 보기에, 급작스러운 사건을 감각적
으로 묘사하기 위한 예술적 기법으로 설명할 수 있다.

샌들 소리로 자신의 출현을 또렷이 알려 주면서.

　　고도 리베르크는 이 시와 관련하여, 카툴루스 이전 시기에 여성을 여신으로 열광적으로 묘사하는 글들을 함께 모아 출간했다.[20] 하지만 리베르크는 카툴루스의 신격화에서 소유대명사 '나의 (여신)'에 의해 여성의 의미가 결정적으로 강화되고 있음을 간과했다. '나의' 여신으로서 신비롭게 고양된 여인이 일반적인 여신으로서 여성과 맺고 있는 관계는 기독교적 신의 전통에서 사도 바울, 루터, 테르슈테겐Tersteegen 등이 말하는 '나의' 신 혹은 '우리의' 신이라는 말이 신 일반과 맺고 있는 관계와 같다.[21] 사랑하는 존재가 매혹과 성스러움[22]을 지닌 신적 존재라는 사실이 1인칭 소유대명사 '나의'를 통해 자신의 가장 개인적인 사안으로서 강조되고 있다. 좀 더 정확히 말하자면, 더 이상 객관적인 사실이 아니라 자신의 주관적인 사실로서 강조되는 것이다. 내가 지금 사

---

20) Godo Lieberg, *Puella Divina*, Amsterdam 1962.

21) 바울, 「고린도전서」 8장 5절 이하: "남들은 하느님도 많고 주님도 많아서 소위 신들이 하늘에도 있고 땅에도 있다고들 하지만 우리에게는 아버지가 되는 하느님 **한 분**이 계실 뿐입니다. 그분은 만물을 창조하는 분이며 우리는 그분을 위해서 있습니다. 또 주님은 예수 그리스도 **한 분**이 계실 뿐이고 그분을 통해서 만물이 존재하고 우리도 그분으로 말미암아 살아갑니다" [한국어 번역은 『한영대조 성서』(공동번역 개정판), 대한성서공회 2002 참조]. 또한 Martin Luther, *Großer Katechismus*, ed. Johannes Meyer, Darmstadt 1968, p. 39: "이제 당신이 (내가 말하건대) 당신의 가슴을 메어 놓고 의지하는 것, 그것이 본래적 의미에서 당신의 신입니다"(또한 다음 부분도 참조. "우리의 신은 하나의 견고한 성입니다"). 그리고 게하르트 테르슈테겐의 한 편지를 보라(Cornelis Pieter van Andel, *Gerhard Tersteegen*, trans. A. Klein, Neukirchen-Vluyn/Düsseldorf 1973, p. 117): "하지만 이러한 숭배하고 사랑할 가치가 있는 존재는 단지 신으로서 현존할 뿐만 아니라 예수 그리스도 안에서 우리의 신으로서 현존하고 있습니다."

22) 루돌프 오토에 따르면, 매혹(fascinans)과 성스러움(sanctum)은 신적으로 신비로운 존재의 두 가지 특징이다. Rudolf Otto, *Das Heilige*, 26~28th ed., München 1947.

용하는 주관성과 객관성의 개념은 명확히 구분된 다음 정의를 포함하고 있다. 최상의 경우라 하더라도, 오직 한 사람만이 자신의 이름으로 하나의 '사태'(특히 하나의 사실)를 진술할 수 있을 때, 이때 그 사태는 **주관적**이다. (따라서 아무도 그 사태를 적절히 진술할 수 없는 경우가 매우 빈번하다. 예를 들어 동물이나 유아가 그러한 경우다.) 물론 다른 사람들도 스스로 진술할 수 없는 사태와 관련하여 그 특징을 상당히 명확하게 한정하여 말할 수는 있다. 지식과 언어능력을 충분히 갖추고 있는 사람으로서 누구나 어떤 사태를 언어로 진술할 수 있을 때, 이때 이 사태는 **객관적**이다. '계획'Programm이나 '문제'에 대해서도 마찬가지로 주관적, 객관적이라는 구분이 유효하다. 우리는 이 구분이 의미하는 바를 "나는 슬프다"라는 문장을 통해 쉽게 명확히 할 수 있다. 가령 나는 헤르만 슈미츠다. 만약 내가 다른 사람이라면 어떻게 이 문장을 말할까를 떠올린다면, 다시 말해 다른 사람은 어떻게 내가 한 말 "나는 슬프다"가 표현하고자 하는 바를 표현해야 하는가에 대해 생각해 본다면, 필경 이런 방식으로만 가능할 것이다. 즉 나는 "헤르만 슈미츠는 슬프다"와 같은 문장 속으로 나 자신을 이입시켜 생각하고 이 문장의 의미로부터 내가 헤르만 슈미츠라는 사실을 분리해 내야만 한다. 그러나 이런 방식으로 서술된 사태는 본래의 사태보다 확연히 빈곤하다. 즉 그러한 사태에는 슬픔이 나를 슬프게 한다는 것, 바로 내가 슬픔에 사로잡혀 있다는 뉘앙스가 빠져 있는 것이다. 문장의 서술이 객관적 사태의 영역에 머물러 있는 한, 이 뉘앙스를 저 사태 안에 집어넣는 것 또한 불가능하다. 만약 이것이 가능하다면, 해당되는 뉘앙스에 대한 이름을, 가령 '사로잡혀 있음'과 같은 식으로 임의로 선택하면 될 것이다. 그러고는 객관적 사실의 진술을 그에 상응하여 "헤르만 슈미츠는 사로잡힌 상태에서 슬프다"와 같은 식으로 보충하여 해결을 찾았다고 할 것이다. 그러나 이러한 일은 성공하지 못한다. 내가 바로 헤르만 슈미츠 자신이라는 것을 논외로 한 상태에서, '헤르만 슈미츠는 사로잡힌 상태에서 슬프다'라는 사실은 내가 슬플 때, 바로 내가 슬프다는 사실처럼 그렇게 내게 다가오지 않는다. 물론 내가 정서적으로 공감하면서 그의 슬픔을 나의 것으로 만들 수는 있을 것이다. 하지만 이를 진술하기 위해서는, 나는 다시금 내게 주관적인 사태를 진술하지 않으면 안 된다. 그리고 방금 "나는 슬프다"라는 문장에 대해 토론한 내용이 이 경우에도 똑같이 적용된다. 나는 누군가에게 주관적인 사실(또한 비사실적인 사태도 함께), 계획, 문제로 이루어진 그만의 '환경'Milieu이 객관적인 사실, 계획, 문제 등등에다가 주관성을 덧붙여 결합시키는 방식으로는 결코 산출될 수 없다는 점을 증명했다. 동시에 나는 주관적인 사실, 계획, 문제로부터 주관성을 벗겨 냄으로써 이들에 대한 빈곤해진 객관적 상응물이 등장한다는 점을 증명했다.[23]

주관적 사실은 삶 자체로부터 포착된 사실, 충만한 현실성의 무게를 지닌 사실이며 또한 운명적인 얽힘의 사실이다. 반면 객관적 사실은 [이를테면] 증류된 사실, 내지는 빛이 바래서 중립성이 된 사실로서 순수하게 기록하는 태도로 접근할 수 있는 사실이다. 객관적 사실과 누군가에게 주관적인 사실의 관계는 예컨대, 어떤 사건에 대해 단순히 얘기

23) 최근의 저작으로 (서로 다른 몇 가지 서술에 따라) 다음을 참조하라. Hermann Schmitz, *Die entfremdete Subjektivität. Von Fichte zu Hegel*, Bonn 1992, pp. 21~40.

하는 것과 그 사건에 스스로 함께 참여하고 있는 것과의 관계와 흡사하다. 주관성을 통해 생동함과 생생함이 어떻게 충격적으로 부가되는가를 나는 뒤렌마트Friedrich Dürrenmatt의 글에서 내가 자유롭게 각색한 짧은 에피소드를 통해 명확히 보여 줄 수 있다. 이 에피소드는 어떤 예술을 사랑하는 친구가 자신이 매우 존경하는 시인을 방문한 이야기를 담고 있다. 시인은 방문한 친구에게 자신의 의도를 들려준다. 즉 그가 누군가를 창밖으로 내던지고자 하며, 이때 살아 있는 대상에서 확인되는 죽음의 공포를 연구하여 시인에게 대단히 소중한 인간 본성 연구를 더욱 확장하고자 한다는 것이다. 방문객 친구는 흥미로운 공포감을 느끼면서 귀를 기울인다. 그러나 시인의 묘사에서 밖으로 떨어져야 할 사람이 바로 듣고 있는 자신이라는 사실이 드러나는 순간, 급격한 변화가 일어난다. 즉 이 순간, 이 친구의 반응이 보여 주듯이, 그에게 전달된 사태가 그 자신에게만 매우 중대하게 두드러지는 새로운 뉘앙스를 획득하게 되는 것이다. 그는 이제 더 이상 흥미진진한 태도를 견지할 수 없으며, 시인의 의도에 부합하기라도 하듯 공황 상태의 반응을 보일 것이다. 방문한 친구가 이해력이 더딘 사람이라면, 시인은 자신이 계획하고 있는 과정과 창문에서 떨어져야 할 사람의 특징들을 마음대로 상세히 묘사할 수 있을 것이다. 그리고 이는 점점 더 풍부한 객관적 사태들을 듣고 있는 이 친구가, 오직 자신만이 발화할 수 있는 뉘앙스, 즉 바로 자기 자신이 그 대상이라는 사실을 감지할 때까지 계속될 수 있다. 이로써 객관적 사태의 내용이 이 친구에게 다시 한번 풍부하게 된 셈인데, 하지만 그 이전과는 전적으로 다른 방식으로, 즉 그 자신에 대한 주관성에 의해서 비교할 수 없이 현저하게 강화된 것이다. 그것은 말문이 완전히 막힐 만큼 비약적으로 달라진다.

다른 예를 들어 보자. 이 예는 위의 에피소드와 유사하지만, 어떤 무시무시한 뒷맛 없이 훨씬 더 부드러운 방식으로 주관성의 흐름을 보여 준다. 18세기의 시인 다몬Damon, 즉 사무엘 고트홀트 랑게Samuel Gotthold Lange는 부드러운 주관성의 흐름을 "그가 도리스와 함께 자신의 친구인 티르시스를 방문했을 때의 느낌으로" 묘사하고 있다.

달의 여신Phäbus의 광채로 장식된 모습으로, 너는 완벽히 고요하게 들어온다.
또한 네 손에는 레스보스섬의 현악기가 들려 있다.
수줍은 야생동물은 두려움을 잊고 듣는다,
                신적인 소리를.

나는 귀 기울이며 노래의 내용을 듣고,
그 애정 깊음이 내 가슴을 흔든다. 나는
나 자신을 느낀다. 그리움이 현들의 떨림 속에 스며 있다.
                너는 나를 생각하는구나![24]

시인은 같은 시에서 이미 앞선 8연에 걸쳐 자신과 신, 세계와 애호하는 사람들을 노래했다. 하지만 이는 객관화시키는 성찰의 관점에서

---

24) *Freundschaftliche Lieder von I. J. Pyra und S. G. Lange*, ed. B. Seuffert, Heilbronn 1885, pp. 47~48, Nr. 17(원전은 *Thirsis und Damons freundschaftliche Lieder*, ed. J. J. Bodmer, Zürich 1745, 2nd ed., Halle 1749).

였다. 그런데 이제 친구가 나타나 현악기를 연주하면서 애정 깊은 그리움이 시인의 가슴에 감동을 가져온다. 이때 비로소 그가 성찰하며 파고든 사태, 계획, 문제가 그를 위한 주관성의 빛을 획득하게 된다. 그는 자기 자신을 느끼는 것이다. 이는 내향성Introversion이나 내성內省, Introspektion과는 아무 관련이 없다. 반대로 여기서 주목해야 할 것은 사태, 계획, 문제가 획득하게 되는 뜨거움과 중요성, 의미의 색조다. 그리고 이는 음악의 청자인 시인이 자기 자신이 바로 그 주체임을, 얘기되는 것이 바로 **자신의** 일임을 감지하기 때문이다. 카툴루스의 경우도 마찬가지다. 카툴루스가 만난 여인이 (어쩌면 단지 그렇게 주장하고픈) 한 여신이라는 객관적 사태가 그를 위한 주관적 사태로 충만하게 변화한 것이다. 예수 그리스도가 바울, 루터, 테르슈테겐에게 '**우리의** 신'이 되는 것처럼, 그녀는 카툴루스에게 '**나의** 여신'이 되는 것이다. 이러한 주관성과 객관성의 개념은 개념을 정의할 때 [미리 전제되어 있는] 어떤 주체 내지 객체와 연관되어 있지 않다. 오히려 이들 개념의 근거가 되는 것은 사태, 계획, 문제가 각기 형성하고 있는 환경들의 이질성이다.

## 2.2. 신의

두 사람의 성적 사랑에 대해 또 한 가지 로마인들이 각별히 기여한 것은 신의fides다. 신의는 신의를 주는 사람과 받는 사람을 공통적으로 포괄하는 힘, 따라서 신의를 주는 사람의 성실함과 신의를 받는 사람의 신뢰를 동시에 자극하고 고무하는 힘이다. 로마 시대에 브린디시 출신의 어떤 상인이 있었는데, 그는 채권자들이 지녔던 충성스러운 예의 덕분에 세 번이나 파산을 면할 수 있었다. 그는 묘비석에서 이 충직한 채

권자들이 아니라 이들의 신의에 대해 감사하고 있다. "지고로 성스러운 신의의 여신이여, 행복이 깨지고 내가 바닥에 떨어졌을 때, 그대가 나를 세 번이나 다시 일으켜 주었구나."[25] 여기서 보이듯 신의는 고대 시대에 개별자가 가진 어떤 본성이나 미덕이 아니었다. 반대로 그것은 "누군가에게 신의를 주다"fidem dare alicui 혹은 "누군가의 신의 속에 있다" in fide alicuius esse와 같은 표현에서 나타나 있듯이, 일종의 전제직인 영역 ganzheitliche Sphäre과 같은 것이었다. 이 전체적인 영역은 신의를 줌으로써 fidem dare 이를 수용한 사람에게로 확장된다. 이에 따라 신의의 수용자는 해당되는 신의(예컨대 로마 민중의 신의와 같은) 속에 존재하게 되며, 신의를 선사한 자가 많은 대중을 자신의 신의의 영역 안에 갖고 있을 경우, 그는 강력한 힘의 증가를 경험하게 된다. 많은 평민층을 피보호자 cliens로 갖고 있는 큰 후견인patron이 이런 경우다.[26] 신의에 대한 호소력이 꼭 어떤 약속을 통해서 생성되는 것은 아니다. 그럼에도 이 호소력이 미치는 자는 "상당한 윤리적 강제성의 처지"에 놓이게 되어, 그것을 결코 쉽게 무시할 수 없게 된다. 무시할 경우 존중을 요청하고 있는 신의의 권위와 갈등을 빚게 될 것이기 때문이다. 신의는 로마인의 큰 정치적 결정뿐만 아니라[27] 사적 권리와 관련해서도 영향력을 발휘했다.

---

25) Bücheler, *Carmina Latina Epigraphica* 1533, 8행 이하. 번역은 아래 출처에 따라 내가 한 것이다. *Realencyclopädie der classischen Altertumswissenschaft*, VI 2 column 2285 and VII 1 column 41.

26) Richard Heinze, *Vom Geist des Römertums. Ausgewählte Aufsätze*, ed. E. Burck, 4th ed., Darmstadt 1972, pp. 66~69, 신의에 관한 장 pp. 59~86(본래 1929년 집필).

27) Alfred Heuß, *Der Erste Punische Krieg und das Problem des Römischen Imperialismus*, Darmstadt 1964, p. 22(*Historische Zeitschrift*, vol. 169, 1949, p. 478).

특히 사적 권리에서는 유언을 통한 '신탁유증'Fideskommiss이라는 법적 규정에서 그러했는데, 신탁유증은 황제 유스티니아누스 1세의 『법학제요』Institutionen(II, 23, 1)에 따르면 특별한 법적 권력이 아니라 후손의 경외심pudor을 통해 효력을 발휘했다. 즉 후손이 자신과 유산을 남긴 사람 사이를 묶어 주고 있는 신의를 존중함으로서, 신탁유증이 효력을 갖게 된 것이다. 신의를 저버리는 경우 해당 후손은 수치스럽게 될 수밖에 없었다. 따라서 가령, 가족 간의 신뢰 관계라는 틀 안에서 아버지가 유언장에 표현한 희망은 아들에게 신탁유증적인 구속력을 지니고 있었다.[28] 이렇게 이해된 신의, 즉 통합적 권위를 지닌 포괄적인 힘으로서의 신의가 로마의 연애시에서 두 사람의 성적 사랑이 지향하는 이상을 만들어 내게 된다. 프로페르티우스는 애인에게 이렇게 맹세한다.

Me tibi ad extremas mansurum, vita, tenebras;
Ambos una fides auferet, una dies.[29]

삶이여, 나는 마지막 어둠까지 네게 속할 것이니,
어느 날, 신의가 우리 둘을 가로채 가게 되기를.

그리스인들에게는 이와 같은 선례를 찾을 수 없다. 호메로스적 의미의 혼인 관계에서 드러나는 사랑은 한 사람에게 속한 것, 그가 애호

---

28) *Digesta* 32, 11, 9.
29) Propertius, *Elegies* II 20 17행 이하.

하는 것에 대한 자애로운 관심이었다. 그것은 마치 서로 식물처럼 결합되어 있음을 통한, 비자의적인 신뢰를 기반으로 한 사랑이었다. 이러한 그리스적 사랑 대신, 이제 하나의 구속하는 힘을 가진 권위가 들어선다. 이 권위는 사랑하는 한 쌍을 전체적으로 포괄하며, 따라서 이 사랑의 이상적인 구상에 충실하려 한다면 양쪽이 동등하게 이 권위를 관장하게 된다. 신의의 이상이 애인의 불성실을 반대하는 '요청의 힘'을 지니고 있기에, 프로페르티우스와 티불루스의 연가시들이 긴장을 유지하는 것이다. 그러한 요청이 좀 더 이완된 형태로 나타나는 티불루스 시의 예는 술피키아Sulpicia가 친구에게 생일 축하를 건네는 대목이다.

> 비너스 신이여, 그대는 정의롭구나. 우리 둘이 그대에게 봉사하고
> 그대에게 똑같이 속박된 채, 혹은 그대가 나의 사슬을 풀어 주는구나.
> 하지만 차라리 강력한 사슬이 우리 둘을 하나로 묶어 주길 바란다.
> 앞으로 단 하루라도 풀려나지 않을 그런 사슬로 말이다.[30]

따라서 신의가 두 사람의 성적 사랑에 가져다주는 결속은 그 이상理想으로 볼 때 이중적인 방식으로 전체를 아우르고 있다. 한편으로는 두 사람을 포괄하는 권위를 위해 함께 봉사하는 일이며, 다른 한편으로는 살아 있는 동안, 적어도 한 사람이 죽기 전까지 결속을 유지하는 일이다. 이것이 카툴루스가 일종의 삽입곡으로서 자신의 사랑 속에 갖고 들어온 기대다. 또한 그는 애인 때문에 쓰라린 사랑의 실망을 맛본 후

---

30) Tibullus, *Elegies* IV 5 (그 외 III 11) 13~16행, 번역은 빌헬름 빌리게(Wilhelm Willige)를 따랐다.

에도, 이러한 기대를 소중한 성취로 여기며 계속 고집할 수 있었다.[31] 두 사람의 성적 사랑은 프로페르티우스에게서 다소 도식적인 모습을 띤 후, 카툴루스에 이르러 전적으로 생생한 최고의 형식에 도달하는데, 이것이 가능했던 것은 그러한 총체적 공동체 안으로, 즉 사랑하는 두 사람 모두에 대해 구속력이 있는 법칙이라 할 공동체 안으로 매혹과 황홀함을 지닌 성애적 사랑의 모든 마법이 흘러들어 와 하나의 통합된 전체를 이루었기 때문이다. 그리고 그 이래로 그렇게 서로 연대하며 함께 결속하는 방식이 삶을 공동으로 영위하는 모든 형태 가운데 가장 강력한 발광력을 획득하고 자신을 유지하게 된 것이다. 여기서 결정적인 것은 두 가지다. 하나는 그리스인들이 그대로 받아들였던 두 가지 단편적인 성적 사랑의 형식이 하나로 종합되었다는 것이고, 다른 하나는 전체적으로 서로 함께 결속되어 있다는 생각이다. 이러한 공동의 결속은, 단지 어떤 자발적인 행위와 이에 대한 응답이 서로 조응하는 데에 머물지 않고, 두 사람이 자신들의 사랑이 자신들에게 공동으로 요구하는 것에 대해 기꺼이 함께 봉사하는 일을 의미했다.[32] 두 사람이 서로 사랑할

---

31) Catullus, *Carmina* 45, 76 1~6행, 87, 109. 이 45번째 시에 대하여 한스 페터 신디쿠스는 이렇게 쓰고 있다. "카툴루스가 헬레니즘적인 사랑의 묘사와 매우 가까움에도 불구하고 그는 하나의 본질적인 지점에서 이를 넘어서고 있다. 헬레니즘 시대에는 근본적으로 사랑을 이렇게 배타적으로, 또한 이렇게 영원한 것으로 묘사하지 않았다. 사랑이 살아 있는 모든 시간 동안 지속되어야 하고 삶을 완전히 채워야 한다는 요청은 카툴루스의 전적으로 개인적인 생각이다. 그는 레스비아(Lesbia)와의 결합을 이런 식으로 파악했으며, 이와 유사하게 자신의 친구 칼부스(Calvus)에 대한 사랑을 심지어 죽음을 넘어 지속하는 우정으로 이해했다"(Hans Peter Syndikus, *Catull. Eine Interpretation*, part 1: Einleitung. Die kleinen Gedichte (1~60), Darmstadt 1984, p. 239).

32) 사랑하는 여인은 사랑의 신(아모르)이 보내 주는 유망한 신호에 따라 사랑하는 남자에게 말한다. "우리는 앞으로 계속 이 주인님을 위해 봉사할 것이다"(Huic uni domino usque serviamus).

때, 두 개의 사랑이 (예컨대 두 개의 영혼 속에서) 나란히 존재하는 것이 아니라, 두 사람에게 공통된 **하나의** 사랑이라는 것, 바로 이것이 그리스적 에로스의 포용력을 넘어서는 새로운 발견이요 역량이었다. 그리스적 에로스는, 에우리피데스의 '파이드라'나 동성애적 소년 사랑에서 이끄는 자와 이끌리는 자의 구별에서 보이듯, 해당되는 당사자가 그때그때 홀로 경험하고 견뎌 내야 하는 것이었다. 소년 사랑의 관계에서 구애에 응답하는 사랑은, 기껏해야 약화되고 변형된 형태의 반영으로서만 허용되었을 뿐(플라톤, 『파이드로스』 255d), 결코 무조건적인 공동의 사랑이 가진 통일성이 아니었다. 우리는 오늘날 사랑하는 한 쌍의 사랑을 얘기할 때, 저절로 이러한 통일성을 전제하고 있다. 또한 발터 폰 데어 포겔바이데는 이로부터 중세 민네 사랑Minne을 정의해 주는 본질적인 특징을 도출했다.[33] 그리고 이후 특히 헤겔이, 카툴루스처럼 스스로 당사자로서 자발적으로 말하면서 사랑의 통일성을 참으로 멋지게 부각시켰다. 자신의 사랑에 대해 낙담하고 있는 신부에게 헤겔은 열정적인 편지를 쓴다. 그녀가 낙담한 이유는 헤겔이 자신의 삶의 운명 속에 과연 행복이 존재하는지를 의심하는 것처럼 보였기 때문인데, 헤겔은

---

그리고 시인은 이렇게 덧붙인다. "이러한 좋은 길조(Omen)를 신뢰하면서 두 사람은 이제 서로 끝없이 사랑할 것이다"(Catullus c. 45, 14, 19 이하. 번역은 아이젠후트[W. Eisenhut]를 따랐다).

[33] "누군가가 내게 민네 사랑이 무엇이냐고 말한다. 나도 그걸 잘 알고 싶다. 하지만 나는 예전부터 거의 모르겠다. … 내가 민네 사랑이 무엇인지를 잘 숙고해서 해석한다면 그것은 긍정적으로 확인될 것이다. 민네 사랑은 두 가슴이 함께 갖고 있는 기쁨이다. 이들의 참여가 동등하다면, 민네 사랑은 거기에 살고 있다. 하지만 이 사랑은 나누어져서는 안 된다. 하나의 가슴 혼자서는 그것을 보유할 수 없다. 오, 나의 주인이신 사랑이여, 그대가 나를 도와주고자 한다면 얼마나 좋을지!"(Walther von der Vogelweide, *Lied* 69, 1: *Liedsang aus deutscher Frühe. Mittelhochdeutsche Dichtung*, trans. and ed. Walter Fischer, Stuttgart 1955, p. 46 이하).

그녀에게 상대방의 사랑을 골똘히 생각하고 파헤치지 말아야 한다고 설득한다. "나에 대한 그대의 사랑, 그대에 대한 나의 사랑, 이렇게 특별하게 말하는 것이 **우리의** 사랑을 분리하는 구별을 가져오고 있어요. 사랑은 오직 **우리의** 사랑이며, 오직 이러한 통일성, 오직 이러한 사슬입니다. 그대는 이러한 구별을 성찰하는 데서 벗어나도록 하세요. 그리고 우리 함께 이 하나인 것을 확고히 붙잡도록 해요. 이것만이 또한 나의 강함이요, 삶의 새로운 쾌락일 수 있답니다. 이러한 신뢰를 모든 것의 바탕에 놓도록 해요. 그러면 모든 것이 진정으로 잘될 거예요."[34] 나는 이후의 현상학적 분석에서 이렇게 요청하고 있는 사랑의 통일성이 구체적으로 어디에 존재할 수 있는 것인가에 대해 해명하고자 한다.


### ◆3장 해설

3장은 제목처럼 사랑의 역사에 대한 기본적 안내를 위한 장이다. 하지만 슈미츠는 서구 문화에 나타난 사랑의 역사 전체가 아니라, 그리스 시대와 로마 제정 시대에 집중하여 논의를 진행한다. 이렇게 범위를 좁힌 이유는 두 가지다. 하나

---

34) "Hegel an seine Braut, Sommer 1811", *Briefe von und an Hegel*, vol. I, ed. J. Hoffmeister, Hamburg 1952(3rd ed., 1969), p. 368. 슐레겔의 소설『루친데』의 다음 대목도 참조하라. "나는 나의 사랑 혹은 그대의 사랑이라고 더 이상 말할 수 없습니다. 둘은 서로 같고 완전히 하나입니다, 주는 사랑과 받는 사랑이 같은 것처럼요. 그것이 결혼, 즉 영원한 통일성이며 결합입니다. 이는 단지 우리가 이 세계 혹은 저 세계라 부르는 것에 대해서만이 아니라, 또한 하나의 참되고 쪼갤 수 없으며 이름이 없는 무한한 세계에 대해서도, 우리의 모든 영원한 존재와 삶에 대해서도 통일성이며 결합인 것입니다"(Friedrich Schlegel, *Lucinde, Kritische Friedrich-Schlegel-Ausgabe*, vol. V, München usw. 1962, p. 11).

는 그리스 문화에서 널리 받아들여진 두 가지 파트너 사랑, 즉 필리아와 에로스가 이후 시대에 등장한 모든 파트너 사랑들의 핵심적 특징을 포함하고 있기 때문이다. 다른 이유는, 그리스 문화의 필리아와 에로스가 로마 제정 시대에 오면 '변증법적으로' 통합하여 '아모르'를 형성했기 때문이다.

뛰어난 고전 문헌학자이기도 한 슈미츠는 필리아와 에로스의 차이를 설명하면서, 필리아를 오랫동안 '우정'으로 이해해 온 잘못된 관행을 바로잡는다. 또한 기원전 4세기경에 에로스가 이선보다 훨씬 좁은 의미로 특수화, 개별화하는 과정도 면밀하게 읽어 낸다. 하지만 3장에 나오는 가장 중요한 통찰은 슈미츠가 '아모르'의 두 가지 핵심적 특징을 밝혀낸 데 있다. 그는 로마 시인 카툴루스와 프로페르티우스의 연애시를 분석하면서, 로마인들이 사랑의 역사에서 도달한 두 가지 결정적인 성취가 '주관성'과 '신의'에 있음을 보여 준다. 다시 말해서, 그리스 시대의 파트너 사랑인 필리아 및 에로스와 비교할 때, 로마의 아모르에서는 사랑하는 자의 '주관성'과 사랑하는 두 사람 사이의 '신의'가 각별히 중요한 계기로 격상된 것이다.

실제로 아모르의 이 두 가지 계기는 중세와 르네상스, 근대와 현대에 이르기까지 서구의 모든 파트너 사랑의 지속적인 특징이 된다. 슈미츠는 3장에서 짧게 다룬 사랑의 역사를 마지막 8장에서 특히 중세 후기부터 근대와 현대에 초점을 맞추어 상세하게 재구성한다.

# 4장 감정과 느낌으로서의 사랑

## 1. 감정의 공간성

감정은 공간적으로 널리 퍼져 있다. 만약 공간에 대한 일상적인 통념에 호소한다면, 이 주장은 이해할 수 없거나 심지어 어이없이 웃기는 주장이 될 것이다. 이 통념에 따르면, 공간들 속에는 위치, 간격, 상대적 장소의 좌표체계, 그리고 표면과 길이, 폭, 두께와 같은 차원들이 존재한다. 감정의 공간성을 얘기하고자 할 때, 우리는 이런 모든 통념을 우리 생각에서 반드시 떨쳐 내야 한다. 이 말은 무엇보다도, 공간을 표상하면서 고정된 물체들——이들은 전방前方을 중심으로 한 시지각의 영역 안에 존재하는 것으로 표상되는데——을 기준으로 삼는 데서 벗어나야 함을 의미한다. 이는 어렵지 않다. 우리는 좀 더 심층적인 공간성의 층들을 밝혀내기 위해 삶의 일상적 경험들에 속한 명백한 현상들을 참조할 수 있다. 우리가 이 현상들을 대부분 충분히 고려하지 않았을 뿐이다. 논의를 적절히 시작하기 위한 예로 먼저 음향Schall의 공간성에 대해 성찰해 볼 수 있다. 음향은 (말하자면 가청 범위에 대해서는 고려하지 않고 청각적 특질로만 볼 때) 부피Volumen[1]를 갖고 있다(예를 들어, 폭이 넓고 하나의 덩어리로서 울려 퍼지는 '종소리'의 부피, 또는 밝고 날카로우며 뾰족한 휘파람 소리의 부피처럼). 하지만 음향은 표면을 갖고 있지는 않다. 따라서 이러한 부피는, 이차원이 없으면 삼차원도 없으므로 선先차원적이며, 분할이 불가능한 방식으로 널리 퍼져 있다고 해야 한다. 부피를 분할하는 일이 가능하려면 표면이라는 형식을 통해 잘라 내는 일이 반드시 필요할 텐데, 이러한 표면이 음향에는 없는 것이다. 나아가 우리는 '이격'離隔, 즉 멀리 떨어져 있음은 듣지만 '간격'을 듣지는 않는다. 이 둘의 차이는 이렇다. 간격이란 서로 떨어져 있는 대상들 혹은 항들 사이에 있는 가역적이며 양쪽에서 상호측정할 수 있는 연결이다. 이에 반해, 이격은 그렇지 않다. 따라서 간격이 없는 이격은 가역성을 허용하지 않는다. 관계로서의 이격이 비대칭적인 데 비해서, 간격은 대칭적인 관계다. 이로부터 다음 결과가 나타난다. 곧 우리는 음향을 들을 때, 어떤 것이 아주 멀리 떨어져 있는지, 그렇게 멀지 않은지, 또는 아주 가깝게 있는지, 또 이미 들은 다른 음향으로부터 좀 더 멀리 떨어져 있는지 등등을 듣는다. 하지만 이렇게 듣는 도중에 우리 자신이 들리는 것으로부터 얼마나 멀리 떨어져 있는지를 함께 지각하지는 않는다. 기껏해야 우리는 청각 경험에 의거하여 이차적으로 거리가 얼마인지를 숙고해 볼 수 있다. 반면에 우리가 일정한 거리에서 대상을 보는 일은, 우

---

1) 이 말은 '체적'(體積) 혹은 '입체'로도 옮길 수 있을 것이다. 또는 좀 더 자연스러운 어감을 위해 '부피감', '체적감', '입체감'으로 번역하는 것도 가능하다. 하지만 접미사 '감'이 특수한 '감각'이나 '감정'을 가리킬 수 있어 '부피'로 옮긴다. ─옮긴이

리 자신의 몸을 보지 않고서도 이 대상으로부터 얼마나 떨어져 있는지에 대한 지각을, 이에 대한 직접적인 지각을 함께 포함하고 있다. 간격 없는 이격의 비대칭성으로부터 도출되는 또 다른 결과는 순수한 음향의 경우에, 어떤 좌표체계를 구성하기 위한 단서들이 충분히 제공되지 못한다는 사실이다. 즉 순수한 음향만으로는 위치와 간격에 의해 명확히 규정되어 있으며, 또 서로 대응되어 있는 하나의 연결망을 결합시킬 수 없는 것이다. 공간성을 생각할 때, 주도적인 시각적 이미지에서 탈피해야 한다는 점이 더더욱 확연하게 드러나는 곳은 음향의 청각적 대척점이라 할 고요함에서다. 고요함은 고도로 명료하게 형성된 공간적 외연의 특징을 지닐 수 있다. 예컨대 제의적인 고요함, 부드럽고 연약한 고요함, 또는 무겁게 압박하면서 내리누르는 고요함 등등으로서 말이다. 밝게 갠 아침의 부드럽고 연약한 고요함은 좀 더 확장하는 양태를 띤다. 하지만 이 고요함은, 태양이 이글거리는 뜨거운 한낮의 땅 위 고요함, 후텁지근하게 짓누르는 고요함처럼 그렇게 농후하고 무겁고 덩어리의 느낌이 아니다. 두말할 나위 없이 이렇게 뚜렷하게 각인된 고요함의 공간성은 표면과 차원, 위치와 간격의 관계들과 아무런 관련이 없다. 고요함이 비록 참으로 강렬하게 선차원적인 부피를 갖고 있다 하더라도, 만약 누군가가 고요함의 길이와 폭이 어느 정도인가를 묻고자 한다면, 이는 우스운 일이 아닐 수 없다.

바로 이러한 의미에서 감정은 공간적이다. 고요함이나 날씨가 그런 것처럼 말이다. 우리는 누구나 이러한 의미에서 날씨에 관하여 이야기한다. 극히 일부의 심리학자들이 이를 따르지 않을 텐데, 왜냐하면 이들은 생리학주의적으로 감각 기관들에 정향되어 있음으로써 지각

현상을 선입견 없이 바라보지 못한다. 실제로 기후를 감지하는 것은 보는 것, 듣는 것 혹은 냄새 맡는 것에 못지않게 독특하고 완결된 지각 방식이다. 그것은 결코 기온과 습도의 '감각'(느낌)이 서로 합쳐져서 만들어진 것이 아니다. 예를 들어 날씨가 후텁지근하거나 냉습하거나 또는 봄날처럼 따사로울 때, 누구나 이를 자신의 신체에서 즉각적으로 감지한다. 우리는 날씨를 느낄 때, 날씨를 매우 다채롭게 자신의 형상을 변형시키면서 우리를 압박하는 것 혹은 우리를 고무시키는 것으로서 느낀다. 하지만 자신의 신체 안에 있는 것이 아니라, 규정되지 않은 확장 Weite 상태에서[2] 자신의 신체를 감싸고 엄습하는 것으로서 느끼는 것이다. 이럴 때 날씨가 이를테면 "공기 속에 있다"라는 방식으로 말할 수 있는데,[3] 이 말의 의미가 날씨를 감지하는 인후咽喉와 피부 등이 공기 안에 존재하는 것이 아님은 너무나 당연하다. 이러한 의미에서 '공기'는 물리적 원소로서의 공기, 그리고 자연 탐구 활동에서 덧붙여 생각하는 가스와 전적으로 무관하다. 오히려 그것은 (누군가가 급작스럽게 그러한 분위기 속으로 빠져들게 된) 당혹과 당황스러움의 분위기, 어리둥절한 분위기, 긴장된 기대의 분위기, 한껏 달아오른 (예를 들어 싸움을 벌일 때) 흥분의 분위기, 축제적인 즐거움의 분위기(가족과 함께 크리스마스 명절을 보낼 때) 등과 같이 독특한 상태의 분위기가 공기 안에 놓여 있

---

2) Enge는 '수축', '수축 상태'로, Weite는 '확장', '확장 상태'로 옮긴다. 이 개념들과 긴밀하게 연관된 Engung과 Weitung은 진행하는 과정의 의미를 살리기 위해 각각 '수축 과정'과 '확장 과정'으로 옮긴다. 「핵심 용어 해설」의 '신체성의 알파벳'에 대한 설명을 참조하라.—옮긴이
3) '어떤 것이 대기 속에 있다'라는 표현은 어떤 일이 일어날 가능성이 매우 농후하거나 실제 현실 속에 널리 일반화된 상황을 나타내고자 할 때 자주 쓰는 비유적 표현이다.—옮긴이

다고 할 때와 관련되어 있다. 기후적이며 시각적인 분위기들과 마찬가지로 이러한 분위기들은 감정이다. 우리는 전자의 분위기들을 봄의 분위기, 11월의 분위기, 뇌우가 떨어질 듯한 분위기, 평화로운 저녁의 분위기 혹은 섬뜩한 저녁의 분위기(차갑고 활기 없으며 모든 것을 아주 가만가만히, 마치 거울 뒤로 밀어내고 있는 것 같은 어둑어둑해짐) 등의 제목으로 그 윤곽을 그려 낼 수 있을 것이다.

이와 같은 분위기들은 함께 모여 있는 사람들에게, 마치 이들을 공동으로 뒤덮은 '분위기의 종소리처럼', 포괄적으로 다가간다는 의미에서 일반적으로 집단적인 감정이다. 가령 함께 노래를 부름으로써 이러한 '분위기의 종鐘'을 매우 분명하게 불러일으킬 수 있다. 그러나 감정의 공간성에 대한 나의 주장은, 설사 당사자의 주위 환경이 상반된 분위기를 갖고 있다 하더라도 타당성을 유지한다. 이렇게 주위의 분위기가 상반될 경우, 일단은 이와 구별되는 당사자의 감정이 공간적이지 않거나, 또는 단지 하나의 협소하고 선명한 테두리를 지닌 사적인 영역에 국한되어 있는 것처럼 보인다. 나는 이를 내가 발견하고 명칭을 부여한 **사회적 감정의 대조**라는 현상을 통해 여러 차례 명확히 설명했다. 이는 다음과 같은 문제를 뜻한다. 일정한 민감함을 지니고 있다면, 흥겨운 사람은 슬픈 모임에서, 슬픈 사람은 흥겨운 모임에서 명확하게 각인된 대조적 체험을 하게 된다. 예를 들어 흥겨운 사람은 자신이 이러한 큰 슬픔의 한가운데에 자리를 잘못 잡은 것처럼, 그러한 상황이 당황스럽고 불쾌하게 다가올 것이다. 그리고 슬픈 사람은 이러한 대립을 불쾌하게 느끼면서 이에 반대하는 질문을 떠올리게 될 것이다. "왜 내가 이렇게 가득한 흥겨움 속에서 슬퍼해야만 할까?" 아니면 "나는 이렇게 슬픈 분위기를 느끼고 있는데, 어떻게 이 사람들은 이렇게 흥겨울 수 있을까?"와 같이 말이다. 이와 달리 맥없는 사람이 활기 있는 모임 속에, 또는 활기 있는 사람이 맥없는 모임 속에 있는 경우에는 그러한 사회적 대조가 등장할 근거가 훨씬 미약하다. 맥없는 사람은 슬픈 사람의 경우처럼, 그러한 근본적인 반대를 제기하지 않을 것이다. 그가 "왜 내가 다른 사람들보다 훨씬 더 맥이 없을까?"라고 묻는 것은 원인이나 목표에 대해 좀 더 생각해 보기 위한 일이 될 것이고, 아마도 그가 의사를 찾아갈 동기가 될 것이다. 맥없는 사람들 사이의 활기 있는 사람은 아마도 기분이 언짢아질 것이다. 하지만 충분히 예민한 사람이라 하더라도, 슬픈 사람들 사이의 흥겨운 사람처럼 그렇게 억제되고 당혹스럽게 느끼지 않는다. 그에게 적합하지 않은 분위기, 그가 무시할 수 없는 요구를 내세우는 분위기 속에 던져져 있다고 느끼지는 않는 것이다. 아마도 그는 기분을 돋우기 위한 외침이나 신체적 접촉을 통해 맥없는 동료들을 자극하고 고무하려 시도할 것이다. 만약 이 동료들이 깊은 슬픔에 빠져 있다면, 그는 이렇게 과감하게 개입하려는 것을 생각이 짧은 행동으로 여겨 꺼릴 것이다. 함께 있는 사람들의 욕구만을 고려해서는 이러한 차이를 논증할 수 없다. 왜냐하면 만약 맥없는 사람들의 경우에 이러한 고려가 분위기를 고무하는 일을 허용하거나 종용하고 있다면, 슬픈 사람들의 경우에도 그렇게 하지 말아야 할 이유가 없기 때문이다. 오히려 여기서 핵심은 감정들(흥겨움, 슬픔)과 신체적 동요들(활기참, 맥없음) 사이의 차이에 있다. 신체적 동요는 장소적으로 묶여 있으며, 하나의 주위 환경 안에서 두드러져 있는 상태다. 비록 이 동요의 외연도 음향과 고요함이 지닌 선차원적 부피에서처럼 경계가 없이 널리 분산된

diffus 상태이기는 하지만 말이다. 예를 들어 따뜻한 욕조 안에서 느끼는 신체적 즐거움이 이에 해당한다. 이와 달리 분위기로서의 감정은, 현상적인 날씨가 그런 것처럼 장소적으로 한정된 범위에 묶여 있지 않고 널리 퍼져 있다. 예컨대 한 사람의 사랑 속에 혹은 조화로운 가족 간의 사랑 속에 안전하게 놓여 있다는 편안함의 감정이 그러하다. 이 두 사랑의 경우 감정으로서의 편안함이 존재하는데, 우리는 심지어 **편안함**의 감정을 느끼는 일이 신체적인 편안함이라고 말할 수 있다(뒤의 2.2절과 같다). 여기서 차이는 분위기적인 공간성의 유형이 다른 데 있다. 나는 이에 해당하는 내용을 기쁨, 슬픔(혹은 기분 나쁨, 우울함), 환희, 수치심 등의 예를 통해 매우 상세히 증명했다.[4] 이렇게 장소 없이 넓게 퍼져 있는 감정의 분위기들은 그때그때 어떤 총체적인 요구를 한다. 즉 분위기의 사건이 일어나는 모든 현존하는 무대와 이 무대 위에서 벌어지는 모든 것을 그 분위기의 마력 속으로 끌어들이려는 요구를 내포하고 있다. 이를 통해 어떤 분위기의 감정에 사로잡힌 사람이 반대되는 감정의 요구와 충돌할 경우, 방금 묘사한 곤혹스러운 대비 상황에 얽혀 들게 되는 것이다. 이때 반대되는 감정은 해당되는 정황에 따라서 앞선 감정과 똑같은 정도로, 또는 이보다 더 강력하게 힘을 발휘할 수 있다. 감정이 이렇게 전체적인 요구를 내포하고 있는 분위기이기 때문에, 한 개인이 자기 마음대로 행복할 수 있는 손쉬운 해결책을 마련하기가 어려운 것이다. 감정을 내적으로 소화하려는 개인적 태도 표명 때문에 어려운 것

---

4) Schmitz, *Der unerschöpfliche Gegenstand*, p. 294 이하 참조. 또한 *System der Philosophie*, vol. III part 2, pp. 114~127; vol. III part 3, Bonn 1973 (2nd ed., 1983), pp. 35~43 참조.

이 결코 아니다. 우리는 서로 화합할 수 없는 상반된 신체적 동요의 경우보다 감정들 사이의 대조에서 더 큰 불쾌감을 가질 수밖에 없다. 왜냐하면 방금 서술한 활기 있음과 맥없음의 정황에서 보듯, 신체적 동요들은 큰 이의 없이 서로 양립할 수 있기 때문이다. 신체적 동요는 감정이 지닌 요구의 성격과 장소 없이 널리 퍼져 존재하는 특징을 갖고 있지 않다.[5]

감정은 전체적으로 요구하며, 장소 없이 널리 퍼져 있는 분위기다. 감정은 장소 공간[6]보다 더 심층적인 공간성의 층에 속해 있다. 장소 공간은 자연과학과 전통 철학의 지배적인 견해, 그리고 이들에 의해 형성된 일상적 세계관이 ─ 견고한 물체에 대한 시지각에 정향하면서 ─ 의지하고 있는 공간성의 층이다. 만약 감정을 장소 공간 속으로 투영시킨다면, 이는 분위기적인 기후가 사라지게 되는 것과 마찬가지로 감정의 공간적인 무제한성을 없애는 일이 될 것이다. 여기서 우리는 하나의 문제를 제기할 수 있다. 만약 사랑하는 사람이 여행을 떠난다면, 어떻게 이 사람은 자신의 사랑을 멀리 가져갈 수 있으며, 사랑이 없는 '사이 공간'에 의해 균열되지 않고 동일한 사랑을 붙잡고 있을 수 있는가? 그러나 이것은 가짜 문제다. 이는 한편으로 분위기를 소박하게 장소 공간속으로 투영시켰기 때문이며, 다른 한편으로 동일한 대상이 시공간의

---

5) Hermann Schmitz, *Leib und Gefühl. Materialien zu einer philosophischen Therapeutik*, eds. H. Gausebeck and G. Risch, Paderborn 1989(2nd ed., 1992), pp. 107~123("Das leibliche Befinden und Gefühle", 1974), 125~134("Die Autorität der Trauer") 참조.

6) Schmitz, *Der unerschöpfliche Gegenstand*, pp. 284~291, p. 313. 또한 *System der Philosophie*, vol. III part 1, Bonn 1967(2nd ed., 1988), pp. 72~102.

간격과 상관없이 상이한 자리에서 다시 등장하는 일은 매 순간 일어날 수 있는, 너무나도 당연한 일이기 때문이다. 예를 들어 음악 선율과 같은 정확한 사물의 종류들Arten이나 색조의 미세한 뉘앙스(이것은 붉은색이나 녹색과 같이 색깔 혹은 색에 대한 유Gattung 개념과는 다르다)가 이런 경우다. 나는 보편적 대상들 가운데 이러한 특수한 사물 종류가 지닌 독특한 위상을 상세하게 해명한 바 있다.[7] 감정으로서의 사랑을 이렇게 이해한다면, 우리는 앞에서(3장 2.2절) 논의한 로마인들의 성취를 명확히 인식할 수 있을 것이다. 그것은 두 개의 영혼 안에 있는 두 가지 사랑 대신에 사랑하는 두 사람을 위한 공동의 사랑이 지닌 통일성과 권위(요구의 성격)를 밝혀낸 성취다. 이것은 고대와 오늘날에 동일하게 일어나는 현상을 정확히 파악함으로써 이루어 낸 발견이다.

## 2. 감정을 느끼는 일

### 2.1. 지각으로서의 느낌과 정동적 놀람으로서의 느낌

우리가 감정을 사적인 영혼의 상태로서 파악하는 한, 예컨대 심리학자 테오도어 립스의 표현으로 하자면 "직접적으로 체험된 자아의 특질Ichqualität과 자아의 상태Ichzuständlichkeit"로 이해하는 한, 어떻게 감정이 인간에게 다가오고 그를 정동적으로 놀라게 하면서 **그의** 감정이 되는가를 물어볼 필요가 없다. 이렇게 이해할 때 우리는 느낌과 감정을 구별

---

7) Schmitz, *Der unerschöpfliche Gegenstand*, pp. 85~90. 또한 *System der Philosophie*, vol. IV, pp. 189~194.

할 필요조차 없을 것이다. 심지어 영어는 이 두 가지를 "feeling"이라는 한 단어로 뭉뚱그림으로써 구분의 가능성조차 가로막고 있다. 반면에 우리가 분위기로서 감정이 지닌 공간성에 대해 확신하자마자, 이러한 구분이 시급한 문제로 대두된다. '어떻게 감정이 인간에게 다가오는가' 라는 문제가 저절로 떠오르는 것이다. 이 문제는 어떤 경우에 삶의 절박한 체험이 될 수 있다. 일부 사람들, 가령 우울증에 시달리는 사람들은 이른바 "무감정의 감정"이라는 고통을 겪는다. 이 무감정의 감정이란 이런 상태의 사람들이 감정의 존재를 인지하기는 하지만 감정이 이들을 더 이상 생생하게 사로잡지 못하는 상태를 의미한다. 이러한 이들은 더 이상 감정의 추진력Impuls과 함께 움직이고 도약할 수가 없다.[8] 따라서 우리는 "느낌 내지 느끼는 것"의 두 가지 의미를 구별해야 한다. 그것은 분위기로서의 감정을 지각하는 일을 뜻하는 느낌과 이로 인한 정동적 놀람으로서의 느낌(사로잡힘)을 구별하는 것이다.[9] 느끼는 일의 이러한 두 가지 방식은, 이미 일상적인 삶의 체험에서 명확히 구별된다. 인간은 감정을 자주 진짜 같지 않은 방식으로(감정에 의한 사로

---

8) Paul Schilder, *Selbstbewußtsein und Persönlichkeitsbewußtsein*, Berlin 1914, p. 56(피에르 자네[Pierre Janet]의 환자 클레어의 진술). "마음의 움직임이 멈춰 서 있으며 더 이상 전개되지 않는다. 그 움직임이 상실되었으며 나에게 미치지 않고 있다. 나를 경악스럽게 해야 할 어떤 것이 나를 조용히 놔두고 있다. 나는 더 이상 두려움이 없이 고요하다. 그럼에도 기쁨과 고통을 느끼기는 한다. 하지만 약화된 상태로 느낀다. 내가 웃을 수 있는 일은 극히 드물다. 나는 미소 짓는다. 그러나 나는 마음에서 우러나와 웃을 수 없다. 기쁨과 고통이 내게서 멀리 떨어져 있고, 공중에 부유하고 있다. 내게 가슴이 없다는 점이 나를 낙담시킨다. … 제발 근심을 가질 수 있었으면 좋겠다. 이렇게 완벽하게 고요한 상태라는 것, 바로 이것이 끔찍한 일이다."

9) 나는 감정에 의한 정동적 놀람의 상태를 사로잡힘이라 표현하고, 이것과 신체적 동요(고통, 배고픔, 갈증 등등)에 의한 정동적 놀람 상태를 구별하고자 한다. 후자는 그러한 동요들을 갖고 있다는 사태가 당사자에 대해서 단순히 주관성을 띠고 있음을 나타낸다(3장 2.1절).

잡힘이 사실인지를 결정할 수 없다는 의미에서) 혹은 간접적인 방식으로 (본 감정과는 다른, 본 감정에 선행하는 예비적 감정Vorgefühl을 통해서) 느낀다. 그렇게 되면 인간은 예비적 감정이 매개하는 감정을 분위기로서 지각하기는 하지만, 이 감정은 예비적 감정과 달리 그를 사로잡지는 않는다. 이와 같은 것은 예컨대 비 내리는 애잔한 풍경에 대해서 혹은 두려운 듯 흥분된, 뇌우 직전의 풍경에 대한 민감하면서도 냉정한 미적 만족감을 느낄 때 그리고 무엇보다도 공감적 감정들인 동정심이나 함께 즐거워하는 감정에서 나타난다. 나는 이 함께 즐거워함의 감정이라는 예를 좀 더 자세히 살펴보고자 한다. 어린이가 성탄절 선물을 받고 그야말로 "빛나는" 즐거움에 젖어 있을 때, 같은 자리에 있는 어른들은 이 즐거움을 직접적으로, 자신을 사로잡는 것으로 받아들이지는 못한다. 왜냐하면 어른들에게는 아이의 소박한 감수성이 없기 때문이다. 그러나 아이의 즐거움은 어른들 자신이 느끼는, 색조가 다른 축제적인 분위기의 본질적 요소가 될 수 있다. 그것은 이 축제적 분위기를 더욱 고양시키고 변용시켜 또 다른 분위기를 만들어 낼 수 있다. 아이가 자신의 즐거움으로 이러한 분위기를 함께 촉발하기는 하지만, 아이는 이에 대해 전혀 알지 못한다. 그리고 이 분위기가 이제 어른들을 사로잡는다. 그렇게 되면 두 개의 분위기가 조화롭게 함께 사람들에게 영향을 미치게 된다. 아이는 이를테면 자신의 즐거움에 내재한 대단히 밝은 불꽃 속에 감싸인 상태다. 반면 이 불꽃에서 힘을 얻고 있는 좀 더 약화된 밝은 감정은 어른들에게 마력을 미치고 있다. 다른 한편, 서로 대조되는 예비적 감정들도 존재한다. 예를 들어 진지하게 관찰하는 한 사람이 어떤 불합리하게 느껴지는 축제 분위기 속에 빠지게 되고 자신을 간접적

으로(하지만 자기 자신을 사로잡는 것은 아닌) 사로잡는 슬픔과 절망을
거쳐서 지각할 때가 그런 경우다. 막스 셸러는 '공감의 감정'과 '감정의
감염'을 매우 적절하게 구별했다. 하지만 셸러는 일차적 감정과 공감
의 감정 사이에 이해하는 행위Akt 혹은 유추하여 느끼는Nachfühlen 행위
를 삽입하려 함으로써 오류를 범했다.[10] 오히려 감정의 감염이 진행되
는 과정은 거의 대부분 다음과 같다. 방금 언급한 성탄절 선물 장면을
다시 상기하자면, 어른들이 가령 자신의 어린 시절 기억을 동원하여 아
이의 감정을 유추하여 느끼려 시도하게 되는 계기는 어른들이 자발적
으로 함께 기뻐하는 일이 저지되는 상태, 즉 아이의 완전한 기쁨에 직
면하여 어른들이 느끼는 곤궁함과 어쩔 줄 모름의 징후인 것이다. 함께
기뻐하는 일이 아무 어려움 없이 성공할 때, 오히려 이때 하나의 분위
기가 또 다른 분위기를 자극하고 불러일으키게 된다. 이 또 다른 분위
기는 기꺼이 스스로 함께 기뻐하는 사람을 일종의 '예비적인 감정'으로
사로잡으며, 이로써 이 기뻐하는 사람은 예비적인 감정을 통과하여 내
비치는 "배후의 감정"을 선명하게 지각하게 된다.

## 2.2. 감정에 의한 정동적 놀람의 신체성

감정을 느끼는 일의 두 방식을 명확히 구별함으로써 하나의 문제가 시
급히 떠오른다. 그것은 분위기로서의 감정이 한 사람을 사로잡기 위해
서 이 감정에 무엇이 덧붙여져야만 하는가다. 여기에 대한 답은 쉽게
말할 수 있다. 감정은 당사자에게 부과되는 신체적 동요를 통해서 당사

---

10) Max Scheler, *Wesen und Formen der Sympathie*, 5th ed., Frankfurt a. M. 1948, pp. 3~16.

자를 사로잡는다. 예를 들어 어떤 근심이 (단지 동정심을 통해 지각한 타인의 근심이 아니라) 나의 근심이 되는 것은, 그것이 내 흉중胸中 위에 무겁게 놓이게 될 때, 또는 신체적으로 감지할 수 있는 다른 방식으로 나를 압박할 때다. 또한 하나의 풍경이 지닌 우수 내지 청명함이 **나의** 감정이 되는 것은, 내 안의 (흔히 사람들이 '나의 심장'이라 말하는) 어떤 것이 신체적으로 감지할 수 있게 열리거나 닫힐 때, 혹은 수축되거나 확장되는 경우다.[11] 그렇지 않을 때 나는 풍경의 객관적인 감정들을 거리를 두고, 아마도 미적으로 즐기며 관조하면서 지각할 것이다. 감정에 의한 사로잡힘을 위해서 신체적 동요의 형태를 띤 정동적 놀람 이외에, 다른 어떤 독특한 '영혼의 느낌'이 필요한 것은 아니다. 카를 슈툼프는 1899년, 당시 활발히 논의되던 이른바 '제임스-랑게 감정 이론'이 지나치게 환원주의적이라고 비판한 바 있다.[12] 하지만 슈툼프의 비판은 신체적 동요를 생리학주의적인 관점에서 기관의 감각으로 제한하여 이해하는 문제점을 안고 있다. 이에 따라 그는 감정을 느끼는 일을 신체적 동요보다 상위에 있는 심리적(내면적)인 삶에 배속시켰던 것이다. 근심이 가득한 사람은 침울하고 가슴이 답답하며 풀이 죽은 기분을 느끼며, 기뻐하는 사람은 밝고 들떠 있고 자유로운 기분을 느낀다. 여기서 문제의 핵심은 감지할 수 있는 신체적 상태Befinden가 변화한다는 점이다. 그렇다고 어떤 특별한 육체의 지점에서, 예컨대 심장의 박동이

---

11) 여기서 '내 안의 어떤 것'이라는 표현은 괄호 안의 '나의 심장(심정)'이 그렇듯, 실제 삼차원적 (장소 공간적) 공간의 의미가 아니라 비유적인 표현으로 이해해야 할 것이다.—옮긴이

12) Carl Stumpf, "Über den Begriff der Gemütsbewegung", *Zeitschrift für Psychologie*, vol. 21, 1899, 이에 대해서는 Schmitz, *System der Philosophie*, vol. III part 2, pp. 156~158 참조.

목까지 두드리거나 맥박이 강하게 뛰기 시작해야만 하는 것은 전혀 아니다. 특히 전체적인 움직임의 암시들, 가령 자부심을 가질 때 위로 곧추서려는 추동력이나 성적 오르가즘에서 아래로 가라앉는 추동력과 같은 움직임의 암시는 신체를 **일격에** 관통하면서 감정에 의한 사로잡힘에 참여하는 것이다. 감정이 강력한 분위기로서 그러한 움직임의 암시와 함께 신체를 직접적으로 엄습한다는 사실, 오직 이 사실을 통해서만 —설령 아무리 행동이 서투르다 해도 — 누구든지 자신의 감정을 몸짓을 통해 놀라우리만치 확실하고 자연스럽게 표현해 낼 수 있다는 사실을 적절히 이해할 수 있다. 기쁜 사람은 껑충껑충 뛰며, 근심에 잠긴 사람은 한숨을 쉬고 맥없이, 혹은 마치 기가 꺾인 듯 앉아 있다. 그리고 수치스러워하는 사람은 고개를 숙이고 어깨를 움츠리며, 아무런 희망 없이 절망한 사람은 날카롭게 울리는 웃음을 터트릴 수 있다. 이렇게 감정에 사로잡힌 사람이라면 어느 누구도 당황하면서, 어떻게 이런 동작을 취하는 것인지를 묻지 않는다. 공감적인 감정의 경우에는 이와 다르다. 동정심을 느끼는 사람, 즉 타인의 근심이 단지 간접적으로만, 신체적으로 감지할 수 없이 찾아온 사람은 상당히 자주 어찌할 바를 모르며 어떤 방식으로 자신의 동정을 표현해야 할지 자신에게 묻는다. 왜냐하면 이 사람에게 기준이 되고 있는 근심은 사로잡는 힘으로서 자신을 엄습하지 않은 근심, 따라서 그에게 자동적으로 신체적인 표현을 몸짓으로 담아내도록 이끌지 못하는 근심이기 때문이다. 인간은 감정을 마치 날씨처럼 자신의 신체에서 감지하는 것이지, 자신의 신체에서 부가적으로 나타나는 어떤 것으로 감지하지 않는다. 바로 이 점에서 제임스와 랑게는 목표를 너무 지나쳤다. 다시 말해, 그들은 감정에 의해 정동적으로 놀란 상태만을 신체적으로 파악하지 않고, 감정 자체를 신체적 현상으로 파악했다. 또한 제임스와 랑게는 신체성의 현상학을 전혀 고려하지 않음으로써 정도正道에서 벗어나, 본래 주제와 관련이 없는 육체의 생리학으로 빠져든 것이다. 그들의 문제제기 자체는 분명, 유용하게 신체성의 현상학과 연결될 수 있었음에도 말이다.

그러므로 내가 여기서 말하는 신체는 해부학이나 생리학이 알려 주는 육체가 아니다. 반대로 그것은 아주 소박하고 선先개념적으로 말해서 우선, 한 사람이 소위 오감(시각, 청각, 촉각, 후각, 미각)의 증거에 의지하지 않고 자신의 육체 '방면'Gegend[13]에서 저절로 감지하는 것을 말한다. 이 신체라는 대상 영역을 면밀히 연구해 보면, 커다란 완결성과 세분화를 보여 주는 구조들, 독특하게 함축적이면서도 명확하게 구분된 구조들을 발굴해 낼 수 있다. 이 구조들이 신체적 소통(뒤의 7장 2.1절)의 도움으로 영향력을 발휘하는 범위는, 한 사람이 자신의 신체에서 감지하여 찾아낼 수 있는 것의 영역을 훨씬 더 넘어선다.[14] 이 구조들은 공간의 특질과 신체의 조직화와 연관될 뿐만 아니라 신체의 역동

---

13) Gegend에 대한 정확한 번역어를 찾기는 대단히 어렵다. '방면' 외에도 '부근' 내지 '근방' 등의 단어도 가능할 것이다. 중요한 것은 이 말이 인간이 비자의적으로 느끼는 신체성의 경험, 다시 말해 신체를 객관적인 장소 공간적 의미에서 '육체'로 대상화(추상화)하기 이전에 신체가 자신의 주위를 감지하는 경험(느낌)을 나타낸다는 점이다.—옮긴이

14) 여기서 나는 매우 개략적으로 요약하고 부분적으로 윤곽 정도만 얘기할 수밖에 없다. 나의 관련 연구 결과의 전체적인 개요를 좀 더 상세하면서도 명징하게 정리한 것으로 다음 저작들을 권한다. Schmitz, *Der unerschöpfliche Gegenstand*, pp. 115~153. 또한 *System der Philosophie*, vol. II part 2, Bonn 1966(2nd ed., 1987), pp. 7~35, 그리고 논문 "Phänomenologie der Leiblichkeit", *Leiblichkeit. Philosophische, gesellschaftliche und therapeutische Perspektiven*, ed. H. Petzold, Paderborn 1985, pp. 71~106, 나아가 Schmitz, *Leib und Gefühl*.

학$_{Dynamik}$과도 연관되어 있다. 나는 2.3절에서 이 신체의 역동학과 관련하여, 사로잡힘의 가능성과 그 장애에 관한 본질적인 내용을 요약할 것이다. 신체의 공간성은 앞에서(1절) 스케치한 음향의 공간성과 다르지 않다. 그것은 분할할 수 없는 외연을 가진 선차원적 부피, 가역적인 연결의 궤적이 없는 방향의 규정성, 따라서 (떨어져 있음에도 불구하고) 위치와 간격이 없는 상태, 차원들의 부재 등의 특징을 갖고 있다. 신체와 음향, 두 경우에 이들 요소가 결핍된 원인은 바로 표면이 부재한 데에 있다. 우리는 표면을 (눈여겨보고 만져 보는 일의 도움 없이는) 자신의 신체에서 감지할 수도 없고 또 들을 수도 없다. (피부에 의해 표면적으로 제한되어 있음은 오직 자기 자신을 눈여겨보는 것과 자신을 만져 보는 일에서만 존재한다. 그것은 자신의 신체를 감지하는 일과는 무관하다.) 표면이 없는 공간은 차원화와 위치와 간격에 따른 일관된 세분화를 허용하지 않는다. 이러한 차원화와 세분화는 오직 임의로 변형 가능한 가역적인 연결망을 경유해서만 가능하다.[15] 반면에 예컨대 부풀어 오르며 폭이 넓어지는 소리가 고유하게 지닌 선차원적인 부피는 자신의 신체에서, 가령 숨을 들이킬 때, 근육을 사용하여 힘을 쓸 때, 그리고 몇 가지 몸짓의 경우에도 감지된다. 신체는 어떤 [드넓게 퍼져 있는] 확장으로부터 장소적으로 두드러져 있다는 점에서 음향에 비해 앞서 있다. 심지어 신체는 어떤 '절대적 장소'에서, 즉 위치와 간격의 연관성의 체계를 통해서뿐만 아니라, 이미 그 자체로 직접적으로 규정되어 있고 확인될 수 있는 장소에서 두드러지게 부각된 상태에 있다. 이미 신체적 쾌적함과 같은

---

15) Schmitz, *Der unerschöpfliche Gegenstand*, pp. 310~318 참조.

전체적으로 포괄하는 신체적 동요가 그러한 절대적인 장소성을 지니고 있다. 가령 욕조에서 느끼는 신체적 쾌적함은 비록 분위기적이며 넓게 분산된 성격을 지니고 있음에도, 욕조의 가장자리를 넘어서지는 않는다. 이와 대조적으로 분위기적인 감정의 경우, 예를 들어 가족 간의 조화로운 회합에서 느끼는 감정에서는 쾌적함의 범위가 제한될 수 없는 상태다. 전체적으로 포괄하는 신체적 동요에는 예를 들어, 셀러적인 삶의 감정들(활기 있음과 맥없음)이 해당한다. 누구나 아침에 일어나 하루의 일과를 다소간 힘들게 진행하면서 매우 다양한 단계의 삶의 감정들을 겪는다. 하지만 우리의 언어는 이들을 충분히 표현할 수 있는 준비가 되어 있지 못하다. 언어가 훨씬 잘 도움을 주는 때는 부분적인 신체적 동요들을 서술할 때다. 이 동요들은 개별적인 신체-섬[16]으로 위치가 국한되어 있긴 하지만, 또한 절대적인 장소들도 아울러 갖고 있다. 이 신체-섬들의 모호한 파동의 양상은 우리 서구 문화의 사람들에게는 지각적 육체 도식Körperschema으로 인해 통상 은폐되어 있다. 이 육체 도식은 자신의 육체에 대한 습관화된 표상 이미지로서 시각과 촉각 경험을 기준으로 삼으면서, 신체-섬들을 공간적으로 배치하기 위해서 하나의 연속적인 윤곽을, 지속적인 형태와 견고한 안정성을 지닌 윤곽

---

16) 신체-섬(Leibinseln)의 의미는 슈미츠의 '신체' 개념, 즉 몸 전체가 저절로 느끼는 '자극과 동요의 상태(Befinden)'를 배경으로 이해해야 한다. 신체의 자극과 동요의 상태는 객관적으로 위치가 정해진 육체와 달리 '표면'이나 '경계'(선)를 갖지 않는다. 오히려 신체는 전체적으로 모호하게 밖을 향해 열려 있는 '흐름과 파동'에 가깝다. 그런데 상황과 조건에 따라 신체의 흐름과 파동 가운데에서 특정한 근방이 '수면 위로' 떠오르는데, 이렇게 떠오른 근방이 바로 '신체-섬'이다. 신체-섬의 모습을 가시적으로 포착한 예술작품의 예로 오스트리아 빈 출신 화가 라스니히(Maria Lassnig, 1919~2014)의 작품을 들 수 있다(https://online-sammlung.hamburger-kunsthalle.de/de/objekt/HK-5313, 함부르크 쿤스트할레 소장).—옮긴이

을 제공한다. 자신의 육체에서 느끼는 일 자체는 이러한 도식 대신에 모호한 섬들의 파동의 형태를 보여 준다. 이 신체-섬들은 윤곽이 명확하지 않음에도 불구하고, 보통은 불연속적인 질서를 유지하며, 단지 어떤 계기가 출현할 때만 이 질서를 융해시킨다. 예를 들어 이 질서가 융해되어 육체적인 발의 신체적 유비물Analogon이 되는 때는 가령, 아주 오랫동안 걸은 여파로 "발이 퉁퉁 부풀어 올랐을 때", 그래서 발이 피곤하고 무감각하며 고통스러운 덩어리로서 감지될 때다. 이때는 평상시에 서로 구별된 상태로 있는 신체-섬들이 이 덩어리 속으로(예컨대 발바닥 방면, 발목 방면 혹은 발가락 방면 등) 융해되어 가라앉는 것이다. 그 반면에 분열된 신체-섬들을 지각적 육체 도식 속으로 배치하는 일이 실패할 때는 이들이 불연속적으로 구분되어 있음이 명확히 드러난다. 이는 절단 수술을 받은 사람이 육체 일부분을 느끼는 소위 '유령지각'의 예에서 볼 수 있으며, 때때로 정신요법 가운데 하나인 자발성 훈련autogener Training 방법에서도 나타난다.[17] 일부 신체-섬들은 각별히 부각된 독특성으로 인해 파동 안에서도 자신의 독립성을 유지한다. 이에는 특히 내가 이런 관점에서 그 특징을 상세하게 논의한 구강과 항문 영역Zone이 속하며, 또한 지각적 육체 도식에서는 눈에 띄지 않지만 감지할 수 있는 신체-섬들 가운데서는 두드러지게 부각되는 성기 영역과 발바닥 영역도 그에 속한다.

---

17) '유령 같은' 육체 부분들과 분열된 '신체-섬들'에 대해서는 Schmitz, *System der Philosophie*, vol. II part 1, pp. 28~35 참조.

## 2.3. 느낌에서 신체의 역동학

신체성의 뿌리, 다시 말해 신체적 존재라는 숙명의 원천은 경악할 수 있는 능력에 있다(여기서 경악은 자동사의 의미에서). 경악은 그냥 살아가고 지속되는 삶의 연속체가 정지되고 이로부터 떨어져 나오는 근원현상Urphänomen이다. 그러한 삶의 연속체에서는 많은 것들이 개별적으로 부각되지 않고 미끄러지듯 조용히 흘러가고 있는 것이다. 동물과 인간은 신체적 존재라는 점에서 식물에 비해 앞서 있다. 이들은 경악할 수 있기 때문이다. 경악 속에서, 놀라서 멈칫하는 것 속에서 수축 상태가 경련처럼 일어나는데, 새로운 것이 예기치 않게 도래함으로써 인간은 이러한 수축 상태 속으로 내몰린다. 그리고 이 수축 상태가 미끄러지듯 조용히 그냥 살아가는 삶의 연속체를 찢어 낸다. 삶의 연속체는 다의적인, 지나가 버린 '예전에 한번은'Einst의 형태를 띤 과거로 떨어져서 물러나고, 반면 이제 출현하게 될 새로운 것이 미래의 기초적인 형태로서 (아직 모든 투사하는 기대가 등장하기 이전에) 떨어져 나온 수축 상태를 자신 쪽으로 끌어당긴다. 그리하여 이 수축 상태가 원초적 현재primitive Gegenwart가 된다. 우리는 원초적 현재를 급작스러운 것das Plötzliche이라 지칭할 수도 있을 것이다. 이 말은 우선 방금 기술한 시간적 구조, 즉 순수한 양상적 시간Modalzeit을 가리킨다. 그뿐만 아니라 오로지 신체성을 놀라고 멈칫하게 만드는 한에서만, 어떤 것은 급작스러운 것이 된다. 이런 방식으로 한 사람은 스스로 어떤 것에 참여하게 되고, 호명되며, 관여하고 있는 자가 바로 자기 자신임을 확인하게 된다. 그리고 이런 놀람과 자기 확인은, 이를테면 개구리와 같이 의식이 덜 분화된 동물처럼 사유 내용을 개별적으로 파악할 수 없더라도 [인간과 마찬가지로] 일어난다. 이러한 일깨워짐은 자기 자신이 문제가 되고 있음을 감지한다는 의미이며, 그것이 바로 정동적 놀람에서의 '주관성'이라는 근원 현상이다(3장 2.1절과 뒤의 6장 1절). 유아나 동물도, 예를 들어 어떤 아픔이 가해질 때는 바로 자기 자신이 당사자임을 인지한다. 사람은 때에 따라 자기 자신을 잊어버릴 정도의 깊은 슬픔에 잠겨 있을 수 있다. 하지만 이때도 그것은 자기 자신에 대한 주관성이란 의미에서 **그의** 슬픔이며, 그가 이 주관성을 다른 사람의 주관성과 혼동할 수는 없다. 사태, 계획, 문제의 주관성과 정동적 놀람은 서로 분리할 수 없이 함께 속해 있다. 어린이에게는 모든 사태, 계획, 문제가 우선은 개별화되지 않고 분산된 전체성의 형태로 (상황 속에서, 뒤의 5장 1~3절을 보라) 다가오며, 따라서 이 모든 것들이 주관적이다. 성장한다는 것은 (첫돌이 되었을 때 시작되는) 이 주관적인 것의 덩어리 일부에서 주관성이 떨어져 나오는 것, 이를 통해 어떤 것의 '낯설음'을 처음 발견하는 과정이라 할 수 있다. 그럼으로써 이제 주관성은 낯설지 않은 나머지 부분으로 물러나게 되는데, 이제 한 개체는 이 부분에서 자신만의 영역, 즉 자신의 '개체적 상황'(5장 3절)을 형성하고 변형시켜 나갈 수 있는 거점을 확보한다. 이러한 방식으로 사태, 계획, 문제가 대상화되는 일은 이들로부터 주관성이 떨어져 나오는 일이며, 동시에 개체적 해방, 곧 원초적 현재로부터 주관성이 분리되어 두드러지게 나타나는 과정이다. 대상화를 통해 원초적 현재는 이렇게 주관성의 측면에서 전개되며, 다른 측면들[18]에 대해서는

---

18) 여기서 '다른 측면들'은 원초적 현재 상태에서 절대적인 신체를 향해 응축되는 다섯 가지 인간학적-존재론적 계기들 가운데 '주관성'을 제외한 네 가지 계기('지금', '여기', '이것', '존재')를

내가 여기서 별도로 논의할 필요가 없는[19] 다른 방식으로 전개된다. 원초적 현재는 신체의 수축이다. 모든 정동적 놀람의 상태는 주관성을 끌어들이고 원초적 현재로 되돌아가는(곧 개체적 퇴행personale Regression의) 경향을 갖고 있기 때문에, 그것은 대상화로부터 (내가 얘기하는 사태, 문제, 계획과 연관된 독특한 의미에서, 이에 대해서는 3장 2.1절 참조) 비롯되는 개체적 해방과는 상반된 사건이다. 달리 말해서 정동적 놀람이 부가되는 정도가 강하면 강할수록, 개체적으로 해방된 사람이 원초적 현재에 대해서 거리를 두고 우월한 관계를 유지하기가 점점 더 어려워진다. 원초적 현재가 신체의 수축이기 때문에, 정동적 놀람과 개체적 퇴행이 함께 속해 있다는 사태로부터 성인으로서 신중하고 개체적으로 해방된 사람에 대해서도 놀람의 상태의 신체성이 발생하게 된다. 특히 감정에 의해 사로잡히는 것이 이에 해당한다(2.2절).

신체는 사로잡는 감정들의 공격 지점이자 주체에게 감정들의 공명판이다. 수축 상태는 원초적 현재로서, 순수한 양상적 시간을 통해 식물처럼 미끄러지듯 조용히 지속하며 살아가는 삶으로부터 떨어져 나오는데, 신체는 바로 이 수축 상태의 둘레에서 형성된다. 그리고 이렇게 살아가고 지속하는 과정은 오직 확장 상태로부터 수축 상태로 내몰리게 된다. 따라서 신체적 역동학의 가장 중요한 차원은 수축 상태와

---

가리킨다. 슈미츠의 신체현상학적 인간학에 대해서는 「미감적 경험의 현상학적 재정의: 헤르만 슈미츠의 신체현상학과 미학이론에 대하여」, 『미학예술학연구』 23, 2006, 274~315쪽, 특히 284~293쪽 참조. —옮긴이

19) Schmitz, *System der Philosophie*, vol. IV, pp. 4~8. 또한 *Der unerschöpfliche Gegenstand*, pp. 48~51, p. 105, 174, 189, 192, pp. 257~265, p. 275, pp. 313~316, p. 480, 493 등 참조.

확장 상태의 차원이며, 이들 차원은 수축 과정과 확장 과정의 두 가지 서로 상반된 경향을 포함하고 있다. 신체적 존재는 우선적으로 수축 상태와 확장 상태의 중간에 위치해 있음을 뜻한다. 인간은 적어도 의식적 체험을 지속하는 한, 이 두 상태로부터 완전히 벗어날 수 없다. 이때 대립된 세력인 수축 과정과 확장 과정은 서로를 도발하는 관계에 있다. 우리는 이 두 과정이 함께 작용하는 것을 '동력'$_{Antrieb}$이라 표현할 수 있다. 여기서 우리는 어떤 특정한 목표를 향한 충동 같은 것을 생각해서는 안 된다. 오히려 우리는 한 사람이 (마치 주전자처럼) 그 영향력 아래에 있는 일종의 증기 에너지와 같은 것을 생각해야 한다. 그것은 생동성$_{Vitalität}$을 의미하며, 이 생동성은 역동적인 사람에게는 높은 수준을 보이며, 적절한 삶을 영위하지 못하는 듯 활기 없는 사람에게는 낮은 수준을 보인다. 그리고 수축 과정과 확장 과정은 이 동력으로부터 분열되어 떨어져 나올 수 있다. 이러한 분열된 수축 과정은 이를테면 수축 과정과 확장 과정 사이를 연결하는 끈이 찢겨지는 경악, 당황, 기겁함에서 나타나며, 반면 분열된 확장 과정은 이러한 끈이 좀 더 부드러운 방식으로 풀어지고 느슨해지는 졸 때나 잠들 때 혹은 황홀함의 상태에서 나타난다. 이러한 분열된 수축 과정과 확장 과정을 나는 '박탈적'$_{privative}$ 수축 과정 내지 확장 과정이라 칭하고자 한다('박탈적'이란 말은 아리스토텔레스의 전문 용어인 "스테레시스"$_{stérēsis}$를 스콜라 철학이 번역한 "프리바티오"$_{privatio}$에서 유래한 말로서 어떤 것의 부재, 빼앗김, 여기서는 분열에 의한 빼앗김을 표현한다). 만약 분열이 총체적인 수준이 되면, 의식이 사라지게 된다. 의식은 항시 동력을 필요로 한다. 그리고 이러한 동력 안에 포함되어 있는 수축 과정과 확장 과정을 나는 긴장$_{Spannung}$과 팽창

Schwellung이라 칭하고자 한다. 긴장과 팽창은 다양한 상호비중 관계 안에서 나타나는데, 예를 들어 숨을 들이쉴 때나 근육을 사용하여 힘을 쓸 때(당기기, 들기, 레슬링 등)는 긴장과 팽창이 서로 동등한 비중 관계에 있다고 할 수 있다. 아울러 동력은 지배적인 긴장(불안과 통증)과 지배적인 팽창(희열)Wollust 사이에서 진동하고 있다. 불안과 통증은 "멀리 떨어져Weg!"라는 추진력이, 즉 밖으로 넓히고 확대하려는 갈망이 저지당했음을 보여 주는 현상이다. 여기서 대단히 강력하게 제지하는 수축 과정이 이 갈망을 다시 포획하게 되는 것이다. 반대로 희열은 팽창이 우위를 점하는 상태다. 희열은 단지 성적인 쾌락뿐만 아니라, 예를 들어 매우 간지러운 피부를 시원하게 긁을 때도 나타나며, 팽창을 능가하는 긴장의 저항이 이를 중지시키지 않는 한 지속된다고 할 수 있다. 만일 긴장의 벽이 완전히 붕괴되어 팽창이 전면적으로 승리하게 되면, 동력이 느슨하게 풀리면서 팽창이 박탈적 확장 과정으로 이행하게 된다. 예컨대 성행위에서 사정 직후에 동력이 부드럽게 가라앉고 천천히 사그라질 때가 그러하다. 그런데 이러한 모든 경우는 동력에서 긴장과 팽창의 비중 관계 변화일 뿐이기 때문에 희열, 불안(또한 고통), 힘을 쓰는 일은 서로 쉽게 교환될 수 있으며 서로 중단시키고 또 서로 상승시킬 수도 있다. 긴장과 팽창이 경쟁하는 것은 늘 강도적intensiv이지만(즉 동시적이지만), 늘 리드미컬한 것은 아니다(전체적으로 두 가지 경향 중 한쪽이 지배적인 상태에 있는 진행 형태에서 지배적인 단계가 반복되어 바뀌는 리듬을 늘 지니는 것이 아니다). 긴장과 팽창의 경쟁이 명확히 리드미컬한 때는 예를 들어 불안과 희열 둘 다 충분한 강도를 보여 줄 때다. 단지 휴지 간격을 통해서 리드미컬해지는 (가령 두드리는 통증으로서) 통증은 그렇지 않다. 이 통증은 긴장과 팽창의 지배가 교대로 나타나는 과정에 의한 것이 아니기 때문이다. 이러한 교대를 잘 보여 주는 것은 불안과 희열이 충분히 강할 때 "가쁘게 헐떡이며" 숨을 쉴 때다. 여기서는 숨을 들이키면서 신체적 팽창이 쇄도하는 것이 제지하는 긴장에 부딪쳐 급작스럽게 중단되며, 거칠게 침강한 후에 팽창이 재차 시작되는 것이다. 이때 통증에서는 없거나 약화되어 있는 가쁘게 헐떡이는 소리가 나타난다. 다른 한편, 희열에서 경련처럼 일어나는 긴장이 첨예하게 부각되는 것은 힘을 쓰는 일이 상승하면서 이루어지는 분투나 통증의 자극들에서다. 이는 성행위나 가려운 곳을 긁을 때도 마찬가지다.

지금까지 신체의 역동학 가운데 핵심 지점들만 살펴보았다. 이들을 살펴본 목적은 정동적 놀람 상태에 있는 신체가 어떤 방식으로 사로잡는 감정들을 위한 공명판 역할을 하는지를 이해하기 위해서다. 여기서 각별히 중요한 것은 긴장과 박탈적 수축, 팽창과 박탈적 확장이라는 네 가지 신체성의 형태에서 수축 과정과 확장 과정이 지니고 있는 유연성과 적응 능력이다. 이 유연성과 적응 능력은 함께 움직이고 동요할 수 있기 위해서, 곧 신체가 사로잡는 감정의 추진력에 의해 자극받을 수 있기 위해서 중요하다. 동력의 분열 가능성(즉 박탈적 수축과 박탈적 확장 부분들이 동력으로부터 떨어져 나올 가능성)이 크면 클수록, 그리고 동력이 가진 율동적인 구성요소가 순수하게 강도적인 구성요소에 비해 더 명확히 형성되어 있으면 있을수록, 동력은 정동적 놀람에서 좀 더 유연하게 잘 반응할 수 있다. 그 때문에 예를 들어, 불안은 동력의 리드미컬한 성격으로 인해 통증보다는 감정들에 대해 훨씬 더 열려 있으며, 이런 관점에서 통증보다 훨씬 "더 흥미롭다". 나는 여기서 1절에서 언급했던 차갑고 활기 없는 저녁 분위기의 어둑어둑해지는 불안[20] 과 자아불안[21]을 떠올리고 있다. 자아불안은 내가 누구인가와 상관없이 나 자신으로 존재함에 대한 불안으로서 "실존철학자들"(키르케고르, 하이데거, 사르트르)이 염두에 두었다고 할 수 있는 것이다. 나아가 나는 두려움과 오싹함으로서의 불안과 죄에 대한 불안도 생각하고 있으며, 아울러 어떤 예감을 잉태하고 있는 분위기 속의 불안, 불확정적인 기대의 불안도 떠올리고 있다. 그리고 남성/여성 관계의 역사와 현재는 희열에서 부드럽고 다채로운 많은 감정이 어떻게 변조될 수 있는가를 잘 보여 준다. 좀 더 구체적으로 말해서, 리듬적 성격이 두드러져서 신체적-정동적 놀람 상태에서 적응 능력을 갖고 있는 희열을 보면, 사랑과 증오 사이의 허용 공간에서 일어나는 무수한 감정의 변조가 잘 드러나는 것이다. 감정은 또한, 박탈적 수축과 박탈적 확장이 동력으로부터 분열되어 나오는 것을 매우 풍부하게 활용한다. 이런 경우에 감정은 황홀한 기쁨("내 심장이 터져 오른다"), 안도감("내 심장의 무거운 돌이 떨어졌다") 혹은 당황스러움(박탈적 수축 과정) 등의 모습으로 나타난다. 반면에 단지 강도적이기만 한 동력은 감정과 잘 어울리지 못한다. 만약 동력에서 수축과 팽창이 분열되어 나오지 못하고, 또 동력이 지배적인 긴장과 지배적인 팽창 사이에서 리드미컬하게 동요지도 못하는 사람이 있다면, 그는 신체적으로 감정의 파도 가운데 마치 절벽이나 돌처럼 서 있다고 할 것이다. 심리적 무기력증과 내인성內因性 우울증에서

---

20) Schmitz, *System der Philosophie*, vol. III part 1, pp. 153~166 참조.
21) Schmitz, *System der Philosophie*, vol. I, p. 235 이하, 그리고 vol. IV, pp. 87~92.

나타나는 고통스러운 "무감정의 감정"의 상태가 바로 이렇게 동력이 마비되어 리듬과 분열 가능성이 사라지면서 공명 능력이 상실되었음을 보여 주는 증거다. 신체적 느낌 상태Befinden에서의 장애가 내인성 우울증에서 확인되는 결함의 원천이며 핵심이라는 사실. 이것은 쿠르트 슈나이더가 이 질병에서 비애가 감정이 아니라 그가 "심인성 슬픔"[22]이라 지칭한 상태라는 점을 인식한 이후에 자명해졌다. 슈나이더는 이때 셸러의 "삶의 감정들"을 생각하고 있는데, 나는 앞에서 이 감정들을 '전체적으로 포괄하는 신체적 동요들'로 파악했다(2.2절). 나는 이러한 슈나이더의 통찰을 신체적 성향Disposition에 대한 현상학을 통해 그 본질에서 좀 더 깊이 파헤친 바 있다.[23]

방금 서술한 (내인성 우울증의 정신병적 특징은 갖고 있지 않은) 신체적이며 감정적인 공명의 장애를 아주 명료하게 보여 주는 구체적인 삶의 예가 있다. 그것은 슐라이어마허의 딸 같은 여자 친구이자 후에 부인이 된 헨리에테가 슐라이어마허와 주고받은 편지들이다. 덧붙여 이 편지들은 2.1절의 주장들(감정의 지각으로서의 느낌과 감정에 의한 사로잡힘으로서의 느낌은 서로 다르다)과 2.2절의 주장들(이러한 사로잡힘의 신체성)이 정당하다는 것을 뚜렷하게 보여 준다. 이 가운데 일부분을 인

22) Kurt Schneider, "Die Schichtung des emotionalen Lebens und der Aufbau der Depressionszustände", *Zeitschrift für die gesamte Neurologie und Psychiatrie*, vol. 59, 1920, pp. 281~286.

23) Schmitz, *System der Philosophie*, vol. IV, pp. 322~331. 아울러 논문 "Der vergessene Leib. Phänomenologische Bemerkungen zu Leib, Seele und Krankheit", *Zeitschrift für klinische Psychologie, Psychologie und Psychotherapie* 35, 1987, pp. 270~278.

용해 보겠다. "에렌프리트[24]와 잘 살아가는 가운데에서도 … 자주 많은 것이 향유되지 않은 채 저를 지나쳐 가고 있습니다. 종종 그것은 육체적인 것인데, 하지만 저는 그것을 육체적으로 느끼지는 않습니다. 그 것은 저에게서 저의 자유를 앗아 가는 것이며 저를 추한 불쾌함으로 몰아넣는 것입니다. 그리곤 저 자신에 대한 불만족이 곧바로 이어지고, 저는 슬퍼지고 괴로워하게 됩니다. … 매 순간 자유롭고 활기차게 **사는 것**, 이것이야말로 귀중한 일임이 분명합니다. 아 친애하는 아버님, 만약 제 심장이 보이지 않는 차원과 진정으로 친숙해지는 것을 고대하고 있다면, 또 만약 저 위에서 제 소원이 허락되고 우리가 그렇게 고양되고 그렇게 행복하게 느낀다면, 바로 여기에 형언할 수 없는 기쁨이 있을 것입니다. 그러나 동시에 제 영혼 속에는 지나가 버린 시간에 대한 고통, 그러한 분위기로 풍요롭지 못했던 시간에 대한 고통이 존재할 것입니다. 그것은 모든 삶의 영혼이라 할, 그러한 멋진 삶이 오랜 기간 죽어 버린 듯 우리 안에 존재했다는 것에 대한 고통입니다. 그러면 저는 그토록 확실하게 느낍니다. **언젠가 한번은** 제가 그런 감각과 정신 속에서 영원히 살아가게 되는 데 도달하리라는 것을. 왜냐하면 제가 분명 그렇게 살아갈 수 있다는 제 느낌이 긴장 없이 고요하고 조용하게, 마음 깊은 곳에 있기 때문입니다."[25] 섬세한 심리적 무기력증자인 헨리에테는 자신이 느끼는 불쾌함의 자리가 신체적 느낌 상태에 있다는 것을

---

24) 헨리에테의 첫 남편이었던 에렌프리트 폰 빌리치(Ehrenfried von Willich)를 말한다. 첫 남편과 그녀는 슐라이어마허를 아버지와 같은 친구로서 우러러보고 있었다.

25) *Friedrich Schleiermachers Briefwechsel mit seiner Braut*, ed. H. Meisner, Gotha 1919, p. 49 이하. 보이지 않는 차원과 위에서 허용된 소원에 대한 지적은 종교적으로 암시적인 언급이다.

당시에 활용 가능했던 모든 표현을 동원하여 대단히 생생하게 묘사한다. 그것은 어떤 육체적인 것이지만, 그럼에도 그녀는 자신으로부터 자유를 앗아 가는 이것을 육체적으로 느낄 수 없다고 말한다. 여기서 자유는 감정들을 위한 공명 능력이 충분한 적응력을 갖고 활발하게 움직이는 것을 의미하는데, 그녀는 이러한 공명의 활동성을 종교적으로 해석하면서도 명확히 어떤 분위기로서 지각하고 있다. 그녀는 그 속에서 살 수 있을 것이고 또 살고 싶다고 말한다. 그러나 그녀는 간혹 나타나는 형언할 수 없는 기쁨의 순간들을 제외한다면, 이러한 분위기의 추진력과 함께 생동감 있게 움직이며 살아가지 못한다. 감정도 있고, 또한 지각으로서의 느낌과 사로잡힘으로서 느낌을 받아들일 준비 태세도 갖추고 있다. 그러나 이를테면 배가 출항하지 못하고 있다. 헨리에테의 증언에서 2.1절에서 시도한 구분의 정당함이 명백하게 드러난다. 또한 동력의 공명 능력이 마비된 것에 이어서 슬픔이 등장하는 것은 스스로를 되돌아보는 때라는 사실, 이 사실에 대한 그녀의 관찰도 매우 적절하다. 즉 자신에 대한 불만족과 불쾌함의 단계 이후에 슬픔이 찾아오는 것이다. 그녀는 다른 때에 같은 곤경에 대해서 다음과 같이 쓰고 있다. "봐 주세요. 저는 때때로 저 자신에 대해 낙담하는 이러한 병을 심하게 앓고 있습니다. 그것은 제가 제게 달라붙는 모든 사람으로부터 벗어나야 한다고 느낄 정도로 심합니다. 왜냐하면 모든 사람이 저를 기만적인 눈길로 바라보고, 제가 그들이 생각하는 모습처럼 있다는 것이 저를 낙담시키기 때문입니다. … 오 친애하는 아버님, 만약 제 심장이 따뜻하고 부드럽다면, 제 심장은 더 깊이 상처를 입을 것이고 더 격렬한 고통을 얻게 될 것입니다. 그럼에도 저는 지금의 이 차가운 고요함과 무감각보다 더 행복하게 될 것입니다."[26] 이것은 한 감수성이 예민한 여성이 느끼는 "무감정의 감정" 상태다. 그녀는 느낄 수가 없고 또 다른 사람들을 꺼리는데, 왜냐하면 이들이 그녀의 예민한 감각을 알고 있으면서도 그녀가 느낄 수 없다는 것을 이해하려 하지 않기 때문이다. "느끼는 일"의 두 가지 의미에 대한 구분이 없다면(2.1절) 이는 순전한 모순일 것이다. 하지만 나는 이 수수께끼를 풀 수 있다. 여성은 자신에게 밀려오는 감정들을 포괄적인 요구의 성격을 지닌 분위기들로 지각한다. 그녀는 이 요구를 충족시키고자 하지만 그럴 수가 없다. 왜냐하면 그녀의 신체적 성향[27]이 사로잡힘을 감당하지 못하고, 또 주위의 사람들이 이러한 간극을 이해하지 못하는 한, 이러한 균열 상태에 더더욱 시달리게 되기 때문이다. 이 간극을 좀 더 명확히 보여 주는 것이 다음 진술이다. "오, 제가 진지하게 말하옵건대 믿어 주세요. 종종 강함으로 비춰지는 것이 사실은, 감정의 결여일 뿐이라는 것을요. 또 제가 거의 아무런 감정이 없다는 사실을 믿어 주세요. 아마도 정신의 심층은 갖고 있을 거예요. 제가 다른 사람들의 심층을 이해하고 사랑하는 감각을 가진 것으로 봐서요. 그러나 감정에서 저는 심층은 물론, 부드럽게 자극될 수 있는 능력조차 갖고 있지 못해요. 이것이 바로 저를 둘러싸고 있는, 저의 오래되고 영원한 슬픔이에요. 이 슬픔이 새로운 삶 속에서도 소멸하지 않았다는 사실, 이 사실이 저의 슬픔이 근거 없는 것이 아님을 확실

---

26) *Ibid.*, p. 100.

27) 신체적 성향에 대해 간략하게는 Schmitz, *Der unerschöpfliche Gegenstand*, pp. 127~130, 좀 더 상세하게는 *System der Philosophie*, vol. IV, pp. 291~296, 314~346 참조.

히 증명해 주고 있어요."[28] 이 여성이 아쉬워하고 있는 부드럽게 자극될 수 있는 능력이란, 동력이 쉽게 움직이고 동요될 수 있는 가능성을 가리킨다. 그리고 여기서 말하는 심층은 사로잡는 감정을 이 동력 속에, 즉 삶의 생동함 속에 뿌리내리도록 하는 일을 뜻한다. 그녀는 바로 이 삶의 생동함을 갈망하고 있다. 어느 아름다운 저녁, 그녀는 아픈 아이들을 헌신적으로 돌본 후, 숨 막힐 정도로 답답한 방에서 나와 상쾌한 공기를 접한다. 갑자기 그녀는 "마치 내가 어떤 다른 세계로 옮겨 온 듯", "사랑, 애상, 동경의 모든 감정이 자신 안에서 깨어나는 것을 느끼며" 그러한 생동함을 갈망한다. 그녀는 "내 존재의 모든 구석구석에서 진정으로 생동감 있게 존재하고자" 했던 것이다.[29]

## 3. 확장 공간과 방향 공간

나는 감정을 느끼는 것에서 감정 자체로 되돌아가고자 한다. 사랑 또한 감정인 한, 감정의 공간성에 대한 근본적인 통찰은 사랑에 대해서도 유효하다. 이 사랑의 감정, 아니 좀 더 정확히 사랑이라는 이름으로 1장에서 애기한 범위에 속하는 여러 감정을 좀 더 정확히 논의하기 위해서는 이들이 보여 주는 공간성의 종류에 따라 이들을 분류하는 일이 필요하다. 이를 위해 우선은 감정과 관련하여 고찰해야 할 좀 더 심층적인 공간성의 층들을 들여다봐야 한다. 이 층들에서 공간의 구조는 2.3절에

---

28) *Friedrich Schleiermachers Briefwechsel mit seiner Braut*, p. 279.
29) *Ibid.*, p. 141.

서 대강의 핵심을 서술했던 신체의 역동학과 거의 유사하다. 이러한 유사성이 끝나는 곳은 공간성의 특정한 공간적 수준, 즉 신체에서 소외된 표면이 등장하는 지점이다. 여기에서부터 공간의 '차원화'와 장소 공간의 구성이 시작되는데, 이 장소 공간은 감정에 대해 아무런 의미를 가질 수 없다(1절). 표면이 공간에 본질적이지 않다는 사실은 표면이 없는 공간들의 출현, 예를 들어 음향을 통해서 명백하게 확인된다. 표면과 함께 공간이 신체로부터 소외되기 시작하기 전에 신체적 구조와 공간적 구조가 유사성을 갖는 것은 그 근원이 원초적 현재, 즉 신체의 수축이 지닌 본질적 특징 속에 있다. 즉 신체적 수축이 절대적 장소이면서 개별화의 원리 역할을 하는 것 속에 있는 것이다.[30] 나는 주제에 부합하지 않기 때문에 여기서 더 이상 논의하지 않을 것이다. 하지만 나는 표면이 부재한 공간 속에서 가능한 두 가지 공간성의 층에 대해 일정 정도 얘기하지 않을 수 없다. 이들은 확장 공간과 방향 공간이다.

확장 공간 안에는 오직 널리 밖으로 퍼진 확장 상태만이 존재한다. 그리고 이러한 확장 상태 안에서 하나의 절대적 장소(2.2절) 내지는 다수의 절대적 장소가 두드러지게 나타난다. 순수한 확장 공간은 기후를 감지할 때 지속적으로 현존하고 있다.[31] 우리는 자신의 신체 주위에 모

---

30) Schmitz, *Der unerschöpfliche Gegenstand*, pp. 48~51, 276~279, 또한 *Die entfremdete Subjektivität*, pp. 38~40 참조.

31) 나는 어쩔 수 없이 '기후'라는 표현을 선택했다. 이는 날씨 이외에 건물로 둘러싸인 공간들에서 감지되는 날씨와 유비적인 상태를 함께 지칭하고자 함이다. 왜냐하면 일상어는 내용적으로 정당화될 수 없는 변덕스러움을 갖고 있어서 거실의 날씨 혹은 화장실의 날씨(자유로운 자연 속의 날씨에 대해 말하는 것과 달리)라는 표현을 허용하지 않기 때문이다. [날씨나 기후를 나타내는 독일어 단어로는 'Wetter'와 'Klima'가 있다. Wetter의 어원은 고중세 독일어 weter 내지 wetar로 거슬러 올라가며 그 의미는 '공기', '바람', '바람 불다' 등이었다. 한편, Klima의 어원은 영어

호하게 퍼져 있는 기후를 감지하며, 만약 우리가 집 안에 없다면 이를 "날씨"라 부른다. 이와 동시에 우리는 자신의 신체도 감지하는데, 이때 이 신체는 자신만의 절대적 장소(2.2절)에서 기후 감지의 당사자로서 두드러진 형태로 나타난다. 순수한 기후 감지에서 이를 넘어서 더 상세하게 구별된 특징을 찾아내기는 어렵다. 확장 공간의 다른 예로 시각적으로 '전체적으로 나타나는 영역들'을 들 수 있다. 예를 들어 우리가 누워서 위를 올려다보며 한동안 그 영향을 몸으로 느끼는 '빛나는 푸른 하늘'이 이에 해당한다. 이때 우리의 시선은 어떤 특정한 궤적을 좇지 않는다. 또 다른 예로는 시각적 및 운동적으로 앞쪽을 향해 행동할 때 존재하는 배후 영역Rückfeld을 들 수 있다. 이 영역은 눈에 잘 띄지 않지만, 일상적인 삶을 영위할 때 늘 현존하는 확장 공간이다. 걷고, 쓰고, 말하는 일과 같은 많은 일상적인 움직임에서 우리는 자주 뻗치고, 흔들고, 일어서고, 어디에 기대는 등등의 동작을 의식적, 무의식적으로 하게 되는데, 이때 우리는 뒤쪽이 개방되어 있음을 알고 있다. 우리의 배후 영역에 적어도 확장 공간이 주어져 있는 것이다. 이 확장 공간은 방향이나 장소를 통해 세분되어 있지 않다. 왜냐하면 그러한 방향들과 장소들은 앞을 향한 행위에 전념해 있는 관계로 전방 영역Vorfeld에 함께 묶여 있기 때문이다. 또한 배후의 확장 공간을 각별히 떠올리지 않는 한, 우리는 그것을 배후의 '방면'이라 특징적으로 규정할 필요조차 없다.

---

climate와 마찬가지로 그리스어 klíma로 거슬러 올라가며 그 의미는 '비탈', '경사진 표면', '지리적 지역' 등이었다. 흥미롭고 중요한 점은 두 단어 모두 공통적으로 일정한 범위의 공간 내지 공간적 영역과 연관되어 있다는 점이다. 이것은 한자어지만 우리말 '기후'(氣候)의 경우도 마찬가지다.]

그럼에도 우리는 어디에 기대거나 다른 여러 일상적인 동작을 할 때 저절로 친숙하게 배후의 확장 공간에 적응해 있는 상태다. 또한 우리가 스스로를 특별히 주시하지 않는다면, 이때 지각적 육체 도식의 상대적 장소들(2.2절)은 아무런 역할을 하지 않는다. 따라서 이렇게 비자의적으로 배후 영역에 간여하게 될 때, 눈에 띄지 않게 현존하고 있는 공간성은 확장 공간의 구조를 갖고 있다고 하겠다. 이 구조는 아무런 세부적인 형태화를 갖지 않은, 일종의 앙상한 상태에 있기에 그것을 발견하기가 대단히 어렵다. 그러나 그것은 공간이 이후에 더 섬세하게 세분되는 바탕을 이룬다.

다음으로 나타나는 공간성의 층은 '방향 공간'이다. 이것은 확장 공간이 2.3절에서 언급되지 않았던 신체적 역동학의 또 다른 구성요소, 즉 신체적 방향을 통해 보완된 결과로서 출현하게 되는 공간성의 층이다. 신체적 방향은 비가역적으로 (신체의) 수축 상태를 확장 상태로 이끌며, 그럼으로써 확장 상태를 몇 가지 '방면'으로 세분한다. 첫 번째 예로 숨을 내쉬는 것을 들 수 있다. 만약 신체적으로 감지할 수 있는 호흡의 리듬을 수축 과정과 확장 과정이 단순히 주기적으로 반복되는 것으로 파악한다면, 이는 그릇된 이해일 것이다. 오히려 들숨은 긴장과 팽창이 순수하게 강도적으로intensiv 경쟁함으로써 신체의 (혹은 일정한 신체-섬들의) 선차원적 부피가 증가하는 과정으로 볼 수 있다. 이때 긴장과 팽창은 어떤 방향도 두드러짐이 없이 서로 함께 증가하는 상태에 있다. 들숨의 정점에는 강도가 똑같은 두 경향의 갈등, 즉 수축 상태와 확장 상태를 향한 두 경향 사이의 갈등이 해소되지 않은 채로 있다. 만약 이 갈등을 배출하는 일에 실패한다면, 그 경우에는 천식 환자가 겪게 되는 일종의 '파국적인 상태'가 발생한다. 배출을 가능하게 하는 것이 바로 날숨이며, 이는 수축 상태에서 확장 상태로 이끄는 방향, 신체적으로 감지할 수 있는 방향이 현실화되는 과정이다. 이것은 전방으로 펼치면서(숨의 흐름에 맞춰서), 또 비스듬히 아래와 뒤쪽으로 (횡격막의 운동에 상응하여) 나아가는 방향, 이러한 방식으로 미리 그려져 있던 확장 상태의 아래쪽 방면으로 나아가는 방향이다. 이러한 신체적 사건을 선입견에 사로잡히지 않고 연구하기 위해서, 우리는 우리를 오도하는 해부학, 물리학, 화학(기류), 지각적 육체 도식 등을 연상하는 데서 벗어나야 한다. 우리가 감지할 수 있는 날숨은 수축 상태를 확장 상태로 매개해 준다. 하지만 날숨 자체는 확장 과정이 아니며 (팽창도 아니고 박탈적 확장 과정도 아닌) 수축 과정은 더더욱 아니다. 반대로 그것은 비가역적으로 수축 상태에서 분산된 확장 상태로 나아가는 방향성이다. 그것은 어떤 특정한 목표나 직선적인 궤적을 갖고 있지 않으며, 그 대신 선차원적인 부피와 분할할 수 없는 연장延長을 지니고 있다. 여기서 특별한 목표가 없다는 불변의 특징을 논외로 한다면, 날숨은 이러한 특징들에서 시선과 유사하다. 자신의 것으로 감지되는 시선 또한 신체적 방향이다. 심지어 우리는 시선에서 모종의 형태Gestalt들을 알아차릴 수 있다. 예를 들어 어떤 대상에 매달리는 시선에서는 어떤 날카로워지는 원뿔 모양의 형태를, "크게 뜬 두 눈으로" 응시하는 시선에서는 어떤 원통형 모양의 형태를 인지할 수 있다. 정신 집중을 위해 눈을 감고서 시각 영역에서 물러나 "내면으로 향해 있는 시선"은 오직 전적으로 신체적 동요일 뿐이다. 이때 "내면으로"라는 말은 확장 상태에 대한 빈곤한 은유 이상이 아니다. 즉 시선의 목표들 없이 자기 자신의 신체에서 감지되는 확장 상태의 은유일 뿐이다. 시선이 날숨과 다른 점은 시선이 하나의 목표를 "시야 안에 포착"할 수 있다는 데에 있다. 물론 시선도 어떤 것을 보지 않거나 혹은 어떤 볼 것을 찾지 못한 상태에서(예컨대 짙은 안개 속에서) 목표 없이 정처 없이 둘러볼 수 있다. 물론 "시야 안에 포착한다"라는 표현 또한, 자신의 신체에서 신체적 방향으로 감지하는 시선이 일차적으로 눈과 직접적인 관련이 없는 한, 하나의 은유라 할 것이다.

신체적 방향 공간의 고유한 영역은 운동학Motorik인데, 이 안에서 방향 공간은 일종의 방향들의 망網으로 조직된다. 인간과 동물이 자신의 운동을 조정하는 것은 '운동적 육체 도식'을 통해서이며, 우리는 이 도식을 '지각적 육체 도식'(2.2절)과 명확히 구별해야 한다. 왜냐하면 지각적 육체 도식과 달리 운동적 육체 도식은 위치와 간격이 아니라 신체적 방향과 이격(1절)을 통해 세분화되어 있기 때문이다. 방향이란 비가역적으로 수축 상태에서 확장 상태로 이끄는 역할을 하기 때문에, 이격은 간격처럼 가역적인 연결 궤적을 통해 양쪽 측면으로부터 측정할 수가 없다. 우리는 이에 대해 다음과 같이 쉽게 확신할 수 있다. 운동적 육체 도식이란, 인간과 동물의 운동에서 저절로 자신의 육체와 신체를 정향의 기준으로 삼으면서 운동을 이끌어 가는 틀을 말한다. 그리고 이 도식 속에서 운동과 연관된 공간의 지점들(예컨대 사지와 손발 등)은 방향과 방면, 그리고 이격에 따라 규정되어 있다. 예를 들어 좌우 구분을 통해 규정되어 있는데, 그래서 우리가 왼손과 오른손을 혼동하지 않는 것이다. 또한 가령, 발과 발가락의 움직임을 [비자의적으로] 조정하여 이들이 무릎보다 더 멀리 나아가도록 정향하는 일은, 발과 발가락에 의한 몸의 운동이 무릎을 함께 포괄할 수 있도록 한다. 이러한 관계들('어떤 것의 오른쪽 혹은 왼쪽', '어떤 것보다 더 멀리 떨어져 있는' 등의 관계)은 자의적 운동이라는 '연주'의 지휘자 역할을 하는 어떤 기준 지점Bezugsstelle을 필요로 한다. 가령 이 지휘자가 굽혀진 오른쪽 팔꿈치 부근에 위치하고 있다면, 양손은 모두 왼쪽이 될 것이며 오른쪽과 왼쪽의 구별을 양손에 적용할 수 없게 될 것이다. 만약 운동적 육체 도식이 지각적 육체 도식처럼 가역적인 연결 궤적 위에서 위치와 간격을 통해 조직되어 있다면, 우리는 운동에 참여하는 육체 부분들의 주변으로부터 그러한 지휘자를, 또 마찬가지로 지휘자로부터 육체 부분들의 주변을 쉽게 찾아낼 수 있을 것이다. 그러나 실제는 전혀 그렇지 않다. 내가 내 육체 부분들의 방면 및 이격과 관련하여 이들 부분을 적절하게 배분하면서 움직일 때, 나는 내가 어느 곳으로부터 이러한 정향을 수행하는지를 전혀 알지 못한다. 내가 자의적으로 움직이면서 그러한 방면과 이격에 대해 저절로 확실하게 이해하고 있음에도 이 정향의 자리를 알지 못하는 것이다. 이것은 내게 하나의 수수께끼였으며, 나는 클라파레드Édouard Claparède와 같은 심리학자의 이론에 대해 반성하지 않을 수 없었다. 클라파레드는 이 수수께끼 앞에서 침묵할 수 없어 하나의 답변을 시도했는데, 이는 의심쩍은 성공밖에는 거두지 못했다. 내 생각에 올바른 답변의 가능성은 분명 운동적 육체 도식이 수행하는 방향 공간적 정향에 있다. 이 운동적 육체 도식 속에서 문제의 지휘자가 운동의 오케스트라에게 비가역적으로 수축 상태에서 확장 상태로 이끄는 방향들에 대해 신호를 보낸다고 봐야 한다. 이는 결코 가역적인 연결 궤적을 경유하는 과정이 아니다.

운동적 육체 도식 속에서 서로 연결망을 구성하는 방향들은 육체의 경계를 넘어 나아가고 있다. 우리는 이를 예컨대, 여러 몸짓에서 증명할 수 있다. 사로잡는 감정들이 불러일으키는 몸짓을 우리가 저절로 확실하게 행할 수 있다는 것은 이미 2.2절에서 지적했다. 하지만 다른 종류의 몸짓들, 예를 들어 무엇인가를 가리키고, 알리고, 부탁하고 맹세하는 손짓들, 나아가 자부심이나 겸허함을 느낄 때의 몸짓들도 습관화된 본보기 동작들을 따른다. 이 동작들로 몸짓이 특징적이며 쉽게 해석할 수 있는 형태를 획득하는 것이다. 본보기 동작들은 움직임의 암시들로 구성되어 있는데, 이들을 나는 몸짓에 실려 있는 '몸짓-비유' Gebärdefigur라 부르고자 한다. 몸짓-비유는 일반적으로 몸짓으로 행해진 동작을 넘어 공간 속으로 나아가고 있다. 그 때문에 예컨대, 한 사람을 손가락으로 가리키는 일은 불쾌함을 유발한다. 왜냐하면 집게손가락을 거의 눈에 띄지 않을 만큼 살짝 펴는 움직임에 이미, 그 움직임의 수신자를 이를테면 찔러 고정시키려는 몸짓-비유가 실려 있기 때문이다. 또한 눈꺼풀을 아주 미세하게 움직이는 것도 송신자와 수신자, 두 사람 모두 감지할 수 있는 표현력이 강한 몸짓-비유라 할 수 있다. 그것은 신의 가득한 개의 시선일 때는 감동을 주며, 아름다운 여성의 동작일 때 유혹적이며, 간청의 동작으로서는 상대방을 꽉 붙잡아 두는 표현력을 발휘한다. 이러한 몸짓-비유들은 신체적 방향, 즉 비가역적으로 수축 상태에서 확장 상태로 이끄는 운동적 육체 도식의 신체적 방향이다. 이는 설사 수행된 동작이 견고한 물체의 저항으로 인해 끝나게 된다고 해도 유효하다. 예를 들어 종교적 겸허함을 표현하기 위해 아래로 하강하는 몸짓이 땅바닥에 닿아 끝나는 경우를 생각해 보면 된다. 이때 몸짓-비유는 땅바닥을 넘어서 확정되지 않은 확장 상태로 이끌고 나아간다고 할 수 있다. 그것은 "마치 바다 아래로 가라앉고자 하는 것처럼" 보이는 것이다.

어떤 종류의 운동적 능력이든 이는 모두 운동적 육체 도식에서 드러난 방향 공간적 정향에 근거하고 있다. 우리는 이러한 정향이 실행하는 놀라운 성취를 '균형 잡기'에서 확인할 수 있다. 거의 모든 사람은 쓰러질 위험이 있거나 쓰러지기 시작할 때 이를 저지하기 위해 본능적으로 확실하게 균형 잡기를 행한다. 중력의 흡인력은 아래쪽으로 향해 있는데, 이를 보상할 수 있는 것은 오직 방향과 힘의 소모의 측면에서 대단히 섬세하게 분화된 무게 분배와 몸동작뿐이다. 이를 위해선 운동적 육체 도식이 가진 방향의 망 전체를 동원해야만 한다. 이러한 동원은 방향들을 갖고 진행되는데, 여기서 방향들은 상대적 지점들을 통과하기는 하지만, 감지된 중력의 당김 자체 혹은 날숨처럼 어떤 종결된 상태가 아니다. 다른 운동적 능력들, 예를 들어 수영, 춤, 글쓰기, 악기 연주 등은 별도의 특별한 훈련 과정을 통해 습득해야 한다. 이러한 모든 경우에 배우는 사람이 습득하는 수준에서 능숙한 수준으로 이행하게 되는 것은, 운동 진행의 기준이 더 이상 위치와 간격이 아니라 운동적 육체 도식의 방향과 이격에 있을 때다. 능숙한 사람의 경우, 이러한 육체 도식이 이를테면 도구를 완전히 소화하여 도구 속으로 자라난 상태다. 예컨대 피아노 주자는 자신의 악기를, 속기사는 기록하는 기계를 자신의 육체의 부분들을 활용하듯이 능숙하고 자연스럽게 활용하고 있다.[32] 클라이스트는 에세이 「꼭두각시 연극에 대하여」에서 자신

---

32) 이들 예에 대해서는 Schmitz, *System der Philosophie*, vol. III part 1, p. 296 이하 참조.

의 몸의 움직임이 지닌 매혹적인 우아함에 빠져 버린 한 젊은 청년을 묘사한다. 이 청년은 이제 거울 앞에서 몸의 움직임을 습득하고자 시도하는데, 그렇게 하자마자 애초의 우아함을 완전히 잃어버리게 된다. 그의 잘못은, 운동적 육체 도식이 이끌어 가는 상태에서 빠져나와 거울상과 지각적 육체 도식에 맞추어 위치와 간격을 기준으로 삼고자 했다는 데 있다.

운동적 육체 도식의 성취 능력을 한층 강화해 주는 것은 바로 시선이다. 시선은 분할할 수 없는 확장성을 지닌 신체적 동요로서 그 자체가 운동적 육체 도식의 방향에 속한다. 이로부터 시각적이면서 운동적인, 조화로운 결합이 가능하게 되는데, 이 결합에서 시선과 육체의 움직임은 균형 잡기를 할 때의 사지처럼 반응 시간과 상관없이 매우 자발적으로 함께 작용한다. 이와 관련하여 특별한 능력의 최고 성취를 보여 주는 경우가 위험에 처한 자동차 운전자의 행동 방식이다. 운전자가 갑자기 도로 위의 위험 상황에 맞닥뜨렸을 때, 그는 순간적으로 자신의 사지를 적절히 활용하여 자동차가 재빨리 이 상황에서 벗어나도록 대처한다. 또한 평범한 사람도 이와 비교할 만한 동작을 특별한 습득 과정 없이 하고 있는데, 이는 그가 위협적인 힘이 느껴질 정도로 자신에게 밀려오는 수많은 대상(돌, 주먹, 자동차 등)을 보자마자 즉시 능숙하게 피하거나 옆으로 뛰는 동작을 할 때다. 그리고 시선이 운동적 육체 도식의 지배적 요소로서 움직임을 강압적으로 통제하는 다른 경우들도 있다. 이로부터 "많은 비웃음거리가 되는 어떤 확실성이 등장하는데, 이 확실성은 자전거 타는 젊은이나 젊은 축구 선수들에게서 볼 수 있다. 즉 이러한 시선의 확실성으로 인해 자전거 타는 젊은이가 자신의 주위에서 유일한 장애라 할 두려운 공간, 시선을 고정한 그 공간을 향해 돌진하게 되는 것이며, 젊은 축구 선수가 훨씬 더 넓은 사이 공간이 있음에도 골포스트나 골키퍼를 맞추게 되는 것이다".[33] 여기서 운동적 육체 도식은 시선을 자신 안으로 통합함으로써 지평선에까지 도달하는 활동 공간을 획득하고 있다.

신체적 방향은 비가역적으로 수축 상태로부터 확장 상태로 이끌어 간다. 예외적인 경우를 제외하면, 일반적인 상황에서 '나의 날숨, 시선, 보행이 확장 상태로부터 나를 찾아온다', 또는 '이를테면 이러한 날숨, 시선, 보행이 나를 끌어당기면서 나를 통과해서 나아간다'라는 식으로 말하는 것은 옳은 표현이 아닐 것이다. 예외적인 경우는 극단적인 긴장 이완의 상태, 예컨대 정신요법에서 자발성 훈련의 경우인데, 이때에는 "나 자신이 숨 쉬도록 한다"라는 공식에 따라 숨쉬기가 인간을 찾아오는 사건으로서 몸으로 습득하는 과정이 된다. 그러나 동경, 우울 혹은 근심은 원심성의 충격Impuls 내지 내리누르는 충격을 가하면서 인간을 사로잡는다. 이 감정들은 신체적으로 감지할 수 있도록 인간을 포획하거나 슬그머니 감싸는 것이다. 인간은, 앞서 서술한 수축 상태에서 벗어난다는 의미에서 자신의 시선을 어떤 대상을 향해 던질 수 있다. 그리고 이때 인간은 시선을 널리 확장하는 방식으로 돌아다니게 할 수 있다. 원심성의 동경, 즉 신체의 수축 상태로부터 확장 상태를 추구하는 '동경'도 널리 확장하는 방식이 될 수 있다. 하지만 인간은 이러한 동

---

33) *Ibid.*, p. 292(다른 예들도 보라). 다음 책을 따랐다. Wolfgang Metzger, *Psychologie*, Dresden/ Leipzig 1941, p. 17.

경을 시선처럼 던질 수는 없다. 반대로 동경은 분산된 확장 상태, 분위기적인 확장 상태로부터 인간을 엄습한다. 방향성을 지닌 감정들은 일반적으로 이러한 존재 방식을 보여 준다. 이를 통해서 이 감정들은, 마찬가지로 신체에 빛을 발하고 신체를 사로잡는 다른 종류의 방향들과 구별된다. 예를 들어 축구 경기를 관람하는 청중이 저절로 함께 움직일 때 나타나는 매혹, 암시, 최면 상태 등이 이러한 방향들에 속한다. 이러한 상태들은 뒤의 7장 2.1절에서 논의하게 될 이른바 '내체화'Einleibung의 영역에 속하는데, 내체화는 개별 신체가 일시적으로 더 포괄적인 신체적 통일성 속으로 통합되는 과정을 말한다. 이러한 경우에 감동을 주는 혹은 사로잡는 영향력의 원천은, 예컨대 시선이 매달려 있는 어떤 특정한 상대방이거나 또는 암시력을 가진 어떤 사람의 목소리다. 방향성을 지닌 채 사로잡는 감정은 이런 의미의 상대가 아니다. 예를 들어 근심은 일종의 내리누르는 감정이다. 따라서 이 감정의 원천은 위쪽에 있어야만 할 것 같다. 하지만 이런 경우 위의 방향에서는, 심지어 근심의 계기조차 ── 만약 근심의 계기가 있다고 가정한다면 ── 단지 우연적으로만 발견할 수 있을 것이다. 그리고 설사 이러한 계기가 있다 해도 그것은 사로잡는 힘이 위치한 '자리'라는 의미에서의 원천이 전혀 아니다. 기껏해야 그것은 그러한 힘이 수렴하는 결정화의 핵심과 같은 것이라 할 수 있다. 근심에 찬 이에게 근심이란 어떤 크고 무거운 것이다. 그것은 마치 거대하고 음울한 구름처럼 그를 감싸고 있으며(이미 호메로스에 따르면), 경계선이 없이 그 위에 무겁게 걸려 있다. 기쁨은 이러한 분위기를 정반대의 상태로 변화시킨다. 기쁨은 이전에 걱정이나 근심으로 인해 압박당했던 사람으로부터 중압감을 덜어 주고 그를 가볍게 해준다. 기쁜 사람에게는 심지어 아래로 끌어당기는 중력과 유희하고 장난치며, 기뻐서 껑충껑충 뛰는 일조차 쉽게 느껴진다. 비록 그가 내적으로 어떤 탄력을 느끼지 않고 그냥 자기 자신을 기쁨 속에 빠져들도록 놔둔다 해도, 이것은 분명한 사실이다. 그는 어디에서 그에게 이런 상태가 찾아오는지를 얘기할 수 없다. 내가 여기서 말하고자 하는 것은 기쁨의 동기가 아니라 힘의 저장소, 즉 어떤 물리적인 변화 없이 감정의 분위기가 지닌 끌어내리는 벡터[34]를 끌어올리는 벡터로 전환하는 힘의 저장소다. 빛의 밝음이나 저녁의 황혼이 그런 것처럼, 여기서도 감정은 다시 한번 공간성의 확장 층위로부터 출현한다. 방향을 지닌 감정들이 이렇게 한정된 현상적 방향의 원천을 갖지 않은 것을 나는 감정의 **심연성**Abgründigkeit이라 칭하고자 한다. 이 심연성에 의해서 감정은 신체적 방향과 구별된다. 따라서 구체적인 방향 공간 위에서 펼쳐지는 것은, 수축 상태와 확장 상태 사이에서 일어나는 서로 상반된 매개 과정들이다. 한편의 매개 과정은 비가역적인 방식으로 수축 상태에서 확장 상태로 이끄는 신체적 방향에 의한 것이며, 다른 한편의 매개 과정은 불확정적인 분위기적 확장 상태로부터 인간을 사로잡으면서 찾아오는 심연적 감정들의 방향에서 연유한 것이다. 이때 두 과정은 인간이 자신을 신체적으로 감지하는 '절대적 장소'absoluter Ort [35]에서 일어나고 있다.

---

34) 물리학에서 '벡터'(vector)가 방향과 크기의 양을 동시에 나타내는 단위이듯, 여기서도 감정이 가진 분위기의 방향성과 크기를 함께 나타내는 표현이다.—옮긴이
35) 슈미츠의 신체현상학에서 '절대적 장소'는 그 위치를 상대적으로 확정할 수 없는 전체적인 신체적 느낌의 자리다. 가령 인간이 갑자기 경악할 때, 경악의 충격은 해당 인간의 신체적 느낌 전체를 극단적인 수축 상태(원초적 현재)로 몰아간다. 하지만 해당 인간은 급작스러운 수축을 느끼면서도 이 수축이 정확히 '어느 곳'에서 일어나는지 확정하여 말할 수 없다.—옮긴이

## 4. 감정의 공간성이 지닌 층들

좀 더 원초적인 공간성의 층들, 즉 공간이 신체로부터 소외되기 이전의 층들인 확장 공간과 방향 공간을 연구함으로써 분위기로서의 감정들이 지닌 공간성을 좀 더 정확히 특징적으로 서술하는 일이 가능하다. 나는 여기서 감정으로서의 사랑이 지닌 고유한 특징과 차별성에 초점을 맞추고자 한다. 이러한 관점에서 나는 감정을 세 개의 세부 집합으로 나누고자 한다. 이들은 순수한 '기분'Stimmung, 순수한 '동요'Erregung, 그리고 집중화된 '감정'이다. 이 세 가지 집합은 다음과 같은 방식으로 서로 체계적인 연관을 보여 준다. 즉 동요는 언제나 또한 기분이며, 사랑을 포함하는 집중화된 감정은 또한 늘 동요이기도 하다. 공간적으로 널리 퍼져 있는 분위기로서의 감정이 확장 상태를 지닌 한, 나는 이를 기분이라 부른다. 요컨대, 모든 감정은 기분이기도 하다. 순수한 기분이란 방향을 갖고 있지 않은 경우인데, 여기에는 오직 두 가지만 존재한다. 순수한 '충족의 감정'(만족)과 순수한 '공허의 감정'(절망)이 그것이다. 그런데 여기서 나는 충족되었거나 아니면 깨진 희망이나 소원을 생각하지도 않고, 참사의 위협 앞에서 탈출구가 전혀 없는 상태를 생각하지도 않는다. 나는 다만, 감정의 확장 상태가 충족된 것으로 나타나는지 아니면 비어 있는 것으로 나타나는가에 대해서만 생각하고 있다. 후자의 경우에 나타나는 절망은 슬픔이나 소모성 근심처럼 내리누르는 것이 아니라, 불안정하고 방향이 없는 상태를 보여 준다. 그것은 일종의 혐오와 지루함을 연상시키는 싫증으로서, 프랑스인들은 이를 "권태"ennui라 부른다. 고대 후기 승려들의 경험으로 거슬러 올라가는 죄 이론과 중세 시대의 죄 이론에서는 이를 "우울증"acedia이라 불렀다. 이러한 기분이 등장하게 되는 동기는 단지 삶의 의미의 바탕을 빼앗기거나 상실했다는 의식에 있는 것이 아니다. 그것은 또한 저절로 그러한 기분을 유도하는 환경에 의해서도 촉발된다. 가령, 모든 것이 빛이 바래 흐릿해지고 차가우며, 손에 잡을 수 없이 유리창 뒤로 밀려나는 것처럼 다가오는 저물어 가는 날의 황혼녘을 볼 때, 혹은 어떤 냉습한 아침 대도시의 흉하고 지저분한 빽빽하게 들어선 집들을 볼 때가 그러한 예다.

절망이 슬픔이나 근심과 구별되는 것처럼, 만족 또한 기쁨과 구별된다. 만족에는 방향의 규정성, 즉 기쁨이 가진 위로 들어 올리는 경향성이 없다. 이 경향성은 슬픔, 근심, 우울이 지닌 아래로 내려가는 혹은 내리누르는 경향성의 반대다. 만족은 방향과 관련하여 중립적인 분위기다. 그것은 견고하고 조밀하며, 아래에서 받쳐 주지만 비좁게 압박하지는 않는 감정의 확장 상태다. 삶에서 이러한 확장 상태가 지배적인 경우는 조화로운 가족 사이 혹은 신비주의자들의 '태연함' 또는 평온하면서도 원기 왕성한 '자신감'을 갖고 있을 때다. 모든 감정은 다소간 만족이나 절망(또한 두 가지가 섞인 형태)의 밑바탕을 가진 것처럼 보인다. 그럼으로써 모든 감정은 일반적인 기분의 면모뿐만 아니라 일정 정도는 순수한 기분의 면모 또한 갖는다고 할 수 있다.

순수한 기분에 방향성을 덧붙이는 것은 순수한 동요인데, 이 동요들은 구조가 없는 것은 아니지만 분산된 성격을 보여 준다. 이 감정들이 지닌 심연적 특성에 대해서는 3절에서 이미 논의했다. 이들 감정은 심연적 특성으로 인해 방향 공간에 속하며 이 안에서 신체적 방향과 구별된다. 이 분위기들이 지닌 벡터들은 한 측면에서 혹은 모든 측면에서 방향성을 띨 수 있는데, 벡터들이 조직되면서 이들은 구조를 획득하게 된다. 한 측면에서 위로 내지는 아래로(들어 올리는 내지는 내리누르는) 향해 있는 것은 기쁨과 슬픔이다. 기쁨과 슬픔은 동일한 특질을 지니고 서도 비주제적인 방식으로 또는 주제(동기)들에 집중된 방식으로 나타날 수 있다. 전자인 비주제적인 방식으로서만 이 감정들은 순수한 동요다. 이에 대해서는 뫼리케의 시 「감춰져 있음」Verborgenheit을 참조할 수 있다. 모든 측면에서 방향성을 띤 순수한 동요는 (사로잡힌 사람과 관련하여) 구심성, 원심성 혹은 이 두 가지 특성을 동시에 가질 수 있다. 당사자와의 관계에서 이런 방식으로 집중화가 이루어진다고 해도 아직은 감정 안에 주제가 들어선 것은 아니다. 따라서 이러한 집중화로 인해 동요의 순수성이 제거되지는 않는다. 모든 측면에서 원심성의 특성을 지닌 것은 분산적이며 목표가 없는 '동경'의 감정이다. 이것은 사춘기와 낭만주의에 특징적인 감정으로서 괴테가 이 감정을 매우 상세하게 다룬 바 있다.[36] 모든 측면에서 구심성의 특성을 지닌 것은 마찬가지로 분산적인 상태의 걱정의 감정이다.[37] 클라우스 콘라트는 이 감정을 (이러한 이름을 사용하지 않고) '불신'과 비교했는데, 이때 불신은 다른 경우에는 중립적으로 머물러 있는 체험의 배후Erlebnishintergrund가 공격적으로 전면으로 솟아오른다는 의미다.[38] 그리고 걱정과 동경이 뒤섞여 있는

---

36) Hermann Schmitz, *Goethes Altersdenken im problemgeschichtlichen Zusammenhang*, Bonn 1959, pp. 254~263 참조.
37) 나는 "두려움"(Bangigkeit)이란 단어 대신에 "걱정"(Bangnis)이란 단어를 선택했다. 전자가 좀 더 일반적이기는 하지만, 생생하게 사로잡는 감정이 아닌 어떤 심리적 성향(Disposition)을 생각나게 하여 오해의 여지가 있기 때문이다.
38) Klaus Conrad, *Die beginnende Schizophrenie. Versuch einer Gestaltanalyse des Wahns*,

것처럼 원심적이면서 동시에 구심적인 것은 괴테 시대에 (괴테 자신 또한) '불길한 예감이 드는 것'das Ahnungsvolle이라 즐겨 불렀던 감정의 분위기다. 이런 의미의 예감이란 유망한 느낌과 함께 위협적인 느낌을 함께 포함하고 있다. 이를테면 이 느낌들이 함께 널리 퍼져 있기 때문에 이 분위기에 잠겨 있는 모든 것에 어떤 상승된, 양가적인 의미를 부여하는 것이다. 이런 종류의 분위기로는 막 시작되는 조현병에서 특징적으로 나타나는 이른바 '망상적 기분'Wahnstimmung을 들 수 있다.

분산된 분위기가 하나의 주제로 집결함으로써 순수한 동요로부터 집중화된 감정이 출현한다. 예컨대 그럼으로써 걱정이 공포가 되는 것이다. 예전의 현상학파(브렌타노, 후설, 셸러, 펜더, 볼노브)는 이러한 감정들이 지닌 소위 '지향성'에 대해서 자부심을 지니고 있었다. 그들은 지향성의 대상 연결을 통해 감정과 대상이 없는 기분을 구분했다. 하이데거도 이런 방식으로 공포와 불안(자아불안의 의미에서인데, 이에 대해서는 2.3절을 보라)을 대비시킨 바 있다. 그러나 이러한 단순한 양자택일로는 순수한 기분과 순수한 동요 사이의 차이를 포착할 수 없다. 감정의 지향성이라는 주장은 감정을 '의식의 행위'로 오해하고 있다. 또한 그것은 감정이 지닌 주제적인 연결을 지향성의 방식으로 어떤 대상을 목표로 하는 것으로 오해한다. 이런 경우에 펜더가 사랑의 특징을 다음과 같이 묘사한 것과 같은 것이 나타나게 된다. "사랑은 세 갈래로 갈라진 형태로 원심적으로 사랑하는 자아로부터 사랑하는 대상을 향해 나아간다. 가운데에서는 긍정적인 원심적 감정의 흐름이 흐르고 있으며,

---

Stuttgart 1958, p. 41 이하.

그 아래에는 자아와 사랑하는 대상, 둘이 하나로 결합되어 있음이 놓여 있다. 그리고 그 위에서는 긍정의 행위가 결합의 아치를 형성하고 있다."[39] 사랑을 이렇게 사랑하는 여인 등등을 향해 나아가는 세 갈래 포크처럼 떠올리는 일은 우스꽝스러우며 불쾌감만 자아내는 과도한 요구라 할 것이다. 이보다 더 나은 것은 시인들이 시적일 뿐만 아니라 개인적인 고백 속에서 사랑을 분위기로서, 즉 자신들이 그 속에 빠져 있는 분위기, 자신들을 감싸고 관통하고 있는 분위기로서 해석할 때다.[40] 감정은 공간적으로 (말의 적절한 의미에서) 널리 확대되어 있는 분위기이며, 따라서 형태들Gestalten로 파악할 수 있다. 그렇기 때문에 우리는 감정들을 게슈탈트 심리학의 개념적 수단을 활용하여 묘사할 수 있다. 볼프강 메츠거는 이 수단들을, 비록 그 우선적인 생각은 시각적 형태들을 위한 것이지만, 자신의 저서 『심리학』에서 상세하게 논의했다. 이 저서의 5장은 '집중화된 형태들'을 다루고 있는데, 나는 주제적으로 집중화

---

39) Alexander Pfänder, "Zur Psychologie der Gesinnungen", *Jahrbuch für Philosophie und phänomenologische Forschungen*, vol. I(1), 1913, p. 373.

40) 니콜라우스 레나우(Nicholaus Lenau)는 "오 가슴이여! 저는 제 존재의 가장 깊은 곳에 이르기까지 당신의 것입니다. 진정으로 당신에게 흠뻑 빠져 있습니다"라고 말한다. 또한 보들레르는 "사랑은 내 삶 속에서 마치 소금으로 가득 차게 만든 공기처럼 넓게 늘어나고 있다"라 적고 있다(이 출처에 대해서는 Schmitz, *System der Philosophie*, vol. III part 2, p. 130 참조). 한편, 26세의 노발리스는 자신의 두 번째 부인에 대해 이렇게 말한다. "귀여운 율헨은 살금살금 다가오는 독이다. 보고 반하기 전에, 사람들은 어디서든 자신 안에서 그녀를 발견한다. 그녀가 우리에게 편안하게 느껴지면 질수록 그녀는 더욱 더 위험하다. 무모한 청년으로서 나는 한번 그러한 중독을 맛보고 싶다. 하지만 이 독은 무뎌진 상태가 된 나를, 내 오래된 신경을 그렇게 자극하여 바로 가볍고 흥겹게 진동하도록 만든다. 이 독은 몇 시간 동안 계속해서 나의 굳어 버린 피를 데운다. 사람들은 연약하고, 거의 인지할 수 없는 느낌 속에서 그녀를 조우하며, 또 그녀가 가장 아름다운 것을 알고 행하고 보존한다는 점을 확신하고 있다"(1789년 2월 5일 카롤리네 유스트[Caroline Just]에게, Novalis, *Schriften*, vol. IV, Stuttgart usw. 1975, p. 249 이하).

된 감정들을 이러한 '형태들'로 파악하고자 한다. 이러한 접근 방식이 얼마나 생산적인가는 내가 메츠거로부터 수용하여 시각적 대상 영역에서 다른 유형의 형태들로 옮겨 응용한 개념 형성을 통해서 곧 확인될 것이다. 왜냐하면 이를 통해 감정의 대상에 대해 말할 때 결부되어 있는 본질적인 모호성이 밝혀질 것이기 때문이다. 지향성을 가진 감정들이 대상과 연관되어 있다는 부정확한 주장은 이 본질적인 양의성을 지나치고 있다.

## 5. 집중화된 감정의 응축 영역과 정박 지점

피상적으로 감정의 대상에 대해 말하는 것을 좀 더 선명하게 만들 수 있는 좋은 이론적 계기가 있다. 그것은 우리가 순수한 동요에서 (주제적으로) 집중화된 감정으로 이행하는 과정을 연구할 때인데, 특히 걱정과 공포 사이에 있는 중간 단계로서 '두려운 전율Grauen'이 좋은 연구 대상이다. 걱정이 신체적 불안과 함께 한 사람을 사로잡을 때, 이 사람은 모호하게 걱정하면서 어떤 섬뜩함을 감지하는 상태가 되고 동시에 이로부터 멀어지는 일이 탈출구 없이 강력하게 저지될 수밖에 없음을 받아들여야 하는 상태에 처한다. 바로 이때 분위기적으로 융해되는 상태와 고립되어 고정되는 상태가 뒤섞인, 혼종적인 형성물로서 두려운 전율이 등장한다. 특이한 것은 이럴 때 종종 그러한 양가성이 한 대상 속으로 응축된다는 점이다. 그리하여 이 대상은 한편으로는 당사자를 벗어나지 못하도록 하여 그가 거기에 고정되도록 하며, 다른 한편으로 이 대상은 파악할 수도, 규명할 수도 없는 섬뜩함을 띠게 된다. 이 섬뜩함은 불안에 의한 고정됨과 마찬가지로 대상의 두려운 전율에, 다시 말해 ('걱정'의 의미에서) 대상 없는 위협Bedrohlichkeit의 분위기인 두려운 전율에 속한다. 도둑 신랑에 대한 그림 형제의 동화를 예로 들어 보자. 이 동화에서 신부는 의심스럽지는 않지만 속내를 알 수 없는 남편에 대해 두려운 전율을 느낀다. 그녀는 남편의 명령에 따라 쥐 죽은 듯 조용한 집안으로 들어가지 않으면 안 된다. 그리고 이 안에서 그녀는 결국 어떤 비밀스러운 목소리가 그녀가 살인자의 집에 있음을 일러 주는 것을 듣게 된다. 이로써 두려운 전율이 완전히 집중화된 공포의 분위기로 변화하게 된다. 우리는 여기서 결정적인 역할을 한 것을 게슈탈트 심리학의 개념들을 활용하여 얘기할 수 있다. 집중화된 감정들은 바로 형태들인데, 메츠거는 (시각적 사례들에서) 이 형태들의 집중화를 서술하는 데 적합한 수단을 찾아냈다. 즉 메츠거는 '응축 영역'Verdichtungsbereich에서의 집중화와 '정박 지점'Verankerungspunkt에서의 집중화를 구별했던 것이다.[41] 한 형태의 응축 영역이란 이 형태의 특징적 외형이 감각적으로 생생하게 모이는 장소다. 꽃잎을 예로 들자면 특징적인 물결 모양을 형성하는 윤곽이 이에 해당한다. 반면 정박 지점은 형태가 감각적으로 생생하게 형성되기 시작하는 장소로서, 꽃잎의 경우 잎자루에 있는 시작 지점이라 할 수 있다. 신부의 두려운 전율은 이미 응축 영역(신랑과 집)을 지니고 있다. 하지만 아직은 정박 지점을 갖고 있지는 못하다. 따라서 그것은 한쪽 의미에서는 대상적으로 연결되어 있으며, 다른 의미에서는 대상이 부재한 상태다. 신부의 두려운 전율이 하나의 정박 지점을 획득하

---

41) Wolfgang Metzger, *Psychologie*, 5th ed., Darmstadt 1975, p. 178 이하, pp. 181~183 참조.

는 순간에 이르렀을 때, 즉 그녀가 살해될 수 있다는 위험이 명확해지는 순간에 순수하고 분산된 동요가 집중화된 공포로 변화하는 것이다.

집중화된 감정으로 분류될 수 있는 대다수의 감정은 집중의 중심이 응축 영역과 정박 지점으로 분열되어 있다. 이때 응축 영역은 어떤 사물Sache이며, 정박 지점은 대부분 하나의 사태Sachverhalt다. 공포, 분노, 수치심 등의 감정도 이러한 종류에 속한다. 예를 들어 치과의사 앞에서의 공포는 의사와 치료 도구(응축 영역)에 대한 공포이지만, 또한 '곧 아플 것'이라는 전망에 대한 공포, 다시 말해 이 전망(정박 지점)으로 인한 공포이기도 하다. 그런데 여기서 정박 지점과 응축 영역 사이의 관계는 논거와 논증된 것 사이의 관계, 즉 논리적이며 숙고를 통해 매개될 수 있는 관계로 소급될 수 없다. 왜냐하면 만약 그렇다면 환자의 공포가 일차적으로 정박 지점과 연관될 것이며, 반면에 두려움을 불러일으키는 본래 위험의 대행자인 응축 영역과는 단지 간접적으로만 연관될 것이기 때문이다. 하지만 실제의 상황은 오히려 반대다. 고통스러운 치료가 바로 눈앞에 있을 때, 환자의 공포는 불안하게 깜박거리는 걱정Unruhe으로서 무서움의 후광을 두르고 있는 의사와 치료 도구로 집결된다. 반면 무서운 위험인 고통은 단지 이 후광을 통해 내비치고 있다. [앞의 동화에서도] 마찬가지로 잠재적인 살인자에 직면하여 다가오는 죽음에 대한 공포는 우선, 이 살인자에 대한 공포다. 분노의 감정의 경우, 이 감정의 응축 영역은 분노가 향하고 있는 사람이거나 대상이며, 정박 지점은 그에 대해 분노하고 있는 사태다. 수치심의 경우에도 마찬가지다. 여기서는 대부분 응축 영역을 수치심에 사로잡힌 사람 자신이 만들어 내고 있다. 물론 늘 그런 것은 아니다. 우리가 함께 있는 사람에 대해서도 (이 사람의 행동 때문이며 이 행동이 정박 지점인데) 수치스러워할 수 있기 때문이다. (누군가에 대한 혹은 어떤 대상에 대한) 분노의 경우와 마찬가지로 기쁨을 느낄 때도 우리의 언어는 응축 영역과 정박 지점을 쉽게 구분한다. 곧 어떤 대상(응축 영역)에 대한 기쁨과 어떤 사태(정박 지점)에 대한 기쁨을 구분하는 것이다. 우리는 이 구분을 다행히 시험에 합격한 수험생의 기쁨을 예로 삼아 쉽게 설명할 수 있다. 합격했다는 사태에 대한 기쁨은<sub>Freude über</sub> 마음이 가벼워지고 편해졌다는 것이며, 또한 종종 위험한 시험 과정을 이제 떨쳐 버렸다는 것에 대한 기쁨이기도 하다. 반면에 합격한 시험에 대한 기쁨은<sub>Freude an</sub> 향락적이어서 심지어 시험 과정을 회상하는 일에 계속 머물려 하는 경향마저 띤다. 이 기쁨이 가벼움과 편안해짐의 특징을 얻게 되는 것은, 오직 그것이 동시에 합격했다는 사실과 이를 통해 앞에 열리게 된 전망들(성공, 수입, 이제 배우자의 아버지가 결혼을 승낙하게 되리라는 것 등등)에 대한 기쁨이 되는 때다. 어떤 기쁨들은 대상에 대한 기쁨이지만 사태에 대한 기쁨은 아니다(예컨대 다른 별도의 관심 없이 아름다운 풍경이나 멋진 날씨에 대해 기뻐할 때). 또한 사태에 대한 기쁨이지만 대상에 대한 기쁨이 아닌 경우도 자주 있다(예를 들어 어떤 위험에서 구조되었을 때의 기쁨). 나아가 대상에 대한 기쁨이면서 사태에 대한 기쁨도 존재하며, 마찬가지로 대상이 없고 집중화되지 않은 기쁨도 있다. 이러한 구별들은 슬픔에서도 나타나는데, 하지만 슬픔에서는 이들을 기쁨의 경우처럼 전치사를 통해 쉽게 명시할 수가 없다.[42] 다른 한편, 집중화된 감정 가운데는 집중

---

42) Schmitz, *System der Philosophie*, vol. III part 2, p. 315 이하 참조.

의 중심이 응축 영역과 정박 지점으로 분열되는 것을 배제하는 종류도 있다. 이로써 나는 마침내 사랑에 도달한 셈이다.

## 6. 사랑에서 응축 영역과 정박 지점

기쁨은 대상이 없는 상태일 수 있고, 혹은 (응축 영역은 있고 정박 지점이 없거나 아니면 정박 지점은 있고 응축 영역이 없는) "불완전한 방식으로 대상을 가지고 있는"halbgegenständlich 상태일 수도 있다. 그런데 기쁨이 두 가지 방식으로 집중화되어 있을 때, 예컨대 아버지가 자기 자식들에 대해서(응축 영역) 이들이 아주 잘 지내는 것에 대해서 기뻐하는 경우(정박 지점), 기쁨이 똑같은 강도로 두 개의 중심과 연관되어 있다. 정박 지점이 응축 영역의 뒤로 물러나 있지도 않으며, 또 정박 지점이 응축 영역을 부수적인 일로 격하시키지도 않는다. 자식들에 대한 기쁨이 이들이 아름답거나 성실한 것에 대한 기쁨 또는 이들의 삶이 성공적인 것에 대한 기쁨이 단순히 반사된 결과이거나 그로부터 흘러나온 것처럼 보지 않는 것이다. 시인들 또한 가장 큰 관심을 기울였던 각별히 두드러진 두 사람 사이의 사랑에서도, 중심이 이렇게 분열되는 일은 없다. 나는 우선 로마인들의 성취가 가져온 이성 사이의 성적 사랑의 형태를 생각하고자 한다(3장 2절). 이러한 두 사람의 사랑이 중심의 분열, 즉 응축 영역과 정박 지점으로 중심이 분열되는 것에 저항하고 있다는 점은 쉽게 파악할 수 있다. 덕성을 통해서 이루어지는 사랑은 요리 솜씨에 좌우되는 사랑과 마찬가지로 여기서 의미하는 바의 진정한 사랑이 아니다. 어떤 여인이 덕성을 갖추고 있다는 사실을 통해 그녀에 대한 사랑을 지지하고 정박시켜야만 하는 남자가 있다면, 이 남자는 요리를 잘하니까 여자를 사랑하는 남자 못지않게 뒤틀린 사랑의 희생자가 되는 것이다. 물론 두 사람의 성적 사랑을 위해 중요한 상대방의 특성들을 일일이 언급할 수도 있다. 이들은 가령, 많은 경우에 어떤 육체적인 아름다움이 될 것이다. 그러나 사랑하는 사람을 사로잡는 사랑의 중심에 서 있는 것은 그러한 특성들을 포함한 사랑하는 상대방 자체다. 사랑하는 상대방이 단박에 중심의 분열 없이 서 있는 것이다. 하지만 두 사람의 성적 사랑에 있어 실제로 그러한 분열이 나타나는 경우들도 있기는 하다. 현재 맥락에서 이들을 살펴보는 일은 많은 것을 가르쳐 줄 수 있는데, 왜냐하면 이들이 사랑에 가져오는 모호함과 왜곡을 통해 완전하게 집중화된 기쁨에 있어 두 개의 부분 중심이 동등한 중요성을 갖고 있는 상태와 확연하게 구별된다는 점이 드러나며, 그럼으로써 여기서 얘기되는 사랑이 중심의 분열에 저항하고 있다는 점을 명확히 해주기 때문이다. 나는 다음과 같은 경우의 사랑을 떠올린다. 예컨대 한 남자가 한 여자를 혹은 한 여자가 한 남자를 사랑하는 이유가 상대방이 다른 사람을 기억나게 할 때, 가령 먼저 죽은 사랑했던 사람을 기억나게 하여, 말하자면 이 사람에 대한 사랑을 물려받은 사랑의 경우다. 아니면 민족공동체가 감흥을 일으킨 사랑을 생각해 볼 수 있다. 가령 외국에 머물고 있는 한 사람이 외롭고 쓸쓸하게 느끼고 향수에 젖어 나라와 고향이 같고 자신의 모국어를 사용하는 한 사람을 사랑하며 매달리게 될 때가 이러한 경우다. 이럴 때 사랑의 응축 영역인 사랑의 상대방은 정박 지점에서 떨어져 나오게 된다. 말하자면 응축 영역이 정박 지점의 앞으로 나와 있는 상태인데, 이때 사랑이 좀 더 분명히 의식되게 되면, 응축 영역은 사랑의 본래의 목표인 정박 지점을 단지 대변하게 되는 상태가 되며, 그 결과 사랑의 대상인 응축 영역의 역할이 정박 지점과 경쟁함으로써 애매한 처지에 놓이게 된다. 이러한 결과는 예로 든 경우보다 덜 극적인 경우에도 다르지 않은데, 이럴 때 응축 영역과 정박 지점은 쉽게 갈등 관계에 빠지게 된다. 사랑을 받는 사람은 예전의 사랑의 유산(정박 지점)으로부터 벗어나지 않는 사랑의 상속인으로서가 아니라 자기 자신 자체로서 사랑받고 싶다고 불평하면서, 이를 강하게 요구하려 들 것이다. 따라서 중심이 응축 영역과 정박 지점으로 균열되는 것은 기쁨의 경우에는 아무 문제 없이 적절할 수 있겠지만, 적어도 여기서 논의하는 로마적이며 낭만적-후기낭만적인 성적 사랑의 유형에서는 알력을 일으키게 된다. 예전에는 신학적 동기에서 심지어 이러한 균열을 요구하기도 했다. 특히 아우구스티누스가 극단적으로 그러했다. 좋은 기독교인이 한 여인을 사랑하는 것은 오직 자신이 좋은 여성 기독교인으로 교육시켜야 하는 신의 피조물로서뿐이다. 그는 어머니, 아버지, 다른 친족들도 오직 이러한 의미에서만 사랑한다는 것이다.[43] 자신의 친구를 진정 사랑하는 자는 그 안에 있는 신을 사랑하는 자다.[44] 심지어

---

43) Augustinus, "De sermone domini in monte", 1. I c. XV(41), J.-P. Migne ed., *Patrologia Latina*, vol. 34, column 1250: "좋은 기독교인은 한 여성을 주님의 피조물로서 사랑해야 합니다. 그는 자신이 변화하고 갱신되기를 원하는 것과 같은 방식으로 사랑하는 여성을 발견해야 합니다. … 그래서 그가 원수를 사랑하는 것은 그가 원수이기 때문이 아니라 그가 동등한 사람이기 때문입니다. 그는 원수에게도 번영이 찾아오기를 기원합니다. 원수가 교정되고 갱신되어 천국에 도달하기를 바라는 것입니다. 그의 아버지와 어머니, 다른 사람들은 이것이 피의 유대 관계임을 이해해야 합니다."

44) Augustinus, "sermo", 336 c. II(2): "그러므로 진실로 친구를 사랑하는 사람은 친구 안에 있는 신을 사랑하는 것입니다. 신이 친구 안에 있거나 아니면 있을 수 있기 때문입니다. 이것이 진

괴테의 『서동시집』에서조차 줄라이카Suleika가 이렇게 노래하고 있다.

> 거울이 내게 "나는 아름답구나!"라고 말하네.
> 그대는 말하네, 나이가 드는 것 또한 나의 숙명이라고.
> 신 앞에서는 모든 것이 영원히 존립하고 있구나.
> 내 안에 있는 신을 사랑하라, 이 순간에는.

비록 우리가 아우구스티누스적이며 이슬람적인 유일신 관념을 더 이상 크게 신뢰하지 않음에도 불구하고, 이 시는 여전히 종교적 교화의 인상을 자아내고 있다. 하지만 이를 논외로 한다고 해도, 두 사람의 성적 사랑에 대한 이러한 구상의 실현, 즉 사랑하는 상대방을 통과하여 정박 지점으로서 신을 목표로 하는 방식으로 성적 사랑을 일관되게 실천하려는 시도는 견디기 어려운 왜곡을 가져온다. 친첸도르프가 헤른후트에서 시도한 교회 공동체에서 이러한 왜곡이 충분히 실행되고 고통을 가져온 바 있다.[45] 반면 특별히 복잡한 문제가 얽힌 경우가 아니라면, 자식들 자체에 대해 또 이들의 성공에 대해 기뻐하는 아버지가 '내 기쁨이 자식들과 명확히 구별되는 정박 지점을 갖고 있기 때문에, 내 기쁨은 전적으로 자식들에 대한 것이 아니다'라고 불평하려 한다면, 이는 매우 기이한 일이 될 것이다.

---

정한 사랑입니다. 만약 우리가 어떤 다른 것을 위해서 사랑한다면, 오히려 우리는 사랑하는 것을 미워해야 할 것입니다"(Migne ed., *Patrologia Latina*, vol. 38, column 1472).
45) Fritz Tanner, *Die Ehe im Pietismus*, Dissertation Zürich 1952 참조.

우리는 두 사람의 사랑에서 응축 영역과 정박 지점으로 중심이 분열되는 것이 허용되지 않는다는 점을 다른 방식으로도 상세히 살펴볼수 있다. 이는 우리가 성적이지 않은 두 사람 사이의 사랑의 유형, 가령어머니가 자신이 낳은 자식들 각각에 대해서 품고 있는 사랑을 살펴볼때다. 이러한 두 사람의 사랑은 바람직한 경우 공동체적 사랑Gruppenliebe, 즉 하나의 가족 구성원들 간의 [상호]연합적인 사랑과 합쳐진다. 모든이러한 공동체적 사랑, 무엇보다도 초기 기독교 공동체의 아가페적 사랑과 같은 종교적 모티브를 가진 사랑, 이후 등장한 여러 종교적 종파의 사랑, 그리고 (비종교적인 단체들도 포함하여) 청소년 연합단체들의사랑 등등은 중심이 분열된 상태다. 여기서는 공동체의 일원이라는 사태가 이 사랑의 정박 지점이며, 그때그때 해당하는 구성원이 사랑의 응축 영역(다른 대상들 가운데)인 것이다. 반면에 자식과 어머니 두 사람사이의 사랑을 보자. 이 사랑은 가족 안의 공동체적 사랑과 융합되긴하지만, 이러한 결합에도 불구하고 개별적인 경우에서는 자주 특별한것으로 남아 있곤 한다. 이 사랑에서도 우선은 중심의 분열이 나타나는것처럼 보인다. 어머니가 바로 그 자식(응축 영역)을 사랑하는 것은 자신의 자식이라는 사실(정박 지점)을 위한 것으로 보이는 것이다. 하지만 좀 더 정확히 숙고해 보면, 실은 그렇지 않다는 것을 알 수 있다. 분노와 비교해 본다면, 이를 쉽게 확인할 수 있다. 분노에 사로잡힌 사람은 사랑과 똑같은 강도로, 하지만 확연히 다른 방식으로 응축 영역 및정박 지점과 연관되어 있다. 이 사람은 분풀이하면서 오직 응축 영역에 대해서만 자신의 분노를 쏟아 내며, 분풀이의 정도는 정박 지점에 맞춰 조절할 것이다. 하지만 자식을 사랑하는 어머니의 경우에는 이와 같은 이중적인 연관 상태가 존재하지 않는다. 어머니는 결코 한편으로 자기 자식인 어떤 사람과 연관되어 있고, 다른 한편으로 이 사람과 자신의 자식으로서 연관되어 있다는 방식으로 사랑하지 않는다. 반대로 각별히 몰입하고 있는 어머니의 사랑은 한 번에, 전체적으로 자신의 자식을 향해 있다. 물론 이것은 그가 정말 그녀의 자식이거나 아니면 적어도 그녀가 자신의 자식으로 간주하고 있기 때문이기는 하다. 하지만 이러한 동기가 분노에서처럼 그 중심을 분열시키는 결과를 가져오지는 못하는 것이다.[46] 이로부터 앞서 공포에서와 마찬가지로, 어떤 사실이 사랑에 대한 동기로서 인식되고 그럼으로써 사랑의 근거를 마련한다는 것과 응축 영역과 정박 지점 사이에 존재하는 관계는 서로 다른 문제라는 점이 다시 한번 드러난다. 이 차이를 명확히 인식하는 일은 중요한데, 왜냐하면 일반적인 언어 사용이 그러한 혼동을 조장하기 때문이다. 즉 일반적인 언어에서 응축 영역과 정박 지점 사이의 관계를 전치사 "~때문에"로 표현하도록 할 때 그러한 혼동이 조장되는 것이다 ('사람들은 어떤 것 때문에 누군가에게 분노한다' 혹은 '사람들은 어떤 것 때문에 누군가를 두려워한다' 등과 같이).

## 7. 사랑과 우정

두 사람 사이의 사랑 가운데 가장 두드러진 유형들(이성 간 성적 사랑의

---

46) 레벤틀로우(Reventlou) 백작 부인의 증언을 참조하라. Schmitz, *System der Philosophie*, vol. III part 2, p. 308.

완숙한 형태와 어머니의 사랑)에서 중심이 분열되어 있지 않다는 사실을 강조한 것은 매우 중요한 가치가 있다. 그 종류의 범위가 대단히 넓은 사랑들 가운데 가장 중요한 유형을 구분할 수 있는 판정 기준을 마련할 수 있기 때문이다. 응축 영역과 구별되는 정박 지점을 찾아보거나, 정박 지점의 부재를 확인하는 일은 사랑의 형식들의 역사를 적절히 이해하기 위해 활용할 수 있는 가장 효과적인 측정 기구라 할 수 있다. 이에 대해서는 뒤의 8장에서 다시 논의할 것이다. 여기서 나는 이 방법을 사랑과 우정의 관계를 해명하기 위해 사용하고자 한다. 이것은 오래되었을 뿐 아니라 그동안 많이 논의된 주제이기도 하다. 독일어에서 '사랑과 우정'Liebe und Freundschaft 이 두 단어가 나란히 서 있는 것은 우연이다. 라틴어와 라틴어에서 파생된 자연어에서도 두 단어의 병립은 우연적일 뿐이다. 사랑과 우정이 실제 현상적으로 서로 타당하게 연관될 수 있는지, 아니면 이 구분이 오로지 이데올로기적이며 편파적인 동기를 가진 것인지에 대해서는 일단 열어 두기로 하자. 사랑과 우정에 마주할 때, 사람들은 대부분 두 사람의 성적 사랑을 떠올리고,[47] 둘을 구분하는 특성을 자연스럽게 이른바 감성Sinnlichkeit에서 찾는다. 즉 관능적인 자극을 충분히 맛보고자 하는 감각적 성향에서 찾는 것이다. 그러나 이러한 구별 기준은 쓸모가 없다. 왜냐하면 모든 성적 사랑이 성행위나 다른 관능적 만족을 추구하는 것은 아니며, 일반적인 의미에서 우정이 부드러운 키스와 포옹 등을 통한 관능적 긴장 및 긴장의 해소에서 벗어나

---

47) 사랑의 관계가 끝날 때 매우 흔하게 이런 말이 쓰인다. "사랑은 이제 끝났지만, 우리는 좋은 친구로 남을 수 있다."

있을 필요는 없기 때문이다. 이는 소년들 사이의 우정에 해당되며,[48] 소녀들 사이의 우정에서는 더더욱 그러하다. 이는 또한 역사적으로 감상주의와 낭만주의가 세심히 돌보았던 우정의 형식들에도 해당한다. 감성과 관능적 만족이란 기준만으로 우정과 사랑 일반 사이를 선명하게 구별하는 것은 기대할 수 없다. 하지만 아주 널리 일반화된 우정의 유형, 즉 주제적thematisch 우정에 대해서는 이러한 구분을 할 수 있을 것이다. 이 주제적 우정에서는 어떤 주제, 가령 특정한 목적, 의도, 관심, 공통적인 신념, 확신 혹은 슬로건 등이 정박 지점을 이루며, 반면 친구들은 서로에 대해 우정의 응축 영역이 되고 있다. 남자들 사이에서는 이러한 우정의 형식이 널리 퍼져 있어서, 이 형식은 쉽게 남성적 요소를 연상시킨다. 여성들 사이의 우정이 이러한 주제적 유형에 속하는 것은 훨씬 드물기 때문이다.[49] 이러한 청년의 우정을 잘 보여 주는 좋은 예는 횔덜린과 헤겔 사이의 우정인데, 이들의 공통된 모토는 "신의 왕국!"이

---

48) 괴테의 소설 『빌헬름 마이스터의 편력시대』, 2권 11장[『빌헬름 마이스터의 편력시대 1』, 김숙희 옮김, 353쪽]에서 주인공 빌헬름은 강에서 함께 물놀이하면서 소년들 사이에 우정이 피어나는 것을 다음과 같이 묘사한다. "그래서 곧 자갈밭에서 옷을 벗고 용기를 내어 살짝 물속으로 들어갔소. 그러나 완만한 경사를 이루며 깊어지고 있는 강바닥이 허용하는 것보다 더 깊이 들어가지는 않았소. 그는 나를 그곳에 머물러 있게 하고는, 흘러가는 물에 몸을 맡기고 멀어져 갔다가 되돌아오곤 했소. 그가 물에서 나와 드높은 햇볕 아래 몸을 말리기 위해 꼿꼿이 섰을 때, 나는 삼중의 태양에 눈이 부셔 마치 내 눈이 멀어 버리는 것 같았소. 인간의 몸은 그토록 아름다웠소. 그것은 그때까지 내가 전혀 모르고 있던 사실이었소. 그도 마찬가지로 주의 깊에 나를 관찰하는 것 같았소. 우리는 재빨리 옷을 입었지만 아직 몸을 다 가리지는 못한 채 여전히 거기 그렇게 마주서 있었소. 우리는 서로 마음이 끌렸소. 그래서 우리는 아주 열렬한 키스를 하면서 영원한 우정을 맹세하였다오."
49) 여기서 주제적 우정과 관련하여 남녀의 차이를 언급하는 것은 18세기 후반~19세기 초반 독일 철학자와 문필가들의 사랑과 우정에 관한 논의를 배경으로 이해해야 할 것이다. ─옮긴이

었다.[50] 헤르더는 주제적 우정을 찬미했으며 심지어 이 우정에 혼인의 의미를 덧붙였다. 왜냐하면 친구들 사이에서 [정신적] 자식들을 교육하는 일이야말로 "우정을 이끄는 아름다운 목적", 즉 혼인과 유사한 우정의 주제였기 때문이다.[51] 아리스토텔레스는 우정을 세 가지 유형으로 나누었는데, 그것은 좋음을 위한 우정, 쾌락을 위한 우정, 유용함을 위한 우정이었다. 그는 응축 영역과 정박 지점으로 중심이 분열되지 않은 '친애'(필리아)를 주시하는 일에 전혀 관심이 없었다.

주제적 우정의 경우 응축 영역과 정박 지점이 확연히 구별된다는 사실, 이 사실을 통해 이러한 우정을 6절에서 논의했던 두 사람의 사랑의 형식들과 확연히 구별할 수 있다. 그 밖에도 감정이 실려 있는 많은 종류의 두 사람 사이의 관계가 있다. 이들에 대해서도 특정한 정박 지점을 발견할 수 없음에도, 직접 그에 속한 사람들이나 외부에 있는 사람들이 너무나 당연하게 우정을 애기한다. 여성들 사이의 우정은 대부분 이에 속하며, 또한 18세기의 감상적 우정의 형태들도 이에 속한다. 클롭슈토크의 최고의 시들이 이 감상적 우정에 대한 기억에 광채와 고귀함을 부여하고 있으며, 반면 글라임을 중심으로 한 친구들 사이의 과도한 형태의 우정은 일종의 기괴한 희화화로서 매우 인상적으로 다가온다.[52] 중심이 균열되어 있지 않음으로써 이러한 비주제적인 우정은

---

50) 1794년 7월 10일 횔덜린이 헤겔에게 보낸 편지를 참조하라. *Stuttgarter Ausgabe von Hölderlins Schriften*, vol. VI, p. 126 이하(편지 84, 3~15줄).

51) "Liebe und Selbstheit", *Herders Sämmtliche Werke*, vol. XV, ed. B. Suphahn, Berlin 1888, pp. 304~326. 여기서는 p. 310 이하.

52) Wolfdietrich Rasch, *Freundschaftskult und Freundschaftsdichtung im deutschen Schriftentum des 18. Jahrhunderts*, Halle 1936. 과도한 형태의 감상적 우정에 대해서는 특히 pp. 189~194,

두 사람의 성적 사랑에 근접한다. 그 때문에 글라임 서클에 속했던 요한 니콜라우스 괴츠는 (남자를 향한) 우정의 시를 별 어려움 없이 (여성을 향한) 사랑의 시로 변형시킬 수 있었다.[53] 당시의 현명한 판정가인 프리드리히 하인리히 야코비는 이러한 종류의 우정에서 부족한 인상을 받았는데, 왜냐하면 그것이 주제적 우정과 비교할 때 혼란스러웠기 때문이다.[54] 6절에서 논의한 내용에 따르면 두 사람의 성적 사랑에 대한 훼손이 될 일, 즉 중심이 균열하거나 분기되는 것이 우정에 대해서는 그 진정함과 지속성을 위한 부속물이 되는 것이다.

## 8. 사랑과 증오

우리는 두 사람 사이에 존재하는 각별한 사랑의 유형들에서 중심이 균열되지 않은 특징이 있음을 살펴보았는데, 이로부터 또 다른 이득을 얻

---

206~209 참조.

53) *Ibid.*, p. 218 이하.

54) Friedrich Heinrich Jacobi, *Allwills Briefsammlung*, 1774. 여기서는 그의 작품집 1권(Leipzig 1812, p. 74 이하)에 따라 인용한다. "마지막으로 우정에 대해 한마디 덧붙이겠다. 우정이란 이름을 달고 있지만 그 실체가 가치 없고 쓸모없는 것에 대해 이미 앞에서 얘기했었다. 우리 둘 다 이러한 우정에 대해서는 적대적이라고, 이러한 우정은 불확정성, 무방향성, 무한한 산만함이라는 죽은 바다에서 잘못 태어난 생명체가 아닌가? 변덕스러운 의도와 일시적인 즐거움으로 짠 허약한 실들은 얼마나 빨리 뒤엉킬 수밖에 없는가? 그러고는 틈새에 틈새가 연속되고 매듭에 매듭이 이어지게 된다. 진정한 우정의 공동체는 완전히 판이하다. 여기서는 두 사람이 마치 오른손과 왼손처럼 함께 무엇인가를 붙잡는다. 이것을 **하나의** 작품으로 만들기 위해서다. 마치 두 발이 한 몸을 함께 움직이듯이 두 사람이 서로 함께 움직여 가는 것이다. 이러한 우정이 이기심에 근거하고 있다고 말하는 자는 사라져라! 두 사람이 함께 연합하는 이유가 되는 대상은 이들에게는 서로가 서로를 느끼고자 하는 수단일 뿐이다. 감각이요 기관인 것이다. 내가 가장 많이 사랑하는 사람은 나를 위해 가장 많은 일을 해주는 사람이 아니다. 반대로 그 사람은 내가 그와 함께 가장 많은 일을 실행하고 싶은 사람이다."

을 수 있다. 그것은 이 사랑의 감정들이 지닌 독특한 무조건성 혹은 절대성을 좀 더 잘 이해할 수 있는 가능성이다. 완성된 형태의 두 사람의 성적 사랑이나 자식에 대한 어머니의 사랑은 그 중심이 전적으로 자신 안에 머물고 있다. 이 중심은 아무런 조력자 없이 자신의 권리를 주장하며 영향력을 발휘한다. 다시 말해 이들 사랑의 중심은 어떠한 정박 지점도 없는 상태, 즉 응축 영역의 정당화에 기여하는 정박 지점이 부재한 상태다. 이러한 절대성 때문에 일상적으로 사랑과 증오를 이원적으로 대립되어 있는 '역상'逆像으로 함께 거론하는 것을 재고해 봐야 한다. 흔히 사랑과 증오를 말하자면, 부호 하나만 바꾸면 상호전환할 수 있는 것으로 간주하는데, 이는 매우 의심스러울 뿐만 아니라 많은 경우에 오류를 야기한다. 예를 들어 토마스 아퀴나스, 스피노자, 셸러 등이 이런 방식으로 사랑과 증오를 합쳐 놓았다.[55] 만약 이렇게 특징적으로 부각된 종류의 사랑에 정확히 대칭적으로 상응하는 증오가 있다면, 이 증오는 그러한 사랑과 마찬가지로 정박 지점이 없이도 동일한 에너지를 산출해야만 할 것이다. 또한 그것은 두 사람 사이의 증오로서, 정박 지점인 어떤 사태에 근거한 것이 아니라 그냥 전적으로 증오의 대상인 상대방을 밀쳐 내고 해를 끼치고자 하는 생생한 욕구의 원천이 될 것이다. 만약 증오의 정박 지점이 있다면, 이 정박 지점은 [이를테면] 증오의 조력자 역할을 할 것이며, 또한 단지 사후적으로 합리화하는 것이 아닌

---

55) Thomas Aquinas, *Summa theologiae*, prima secundae, q. 23 a. 4 conclusio; Benedictus de Spinoza, *Ethica*, p. III prop. 13 Scholium; Scheler, "Liebe und Haß", *Wesen und Formen der Sympathie*, pp. 158~227. 셸러의 책 제1판은 『공감의 감정들, 사랑과 증오에 관한 현상학과 이론에 관하여』라는 제목을 갖고 있었다.

다른 방식으로 증오를 정당화하는 전망을 제공할 수 있을 것이다. 물론 그러한 전적으로 순수한 증오가 출현할 수는 있다. 그러나 이는 정박 지점을 가진 증오보다 훨씬 드문 경우다. 정박 지점의 기원은 한 사람에게 어떤 일이 적절하지 않거나 그가 지나칠 수 없는 어떤 일이 발생했다는 데 있다.

### ◆4장 해설

4장과 5장에서 슈미츠는 사랑에 대한 두 가지 관점에서, 혹은 사랑의 두 가지 존재론적 성격을 명확히 구별하면서 본격적인 현상학적 분석을 시도한다. 이 책의 가장 근본적인 통찰 가운데 하나는 성적인 파트너 사랑이 '감정'이면서 동시에 '상황'이라는 점이다. 이에 따라 4장은 '감정'으로서의 사랑을 분석했고, 뒤의 5장은 '상황'으로서의 사랑을 분석한다.

4장은 모두 8개의 절로 이루어져 있다. 1절에서 슈미츠는 감정에 대한 자신의 현상학적 이론의 핵심을 요약한다. 그것은 감정이 보이지 않는 '비밀의 방(영혼, 의식, 마음) 속에' 있는 것이 아니라, '공간적으로 경계선 없이 널리 퍼져 있다'는 것이다. 이 주장은 슈미츠처럼 오랜 '영혼의 형이상학'을 철저하게 폐기하고, 감정이 '신체를 감싸면서 압박하는 양상'을 그 자체로 주목해야만 적절히 이해할 수 있다. 그런데 감정, 분위기, 정동, 정서의 압박하는 자극을 현상학적 신체가 감지하는 양상은 매우 다양하고 복합적이다. 슈미츠는 이 문제를 2절에서 상세하게 논의한다. 그는 자신의 신체현상학의 중심 논점들인 '정동적 놀람 상태', '신체성', '신체의 역동학'을 바탕으로 '감지하는 신체(성)'을 섬세하게 관찰하고 분석한다(「핵심 용어 해설」참조).

3, 4절에서 슈미츠는 공간성의 문제에 초점을 맞춘다. 물론 이때 공간성

은 상식적 의미의 3차원의 객관적 공간이 아니라, 신체적 감지와 느낌에서 나타나는 '신체적 공간성'을 의미한다. 감정의 '공간적 성격'과 마찬가지로, 슈미츠가 말하는 '공간(성)'은 근본적으로 현상학적 신체 개념을 바탕으로 이해해야 한다. 그는 우리에게 익숙한 객관적 공간을 '장소 공간'이라 부른다. 이 공간은 '표면'과 '위치'의 상대적인 측정이 가능할 때 비로소 그 존재 여부를 확정할 수 있다. 슈미츠는 장소 공간의 층위보다 더 신체적인 감지에 밀착해 있는, 신체적 경험에 더 직접적으로 닿아 있는 두 가지 공간의 층위를 밝혀낸다. 바로 '확장 공간'과 '방향 공간'이다. 공간의 현상학에 대한 전반적인 논의 이후, 슈미츠는 4절에서 감정의 공간적인 감지 양상에 따라 넓은 의미의 감정을 세 종류로, 즉 '순수한 기분', '순수한 동요', '집중화된 감정'으로 구별한다. 이 구별의 목적은 감정이 공간적으로 혹은 분위기적으로 신체를 감싸고 압박하는 양상을 좀 더 면밀하게 파악하는 데 있다. 기분, 동요, 집중화된 감정, 이 세 가지 사이의 관계와 관련하여, 슈미츠는 "동요는 언제나 또한 기분이며, 사랑을 포함하는 집중화된 감정은 또한 늘 동요"라고 규정한다. 공간성의 층위 가운데 확장 공간이 가장 근원적이며 미분화된 층위인 것처럼, 신체적 감지에서는 '기분'이 가장 미약하고 모호하고 미분화된 감지 양상이라 할 수 있다. 이에 비해, '동요'에서는 이미 감지하는 신체의 '방면'Gegend과 '방향'이 어느 정도 분명한 윤곽을 획득한다.

1절부터 4절은 파트너 사랑과 직접 관련된 논의라기보다는 감정과 공간에 대한 현상학적 이론이 주 내용이었다. 5절부터 슈미츠의 논의는 다시 파트너 사랑 자체로 돌아온다. 그런데 여기서 독자에게 낯선 두 가지 상관 개념이 도입된다. '응축 영역'과 '정박 지점'이 그것인데, 슈미츠는 이들을 게슈탈트 심리학자 볼프강 메츠거의 이론에서 수용한다. 수용의 직접적인 목적은 감정으로서의 파트너 사랑의 '대상'을 보다 엄밀하게 구별하기 위해서다. 우리는 통상적으로 파트너 사랑이 향해 있는 대상이 하나라고, 즉 '파트너 자체'라고 생각한다. 그러나 면밀히 살펴보면, 사랑의 대상은 하나가 아니라 두 개의 층위를 포함하고 있다. 이 두 층위가 '응축 영역'과 '정박 지점'이다. 난해한 듯 보이지만, 두 개념의 의미는 치과 치료의 예를 통해 쉽게 이해할 수 있다. 가령, 치과에 가서 느끼는 '공포감'은 의사와 치료 기구에 대한 두려움이기도 하고, 동시에 곧 아프게 될 것이라는 전망(사태)에 대한 두려움이기도 하다. 이때 의사와 치료 기구가 공포감의 '응축 영역'(대상과 인상 자체)이고, 예상되는 아픔이 공포감의 '정박 지점'(사태, 이유)이다.

6절은 응축 영역과 정박 지점의 구별을 파트너 사랑에 적용한다. 슈미츠는 플라톤 이래 서구철학의 주류 전통이 '정박 지점'을 중심으로, 곧 '정박 지점'을 진정한 대상으로 전제하면서 '파트너 사랑의 이론'을 설파해 왔음을 비판적으로 반추한다. 철학적 전통과 달리, 참된 의미의 파트너 사랑에서는 응축 영역과 정박 지점이 균열되지 않은 상태다. 만약 이 균열이 잠재적으로 혹은 명시적으로 일어난다면, 파트너 사랑은 큰 위기를 맞는다고 봐야 한다. 슈미츠는 뒤의 8장에서 '정박 지점'이 없는 파트너 사랑의 출현이란 관점에서, 고트프리트의 연가 『트리스탄』을 상세히 분석하고 그 역사적 의미를 평가한다.

7절에서 슈미츠는 이론적으로 해결하기 쉽지 않은 사랑과 우정의 차이에 대해서 설득력 있는 답변을 시도한다. 이때 응축 영역과 정박 지점의 구별이 이론적으로 매우 생산적인 역할을 한다. 마지막 8절에서 슈미츠는 사랑과 증오의 대립이 일반적인 통념과 달리, 정확히 '대칭적인 충돌'이 아니라는 점을 논구한다. 증오에서는 사랑과 달리 거의 전적으로 응축 영역과 정박 지점이 분열되어 있기 때문이다.

# 5장 상황으로서의 사랑

## 1. 상황으로서 사랑이 지닌 권위

사랑을 감정으로만 —— 중심을 이루는 것은 두 사람 사이의 성적 사랑인데 —— 고찰하고 묘사하는 것은 대단히 불충분하다. 1장에서 지적했듯, 사랑은 단순히 현재하는 생생한 감정들과는 확연히 다르다. 왜냐하면 사랑의 큰 부분을 차지하는 것은 장기적인 심적 성향Disposition이기 때문이다. 나는 이제 사랑을 '상황'으로서 각별히 살펴보면서, 사랑이 지닌 이러한 측면에 적절히 부응하고자 한다. 나는 감정으로서의 사랑과 상황으로서의 사랑이라는 두 측면이 야기하는 긴장과 불화를 보여 줄 것이며, 아울러 사랑하는 과정에서 이러한 어려움을 극복하기 위해 성공적으로 활용할 수 있는 활동과 능력들을 제시해 볼 것이다. 내가 상황이란 개념을 어떻게 이해하고 있는가에 대해서 추상적으로, 그리고 실례를 들어 얘기하기 전에, 나는 우선 감정 자체에서 하나의 특징을 명확히 강조하고자 한다. 이 특징을 통해 감정이 상황으로서의 자격을 획득하게 되는데, 이를 통해 지금까지 논의해 온 관점이 새로운 관점으로 이어질 수 있는 연결고리가 마련될 것이다. 이 특징은 바로 감정들의 '권위'다. 나는 이 권위를 내용적으로는 이미 앞서 언급한 바 있는데, 그것은 내가 감정들의 사회적 대비를 설명하면서 감정을 좀 더 명료하게 '요구하는 성격을 지닌 분위기'라고 규정했을 때다(4장 1절). 감정들은 여러 요구를 내세우는데, 이런 의미의 요구란 규범들, 즉 가능한 복종을 예비적으로 드러내는 '계획'을 뜻한다. 이때 요구하는 성격이 어떤 말로 표현되는가는 중요치 않다. 규범들은 또한 어떤 의미심장함(사용 가능함, 유혹, 특권 등)이 보여 주는 직관적인 요청의 성격들이며 ──이러한 요청의 성격들은 사람들을 포함한 사물들 자체에서, 그리고 사물들과 함께 등장하는데──, 또 화자가 언어 표현을 위해 문법적인 반성을 하기 훨씬 이전에, 이미 화자가 [비자의적으로] 지배하고 존중하고 있는 문법적 규칙들이다. 사로잡는 감정이 지닌 요구 혹은 규범은 사로잡혀 있는 당사자에게 구속력을 행사하는 효력을 갖고 있다. 즉 당사자는 원한다고 해서 요구 내지 규범에 대한 순종에서 거리낌 없이 벗어날 수 없는 것이다. 이는 누군가가 순전히 임의대로 부과한 것, 그래서 다시 중단시킬 수 있는 것, 가령 놀이 규칙, 요리 방법 혹은 어떤 특정한 목적 등을 따를 때와는 확연히 다른 경우다. 이제 어떤 힘이 규범이 지닌 구속력 있는 효력을 당사자가 진지하게 부인할 수 없도록 명확한 방식으로 산출했을 때, 나는 이러한 힘을 당사자에 대한 **권위**라 부르고자 한다. 사로잡는 감정들은 사로잡히는 당사자들에 대해서 동등하게 이런 의미의 권위를 지니고 있다(혹은 이러한 권위 자체다). 몇 가지 실례에서 이 점은 매우 분명하게 드러난다. 아주 곤혹스러운 감정인 '수치심'Scham이 바로 그러한 예다. 곤혹스러움의 괴로움이 인간이 자신에 대해 유죄판결을 내린다는 데 있는 것은 아니다. 왜냐하면 만약 그렇다면, 판결을 내리는 판관의 우월함이 유죄판결을 받은 자의 굴욕적인 역할을 —— 이 판관은 판결을 받은 자와 인격적 통일을 이루고 있기에 —— 보상해 줄 것이기 때문이다. 반대로 이 괴로움은 참담한 수치심의 습격을 받은 인간이, 어떤 판관의 판결이 아니라 자신을 사로잡은 감정의 권위가 자신에게 선포하는 배척 아래에 자신을 복종시킬 수밖에 없다는 데에 있다. 그러한 인간의 자유는 중단된다. 그는 자신을 의기소침하게 만들고 굴복시키는 것을 인정하지 않을 수 없다("coactus tamen voluit").[1] 이와 마찬가지 실례를 보여 주는 것이 '애도'Trauer인데, 나는 「애도」란 제목의 논문에서 애도의 권위를 논의한 바 있다.[2] 깊이, 엄숙하게 애도하는 사람은 자신이 겪은 불행에 심층적으로 침잠하고자 하며, 주의를 다른 데로 돌리거나 기분 전환하는 일을 물리친다. 그가 이렇게 하는 것은 고통이나 마조히즘에 대한 쾌감 때문이 아니라, 애도함 자체가 그에게 부여하는 규범을 그가 존중하기 때문이다. 또한 애도는 분위기로서 그 안에 내포한 일종의 권위를 애도하는 자를 넘어서서 발산하는데, 이 권위는 그에 사로잡힌 예민한 사람들에게 구속력이 있는 규범으로서 적절한 예의를 갖추라는 명령을 부과한다. 즉 애도에 빠진 사람의 기운을 너무 일찍 돋워 주려 하지 말고, 오히려 그가 충분히 시간을 갖도록 놔두라는 명령을 부과하는 것이다. 마찬가지로 사

---

1) 라틴어 격언으로 문자 그대로의 뜻은 다음과 같다. "비록 강요된 것이지만, 나도 그렇게 하기를 원했다." 어떤 상황과 감정의 '규범적인 구속력'을 느끼면서 기꺼이 이러한 구속력을 따르는 것을 가리킨다.—옮긴이

2) Schmitz, *Leib und Gefühl*, pp. 125~134.

랑도 '강한 권위'로 무장하고 있는 감정이다. 로마인들은 사랑이 지닌 이러한 구속력 있는 요구를 사랑에 속해 있는 '신의'로서 발견한 바 있다(3장 2.2절). 하지만 이러한 요구는 여기서 금방 떠오르는 어떤 믿음의 계율로 환원될 수 없다. 그것은 오히려 사랑이 사랑하는 자에게 요구하는, 섬세하게 분화된 능력 일반을 포괄한다. 우리는 이 능력의 전형적인 특징들을 18세기 프랑스의 여성 레스피나스가 애인(기베르)에게 그가 사랑을 제대로 하지 못한다고 늘어놓는 불평에서 엿볼 수 있다. "당신에게는 애인의 아픔에 대해 불안해하는 연민도 없고, 또 친구를 열광시키는 모든 것에 참여하려는, 어떤 맹목적인 갈망도 없습니다. 또 당신에게는 병든 마음을 위로해 주는 다정다감함도, 어떤 고통이든지 미리 예방하려는 선한 가슴도 찾아볼 수 없습니다. 제가 당신에게 거듭 얘기하는 것처럼, 당신의 사랑은 사랑이 아닙니다!"[3] 레스피나스는 사랑하는 사람이라면 실행해야 할 어떤 것이 없는 것을 애석하게 여긴다. 누군가가 그런 행동을 원하기 때문이 아니라, ──만약 사랑이 진정한 것이라면 ──사랑 자체가 사랑하는 사람이 그런 행동을 할 수 있도록 해주는 것, 바로 그것을 행하도록 요구하기 때문이다. 물론 사랑은 명령할 수 있는 어떤 인격체가 아니기 때문에 이러한 요구는 어떤 명령을 통한 것이 아니다. 반대로 그것은 비인격적인 분위기라 할 사랑이 사랑에 사로잡힌 사람에 대해서 '권위'로 다가오는 데서 기인한다.

감정들은 어떻게 권위에 도달하는 것일까? 이 문제에 대한 충분한

---

3) *Die Liebesbriefe der Julie von Lespinasse (1773-1776)*, trans. Arthur Schurig, intro. Wilhelm Weigand, München/Leipzig 1908, p. 268(1775년 11월 7일에 보낸 편지).

대답을 여기서 모두 다 얘기할 수는 없을 것이다. 하지만 나는 일정 수준의 해명은 제시할 수 있다고 생각한다. 내가 전제하는 것은 감정들이 각기 독특한 규범을 ── 즉 가능한 복종을 위한 계획과 다른 종류의 계획들, 적어도 희망[4]과 같은 계획 사이를 구별해야 하는데 ── 수반한다는 점이다. 나는 다만, 어떻게 감정들이 권위를 획득할 수 있는가를 논구해 볼 것이다. 이것은 사로잡힘의 고유한 방식과 연관되어 있는데, 이 방식은 순전히 신체적 자극들에 의해서만 야기되는 정동적 놀람의 상태와 그 유형에서 서로 구별된다. 정동적 놀람의 상태는 당사자를 속박하지 않고서도 진정한 것일 수 있다. 우리는 신체적 자극들에 대해 취할 수 있는 입장과 관련하여 적어도 부분적으로는, 이 자극들보다 높은 위치에 있는 관찰자나 논평자의 위치를 포기하지 않고서도 근본적으로 이 자극들이 오고 가도록 할 수 있다. 반면에 우리를 사로잡는 감정들은, 마치 관람석에서 바라보듯 그렇게 쉽게 관찰할 수 없으며, 일정한 중립적 태도를 견지하고 감정들의 유희가 임의대로 등장하도록 할 수 없다. 왜냐하면 이러한 태도는 사로잡힘을 거스르는 것이고 사로잡힘에 의해 곧바로 지양될 것인데, 사로잡힘(즉 감정들에 의한 정동적 놀람 상태)이란, 감정이 일종의 제압 과정을 통해서 일단 당사자를 점유해 버리는 일이기 때문이다. 물론 여기서 제압은 결코 반드시 격렬해야만 하는 것은 아니고, 감지할 수 없을 정도로 슬며시 잠입하는 방식

---

4) 계획의 고유한 유형으로서 '희망'에 대한 상세한 논의는 다음을 보라. Schmitz, *System der Philosophie*, vol. III part 4, pp. 405~409. 좀 더 간략하게는 *Der unerschöpfliche Gegenstand*, p. 323 참조.

으로 이루어질 수도 있다. 아무튼 당사자의 점유를 통해서만, 당사자가 취하는 표현의 몸짓이 확실성을, 즉 감정 자체가 지시하기 때문에 자발적으로 이루어지는 확실성을 획득할 수 있다(4장 2.2절). 신체적 자극이 근원적인 강력함이나 당황스러운 출현으로 당사자를 제압하는 경우가 아니라면, 일반적으로 사로잡는 감정들이 동작을 미리 암시해 주는 방식이 신체적 자극보다 더 명확하다. 진정으로 사로잡는 감정의 경우, 우리는 우선 이 감정에 의해 제압된 이후에야 그에 저항하든가 아니면 포기하든가 하는 방식으로 그와 대결할 수 있다. 그 때문에 사로잡힌 사람은 애초부터 이를테면 자신을 사로잡는 감정의 포로이며, 따라서 이 사로잡힘이 계속되는 한 마음대로 감정을 무시할 수 없는 것이다. 이는 정동적으로 자신을 놀라게 하는 신체적 자극을 자주 무시할 수 있는 것과 다르다. 그리고 이러한 사로잡힘은 분위기가 이끌어 오는 여러 계획까지 확장, 포괄하며, 분위기는 바로 이를 통해서 당사자에 대한 권위를 획득하게 된다.

계획은 늘 사태를 동반하고 있으며, 계획 자체가 이 사태 안에 자신의 토대를 지니고 있다. 곧 '명령'은 실행해야 하는 사태를, '금지'는 해서는 안 되는 사태를, 그리고 '목적'은 도달하고자 하는 사태를, '희망'은 그렇게 되기를 바라는 사태를 동반하고 있다. 당연히 이 사태들이 반드시 실제로 존재할 필요는 없다. 일부 감정들의 경우 그 요구가, 다시 말해 이들 감정이 지닌 계획적 내용이 하나의 유일한 사태로 첨예하게 드러날 수 있을 만큼 단순할 수 있다. 예를 들어, 실러의 드라마 『발렌슈타인』에 나오는 버틀러 대령의 분노가 그런 경우다. 자신을 향한 발렌슈타인의 간계가 '버틀러가 나와 헤어지기를 바란다'라는 발렌슈

타인의 요청으로 명백하게 드러나자, "단지 그와 헤어진다고? 이런, 그는 살아 있어선 안 된다"라는 유일한 규범적 내용을 가진 버틀러의 분노가 폭발한다. 사랑에서는 규범적 내용이 더 복합적이다. 어느 누구도 앞서 인용한 젊은 레스피나스가 열거한 내용이 완전하다고 간주하지는 않을 것이다. 이미 사랑하는 사람이 애인에게 신의를 지켜야 한다는 가장 당연한 요구조차 내용에서는 매우 다의적이어서. 어떤 고정된 규칙체계를 고수하는 방식으로 애인에게 성실함을 다하려는 시도가 오히려 사랑이 사라져 버린 일종의 압제로 변질될 수 있다. 개별적인 사랑의 의무들의 목록을 통해 사랑을 조정한다는 것은, 섬세한 느낌으로 사랑하는 사람이 사랑의 요구적 성격으로 느끼는 것을 회화화시키는 일일 것이다. 이 요구적 성격이란 온갖 다양한 삶의 상황에서 놀라움을 제시해야 하는 것이기 때문이다. 따라서 사랑의 규범이 지닌 다양성과 사랑을 근거 짓는 사태의 다양성은 **혼돈적**chaotisch **다양체**의 유형을 띠고 있다. 내가 이해하는 '혼돈적 다양체'란, 그 안에 존재하는 모든 것이 개별적으로 존재하지 않고, 반대로 일종의 내부적 혼돈 상태가 지배하고 있는 다양체를 뜻한다. 왜냐하면 이 다양체를 이루고 있는 요소들과 관련하여, 이들 가운데 어떤 것들이 다른 어떤 것들과 동일하거나 다른지가 전체적으로 명확하게 결정되어 있지 않기 때문이다. 이러한 다양체는 거꾸로 전환하여 명확하게 모사할 수 없기 때문에 숫자로 셀 수 없다. 따라서 사랑이 사랑하는 사람에게 내세우는 요구들의 다양체는 혼돈적인데, 그렇지만 그것은 또한 전체성이란 특징을 갖고 있다. 요구들의 다양체가 사랑하는 사람에 대해 명료하게 부각되어 있고, 또 해당되는 사랑의 인장印章을 통해 내적으로 완결되고 완성되어 있기 때문이다. 이 다양체는 사랑의 인장을 받아들이고 있으며, 그에게 자신이 느끼는 사랑의 당위성, 이 당위성의 통일성에 대한 부인할 수 없는 표식으로서 나타나고 있다. 그러므로 감정으로서의 사랑은 그 요구 성격을 통해 요구하는 분위기로서 존재할 뿐 아니라, 동시에 하나의 혼돈적이며 다양한 전체성으로서 ── 이 전체성에는 적어도 사태들이 포함되어 있는데 ── 존재하는 것이다. 내가 사용하는 **상황** 개념은 바로 이 세 가지 특징을 포괄한다. 따라서 사랑에서 ── 나는 성적인 파트너 사랑을 중심으로 하고, 이 사랑의 원조라 할 로마 시인 카툴루스를 모범으로 삼고 있는데 ── 감정으로부터 상황으로 연결하는 다리를 놓는 것이 감정들의 권위다. 사랑은 그 권위를 통해서 상황이 된다.

## 2. 인상들

나는 방금 세 가지 특징 ── 전체성, 혼돈적 다양성, 포함된 사태들 ── 을 거론하면서 '상황' 개념을 추상적으로 도입했다. 상황 개념은 삶의 경험을 형성하는 사실들을 사유의 원천으로 삼는 현상학의 관점에서 근본적으로 중요한 개념이다. 내가 사용하는 개념은 상황이란 말을 일상적이며 선先개념적으로 사용할 때보다 훨씬 더 큰 범위를 포괄한다. 하지만 그것은 좀 더 좁은 영역을 지칭할 때 사용하는 상황이란 말에도 적절하며, 또한 모호함의 의미에서 '상황'이란 말을 사용할 때, 그 뜻을 좀 더 명확히 밝히는 일을 위해서도 유용하게 활용될 수 있다. 나는 나의 책 『다함이 없는 대상. 철학의 기본 특징들』(1990)의 65~80쪽에서 이러한 '상황' 개념이 적용될 수 있는 넓은 경험 영역에 관하여 포괄적으로 서술한 바 있다. 물론 이러한 시도는 좀 더 확장될 수도 있다. 이 책의 주제가 존재론이 아니기 때문에, 나는 '상황'이 사랑의 이해를 위해 가진 의미만을 다시 언급하고자 한다. 그런데 사랑은 그 의미가 매우 포괄적이어서, 내가 도입한 상황 개념을 사용하지 않고 사랑에 대한 정교한 현상학을 전개하는 것은 불가능하다. 그렇게 할 경우, 우리가 지금까지 ──시를 제외하고 ── 만족해 온 사랑에 대한 담론들, 곧 사랑에 관한 경건하면서도 분열된 담론의 형식들을 결코 넘어설 수 없을 것이다. 가장 먼저 중요한 것은 상황의 세 가지 유형 구별이다. 이들은 '**인상들**', '**개인적 상황들**', 그리고 '**공동의**[혹은 공통적인] **상황들**'이다.

'인상들'Eindrücke이라는 말을 쓸 때, 나는 이 말의 어원[im-pression]이 통상적으로 암시하는 내용을 조금도 떠올리지 않는다. 다시 말해, 인상이 '영혼', '의식' 혹은 이와 유사한 것 ──나는 이들을 믿지 않는다 ──안에 마치 밀랍에 눌려 찍히듯이 솟아나 있는 어떤 '종기' 같은 것이라고 전혀 생각하지 않는다. 이런 방식의 생각이 아마도 여전히 일반적인 상식일 터인데, 이는 우리를 잘못된 길로 이끈다. 이런 상식의 역사적 기원은 스토아주의의 인식론에 있었다. 어떤 사람이나 풍경을 만날 때, 혹은 어떤 낯선 곳을 여행할 때나 어떤 새로운 (신체적 혹은 사회적인) 주변 환경과 처음으로 만나면서 받는 '첫인상'을 이야기할 때, 우리는 자신의 고유한 내적 세계 속에 이들로부터 연유한 종기 같은 것을 생각하지 않는다. 반대로 우리는 어떤 함축적인 것, 어떤 시사하는 바가 큰 것, 하지만 아직까지는 완전히 명확히 밝혀지지 않는 것을 생각한다. 이러한 첫인상은 아직 완전히 투명한 정도는 아니지만, 상당히 명확한 전체적인 완결성을 띠고서 신선하고 의미가 풍부한 상태로 우리를 찾아오고 우리에게 다가온다. 나는 인상이란 말을 이렇게 이해하며, 딜타이 또한 이 말의 외래어인 'impression'을 독일어에 수용하면서 이런 의미로 사용한다.[5] 이런 의미의 인상들은 어떤 독특한 자연의 분위기에서도 우리에게 다가오며, 혹은 우리가 어떤 집에 막 들어서자마자, 즉 아직 집을 자세히 둘러보기 전에 그 집이 어떤 황량한 것으로 혹은 편안한 것으로 드러날 때도 다가온다. 또한 인상들은 어떤 목소리나 멜로디, 혹은 미소가 우리에게 독특한 형태의 감흥을 불러일으킬 때도 다가온다. 오토 바이닝거는 진정으로 어떤 경고음을 보내는 인상에 대해 묘사하는데, 이 묘사를 통해서 왜 딜타이가 '심상' 대신 '인상'이란 말을 선호하는지를 잘 이해할 수 있다. "나는 밀집해 있는 군중 속에서 가령 하나의 얼굴을 지각한다. 하지만 넘실대는 군중으로 인해 그 모습은 금방 내 시야에서 사라진다. 나는 그 얼굴이 어떻게 생겼는지 전혀 알 수 없고, 그것을 묘사하거나 아니면 그 특징을 단 하나라도 얘기할 능력이 전혀 없다. 그럼에도 그 얼굴은 나를 매우 생생한 흥분 속으로 몰아넣었다. 나는 불안과 욕망의 동요 속에서 묻는다. 어디에서 내가 이 얼굴을 이미 보긴 본 것인가?"[6] 이 극단적인 사례는 내가 **인상**이

---

5) Wilhelm Dilthey, *Gesammelte Schriften*, vol. VII, Berlin 1927, p. 229 이하. "우리의 총체성이 우리 자신에 대하여 혹은 타인들에 대하여 관계를 맺고 있는 모든 삶의 연관 속에서 부분들이 전체에 대해 의미심장함을 갖는 경우가 지속적으로 일어난다. 나는 어떤 풍경을 바라보며 그 것을 이해하고 받아들이려 한다. 여기서 우선, 이것이 삶의 연관이 아니라 한낱 파악하는 행위에 불과하다는 가정을 배제해야만 한다. 그렇기 때문에 우리는 하나의 풍경과 관련하여 이렇게 존재하는 순간의 체험을 심상(心象)이라 불러서는 안 된다. 나는 '인상'(impression)이란 표현을 선택했다. 내게 주어져 있는 것은 근본적으로 단지 이러한 인상들뿐이다. 이들과 분리된 어떤 자아도, 인상들의 대상인 어떤 것도 주어져 있지 않다. 이 대상으로서의 어떤 것을 나는 단지 덧붙여 구성하는 것이다."

라는 '대상 유형'을 인정하도록 하는 모든 특징을 매우 명료한 형태로 보여 준다. 이러한 인상에서는, 특정한 물체가 현시되는 이미지의 측면에서는 어떤 것도 정확히 파악할 수 없으며, 심지어 그에 대한 단 하나의 특색조차 제대로 설명할 수 없는 상태다. 그럼에도 인상은 전체적으로 완결되어 있고, 또 당사자가 기억 속에서 그 전적으로 특정한 것을 추적하도록 몰아갈 수 있을 만큼 내용이 풍부한 상태다. 당사자는 자신에게 잘 생각이 나지 않음에도 그 놀라운 경험을 정돈할 수 있기 위해 이 특정한 것을 추적한다. 다시 말해서, 이 특정한 것의 함축적 다의성이 매우 공격적이어서, 그로부터 연유하는 설명에 대한 강압이 당사자에게 생생한 흥분과 두려운 동요를 불러일으키는 것이다. 여기서는 적어도 군중 속에서 하나의 얼굴이라는 '대상 유형'이 등장하고 있다. 하지만 간결하게 함축적이면서도 혼란스러운 인상들도 있다. 이들은 대상적으로 확정되지 않고, 이를테면 '대기 중에 퍼져 있다'고 표현할 수 있다. 예컨대 괴테의 『파우스트』에서 그레첸이 악마가 몰래 다녀간 자신의 방에 들어서자마자 뭔가 이상하다고 감지할 때가 그런 경우다. 그레첸은 어떤 계기 때문인지 모르면서도[7] 신체적 전율을 느끼며 반응한다. 그 외에 감각적 지각이 [직접적으로] 없음에도 어떤 것의 현존을 분명하게 감지하게 될 때도 그런 경우다.[8]

---

6) Otto Weininger, *Geschlecht und Charakter*, 11th ed., Wien-Leipzig 1909[1903], p. 121.

7) 『파우스트』의 2753~2758행을 보라. "여기는 너무 습하고, 너무 칙칙해." 그레첸은 창문을 연다. "그런데 밖도 그렇게 따뜻하지는 않아. 이유는 모르지만 나는 이런 기분이야. ──엄마가 집에 왔으면 정말 좋겠는데! 온몸에 전율이 흘러 ──나는 바보처럼 두려움에 떠는 여자일 뿐이잖아!"

8) 이는 야스퍼스에 따르면 현존의 생생한 의식(sentiment de présence)이며, 특히 종교적 체험에

인상은 늘 많은 것을 밀해 주는 것, 곧 함축적이다. 하지만 인상은 전달해야 할 모든 내용을 개별적으로 얘기하는 방식이 아니라, 그 가운데 많은 것을 의미심장함의 정경Hof 속에, 일종의 의미심장함의 배경 속에 붙잡아 두는 방식으로 말한다. 어떤 흥미로운 시, 또는 그 특징을 읽어 내고 싶은 매혹적인 초상화가 바로 이런 종류이며, 이는 모든 시적인 효과에서도 마찬가지다. 예를 들어 전달하는 내용이 적음에도 불구하고, 능숙한 방식으로 말하는 내용의 풍부함을 획득하는 시들이 있는데, 이들은 그러한 의미심장함의 배후 앞에 '얇은 베일'을 드리우고 있다고 할 수 있다. 이러한 시들, 구체적인 예로 3행시 형식인 일본의 '하이쿠'는 장황하게 묘사하는 시들보다 더 섬세하고 강력하며, 또한 더 지속적이고 완결된 인상들을 전달해 준다. 아울러 우리는 어떤 특이한 사람을 보고 그의 인상을 얻게 되는데, 이 인상은 우리가 그를 "다룰" 수 있을 정도로 풍부한 내용을 포함할 수 있다. 다시 말해, 우리는 상세하게 전개하여 말할 수는 없어도 그와 교제할 때 무엇이 가장 중요한가에 대해서, 그의 외양과 그의 거동 등등에서 어떤 개별적 특징들에 나를 맞춰야 하는지, 그리고 우리가 이 특징들에서 무엇을 감지해 낼 수 있는가에 대해서 상당한 정도로 확실한 직감을 가질 수 있다. 바로 이러한 의미에서 나는 '함축적 인상들'을 얘기하고자 한다. 우리가 말할 수 있는 내용은 '사태'(진술 문장들 속에서), '계획'(예를 들어 명령문이나 희망문의 문장들에서), '문제'(질문들 속에서)다. 사태는 모순되지 않는

---

서 중요하다. 다음을 참조하라. Schmitz, *System der Philosophie*, vol. III part 2, pp. 130~133; vol. III part 4, pp. 107~109.

진술문을 통해 전달되는 내용인데, 이때 해당 진술이 하나의 주장으로서 사실성의 요구를 하는지, 아니면 소설, 노래, 위트 등을 통해 그러한 요구 없이 등장하는지는 전혀 상관이 없다. 계획은 특히 규범이나 소망을 나타내며, 문제는 예컨대 근심이나 수수께끼 같은 것들이다. 이러한 사태, 계획, 문제는 결코 어떤 내면의 상태를 의미하지 않으며, 언어를 통한 표현 여부는 부수적일 뿐이다. 예를 들어 언어와 무관하게 나타나는 사태로 '선-지향'Protention이 있는데, 이는 우리가 비자의적으로 기대하면서 그에 대해 준비하고 있는 사태를 말한다. 이러한 선-지향은 사회적 관습의 틀 안에서, 또는 이미 널리 알고 있는 대상 유형에 직면했을 때 나타난다. 언어와 무관한 계획은 직관적으로 요구하는 특성들(특권, 유혹과 거부, 어떤 사용을 위한 대상의 존재, 신호적 기능 등)로 등장한다. 그리고 언어와 무관한 문제로는 뭔가 원만하지 못한 사내 분위기를 예로 들 수 있는데, 이때 관계된 사람들은 "어디에 문제가 있는가"를 아직 정확히 알아채지 못한 상태다. 사태, 계획, 문제가 이런 방식으로 의미심장함의 정경 혹은 배경을 이루고 있으며, 인상은 이를 통해 함축적인 성격을 갖게 된다. 즉 인상들은 우리를 언어를 통한 설명으로 초대하지만, 우리는 인상들이 말하려는 내용을 모두 개별적으로 말할 수는 없다. 따라서 이러한 배경은 하나의 혼돈적 다양체를 이루는 것이며, 이 다양체는 인상의 명료함을 통해 내적으로, 그리고 다른 구성 부분들과 ——예를 들어 감정들 혹은 감각적이며 육체적인 부분들의 '전경' Vordergrund과 —— 전체적으로 완결되어 있고 적어도 하나 이상의 사태를 포함한다. 그러므로 **인상들**은 내가 제시한 의미에서의 상황들이다. 인상들은 하나의 순간에 완결된 상태로 명확하게 자신을 드러내며 이런 의미에서 남김없이 자신을 보여 주는 상황들이다. 물론 인상들은 [상황과 마찬가지로] 언어를 통해 전혀 전개할 수 없거나 혹은 불완전한 정도만 전개할 수 있는 의미심장함의 배경을 포함한다. 인상들의 출현은 바이닝거의 사례나 어떤 새로운 인상이 생생하게 밀려올 때처럼, 꼭 그렇게 돌발적이며 충격적일 필요는 없다. 오히려 첨예하게 눈에 띄는 인상들 사이에 눈에 두드러지지 않은 많은 종류의 인상이 존재한다. 예를 들어 각각의 사물은 우리에게 일정한 선-지향들이 실려 있는, 전형적 특성 내지 개별적 특성을 가진 것으로 나타나곤 한다. 우리는 통상 언어를 사용하여 이 선-지향들을 전개하지 않은 상태에서도 이들을 신뢰하고 있다. 뜻밖의 놀람이나 실망으로 인해 이들 각각이 더 이상 인정할 수 없는 것으로 밝혀질 때까지, 우리는 이러한 신뢰를 유지한다.

## 3. 개인적 상황

인상들에서는 단지 이들의 의미심장함의 정경만이 배경을 이룬다. 이 정경 속의 다양체는 혼돈적인 성격을 지니고 있어서, 언어적인 설명을 통해 확정된 숫자의 개별 내용을 가진 다양체로 완벽하게 환원할 수 없다. 나아가 인상이 아닌 상황들은 전체적인 것으로서 일종의 '배경'의 성격을 띠고 있다. 왜냐하면 이러한 상황들은 결코 하나의 순간에 완전하게 모습을 드러내지 않기 때문이다. 이런 종류의 상황에 속하는 것은 한 인간의 개체성,[9] 곧 그의 개인적 상황이다. 개인적 상황 안에는 다른

---

9) 여기서 '개체성'으로 옮긴 Persönlichkeit는 흔히 '인격(성)'으로 번역된다. 하지만 슈미츠가

많은 상황이 융합되어 있다. 구체적으로 예를 들어 말하자면, 회고적인 방향의 구성 부분으로서 지속적으로 영향을 미치는 기억의 결정화-중핵들Kristallisationskern, 전망적 방향의 구성 부분으로서 (오해를 불러일으키는 말로 "이미지들"이라 불리는) 소망 이미지, 주도 이미지, 두려움의 이미지[10] 등이다. 그리고 현재적인 구성 부분으로서 그의 '관점', '신념', 삶의 '기술', '관심' 등등의 많은 상황이 개인적 상황 안에 융합되어 있다. 개인적 상황이 '인상'에 상당히 근접할 때가 있는데, 그것은 삶의 중요한 결정이 성공적으로 이루어졌을 때다. 이러한 결정에 선행하는 것은 '내가 무얼 해야 하는가?'라는 질문을 중심으로 찬성과 반대를 이리저리 돌려 보면서 캐묻는 과정이다. 이것은 (의도하지 않은) '자기 구실을 마련하기'라 할 수 있는데, 이러한 구실의 역할은 개인적 상황이 결정을 위해 충분히 명확히 드러나도록 이 상황을 적절히 "반죽하는 일"에 있다. 즉 전망적 구성 부분들을 지닌 개인적 상황을 적절히 매만져서 결정할 수 있는 대안들 가운데 어떤 것이 이 상황에 적합한지를 인지할 수 있도록 만드는 것이다. 그러고 나면 당사자는 자신이 대체 무엇을 원하는지를 알게 된다. 결정이 내려진 것이다. 하지만 그럼에도 당사자는 자신의 개인적 상황에 대한 인상을 소유하지는 못한다. 다른 사람들에 대한 인식에 비해서 자기 자신에 대한 인식에 결정적으로 결

---

이 단어로 말하고자 하는 한 사람의 '인상'은 도덕적인 의미의 성품이나 인격보다 훨씬 더 포괄적인 상황을 나타내므로 중립적인 '개체성'이 오해의 여지가 적다.—옮긴이

10) 이 독일어 Schreckbilder의 일상어적인 뜻은 '소름 끼치는 이미지' 내지는 '유령적인 이미지'를 가리킨다. 하지만 여기서는 맥락상, 미래에 대한 불안감에서 자신의 상태를 비관적으로 예감하는 상상적인 이미지로 이해해야 할 것이다.—옮긴이

부된 큰 단점은 우리가 우리 자신에 대한, 우리 자신의 개체성에 대한 인상을 가질 수 없다는 사실이다. 다른 사람의 경우, 그와 얼굴을 마주하고 다소간 얘기를 나눈다면, 우리는 벌써 그의 개체성에 대한 인상을 얻게 된다. 이 인상은 혼돈적 다양체의 전체성, 함축적인 전체성으로서 그와 관련된 사태들의 전개를 위한 어떤 길을 제시하며, 우리는 이 사태들의 사실성을 이후에 이어지는 관찰과 경험을 통해서 검증할 수 있다. 이런 과정이 잘 진행될 경우, 첫인상이 교정과 적응을 거치면서 서서히 상당히 신뢰할 수 있는 그 사람에 대한 인상이 출현하게 된다. 이렇게 그에 대해서 (곧 그의 개체성에 대해서) 우리가 형성하는 것을 그의 '이미지'라 부른다. [그런데] 정작 우리 자신과는 이런 방식의 교제가 불가능하다. 자기 자신에 대한 첫인상부터가 실패하는 것이다. 에른스트 마흐가 묘사하는 것처럼,[11] 오직 자신을 착각하여 다른 사람으로 여기고 이를 붙잡는 경우에만 자신에 대한 하나의 생생한 인상을 획득할 수 있다. 자기의식이 어떤 다른 사람에 대한 지각을 폭로하자마자, 앞서 '뒤렌마트에 따라 자유롭게' 만든 이야기에서처럼(3장 2.1절) 주관성이 바로 당사자를 옭아매며, 첫인상을 포착하고 첫인상을 활용할 때의 자유로움은 사라지게 된다. 사르트르는 시선에 대한 유명한 논의에서 타자에 의해 주시당하고 판정받는 일을 수치스러운 노예화라고 고발한

---

11) Ernst Mach, *Die Analyse der Empfindungen*, 7th ed., Jena 1918, p. 3 주석 1: "젊은 시절 나는 거리에서 한번, 매우 불쾌하고 혐오스럽게 느껴지는 얼굴의 측면을 본 적이 있었다. 나는 이것이, 내가 거울 상점을 지나치면서 서로 마주 보고 기울어 있는 거울들을 통해 보게 된 나의 모습임을 알고 크게 놀랐다. 또 한번은 내가 힘들게 밤 기차를 탄 후 지친 상태로 버스에 올라탔을 때였는데, 반대편에서 한 사람이 들어오고 있었다. 나는 '어떤 영락한 초등학교 교장이 타는구나'라고 생각했다. 그런데 그것은 나 자신이었다. 내 앞에 큰 거울이 놓여 있던 것이다."

바 있다. 왜냐하면 주시당하는 자로서 나는 진정한 나의 존재, 스스로는 다가갈 수 없는 나의 존재를 외부의 대상화하는 시선에 넘겨주어야 하고, 그럼으로써 나의 존재가 균열되는 결과를 가져오기 때문이다.[12] 이제 좀 더 명확하게 이에 대해 말할 수 있는 것처럼, 여기서 문제는 내가 [타자에 대해서] 만들어 내는 인상, 특히 이 인상 안에서 등장하고 있는 나의 개체성이다. 왜냐하면 나는 이러한 인상을 결코 감지할 수 없기 때문이다. 나의 개체성은 나에게나, 타자에게나 결코 완전한 형태로 모습을 드러낼 수 없다. 그러나 타자는 나에 대한 인상을 즉각 가질 수 있다. 그 때문에 타자는 자신에게 드러나는 이러한 인상의 전체성을 세부적으로 탐구할 수 있다. 반면에, 내가 이 전체성에 다가가는 유일한 방식은 근본적으로 간접적이며 불확실하다. 즉 오직 부분적인 파편들에서 시작하여 도달 불가능한 전체를 향해 조금씩 다가가는 길만이 가능하다.

우리는 대부분 한 사람의 개체성에 대해서 — 현대 심리학과 마찬가지로 — 적어도 당사자가 통상적인 성인이라면, 상당히 '견고한 성격의 틀'을 갖고 있다고 잘못 생각한다. (흔히 '개성'이라 불리는) 개인적 상황이 고유한 형성, 변형, 저장의 과정을 포함한, 참으로 역동적인 형성물이기 때문에 단지 '유동적인 안정성'을 갖고 있을 뿐인데도 말이다. 이 문제에 대해 적절히 조망하기 위해서는 문제의 원천으로, 즉 4장 2.3절에서 이미 언급했던 원초적 현재로 되돌아가야 한다. 원초적 현재 자체가 이미 주관적 사태들, 계획들, 문제들이 "실려 있는" 하나의 상황

---

12) Jean-Paul Sartre, "Le regard", *L'être et le néant*, Paris 1943, pp. 310~364.

이다. 이때 이러한 사태들, 계획들, 문제들은 순수한 원초적 현재 일반에서는 개별적으로 분리되어 나타나지 않고 혼돈적 다양체의 전체성 속에 통합되어 있다. 원초적 현재는 앞에 논의한 두 가지 측면, 즉 '근원적 지금'Ur-Jetzt과 주관성의 '근원적 자아'Ur-Ich라는 두 측면에서 급작스러운 것이다. 그뿐만 아니라 원초적 현재는 명백한 것이란 의미의 '근원적 이것'Ur-Dieses의 측면에서도 급작스러운 것이다. '근원적 이것'은 지속과 확장의 혼돈적이며 다양한 연속체로부터 떨어져 나와, '지금'과 '여기'의 첨예한 끝에 세워지게 된다. 여기서 문제의 핵심은 '이것'으로서의 어떤 것이 '동일성'과 '차이'와 함께 현시되는 유일무이한 사건이라는 점이다. 이때 이 어떤 것이 하나의 경우(혹은 요소)로서 어떤 집합 안에 속하는가는 아직은 문제가 될 수 없다. 통상적으로 일의성[명백함]一意性은 오직 숫자로 셀 수 있는 한에서만 (하나 내지 그 이상의 숫자로) 존재한다. [그런데] 어떤 것의 숫자를 세는 일은 오직 특정한 '관점' 아래서만, 즉 어떤 것을 이러저러한 것으로, 하나의 집합에 속한 경우로서 파악할 때만 가능하다. 오직 갑자기 겪게 된 수축으로서의 원초적 현재만이, 일상적으로 이어지는 삶의 지속으로부터 떨어져 나온 급작스러운 원초적 현재만이 이러한 파악과 해석의 가능성을 전혀 고려하지 않은 상태에서도 '개별적인 것'으로 나타난다.

인간의 삶에서 '성장'이란 원초적 현재가 전개되는 과정이다. 이 과정은 아마도 약 8개월쯤 되는 시기에 시작되며, 결코 어떤 완벽한 수준의 성장 상태에 도달하는 것이 아니다. 왜냐하면 원초적 현재에 대한 관계가 늘 가변적인 상태로 남아 있기 때문이다. 우리는 성장하면서 이 세계 안에 등장하는 새로운 것을 '놀람'과 '실망'이라는 현상에서 분명하게 이해할 수 있다. 인간과 동물, 유아와 성인은 모두 경악할 수 있다. 하지만 오직 성인이 된 사람만이 [온전한 의미에서] 놀라거나 실망할 수 있다. 예상치 않게 새로운 것이 등장했을 때의 경악을 넘어서서, 놀람과 실망에는 기대하고 있던 어떤 사태가 취소되는 일이 속한다. 이러한 사태는 때때로 명시적으로 기대되기도 하지만, 종종 일종의 혼돈적 다양체의 전체 안에서 잠재적인 상태에서, 그냥 저절로 '어떤 상태에 대해 준비되어 있음'으로서 나타나기도 한다. 이럴 경우, 기대한 사태는 실망을 통해서 비로소 분명하게 드러난다. 즉 기대를 교정하면서 기대했던 것의 자리를 차지하는 사실에 의해 비로소 명료하게 드러난다. 이것은 사실들이 서로 이질적인 것으로서 충돌할 수 있을 때 비로소 가능해진다. 이를 위해선 '이것'이 원초적 현재로부터 해방되는 일이 필요하다. 이 해방 과정을 통해서 그 전에 원초적 현재 속에 융합되어 있었던 '동일성과 차이의 형식'이 유연하게 투입되고 분배될 수 있게 된다. 원초적 현재의 전개가 지닌 또 다른 측면은——물론 이때 '이것'의 해방이 전제되어 있지만——개체적 해방, 곧 자아의 측면에서 원초적 현재의 전개다. 개체적 해방이란 '주관성'이 떨어져 나오면서 사태, 계획, 문제가 부분적으로 (개별적으로 혹은 전체적인 덩어리로서) 객관성 속으로 풀려나게 되는 과정을 말한다. 실망한 사람이 실망 속에서 포기하거나, 아니면 실망에 대해 냉담해지는 일이 개체적 해방이 이루어지는 가장 일반적인 계기다. 순전히 객관적일 뿐인 사태, 계획, 문제로부터 주관성이 물러나는 것은, 주관성을 위한 어떤 활동 영역, 곧 '개체적 주체'를 만들어 준다. 따라서 개체적 주체의 독자성은 자신의 것, 그리고 낯선 것으로 객관화된 것 사이의 경계가 설정되는 일종의 소외에 힘입고 있는 셈이다. 이 경계는 삶이 계속되는 내내 변동될 수 있다. 스토아주의자는 온갖 정동을 자신으로부터 밀쳐 내고자 하며, 반면에 무엇엔가 중독된 사람은 정동들에 지배당하는 상태 속으로 거리낌 없이 빠져든다. 어린이에게는 우선은, 자신의 지평 안에 출현하는 모든 사태, 계획, 문제가 주관적이다. 마치 세계 전체가 자신을 중심으로 돌아가는 듯, 그렇게 모든 것을 받아들이는 것이다. 이후 삶이 더 전개되면서, 그리고 사태, 계획, 문제의 영역에서 주관적인 것과 객관적인 것 사이의 경계선이 얼마나 예리한가에 따라서 일정한 차이를 보여 주는 여러 인간 유형이 명료하게 드러나게 된다. 통상 이러한 경계선은 내향적인 사람의 경우가 외향적인 사람의 경우보다 훨씬 더 뚜렷하게 형성되어 있다. 나는 주관성의 후퇴가 얼마나 폭넓은 것인가라는 '양적 측면'에서 원초적 현재로부터 거리를 두는 '질적 측면'을 — 이 질적 측면은 개체적 해방의 여러 수준과 양식을 포함하는데 — 구별하고자 한다. 개체적 해방의 수준은 거리가 미치는 범위에 따라 달라진다. 쉽게 이해할 수 있는 예를 들자면, '냉정한 계산가'와 같은 유형의 사람은 감정적으로 불안정한 사람보다 원초적 현재로부터 훨씬 더 멀리 떨어져 있다고 할 수 있다. 그리고 개체적 해방의 양식이란 개체가 원초적 현재에 대해 취하는 일련의 우월함의 태도를 말한다. 물론 이러한 우월함이 결코 완벽한 수준까지 실현될 수는 없다. 예를 들어서 지나친 긴장 상태, 속물적 유미주의, 편협한 고루함, 아이러니적 태도, 사려 깊음, 지혜, 흔들림 없음, 중립적인 현실주의 등이 그러한 태도인데, 이들은 각각의 수준에서 볼 때 서로 비교할 수 없이 고유한 상태일 수 있다.

개체적 해방에 반대 방향으로 상응하는 것이 개체적 퇴행이다. 이것은 원초적 현재로 되돌아가는 것이다. 개체적 퇴행에도 개체적 해방과 마찬가지로, 히스테리, 공황 상태, 횡설수설, 도취와 황홀, 격한 분노 등 여러 종류의 수준과 양식이 존재한다. 여기에는 개별적으로든 집단으로든 사람들의 마음을 빼앗고, 자신으로부터 벗어나도록 하는 모든 동요 상태도 속한다. 쾌감으로든 고통으로든, 모든 생생한 정동적 놀람의 상태는 '개체적 퇴행'이다. 어떤 충격 속에서, 사로잡힘 속에서 어떤 것은 그 당사자를 — 만약 이 사람이 정동적으로 완전히 마비되거나 혹은 일종의 '갑옷'으로 무장한 사람이 아니라면 — 습격하고 압박한다. 당사자는 자신의 개체적 해방의 수준에서 이 어떤 것을 충분히 감당하지 못하며, 그럼으로써 원초적 현재를 향한 방향으로 급히 미끄러져 들어가거나 혹은 깜짝 놀라며 일종의 추락 상태에 빠져들게 되는 것이다.

개체적 해방과 개체적 퇴행이 교대로 진행되면서, 또한 평생 진행되는 변형을 거치면서 한 사람의 개체성이 형성된다. 나는 개체성을 '개인적 상황'이라 부르고자 한다. 왜냐하면 그 안에는 (신체적 성향의 종류도 포함하여) 많은 종류의 사물, 분위기, 경향과 이로부터 성장한 콤플렉스를 — 콤플렉스는 큰 부분에서 그 자체가 하나의 '상황'인데 — 지닌 사태, 계획, 문제가 포함되어 있으며, 이들이 모두 함께 통합하여 하나의 혼돈적 다양체로서의 전체를 형성하고 있기 때문이다. 이 혼돈적 전체는 총괄적으로 조망할 수 없으며, 한편으론 일시적이기도 하고, 한편으론 견고해지기도 하며, 심지어 어떤 경직된 상태에 근접하는 경우도 있다. 이 혼돈적 전체에는 한 인간이 자신의 개인적 성격 안에 동반하고 있는 기억들도 속한다. 한 인간은 기억들을 마치 '혜성의 꼬리'처럼 끌고 다닌다. 다시 말해서 직접적이든 잠재적이든, 확실히 의미 있는 것으로서 계속해서 영향을 미치는 결정화의 중핵들을 포함한 기억들을 끌고 다니는 것이다. 아울러 그의 가장 고유한, 혹은 가장 깊이 습관화된 선호와 혐오, 관심, 삶의 기술, 소망 이미지, 주도 이미지, 두려움의 이미지 등도 이러한 혼돈적 전체에 속한다. 이들은 한 사람이 어떤 방향을 원하고 있는지 아닌지를 어느 정도는 명확하게 미리 그려 놓고 있다고 할 수 있다. 나아가 혼돈적 전체에는 그가 받아들이고 있는 관점, 도덕적 신념, 이와 유사한 다른 태도들도 속해 있다. 개인적 상황의 형성과 변형, 즉 본래적 의미의 개인적 삶의 역사는 유아의 동물적 수준에서 시작된다. 때때로 원초적 현재에 빠져들긴 하지만 유아는 대체로 그냥 편안하게 살아가는 상태이며, 이러한 유아에게는 많은 것이 아직은 하나하나 개별적인 것으로서가 아니라 혼돈적 다양체 안에 포함된 것으로서 존재하고 있다. 개인적 상황은 이러한 최초의 단계에서 마치 눈사태가 일어나듯 급작스럽게 성장하게 되는데, 이를 가능케 하는 것은 두 가지 과정, 즉 혼돈적 다양체**로부터** 개별적인 사태, 계획, 문제가 전개되는 과정, 그리고 이들이 다시 그러한 다양체 **속으로** 함축적으로 포괄되는 과정이다. 물론 이제 이러한 다양체는 상대적으로만, 혹은 어느 정도 수준에서만 혼돈적인 상태이지 최초 단계에서처럼 절대적으로 혼돈적인 상태일 필요는 없다. 개인적 상황의 성장을 위한 접목 지점을 처음으로, 또한 이후에도 계속해서 제공하는 것은 놀람과 실망이다. 이때 정동적 놀람의 압박하에서 어떤 것이 두드러지게 부각한다. 그리고 이 어떤 것은 이후 중요성의 차이가 있겠지만 의미 있는 결정화의 중핵으로서 기억 속으로 이행하게 되며, 그럼으로써 개인적 상황 속에 뿌리내리게 된다. 이미 일정한 개체적 해방의 수준에 도달한 한에서, 이러한 과정은 정동적 놀람의 강압으로 인해 개체적 퇴행이거나, 아니면 적어도 개체적 퇴행의 성격을 일정 정도 지니고 있다. 원초적 현재의 상태로 떨어지면서 인간은 자신에게 각인되는 어떤 것에 맞닥뜨리게 된다. 갑자기 부각되는 어떤 것과의 맞닥뜨림, 개인적 상황에게 이를테면 상처를 입히는 ―정신분석가들이 말하는 "심리적 외상"(트라우마) ―어떤 것과의 맞닥뜨림은 놀람과 실망에, 즉 기대가 거절되는 일에 결부된 것이 아니다. 또한 이로 인한 '상처'도 반드시 고통스럽게 경험되는 '손상'일 필요가 없다. 반대로 '상처'는 예를 들어 한 사람이 지닌 뜻밖의 선함이나 카리스마에 의해 깊고 오래도록 영향을 미치는 놀람의 형태를 띨 수도 있다. 심지어 그것은 눈에 띄지 않는 인상들, 한 사람에게 어떤 것이 명료해지게 되는 계기여서 쉽게 떨쳐 버리지 못하는 인상들일 수도 있다. 따라서 이와 유사한 모든 경우에서 개체적 퇴행은, 개인적 상황에 대해 일종의 '전개하는 일', 바로 이 상황을 전개하는 일을 수행하고 있는 셈이다. 가장 빠르고, 또 가장 지속적으로 개체성 형성에 기여하는 것은 자주 이런 방식으로 일어나는 맞닥뜨림이다. 동시에 이 과정에서 문제가 되는 것은 '자기-경험'을 위한 본질적인 도전이라 할 수 있다. 이러한 도전들은 한 사람의 개인적 상황 전체를 흥분시키며, 그가 이 흥분된 상태를 공고한 것으로 만들기 위해 이 상황의 변형에 전념하도록 함으로써, 결국은 개인적 상황 전체가 그 자신에게 친숙하게 되는 계기를 뜻한다. 이를 통해 한 사람은 자신의 개체성을 충분히 경험하게 될 뿐만 아니라, 자신의 개체성에 대해 어떤 '관계'를 형성하게 된다. 하지만 일반적으로 개체적 퇴행은 원초적 현재에 근접하는 일, 내지는 원초적 현재 속으로 추락하는 일로서, 함축적인 포괄의 방식으로 영향을 미친다. 즉 개체적 퇴행은 사태, 계획, 문제 사이 윤곽을 흐릿하게 만들고 개체적인 거리 두기가 중단되도록 하는 것이다. 반면 개체적 해방은 기초적인 놀람의 상태 너머의 수준으로 상승하는 과정으로서, 거리를 두는 사려, 집중, 반성, 해명 등의 태도다. 즉 개체적 해방은 혼돈적 다양성으로부터 벗어나는 '전개(과정)'의 일차적인 바탕이다. 그러나 개체적 해방은 함축적인 포괄 작용도 수행할 수 있다. 즉 많은 개별적인 것이 혼돈적 다양성의 복합체 안에 합류하도록 이끌 수도 있는데, 예컨대 많은 개별적인 것에 대해서 해방적으로 거리를 둔 제스처로 가볍게 처리할 때가 그런 경우다. 한 걸음 더 나아가 '망각한다'는 것은 많은 것이 개인적 상황 속에 함축적으로 포괄되는 가장 흔한 방식이다. 망각은 상실이 아니다. 반대로 그것은 다양성의 유형을 교체함으로써 간직하는 일이다. 다시 말해, 개별 자료들로 이루어진 다수성이 혼돈적 다양체 속으로 녹아들어 융합됨으로써, 그 수적 동일성이 탈각되는 과정이다. 이에 따라 볼 때, 만약 반대 방향으로 일깨움이 일어난다면, 본래의 다수성이 망각 상태에서 다시금 개별화될 수 있다. 그렇다고 해도 기억 자체가 그러한 일깨움에 구속된 상태에 있지는 않다. 딜타이는 바흐의 「마태 수난곡」 연주를 끝까지 감상한 청중의 상태를 이렇게 묘사한다. "이제 모든 것이 행해지고 경험되었다. 모든 것이 기억 속으로, 삶의 작용 속으로 이행해 간 것이다."[13] 여

---

13) Wilhelm Dilthey, *Von deutscher Dichtung und Musik*, 2nd ed., Stuttgart/Göttingen 1957, p. 232.

기서 말하는 기억이란 삶의 작용 속으로, 다시 말해서 음악적으로 현재
화된 수난의 이야기가 섬세한 참여자의 개인적 상황 속으로 지속적으
로 흘러들어 가는 과정이다. 이때 음악의 깊은 인상이 거듭 현재화되
는가 아닌가는 중요하지 않다. 또한 음악의 일부가 각별히 부각하는가,
아니면 음악의 전체적인 인상이 하나의 상황으로서 개인적 상황 속에
서 잠재적으로 계속 영향을 미치고 있는가, 음악의 전체적인 인상이 일
종의 결정화의 중핵처럼 개인적 상황으로부터 어떤 큰 덩어리Masse를
자신 쪽으로 끌어당기거나 밝게 조명해 주는가 등의 문제도 일단은 전
혀 중요한 문제가 아니다.

## 4. 공동의 상황

어떤 형태의 사랑이든, 사랑은 그에 관계한 사람들의 공통적인 상황뿐
만 아니라 개인적 상황에 의해서도 규정되어 있다. 그런데 이 두 가지
상황 사이의 관계 가운데 위험하고 다루기 어려우면서도, 동시에 풍부
한 결실의 해결책에 열려 있는 것은 주로 파트너 사이의 사랑, 그중에
서도 특히 성적인 파트너 사이의 사랑이다. 여러 상황 사이의 대립과
갈등을 연구하기 위한 준비로서 먼저 필요한 것은, 개인적 상황을 동일
한 정도로 지속적으로 동반하면서 포괄하고 있는 공동의 상황들을 논
의하는 일이다. 여기서 말하는 공동의 상황은 현재적인, 즉 지금 당장
유효한 공통적인 상황이 ── 물론 이러한 현재적인 상황도 사랑을 위해
대단히 중요하기는 하지만 ── 아니다. 오히려 여기서 말하는 공동의
상황은 개인적 상황과 마찬가지로, 보다 더 장기적으로 설정되어 있는

'지속되는 상태'$_{zuständlich}$[14)]로서의 공동의 상황을 뜻한다. 이러한 공동의 상황들은 개체성이 그 안에서 살아가고 움직이게 되는 틀을 제공할 수 있다. 하지만 그럼에도 이들은 한낱 행위의 부수적인 조건들로서 개체성에 대해서 상당 부분 외적인 요소로 남을 수 있다. 이런 종류의 공동의 상황에 해당되는 것은 행위의 사회적 범형들인데, 예를 들자면 '언어', '관습', 많은 '풍습'이 이에 속한다. 나는 이들을 상점에서 취하는 행동 방식이 지닌 사회적 적절성의 예를 통해 조명한 바 있다.[15)] 이와 종류가 다르고 사랑에 대해서 보다 더 중요한 것은 개인적 상황이 그 안에 내밀하게 뿌리내리고 있으며 잠재되어 있는, 혹은 그 안에 삽입되어 있는 공동의 상황이다. 사회적 행위의 범형들은 대부분 정상적인 것의 틀을 위반했을 때 비로소 표면 위로 드러난다. 지금 고찰하고자 하는 공동의 상황들, 개인적 상황이 삽입되어 있는 공동의 상황들과 관련하여 이 상황들이 포괄적인 것으로 감지되는 때는, 이들이 어떤 틀이 아니라 삶의 내용이 되는 경우다. 내가 우선적으로 말하려는 것은 어린이가 애초부터 그 안에 통합되어 자라나는 배경, 즉 어린이가 성장을 시작하면서 현재의 전개를 통해 그 안에 통합되어 자라나는, 공동의 삶의 특징적 배경이다. 예를 들자면, 가족과 가족 전통의 정신, 도시와 지역의 정신, 독특한 (가령 시민적-청교도적, 가톨릭적 혹은 사회민주주의적) 에토스를 지닌 사회적 계층의 정신, 민족의 고유한 문화와 언어의 정신

---

14) 하나의 상태가 순간적인 것이 아니라 일정 기간 혹은 장기간 지속된다는 것을 가리키는 말이다. 이하 '지속적인 상태' 혹은 '지속하는 상태로서의 상황' 등으로 옮긴다.—옮긴이

15) Schmitz, *Der unerschöpfliche Gegenstand*, p. 57.

(가령 서구-유럽적 혹은 라틴아메리카적) 등이 이에 해당한다. 사회적 행위의 범형들도 이러한 공동의 상황에 속하기는 하지만, 이는 단지 피상적으로만 그렇다. 사회적 행위의 범형들도 혼돈적 다양체의 성격을 띤 전체성이기는 하다. 하지만 우리는 산문적인 전개와 분석을 통해 거의 자유자재로 이 범형들 속으로 파고들 수 있다. 반면, 공통적인 정신이나 집단의 에토스가 그러한 행위의 범형들에 삶을 불어넣는 역할을 할 경우, 이들 정신과 에토스는 대단히 섬세한 것이어서 오직 2절에서 지적했던 '간접적인 시적 전달'만이 이들을 언어를 통해 분명하게 표현할 수 있다. 실제로 시인들이 이러한 전개의 과제를 담당하거나, 아니면 어떤 고백 내지 의도하지 않은 증언과 같은 삶의 흔적들이 서로 결합하여 시와 유사한 역할을 하게 된다. 이러한 공동의 상황들은 개인적 상황에 대해 어떤 '토대'와 '깊이'를 부여한다. 이것이 얼마나 중요한가를 우리는 마거릿 미드의 연구에서 잘 읽어 낼 수 있다.[16] 미드는 공동의 상황이 탈락됨으로써 미국인들이 어떤 집단 심리 상태에 봉착했는가를 확인해 주고 있다. 미드의 판단이 옳다면, 미국에서는 급속한 기술적 변화와 세대 간의 첨예한 갈등, 그리고 빈번한 주거 이동으로 인해 전형적인 개별자의 개인적 상황이 일관성 있고 동질적으로 형성된 공동의 상황 속으로, 개인적 상황을 끌어들이는 공동의 상황이란 배경 속에 [적절히] 통합되어 성장하는 일이 가로막히게 되었다. 이것은 개인적인 결속들이 연관성과 지속성 없이 빠르고 순간적이며, 비교 불가능

---

16) Margaret Mead, "Character Formation and Diachronic Theory", *Studies presented to A. R. Radcliffe-Brown*, New York 1963, pp. 28~32.

한 특질들과 정동적인 뉘앙스들이 평준화되거나, 오직 양적인 차이로만 변형되는 결과를 가져왔다. 또한 일종의 '단순화'가 번성하게 되었는데, 이는 흑백논리적 서술과 모든 일을 임의로 교체할 수 있다고 여기는 경향에서 그 본모습을 드러내었다.

한 사람의 개인적 상황이 뿌리내리고 있는 공통적 상황으로부터 자라 나오는 것과 마찬가지로, 개인적 상황은 또한 새로운 공통적 상황, 개인적 상황을 다시금 끌어들이는 공통적 상황 속으로 통합되어 자라날 수 있다. 이는 주로 한 사람 또는 여러 사람과 함께 살아가면서, 예컨대 성적 파트너와 함께 살아갈 때 일어난다. 성적 파트너는 함께 살아가는 동반자를 자신의 고유한 개인적 상황 속으로, 동반자와 마찬가지로 다양한 방식으로 삽입되어 있는 개인적 상황 속으로 —— 동반자에게 이 개인적 상황은 이전까지 알려지지 않은 요소, 그를 초대하는 요소와 흡사한데 —— 끌어들인다. 그러고 나면 이른바 "지평들의 융합"(가다머)이 이루어져서 하나의 공통적인 상황이 형성되게 된다. 이 공통적 상황에, 두 사람이 가진 각각의 공동의 상황의 배경들이 함께 참여하는 것이다.

두 사람의 파트너 사랑이 진전되는 데 가장 중요한 것은 삽입된 지속 상태의 상황들이 —— 이 지속 상태의 상황들은 적어도 개체성에 밀착하여 성장하며, 다른 한편 개체성은 이들 상황 속에 완전히 통합되어 자라날 수도 있는데 —— 지속적이면서도 유동적으로 형성될 수 있는 상태다. 이를 위한 각별한 계기를 제공하는 것이 바로 '대화'다. 모든 대화에는 세 가지 층위의 공동 상황이 속해 있다. 첫째로 지금 바로 눈앞에 있는 사태, 계획, 문제를 가진 대화의 현재적인 상황이며, 둘째로는 파트너에 맞춰져 있는 지속 상태로서의 상황들이다. 이 상황들은 대화가 일어날 때마다 형성되거나 변형되며, 두 사람이 다시 서로 만났을 때 어떻게 서로 간에 잘 지낼 수 있는가에 영향을 미친다. 세 번째는 상당 기간 유지되기는 하지만, 파트너에 맞춰져 있지는 않은 상황들의 층위가 있는데, 이 층위도 두 사람의 대화를 근본적으로 형성하는 역할을 한다. 예를 들어 사용하고 있는 공통의 언어나 그때그때 중요한 관습 등이 이에 속한다. 파트너 사랑을 위해 본질적으로 중요한 것은 두 번째 중간 층위의 상황들이다. 이는 파트너를 둘러싸고 저절로 형성되며 파트너에 맞춰져 있을 뿐 아니라 반복될 수 있으며 계속 새롭게 형성될 수 있는 공통적 상황들이다. 두 사람이 서로 어떻게 지내는가는 대부분 이 상황들에 달려 있다. 우리가 어떤 특정한 사람과 대화를 나눌 때 얼마나 자주 특이하게 무방비 상태가 되거나 혹은 심기가 불편해지는가? 또는 특이하게 공격적인 자세나 방어적인 자세를 취하게 되거나 심지어 일부러 악해지려는 유혹에 빠져드는가? 많은 사람에게 왜 자신이 "바로 이 사람과는 늘 이렇게 지낼 수밖에 없을까?", 왜 자신이 이 사람과 "함께 할 수" 있고 잘 지낼 수 있는 반면에, 저 사람과는 왜 잘 안 되는지가 일종의 수수께끼다. 이에 대해 보통 정신분석은 개인 심리적 관점의 설명을 시도한다. 이것이 도움이 될 수도 있다. 하지만 이러한 설명은 환원주의적 사유의 결과물이기 때문에, 그에 해당하는 공통적 상황의 고유한 힘에 대해 열린 태도를 취하는 일을 저해하기도 한다. 다시 말해서, 이러한 공통적 상황은 그 자체가 상호교제를 위한 진행 규칙과 문제에 도움이 될 수 있다. 왜냐하면 이들 진행 규칙과 문제는 당사자들의 개별적인 개인적 상황 속에 미리 형성되어 있는 내용을 벗어나 있으며, 또 개인 심리학적 배경을 들춰내지 않고서도 직접적으로 분석 가능하기 때문이다. 이러한 복잡한 어려움으로 인해서 한 사람이 자신의 사회적 주변 세계에 보여 주는 얼굴이 일종의 '변덕쟁이 효과'Proteuseffekt를 가질 수 있다. 이는 "바로 문제가 되는" 삶의 영역이 바뀔 경우, 심지어 완전히 성숙한 성격들에까지 카멜레온적 특성을 부여하는 효과를 말한다.[17] 하지만 다른 한편 두 개의 다른 주변 층위, 즉 현재적 상황의 층위와 관습 등등의 층위가 대화가 진행되는 과정에서 형성 및 변형 과정을 거치는 공동 상황들의 중간 층위를 — 이는 지속 상태로서의 파트너 층위인데 — 현저하게 위축시키거나 저지할 수 있다. 이는 두 사람의 만남이 이를테면 운이 따르지 않는 방식으로 이루어지거나 혹은 잘못된 방향으로 나아갈 때 나타난다. 레르만은 1970년경 베를린의 한 대학생 술집에서 있었던 대화를 기록했다. 그런데 이것은 이러한 '불행한 대화'의 아주 좋은 예다. 그것은 한편으로 성적 파트너를 사귀고 유혹하고 싶은 소망 혹은 파트너로부터 유혹당하고 싶은 소망이 도처에 있으면서도, 다른 한편으로는 노골적으로 그러한 소망을 말하는 것을 부적절하게 느끼고 거절하는 관습이 널리 익숙했던 사회적

---

17) 나는 이러한 의미에서 프리드리히 빌헬름 1세에 대해 헤르만 호프만이 서술한 내용(*Das Problem des Charakteraufbaus*, Berlin 1926, pp. 130~135)을 연관성을 고려하여 해석하면서 이렇게 쓴 바 있다. "프리드리히 대제의 아버지인 군인왕은 자신의 성격 안에 능동성, 진지한 책임감, 극소수에게만 있는 꼼꼼한 의무에 대한 열의, 또한 확고한 원칙들과 함께 격렬한 열정, 고압적인 반항성, 난폭한 가혹함, 지배욕과 격분의 성향, 하지만 동시에 가장 사람들 사이에서 팽창성의 충동을 외적으로 드러낼 때는 소심하고 수줍어하는 성향, 언짢은 기분, 밤의 불안 상태와 우울증, 번갈아 가며 나타나는 소심함과 폭력성, 이와 더불어 직선적이며 거친 단순함과 담배를 함께 피우는 친구들 사이에서의 차갑지 않은 편안함, 그리고 검소함과 궁정의 사치에 대한 저항감 등을 통합하고 있었다"(Schmitz, *System der Philosophie*, vol. IV, p. 298 이하).

'환경'Milieu에서 이루어진 대화다.[18] 처음 만난 것으로 보이는 남성과 여성은 이렇게 말을 주고받는다.

여성 너, 난 이제 흥미 없어. 너, 난 그냥 그만. 이 형편없는 관계들Beziehungsscheiße 진짜 그만이야. 난 모두 그만둘 거야.

남성 난, 내 말은, 그거 충분히 이해해. 근데 이 모든 게 다 별로 중요치 않지만, 그래도 순간들은 있어. 진짜로 내 무릎이 부드럽게 풀리는 순간 말이야. 지금도 그렇고.

여성 무슨 헛소리야! 사내놈들Typen은 오직 섹스Bumsen, 순전히 기계적인 섹스나, 아니면 금세 굳어져선 '이건 위대한 사랑이야' 어쩌구 하지. 아니면 그 중간쯤이거나….

남성 맞아, 이런 모든 멍청한 얘기 없이 그렇게 쉽게 함께할 수 있다면 그건 능력이겠지.

여성 너, 내 생각도 그래. 근데 그런 게 어디 있겠어. 내가 아는 사내놈들은 모두 섹스ficken, 섹스, 또 섹스만 하고 점점 더 멍청해지는 놈들뿐이야.

남성 알아, 분명해. 내가 아는 거의 모든 여자들도, 내가 진짜 말할 수 있는데, 다 한심해. 노골적으로 말해서 좀 미안하긴 하지만.

---

18) Klaus Laermann, "Kneipengerede. Zu einigen Verkehrsformen der Berliner 'linken' Subkultur", *Kursbuch* 37, Berlin 1974, pp. 168~180, 여기서 pp. 173~175. 이 기록에는 말이 오고 가는 과정에서 심리 역동적인 형세가 어떻게 달라지는가에 대한 상세한 논평이 덧붙여져 있다. 이 대화를 이해하기 위해서는 다음과 같은 독특한 표현 방식들을 고려해야 한다. 'Beziehung'(관계)는 일정한 육체적 행위를 포함한, 다소 느슨한 성적 공동체를 나타내며, 'Typen'(사내놈들)은 남자들을 나타낸다. ['섹스'로 옮긴] 'Bumsen'과 'Ficken'은 성교를 나타내는 속된 동사들이다. 'Bock'(생각)은 감각적인 경향, 성향을 뜻한다.

여성  넌 그걸 배워야 해. 그래야 잘 해나갈 수 있지. 그게 그런 거거든.

남성  근데 난 정말 그럴 생각Bock은 없어.


여기서 대화가 중단된다. 두 사람은 서로 성애적 접촉의 기회를 얻고자 시도하며, 술집의 분위기가 이런 의도를 드러내는 것을 허용하지 않기 때문에 상대방의 성과 성애적 관습을 거칠게 비난하는 우회로를 택하고 있다. 대화를 이끄는 건 본래 유혹당하길 원하는 여성이다. 때때로 나타나는 무릎의 반응을 언급함으로써 여성적 매력을 받아들일 수 있음을 거의 부주의하게 내비친 남성은 주저하면서 여성을 따라간다. 여성이 쓰는 전술은 이렇다. 즉 남성이 스스로 확정하지 못하고 수세적인 자세를 취하고 있는 자신을 어떤 확정된 상태로 —예컨대 사랑의 고백 같은 경우로 —이끌도록 몰아가는 것이다. 여성은 이를 위해 양쪽 측면을 비난하면서 남성이 이에 반박하도록 자극하는 전략을 택하고 있다. 동시에 여성은 아마도 가능성이 매우 큰 중간의 길도 제시하고 있다. 남성은 이러한 제시를 따르는 듯하지만, 여성이 원하는 것, 곧 여성 자신을 향한 개인적인 관심은 없는 상태다. 그럼으로써 여성은 도전적인 자극을 다시 한번 강화하는데, 이것이 지나쳐서 —또한 술집에서 지배적인 관습에 대해 스스로 약점을 보이기는 원치 않기 때문에 —성애적 관계로 연결되지 않고 두 사람이 함께 한탄하는 일만 남게 된다. 결국 대화는 당혹스러움으로 끝난다. 대화의 상대방에 맞춰져 있는 지속 상태로서의 상황, 새롭게 형성되려 하는 지속적 상태로서의 상황이 대화의 현재적 상황 속에서 마찰을 빚거나 억압되는 것이다. 그것은 한편으로는 현재적 상황이 잘못 조정되면서 생긴 압력 때문이며, 다른 한편으로는 관습을 포함한 '집단적 상황'의 압력 때문이기도 하다. 반면에, 만약 지속적 상태로서의 상황이 대화 속에서 전개되고 형태를 획득할 수 있었다면, 그것은 대화와 함께 곧바로 사라지지 않고, 잠시 쉰 다음 계속 이어지는 새로운 만남을 통해 재차 일깨워졌을 것이다. 만약 그랬다면, 그러한 지속적 상태로서의 상황은 공동으로 획득한 상호교제의 양식이자, 서로 기대하는 가능성들의 보고寶庫가 될 것이다. 그것은 "생생하게 발전되어 가는, 명확하게 형성된 형식"이 되었을 것이다. 테니스 경기에서 공을 치는 것과 몸의 위치가 번개처럼 빨리 교대하며 바뀌듯이, 여기서도 지속적 상태로서의 상황을 획득하기 위한 시도가 매우 빨리 이루어지고 실패한 것이다. 이와 다른 경우에서는 그러한 가능성이 좀 더 철저하게 활용되고 관철되는 편이다. 그렇게 되면 비개인적인 공동의 상황이란 틀 안에서 ─ 비인격적인 공동의 상황은 두 사람이 처음으로, 또 계속해서 만나는 과정을 둘러싸고 있는 조건인데 ─, 이 공동의 상황을 상호 간에 '내체화하는'(이에 대해서는 7장 2.1절을 보라) 과정과 더불어 대화의 현재적인 상황으로부터 두 당사자만을 포괄하는 지속적 상태인 공동의 상황이 형성되게 된다. 이때 비인격적인 상황을 내체화하는 일은 대화가 시작되자마자 이루어지며, 이후 여러 다양한 변화의 운명을 겪게 된다. 이제 두 사람만의 지속적 상태인 공동의 상황이, 루터가 멋지게 묘사한 바와 같이 깊은 애정의 분위기로 가득 채워진다면,[19] 성적인 파트너 사랑이 비로소

---

19) 다음 그림 형제의 독일어 사전에 따라 인용한다. *Deutsches Wörterbuch*, paperback vol. 12, München 1984(초판 vol. 6, 1885), column 917: "그런데 사랑이란 독일어로 (누구나 알고 있듯

온전한 존재를 획득하게 된 것이다. 성적인 파트너 사랑은 주로 이러한 방식으로 발전하게 된다.


## 5. 감정과 상황 사이의 사랑

사랑에 있어 감정과 장기적인 성향Disposition 사이에 존재하는 연관성이 이제 명확해졌다(1장 참조). 사랑이란 하나의 (공간적인, 4장 1절) 감정 으로 채워져 있는, 혹은 이러한 감정이 부과되어 있는 공동의 지속적 상태로서의 상황이다. 이것은 하나의 혹은 다수의 상대방을 대상(집중 된 감정의 응축 영역)으로 포괄한, 짝사랑의 사랑의 경우에도 마찬가지 다. 이러한 지속적 상태로서의 상황이 내포한 의미심장함의 정경Hof, 혼 돈적 다양체의 성격을 가진 정경은 사태(예컨대 선-지향들과 같은), 계 획, 문제를 포함하고 있다. 이 가운데 '계획' 부분은 대부분 감정이 지닌 권위에서 비롯한다(앞의 1절). 이러한 사태, 계획, 문제가 함께, 해당하 는 (유類로서의 **사랑**에 속해 있는 하나의 요소로서) 사랑 안에서 사랑하는 일에 속하며, 모든 개별적인 사랑 하나하나에 고유한 특성을 가진 '장 기적인 성향'을 미리 앞서서 그려 준다. 이런 점을 미루어 볼 때, 개인 적 상황을 포괄하고 있는 모든 공동의 상황에 대해 유효한 것이 사랑에 대해서도 마찬가지로 유효하다. 모든 공동의 상황에는 그 각각에 맞춰 져 있는 의사소통의 권능Kompetenz이 상응한다. 예를 들어 하나의 충분

---

이) 바로 한 사람에게 호의를 갖고 그를 좋아하는 것이며, 모든 선함과 우정을 제공하고 행하 는 것이다."

히 완성된 언어에는——완성된 언어들 각각이 상황인데[20]——이에 대한 지배력이 상응하고 있다. 마찬가지로 하나의 상황인 이러한 의사소통적 권능은 감정에 의한 한낱 사로잡혀 있음을 넘어서서, 해당하는 개별적 사랑에 특별히 맞춰져 있다. 따라서 성향이 감정에 덧붙여지는 것이 아니라, 반대로 하나의 분위기인 감정에 의한 사로잡힘에 공동의 상황을 위한 의사소통적 권능이 덧붙여지는 것이다. 여기서 공동의 상황은 이러한 감정을 빨아들이고, 또한 본질적으로 이러한 감정에 의해서 형상을 획득한다. 이러한 의사소통적 권능에는 예를 들어, 앞서 인용한 레스피나스가 자신의 애인을 불만스럽게 느끼면서 아쉬워하는 능력들도 포함되어 있다. 나는 이러한 연관성들에 대해 우리의 관심사인 성적 파트너 사랑의 전형적인 예를 통해 분명하게 밝혔다. 하지만 이러한 연관성들은 다른 유형의 사랑들에 대해서도 각각의 특성에 맞게 적용할 수 있다.

사랑에서 '감정'과 '상황' 사이의 관계는 결코 순조롭지 않다. 감정은 사태, 계획, 문제를——이들이 상황 안에서 의미심장함의 정경을 형성하고 있는데——배경으로 불안정하게 표류할 수 있다. 또한 감정은 거꾸로 이 배경 속으로 이를테면 '스며들고 결박될' 수 있다. 이렇게 되면 감정을 자유로운 분위기로서 움직이게 하는 일이 대단히 힘들어진다. 예를 들어, 한 종교적 공동체 안에 있는 열광적인 집단적 사랑은 이러한 두 가지 위험에 노출되어 있다. 첫 번째 위험에서는 종교

---

20) Schmitz, *Der unerschöpfliche Gegenstand*, p. 70 이하; *System der Philosophie*, vol. III part 4, pp. 421~423.

적 광신이 나타나게 되고, 두 번째 위험에서는 괴테의 열광의 "절임" Einpökelung,[21] 즉 가령 교회 조직과 교의학에 의해 열광이 사태, 계획, 문제를 단지 관리하는 차원으로 지리멸렬하게 변형되는 일이 나타난다. 성적인 파트너 사랑에 있어 매우 중요한 것은, 감정이 한편으로 충분히 자유롭고 거침없이 펼쳐질 수 있어야 하면서도, 다른 한편으로 저절로 형성되고 또 발전되어 가는 공통적 상황의 토대를 벗어나서 마음대로 부유해서는 안 된다는 점이다. 이를 위해선 감정이 충분히 확고한 상태이면서도, 지속 상태로서의 상황 안에 느슨하게 걸려 있는 일이 요구된다. 나는 양극단 사이의 정교한 균형 상태에 실패함으로써 야기되는 위험들과 잘못된 변형들을 관찰하고자 한다. 지속 상태의 상황 안에 감정이 너무 느슨하게 걸려 있는 상태를 특징적으로 보여 주는 예는 영묘한 감정의 과잉으로 기울었던 장 파울의 사랑인 듯하다.[22] 다른 위험성, 즉

---

21) 나는 여기서 (아마도 온건한 2행 풍자시로서) 다음 시구를 떠올리고 있다. "열광은 결코 정어리가 아니거늘, / 사람들이 몇 년 동안 절여 놓은."

22) Paul Kluckhohn, *Die Auffassung der Liebe in der Literatur des 18. Jahrhunderts und in der deutschen Romantik*, 3rd ed., Tübingen 1966, p. 247 주석 4: "장 파울은 사랑에 앞서 먼저 우정을 알게 되었으며, 자신이 지닌 부드러운 본성이 우선은 우정의 감정들 속에서 발산되도록 했다. 후에 그는 여성들과 다양한 체험을 함께 나누게 되었으며, 많은 여성의 구애를 받았다. 하지만 그는 결코 자신을 여성에게 완전히 헌신하지는 않았다. 그는 자신을 희생할 능력이, 완전히 다른 사람 속에 몰입하여 사랑할 능력이 없었다. 그래서 헤르더는 이렇게 평가한다. '사랑이란 무엇입니까? 우리가 사랑이란 이름으로 장난치지 않으려 한다면. 그것은 다른 사람의 상황, 실존, 감정, 가슴 속에서 자신을 느끼는 일입니다. 그 안에서 강압이 없을 뿐 아니라 쾌감을 갖고 있으면서, 어떤 기쁘고 매우 내밀한 실존 안에 있음을 이를테면 저절로 느끼는 일입니다. 그것은 다른 사람 속에서 살아가는 일이지요. 리히터[장 파울의 성]가 이것을 행했는지, 그가 아주 작은 희생에서도 … 그럴 능력이 있는지, 이것은 아마도 순수한 경험과 당신의 가슴이 당신에게 얘기해 줄 수 있을 것입니다. 리히터가 시인의 삶을 계속 살아가도록, 그가 사랑을 묘사하고 그 달콤한 상상 속에서 기쁨을 찾도록 놔두세요. 실행하는 사랑, 실질적으로 타인을 위해서, 타인과 함께, 타인 안에 살아가는 것은 강단에서 이루어지는 상상의 유

감정이 이를테면 빗물처럼 상황의 대지 속으로 스며들고, 이 좀 더 메말라 있는 대지의 요소가 감정을 어느 정도 흡수해 버리는 위험성은 많은 혼인 관계 내지 혼인 관계와 유사한 동거 공동체에서 나타난다. 이는 갈등을 피하고 해소하는 형식들과 온갖 종류의 사정으로 인한 도전에 대응하는 형식들이 너무나 습관화되어 버린 경우다. 이때에도 물론, 공통의 삶을 헤쳐 나가는 과정이 여전히 사랑스러운 화합 속에서 이루어지긴 한다. 하지만 그것은 이젠 냉정한 상태가 되어 버린 사랑, 객관적 연관성들과 객관적 강압들로부터 더 이상 자유로워질 수 없는 사랑을 통해서다. 실러는 활기 넘치는 장시 「종의 노래」Lied von der Glocke에서 사랑이 가정적으로 익숙해져서 더 이상 자유롭게 숨 쉬지 않고 움직이지 않는 것을 변호하고 있다. 실러가 사랑의 가정적인 정착을 그렇게 빨리 처리하는 것을 보면서 우리는 미소를 머금게 되며, 또 충분히 이해하는 마음으로 이 장시를 음미하게 된다.

---

희나 사교적 모임에서의 멋진 위트와는 전혀 다른 것입니다. (최근에 누군가가 말했듯이) 뮤즈의 부름을 받은 모든 여성의 남자인 그를 그대로 놔두세요, 그가 행복하도록 말이에요!'(헤르더가 장 파울과 카롤리네 폰 포이히터스레벤 사이의 약혼이 깨지고 난 뒤 카롤리네에게 쓴 편지에서. *Herders Nachlaß* I 259)". Kluckhohn, *op. cit.*, p. 248 이하: "장 파울은 사랑의 관계에서 동요하는 상태가 되었다. 어떤 '타인의 가슴에 대해 지속적으로 흔들리지 않는 태도'를 갖는 것은 그에게 불가능했다. '탄력적으로 가볍게 부유하는' 그의 정신이 그럴 수 없도록 한 것이다. (이렇게 장 파울에게 에밀 폰 벨렙슈가 1979년 9월 3일자 편지에서 썼다.) 그렇기 때문에 장 파울은 자신이 '공동의 사랑'이라 부르기도 했던 '전체적 사랑 혹은 동시적 사랑'을 옹호했다. 이것은 한 사람의 여성에만 집중하지 않으며, 이를테면 우정과 사랑 사이에서 부유하는 그러한 감정이었다. 그는 여성들과의 관계에 대해서 전적으로 우정의 성격을 부여하고자 노력했다. 혹은 늘 그러한 관계를 우정의 성격으로 끌어내리고자 노력했다. 장 파울은 분명 사랑의 감각적-관능적인 차원에 대한 불안을 지니고 있었는데, 이 차원이 그에게 부과할지도 모를 속박을 두려워했기 때문이다. … 물론 이 때문에 장 파울이 관능적으로 매우 강조된 성애적 체험을 하지 않은 것은 아니다. 하지만 아무리 관능적이라도 할지라도 그는 충분한 사려를 갖고 있었으며, 이 때문에 일정한 한계까지만 나아갔던 것이다."

공통적 상황으로서의 사랑 안에 감정으로서의 사랑이 결착되어 있으면서, 동시에 그로부터 떨어져 나와 일정 정도 부유할 수 있는 최상의 '중용의 길' ——결혼 생활에서 이러한 사랑의 절묘한 성취에 성공한 듯 보이는 사람은 빌헬름 폰 훔볼트다.[23] 그러나 이 성취도 심연 위에 다리를 놓은 것이라 할 수 있다. 자유롭게 떠다니는 느낌의 과잉을 즐겼던 장 파울이나 느슨하고 자유롭게 움직이는 사랑의 감정과 내밀한 결속 상태를 매우 섬세하게 종합했던 훔볼트도 자신들의 사랑 안에 강한 '자기중심적 냉정함'을 끌어들인다. 왜냐하면 서로 방식은 달랐지만, 이들이 자신들을 사로잡는 감정에 대해 반향하는 것 안에는 많은 '의도성'과 이 감정을 '넘어서 있음'이 뒤섞여 있기 때문이다.[24] 결혼 생활의 행복에 대해 훔볼트가 보여 준 빛나는 성취의 배후에, 전혀 다른 종류의 깊은 소망이 그를 끈질기게 몰아대고 있었다. 그것은 전혀 다른 종류의 사랑에 대한 꿈,[25] 즉 자신이 무제한적인 지배력을 행사하려는

---

23) Fritz Giese, *Der romantische Charakter*, vol. I, Langensalza 1919, pp. 143~146 참조.

24) Kluckhohn, *op. cit.*, p. 248: "장 파울은 종국에 결혼 생활에서도 그토록 분명하고 고통스럽게 부각했던 자신의 자기중심주의로 인해 부인에게 헌신할 수 없었다." p. 265 이하: "훔볼트는 자주 자기 자신을 비하하는 헌신적인 방식으로 부인을 대했는데, 이는 그의 가슴에 있는 거의 여성적인 부드러움에서 기인한 것이었다. 그럼에도 이러한 방식은 매우 자기중심적인 특성들과 결합해 있었다. 그가 '자신의 사랑이 본래 그녀의 사랑에 대한 응답의 사랑이었다'라고 스스로 말했듯이, 이들의 관계가 시작될 때는 그가 좀 더 냉정한 편이었다. 이에 상응하여 훔볼트의 사랑 속에서 자신이 사랑받고 있다는 감정이 주는 쾌감이 본질적인 요소였다. 마찬가지로 그가 카롤리네의 영혼을 관찰하면서 자신이 얻게 되는 가치와 자극을 강조하는 방식은 많은 헌신적 경향에도 불구하고 차갑고 이기적인 요소를 포함하고 있었다."

25) *Ibid.*, p. 267 주석 1: "훔볼트가 요하나 모테르비(Johanna Motherby)에게 보낸 편지들(ed. Heinrich Meissner, 1893), … 훔볼트는 빈에서 모테르비에게 이렇게 쓰고 있다(p. 55): '저는 이곳에서 전혀 불행하지 않게 살고 있어요. 저는 제 아내와 자식들과 행복하게 지내고 있지요. … 제 삶의 대부분은 아내와 자식들을 위한 것이지요. 강요나 의무감에서가 아니라 이들에 대한 사랑에서, 저의 내적인 쾌감에서 그런 것이지요. 하지만 제게 이와는 다른, 훨씬 더 본래적

가학적인 환상이었으며, 또한 이에 상응하는 이면[26]으로서 피학적으로 완전한 복종 상태[27]를 염원하는 것이었다. 훔볼트가 성적 파트너 사랑이 두 사람의 공동의 상황, 그리고 부인과 가족이 함께 살아가는 집단적 사랑과 조화롭게 균형을 이루도록 했던 것은, 오직 그가 어떤 잠재된 계획(소망)들을 공동의 상황으로부터 분리하고자 노력하고, 그럼으로써 자기 자신을 밖에 드러난 '시민적 인간'과 안에 감춰진 '악마적 인간'으로 균열시켰기 때문이다. 그의 개인적 상황과 공동의 상황이 함께 통합되어 성장하고, 또 공동의 상황 속에 편입되어 있던 한, 이러한 희생은 적어도 표면상으로는 성공할 수 있었다. 하지만 요하나 모테르비에게 보낸 편지는 훔볼트의 개인적 상황이 공동의 상황으로부터 이미 상당 부분 떨어져 나왔음을 보여 준다. 이로써 암묵적이지만, 성적 파트너 사랑의 실패가 그 모습을 드러내고 있다. 훔볼트의 실패가 레르만의 보고에서 본 학생 술집의 대담하고 자극적인 실패와 공유하는 유일

---

이고 심층적인 사랑이 있어요. 저는 이 사랑에 대해 어느 누구도 아닌 당신에게만 얘기하고 싶어요. 그것은 당신이 언젠가 한번 저를 유혹해서 저와 당신 바깥으로 나가도록 하고, 저의 가장 내밀한 차원을 개방하도록 하는 사랑입니다. 이 사랑은 다른, 완전히 다른 사랑이겠지요. 이 사랑에서는 행복하게 만드는 일이 전혀 중요하지 않고, 아픔과 고통도 함께 있을 거예요. 왜냐하면 이러한 사랑이란 여자가 남자에게 완전하게 헌신하는 것, 그의 의지 외에는 아무런 자립성도 없고 그가 요구하는 생각 외에는 다른 생각도 없으며 그에게 복종하는 느낌 외에는 아무런 다른 느낌도 없는 사랑이기 때문입니다. 그리고 남자는 완벽하게 자유롭고 자립적 힘을 지닌 상태이며 여자를 자신의 일부분으로, 자신을 위해 규정되어 있으며 자신 안에서 살아가는 존재로 보고 있지요. 이러한 사랑이 꿈이나 부조리한 것으로 보이는 사람들은 남자 쪽에는 냉혹함이, 여자 쪽에는 억압이 있다고 생각할 것입니다. 어쩌면 이 사람들이 맞을지도 모르지요.' 주목할 만하게도 요하나 모테르비는 이 편지에 답신하지 않았다."

26) Schmitz, *Leib und Gefühl*, pp. 58~61 참조.
27) *Wilhelm und Caroline von Humboldt in ihren Briefen*, vol. I, Berlin 1906, p. 180: "여성이 지배하고 남성이 노예 역할을 하는 아마존 지역이 내게는 늘 마음에 들었소"(1790년 6월 26일, 훔볼트가 부인에게 쓴 편지).

한 공통점은 파트너에 맞춰져 있지 않은 집단적인 공동의 상황이라는 압력 앞에서 도망친다는 데 있을 것이다. 술집 대화의 경우에는 '술집의 일반적인 관습'이 문제이고, 훔볼트의 경우 그가 살던 '시대의 지배적인 관습'이 문제였다. 후자의 경우에는 순수하게 내적이며 성심을 다한 조화라는 이상이 외적으로 당연한 것으로 강요되고 있다. 그러나 이러한 당연함은 감상적인 불손함 속에서 잔혹함의 어두운 목소리, 그리고 이 잔혹함을 사려 깊게 통합시켜야 하는 과제를 회피하고 있다.[28]

## 6. 이해와 신뢰

사랑하기의 가장 큰 어려움은 감정과 (공동의 지속적 상태로서의) 상황 사이에 있는 '긴장에 가득 찬 관계'에 있다. 이 관계는 둘 사이의 결합이 너무 딱딱해지는 것과 너무 느슨해지는 것 사이에서 지속적으로 균형을 맞추지 않으면 안 된다. 우리는 이를 '사랑의 딜레마'라 부를 수 있다. 이러한 균형을 의식적으로 조정할 수 있는 이상적인 해결책은 존재하지 않으며, 따라서 '사랑의 딜레마'도 완전히 제거할 수는 없다. 하지만 이 위험과 다른 종류의 위험들로부터 사랑을 보존할 수 있는 가장 강력한 무기 내지는 고유한 방법을 통해서 이 딜레마를 넘어설 수는 있다. 그것은 다름 아닌 '이해하기'Verstehen다. 이해하기는 인상들을 소화

---

28) 잔혹함의 의미에 대해서는 다음을 참조하라. Schmitz, *System der Philosophie*, vol. II part 1, pp. 325~328; vol. IV, pp. 279~283; "Zeit als leibliche Dynamik und ihre Entfaltung in Gegenwart", *Zeiterfahrung und Personalität*, ed. Zentrum für Philosophie Bad Homburg, Frankfurt a. M. 1992, pp. 231~246.

해 내는 방법으로서 충분히 검증된 수준의 '신뢰'Vertrauen에까지 도달할 수 있다. 이해에 관해서는 (특히 딜타이 이래로) 지금까지 거의 지나치다 싶을 만큼 많은 논의가 있었다. 하지만 그것은 대부분 지식인들의 이론적 저작에 대한 흥미로운 관심에서 (텍스트, 다른 역사적 자료, 역사적 연관관계들에 대한 정신과학적 이해로서) 시도되었지, 사랑에서의 이해와는 거의 관련이 없었다. 또한 삶을 살아가기 위해 필수적인 '이해'에 관해서도 전혀 충분히 논의되지 못했다. 그리고 신뢰에 관해서도 ── 최근 연구 문헌 중에서는 특히 니클라스 루만에 의해서 ── 어떤 '평준화하는 선입견'이 널리 퍼져 있는 상태다. 이 선입견은 신뢰를 어떤 것을 전체적으로 헤아려서 믿으려는 '계산적인 평가'와 동일시한다. 따라서 사랑이 '이해'와 '신뢰'를 필요로 한다는 [근본적인] 사실을 사려 깊게 보호해야 한다면, 이론적으로 해야 할 일이 적지 않다. 여기서는 내가 이전에 제시했던 현상학적 분석[29]을 ── 독자가 이를 충분히 주목하지 않았기에 ── 그 핵심적 부분에 있어 다시 한번 소개하는 것으로 만족하려 한다.

이해는 인상에 근거하며(2절), 인상들의 선-지향적 부분들이 가진 적합성은 경험 속에서, 적어도 일정 정도까지는 분명하게 입증되어 있다. 첫인상은 다른 경험들이 등장하면서 수정될 수 있다. 또한 계속 지속되는 인상들도 마찬가지로 시사해 주는 바가 크다가, 다시금 불확실하고 수정이 필요한 것으로 드러나면서 이전 인상들을 보완하고 대체하거나 이들과 결합할 수 있다. 이해하기가 스스로 정향하기orientieren 위

---

29) Schmitz, *System der Philosophie*, vol. III part 4, pp. 432~444.

해서 조심스럽게 많은 인상을 교대로 등장시키는 수준에 머무르는 한, 이러한 이해하기는 단지 선-이해Vorverständnis에 불과하다. 선-이해는 이해를 추구한다는 '목표지향성'을 지니고 있으며, 우리가 가령, "한 사람을 '드디어' 이해했다"라고 말하거나 혹은 "이제 그를 이해했다는 생각이 든다"라고 말할 때, 바로 그러한 목표에 도달했다고 여기게 된다. 이것은 우리가 그 사람에게서 얻은 인상이 다음과 같은 상태에 적합하게 되었음을 뜻한다. 즉 그에 대한 인상으로부터 하나하나 전개될 수 있는 사태가 실제로 언제나 '사실'이며, 또한 이 사태들이 그의 '개인적 상황'(개체성)이 보여 주는 본질적 특성들에 들어맞는 경우를 뜻하는 것이다. 사실 이것은 매우 야심 찬 요구여서 그 실현 가능성이 늘 의문시될 수 있다. 또 모든 회의를 떨쳐 버릴 수 있는 확실한 보증 가능성도 없다. 그러나 그러한 이해 가능성에 대한 믿음이 사람들이 함께 살아가는 과정에서, 특히 내밀한 관계에서 결정적으로 중요하다는 사실, 선-이해 자체가 이미 그러한 이해 가능성을 겨냥하고 있다는 사실을 부인하기는 어려울 것이다. 어떤 사람에게 적절히 부응하고, 또 우리가 그 사람과 함께 단지 피상적인 방식으로만 살아가지 않기 위해 노력할 때는 언제나 그러한 '이해에 대한 희망'이 계속 살아 있는 것이다. 이러한 이해의 이상이 얼마나 자연스러운가를 그것의 실패에서 조사해 보는 시험 방법이 이른바 '이해 불가능성 검사'라 불리는 방법이다. 야스퍼스[30]와 야스퍼스에게서 영감을 얻은 하이델베르크 학파의 학자들, 예컨대 쿠르트 슈나이더에 따르면 이 검사를 통해 정신병적(특히 조현병적) 체험

---

30) Karl Jaspers, *Allgemeine Psychopathologie*, 4th ed., Berlin/Heidelberg 1946, pp. 483~487.

과 신경증적 체험을 구별할 수 있다. 그런데 야스퍼스는 이해할 수 없음과 감정이입의 불가능성을 동일시하는 오류를 범하고 있다. 이해의 수용력이 미치는 범위는 감정이입의 수용력에서보다 크다. 가령, 나는 개인적으로 어떤 격정(증오, 경멸, 질투)에 과도하게 사로잡힌 광신자들에게 감정이입할 수 있는 능력이 있다고 느끼지는 못한다.[31] 하지만 그렇다고 내가 그에 상응하는 어떤 경험의 기회가 있을 때, 그러한 광신자들을 이해할 수 있는 능력 자체가 없다고 할 수는 없을 것이다. 오히려 "미친 사람"이라 낙인찍히도록 하는 독특한 이해 불가능성은 그 사람에게서 얻은 인상들에, 그리고 이 인상들 사이에서 치유할 수 없는 단절 내지 부서져 있음을 느끼는 데에 있다. 즉 이 인상들이 서로 어긋나고 상충되어 그에 대한 선-이해가 좀 더 성숙하게 되면 성공적인 이해로 진전될 수 있을 것이라는 희망, 바로 이러한 희망을 포기할 수밖에 없음을 느끼게 된다는 데에 있는 것이다.

이해를 통해서 얻게 되는 보상은 결코 이해된 것의 '계산 가능성'이나 마음대로 그것의 '전모를 파악할 수 있음'이 아니다. 계산하는 일은 평가 과정이 포함하고 있는 전제로서 개별 사태들을 필요로 하며, 전모를 파악한다는 것 또한 해당 대상의 "책략"을 파악할 수 있는 우월함의 척도로서 개별 사태들을 필요로 한다. 이해는 어떤 공고한 인상, 즉 하나의 혼돈적 다양체인 상황에 의해 뒷받침될 수 있다. 그런데 이러한 상황에서 개별 사태들을 마치 어떤 질서 정연하게 쌓여 있는 저장

---

31) 히틀러의 목소리에 대한 나의 인상을 서술한 부분을 보라. Schmitz, *System der Philosophie*, vol. III part 2, p. 136 이하.

물처럼 임의로 불러내는 것은 불가능하다. 그것은 하나의 전체성을 '직관적으로 포착하는Erfassen' 일이다. 따라서 그 내용을 결코 개별 사실들의 형태로 임의로 셀 수 없으며, 반대로 흡사 나무에서 떨어지는 과일처럼, 그 전체 내용으로부터 개별 사실들이 일종의 선물로 주어지기를 기다려야만 한다. 물론 이것은 완전히 비합리적으로 주어지는 것이 아니라, 사려 깊게 이해하려고 노력한 것에 대한 보상으로 주어지는 것이다. 또한 그렇게 주어지는 사실들은 풍부한 의미를 지니고 있기 때문에, 이해하는 사람은 행동하다가 어떤 위기의 순간이 찾아왔을 때, 통찰력과 그에 상응하는 능력을 발휘하여 자신이 이해한 사람을 이끌어 갈 수 있는 것이다. 따라서 이해를 계산적인 설명에 가까운 것으로 간주하는 모든 이론은 이해라는 현상 자체를 전적으로 간과하고 있는 셈이다. 이해가 지니고 있는 고유한 경향성은 전제로부터 결론으로 나아가는 것이 아니라, 하나의 인상이라는 혼돈적 다양체의 전체로부터 개별 사태들로 나아가는 경향성이다. 물론 이러한 사태들이 일단 분명하게 드러나게 되면, 그것들은 다시 전제로서 계속 활용될 수 있다. 따라서 이해를 어떤 행위의 동기로부터 설명하는 일로 해석하는 것 또한 부인될 수밖에 없다. 이러한 해석은 합리성을 내세우면서 이해의 대상 영역을 이성적 동기를 가진 행동으로 축소시키고 있으며, 우리가 전혀 특정한 동기를 가질 수 없는 특징과 행위 방식, 어떤 인상학적physiognomisch이며 지속적 상태의 특징과 행위 방식 또한 이해할 수 있는 대상이라는 사실을 오인하고 있다. 이들에 속하는 것 중 하나가 행위하는 데에서의 독특하게 자발적이며 충동적인 양식인데, 이러한 양식은 특정한 동기를 기다리는 행동이 아니며, 이를 어떤 동기에 귀속시킴으로써 겉으로만 충동적인 것으로 밝히지 않아도 거의 대부분 충분히 이해할 수 있다. 라브뤼예르와 같은 위대한 문필가들은 단 몇 줄만으로도 한 인물의 특징들을 절묘하게 하나의 유형으로 결합시켜 묘사했다.[32] 그럼으로써 해당 인물에 대한 초상을 생동감 있는 인상으로 응결시켜 표현할 수 있었다. 설사 그러한 인물의 이성적 동기를 확인할 수 없다 해도, 우리는 이러한 묘사로부터 그의 행위를 충분히 이해할 수 있다고 여긴다.

이렇게 볼 때 이해는 어떤 '방법'이 아니라 일종의 '성공'이라 할 수 있다. 그리고 이 성공의 전제는 어떤 재능, 즉 인상들에 유연하게 적응하고 이들을 유연하게 가공할 수 있는 재능이다. 그것은 인상을 경험을 통해 전개할 수 있으며, 그럼으로써 인상을 확인하고 교정하며 또 보완할 수 있는 재능이다. 사랑에 대해서 각별히 중요한 것이 바로 연합적인 이해다. 이것은 한 사람이 다른 사람을 이해하는 것이 아니라, 두 사람 혹은 여러 사람이 하나의 공통적 상황 속에서 서로 조화를 이루면서 확신을 갖고 "우리는 이미 서로 잘 이해하고 있어"라고 말할 수 있는 상태다. 이러한 일이 성공할 때는 서로 연합적으로 이해하는 사람들의 개인적 상황이 상호 간의 공동의 상황 속에 충분히 깊고 견고하게 통합되어 성장했을 때다. 이럴 때 공동의 상황과 연관된 인상은 이 상황과 일치하지 않으면서도 —— 왜냐하면 공동의 상황은 2절에서 정의된 의미에서 인상이 아니므로 —— 동시에 개인적 상황들을 이해하기 위해서 충분히 적합한 인상이라는 의미를 가질 수 있다. 따라서 어떤 기만에 포획되어 있지 않은 연합적 이해의 가능성은 —— 비록 연합적 이해는 늘

---

32) Schmitz, *System der Philosophie*, vol. IV, pp. 245~258.

깨질 가능성이 있는 것으로 남지만——두 사람이 함께 하나의 파트너 '사랑에 속해 있음'이 얼마나 친밀한가를 확인하는 척도가 될 수 있다. 물론 '함께 속해 있는' 친밀함이 사랑의 근본 문제, 즉 감정과 상황 사이의 균형을 행복하게 해결하는 과정과 관련하여 과도한 수준에 도달할 수도 있다. 과도한 친밀함으로 인해 감정이 상황 속에 스며드는 일이 촉진될 수도 있는 것이다.

신뢰가 소박한naiv 수준이 아닌 한, 이해는 신뢰를 위해 대단히 중요한 과정이다. 신뢰에 대한 현상학도 조야한 오해들과 싸우지 않으면 안 된다. 가령 신뢰와 관련하여 영향력이 큰 현대의 이론은 다음과 같은 주장에서 이론적 정점에 도달한다고 보인다. "신뢰는 착각에서 기인한다. 사실은 주어진 정보가 성공을 확신하면서 행동하기에 충분할 정도에 이른 것은 아니다. 행위자가 고의로 부족한 정보를 무시하는 것이다."[33] 여기서 신뢰는 일종의 '비합리적인 도약'이 되고 있다. "sit pro ratione voluntas", 즉 "근거 대신에 의지가 작용하도록 해라".[34] 다시 말해서 위험 요인을 계산하는 일에서 측량이 불충분한 상태임에도 불구하고, 이를 무시하고 행위에 대한 관심으로 인해 의지가 도약하고 있다는 것이다. 이러한 이론은 적어도 두 가지 오류를 포함하고 있다. 하나는 '신뢰'와 '위탁'Anvertrauen을, 즉 믿는 것과 [공적으로] 내맡기는 것을

---

33) Niklas Luhmann, *Vertrauen. Ein Mechanismus der Reduktion sozialer Komplexität*, 2nd ed., Stuttgart 1973, p. 33.

34) 본래는 기원후 1~2세기 로마의 풍자시인이었던 유베날리스가 독재자를 비판적으로 풍자한 다음 시구에서 유래한 말이다. "내가 원하는 대로, 나는 명령한다. 근거 대신에 의지가 작용하도록 해라"(Hoc volo, sic jubeo, sit pro ratione voluntas). 유베날리스의 풍자시 6, 223.—옮긴이

혼동하는 것이다. (비합리적인 도약이 **사회적** 복잡성을 축소하기 위한 기제로서 규칙적으로 나타나는 것은 이런 의미의 위탁일 것이다.) 그러나 우리는 누군가에게 어떤 일을 위탁하지 않고서도 그를 신뢰할 수 있다. 반대로 그를 신뢰하지 않으면서도 어떤 일을 위탁할 수 있다. 심지어 그를 신뢰할 수 없다고 확신하면서도 일을 위탁할 수 있는데, 이때 우리는 부족한 신뢰를 상쇄시켜 주는 심급으로서 그가 속해 있는 정황이나 제도에 의지하게 된다. 또 다른 오류는 신뢰에 대한 전망을 미래에 국한시키는 것이다. 행위의 위험 요소나 성공 가능성을 평가할 때는 오직 미래에 대해서만 고려해야 한다고 간주하고 있기 때문이다. 그러나 가령, 홀로 남아 살아가는 남편도, 비록 자신이 죽은 아내에게 더 이상 아무것도 기대할 것이 없고 또 더 이상 의지할 수 없음에도 그녀를 계속 신뢰할 수 있다. 남겨진 남편이 그녀를 계속 신뢰하는 한, 그녀가 그를 굴욕적으로 기만했다는 의혹의 징후가 등장한다고 해도 그는 그러한 징후를 믿지 않는다. 적어도 확실한 증거에 의해 그가 틀렸다는 것을 받아들이지 않을 수 없을 때까지는 믿지 않는다. 물론 그가 틀렸다는 것이 명백해지면, 그가 갖고 있던 신뢰는 깨지고, 이와 함께 그녀에 대해 그가 갖고 있던 이해도 사라질 것이다. 이런 경우 그는 아마도 자신의 지난 경험들을 곰곰이 다시 반추하고, 그녀에 대한 인상을 재고함으로써 그녀에 대한 새로운 이해에 도달할 것이다. 심지어 그는 종국에, 이 새로운 이해를 바탕으로 죽은 부인에 대한 신뢰를 다시 일으켜 세우는 상태로까지 나아갈 수도 있다. (때때로 이렇게 가슴 뭉클하게 사랑하는 남자들도 있다.)

신뢰를 위험을 감수하면서 시도하는 모험적인 믿음으로 오해하는 것은, 이해를 특정한 동기로부터 도출해 내는 설명으로 오해하는 것과 마찬가지다. 왜냐하면 두 경우 모두, 하나의 인상에서 시작하여 점진적으로 도달하는 일종의 '성공'을 개별적 사태들로 이루어진 어떤 집합이 다른 집합들과 가진 관계(즉 한 과정의 시초에 있는 정황이 그 과정의 마지막에 나타날지 모를 정황과 갖고 있는 관계)를 계산하고 평가하는 일로 잘못 해석하고 있기 때문이다. 이해와 마찬가지로 신뢰도 하나의 상황에 대해서 갖고 있는 인상에 근거하고 있다. 그리고 인상들 자체가 상황이기 때문에, 결국 신뢰는 그 안에서 하나의 상황이 나타나고 있는 상황에 근거하고 있는 셈이다. 이 점을 우리는, 신뢰의 대상을 개별 사태들의 구조로 세밀하게 분해하는 일에 대해서 신뢰가 저항하고 있다는 점에서 인식할 수 있다. 신뢰는 전체적인 성격을 갖고 있는 것이다. 만약 누군가가 자신이 믿고 있는 대상을 개별 사태들로 세밀하게 분해하면서 그것을 정확하게 전개한다면, 이는 신뢰가 손상되었음을 알리는 징조다. 예를 들어 질투심에 사로잡힌 연인들이 (여성이든 남성이든) 이런 일을 하는데, 이는 그들이 상대방을 더 이상 신뢰하지 않고 있음을 보여 주는 것이다. 진정으로 신뢰하는 사람은 그가 신뢰하면서 믿고 있는 것들을 개별적으로 열거하지 않는다. 반면에 단지 어떤 물리적이거나 사회적인 장치가 잘 작동하고 있다는 것, 예컨대 기차가 제시간에 온다는 것을 신뢰하는 사람은 신뢰 자체를 문제시하지 않고서도 자신이 어떤 개별적인 사태들에 의지하려고 하는가에 대해 하나하나 명확하게 제시할 수 있다.

따라서 신뢰는 언제나 상황과 결부되어 있다. 좀 더 자세히 말해서 누군가에 대한 신뢰는 늘 한 사람 혹은 하나의 조직된 집단 안에 집중되어 있는 상황들에 결합되어 있는 것이다. 이러한 중심은 사람들이 신뢰하고 있는 사태들로 이루어져 있으며, 일종의 선-지향들의 정경 안에 놓여 있다고 할 수 있다. 위에서 논의한 바와 같이, 신뢰가 손상되지 않았을 때는 이 사태들이 보통 개별적인 형태로 존재해서는 안 되므로, 여기서 문제의 핵심은 하나의 혼돈적 다양체에 있는 것이다. 이것은 신뢰의 통일성 속에서 그 자체 내적으로, 그리고 중심과 전체적으로 연관되어 있는 혼돈적 다양체다. 따라서 상황 개념을 판정하기 위한 세 가지 기준이 충족된 상태다. 그리고 상황이 신뢰가 되려면, '평정함'Ruhe과 '보호받고 있음'Geborgenheit의 감정이 덧붙여져야 한다. 이를 통해서 비로소 신뢰가 불신과 구별되게 되는데, 왜냐하면 지금까지 서술한 특징들에서는 신뢰와 불신이 다르지 않기 때문이다. 즉 누군가에 대한 불신 또한, 해당 사람 안에 집중되어 있는 상황인 것이다. 이 불신의 상황은 개별 사태 하나하나가 구별된 것이 아니라, 혼돈적 다양체의 성격을 지닌 선-지향들의 정경, 위협의 함의를 지닌 선-지향들의 정경 안에 놓여 있으며, 이로 인해 일종의 '자극된, 위협적인 분위기'가 생성되는 것이다. 아울러 불신은 집중화의 경향에 덜 의존하고 좀 더 용이하게 일반화될 수 있다는 점에서 신뢰와 구별된다. 즉 우리는 모든 것에 대해서, 모든 것 하나하나에 대해서 불신하는 태도를 가질 수 있다. 그러나 모든 것을, 모든 것 하나하나를 단번에 신뢰할 수는 없다. 그런데 신뢰와 불신 사이의 본질적 차이는 감정적인 구성요소들에 있다. 불신에서 문제가 되는 것은 분산된 형태로 자극되어 있는 불안정함의 분위기로서, 이는 걱정스러움Bangnis에 가깝다. 이와 달리 신뢰에서 문제가 되는 것은 만족감, 즉 순수한 충만함의 감정인 것이다(4장 4절). 따라서 우리는 **신뢰**를, 대부분 선-지향들로 이루어져 있으며, 한 사람 또는 한 집단에 집중되어 있는 상황 속에 근거하고 있는 만족감이라 정의할 수 있다. 금방 알 수 있듯이, 신뢰는 구조적으로 사랑과 동일하다. 차이가 있다면 다만, 상황 속에 "걸려 있는" 감정이 신뢰에서는 사랑이 아니라 만족감Zufriedenheit이라는 점이다. 사랑과 신뢰는 서로 잘 화합한다.

신뢰는 두 가지 형태로 나타난다. 하나는 소박하고 당연한 신뢰이며, 다른 하나는 신중하게 검증하여 획득한 신뢰다. 사랑의 본질적 문제, 즉 상황 속에 감정이 너무 느슨하게 걸려 있는 것과 너무 견고하게 걸려 있는 것 사이에서 균형을 잡는 문제를 해결하기 위해서는 두 번째 형태의 신뢰가 더 중요하다. 이 신뢰는 이해의 길, 또는 좀 더 정확히 말해서 더 나은 이해의 길을 걸으며,[35] 이 길은 여건이 좋을 경우, 앞서 묘사한 방식대로 온전한 이해에 도달하게 된다. 여기서 문제의 관건은 인상들의 적응 능력에 달려 있다. 이것은 우선 첫인상이 경험을 통해 ── 신중한 노력과 설명이 가능한 한 많이 도와주는 상태에서 ── 전개되고

---

35) H. G. Gadamer, *Wahrheit und Methode*, 3rd ed., Tübingen 1972. 가다머는 이 책 280, 282쪽에서 어떠한 명확한 논증도 없이 더 나은 이해의 가능성을 확고하게 부인하며, 흑백논리적으로 서술하면서 오직 이해와 몰이해, 그리고 무한히 넓은 범위의 다른 이해의 가능성만을 허용하고 있다. 이것은 일종의 역사주의의 과잉인데, 이는 역사적 전승을 예견할 수 없는 변형 과정을 지닌 영향사로서 바라보고, 이해의 문제에 일면적으로 지식인적인 관심을 쏟는 데서 기인한다. 역사주의의 과잉은, 역사에 대한 어떠한 연관관계 이전에 삶 속에 존재하고 있는 이해의 자리를 오인하고 있다. 선-이해가 갖고 있는 본래의 경향성으로 인해 선-이해를 넘어서서 나아가는 운동은, 만약 더 나은 이해 가능성을 인정하지 않는다면 결코 적절히 서술할 수가 없다. 이 가능성을 인정하지 않는다면, 사람들 사이에서 일어나는 교제의 가능성은 일종의 미진한 수준으로, 아마도 동물적인 혹은 기계와 흡사한 수준으로 축소될 것이다. 또한 타자의 개체성을 올바르게 평가할 수 있는 가능성도 더 이상 없을 것이다. 이해하기를 오직 '역사적 이해'라는 특별한 형태를 통해서만 측량하려는 것은 잘못된 길이다.

또 필요한 경우 수정되는 과정을 거치며, 이러한 전개와 수정이 계속되면서 일어나는 인상들의 변형 내지 교체와 관련해서도 마찬가지 과정을 거치게 되는 것을 말한다. 이때 중요한 것은 첫째로는 실망이다. 실망은 선-지향(비자의적으로 기대한 것)들을 부인하면서도, 동시에 이들을 전개하고 수정하는 일을 한다. 둘째로 중요한 것은 실망 속에서도 인상을 신축성 있고 인내심 있게 소화해 내는 일이다. 내가 "신축성 있게"라는 말을 사용한 것은, 그것이 유리가 깨지는 것 같은 냉담함도, 왁스처럼 마음대로 형태를 바꿀 수 있는 것도 아니기 때문이다. 오히려 그것은 이해의 최초의 맹아를 지속적으로 전개하는 일과 인상을 열린 태도로 새로운 정보들에 적응시키는 일을 결합시켜야 하는 과정이다. 이 과정에서 [물론] 단절도 나타날 수 있다. 한 사람이 다른 사람을 더 이상 이해할 수 없고, 이해를 위해 전적으로 새로운 연결점을 찾아야만 하는 순간이 나타날 수 있는 것이다. 단절의 순간은 이후 그에 상응하는 변형을 거치면서 이전의 궤도로 돌아갈 수도 있다. 이러한 길을 거쳐 (일방적 혹은 상호연합적) 이해에 도달하고, 또 이해하기의 정점인 검증된 신뢰에 도달한다면, 당사자들이 사랑의 공통적 상황을 다음과 같은 정도로 잘 전유할 수 있게 되는 것이다. 즉 이러한 공동의 상황 속에 걸려 있는 감정의 균형이 충분히 안정감 있게 익숙하게 되고, 또 신뢰가 덧붙여 주는 만족감이 이렇게 익숙해진 안정감을 뒷받침해 주는 토대가 될 정도로 잘 전유하게 되는 것이다(여기서 만족감은 소망의 포만 상태로 충족된 것이 아니라 4장 4절에서 언급한 의미를 말한다). 그런데 이해와 신뢰가 사랑을 위해 지닌 풍부하고 독특한 효과를 통찰하는 일은 '주도 인상'의 특성과 그 의미를 충분히 해명했을 때 비로소 가능하다.

## 7. 주도 인상

이해와 신뢰는 인상들로부터, 인상들을 소화하는 일을 통해 발전하며 (6절), 인간적 삶의 모든 형식을 위해서 중요하고 또 상당 부분 없어서는 안 될 역할을 한다. 파트너 사이의 사랑, 특히 성적인 파트너 사랑은 그 매혹적인 광채로 인해 흔히 사랑의 절정으로 간주되며, 이 현세적 삶에 상승과 충만함을 부여해 준다.[36] 그런데 이것은 전적으로는 아니라 할지라도, 현격한 정도로는 이 독특한 종류의 인상[즉 성적인 파트너 사랑]이 가지고 있는 특출한 형성력 덕분이다. 이 특출한 형성력이 사랑이라는 삶의 형식에서 전개되는 이해와 신뢰 속으로 흘러들고 있는 것이다. 나는 이 독특한 종류의 인상을 **주도 인상**Leiteindruck이라 부르고자 한다. 한 사람이 어떤 사람을 보았을 때 각별히 눈에 띄는 것이 있다. 처음에 이것이 보는 사람을 심지어 불쾌하게 만들고 압박하는 것일 수도 있다. 하지만 그는 이것이 자신에게 무언가를 말해 준다고 느끼는데, 이것이 바로 함축적인vielsagend[37] 인상이다(2절). 이 인상이 좀 더 명료하게 부각되고, 분위기로서의 감정이 그 속으로 스며들고, 또 조심스러운 더 나은 이해 과정이 그 전개를 위한 길을 마련해 주면서, 이러한 인상은 안정감과 확실성을 획득하게 된다. 그리고 이것은 파트너 사이의 연합에 도달하는가 아니면 응답 없는 한쪽만의 사랑에 그치는가와 무관하다. 이러한 과정은 성적인 파트너 사랑에서만이 아니라, 예를 들

---

36) 1장 각주 1) 참조.
37) 본래 어의로 '많은 것을 이야기해 주는'을 뜻하지만, 줄여서 '함축적'이라 옮긴다.—옮긴이

어 청소년이 자신을 규정하는 이상적인 인물에 대해서 가진 사랑에서도 똑같이 나타난다. 인상은 사랑하는 사람의 개체성(개인적 상황), 특히 이 개체성의 전망적인 부분(3절), 즉 사랑하는 사람이 선호하는 고유한 방향 및 계층화와 관련되어 있다. 이러한 방향과 계층화는 부분적으로 그 사람이 내리는 판정들을 통해 드러난다. 하지만 그 사람 자신과 타인들이 완전하고 명시적으로 파악하기가 거의 불가능한 방향일 수도 있다. [그럼에도] 그의 개체성은 이 방향 속에서 성장하고 성숙할 수 있으며, 좀 더 상승하거나 완성될 수도 있다. 어떤 개인 자신과 이 개인을 이해하는 타인들에게 삶의 인상이 어느 정도 성공적인가 하는 것은, 이들이 상황에 따라서 그러한 방향의 특징들에 얼마나 충실할 수 있는가, 그리고 전적으로 잘못 판단하지는 않으면서 실제로 어느 정도나 충실한가에 달려 있다. 이러한 방향은 어떤 '예감할 수 있는 형태'로서 ─ 이 형태 안에서 개인적 상황의 전망적 부분들이 함께 결합하는데 ─, 사태, 계획, 문제로 이루어진 혼돈적 다양체의 정경 안에 존재하는 함축적인 차원의 핵심이 된다. 그리고 이를 통해서 사랑하는 사람이 사랑하는 상대방에 대해 떠올리는 인상이 함축성을 띠게 되고, 또한 그 안에 스며들어 자극하는 감정들을 바탕으로 ─ 이 감정들이 곧바로 사랑일 필요는 없는데 ─ 자신을 매료시키게 된다. 이때 오해가 발생하지 않고 이러한 인상이 사랑하는 상대방의 개체성 안에 존재하는 전망적 부분들과 상당한 정도의 합치를 이루게 되면, 인상에 매료되어 인상이 결정하는 대로 따르고 있는 사랑하는 사람은 서로 간의 공동체적 사랑 안에서 주어진 상황에 따라 사랑하는 과정에 경이로운 견인력을 부여하면서 이를 발전시키게 된다. 이 견인력이 사랑하는 상대방의 개인적 상황 속에 존재하는 선호의 방향을 강화해 주는 것이다. 사랑의 대상인 상대방도 이러한 강화를 향한 욕구를 느끼는데, 왜냐하면 누구도 자기 자신에 대한 인상을 소유할 수가 없기 때문이다. 또한 예외적인 경우가 아니라면 누구도 자신의 개인적 상황이 가진 전망적 부분들과 관련하여 그러한 인상에 다가갈 수 없다. 설사 예외적인 경우라 할지라도 매우 큰 노력을 기울여야 하며, 또 단지 부분적으로만 다가갈 수 있을 뿐이다. 이것은 매우 중대한 삶의 결정을 할 때인데, 이때 개인적 상황을 오랫동안 혹은 좀 더 짧게 "주무르고" 난 뒤 이러한 전망적 부분들이, 적어도 당사자가 대안을 찾는 일과 관련하여 어떤 것이 전망적 부분들에 적합한지를 인지할 수 있을 만큼 분명하게 드러나게 된다(3절). 반면에 곁에 있는 사람Mitmensch은 타인을 이해하기 위해 만남에서 저절로 제공되는 그의 인상에서 출발할 수 있는 기회를 가진다. 따라서 곁에 있는 사람이 오히려 타인이 가진 내밀한 욕구를 성취해 줄 수 있는 것이다. 다시 말해서, 곁에 있는 사람은 자신이 따라가고 있는 인상이 방금 묘사한 것과 같은 적절한 주도 인상이라 했을 때, 타인으로부터 개체성의 전망적 부분들에 대한 조망을 — 이 전망적 부분들의 실현 여하에 따라 성공적인 삶의 경험이 좌우되기에 — 획득할 수 있는 것이다. 사람들은 '어떻게 곁에 있는 사람이 그렇게 내밀하고 깊이 파고드는 통찰에 도달하는지'에 대해 의아해할 수 있다. 여기서 문제의 핵심이 '인상의 전개'가 아니라 전체적이며 혼돈적 다양체의 성격을 가진 인상 자체인 한에서, 실제로 이러한 통찰은 주어진 상황에 따라 매우 신속하고 자발적으로 실현된다. 나는 발터 에렌슈타인이 1965년에 전달해 준 『프랑크푸르트 신문』FAZ 문예란에 실린 한 텍스트를 인용한 바 있다(1957년 7월 6일자). 이 텍스트에서 필자인 헤트비히 로데는 열차 안에서 이루어진 서로 모르는 두 남녀 사이의 짧은 시선 접촉에 대해 묘사하고 있다. 여기서 두 사람은 아슬아슬하게 — 앞서 서술한 대학생 술집의 노골적인 경우[38]보다 훨씬 더 빠르고 눈에 띄지 않게 — 성적 사랑을 점화하는 데 실패하고 있다.[39] 텍스트의 마지막 단락은 다음과 같다. "여성은 재빨리 고개를 숙이고 서둘러 남성의 자발성의 영역에서 벗어난다. 그러나 여성은 이내 실망하며 이렇게 생각한다. '내가 이런 생각을 하기 전에 그가 내게 말을 걸었어야 했는데, 그가 60초 동안만이라도 내 시선을 기꺼이 받아들였어야 했는데, 그걸로 충분했는데, 그랬다면 나는 그가 활용하지 않은 가능성을 알아채고 바로 그 가능성을 위한 영원한 대상이 될 수 있었을 텐데.'" 활용하지 못한 가능성들은 남성의 개체적 상황이 포함하고 있는 전망적인 부분이다. 그리고 시선이 60초 동안 더 연장되었더라면 주도 인상을 얻는 데 성공했을 것이고, 주도 인상이 지닌 사로잡는 힘이, 남성을 '획득한' 그녀를 영원히 그에게 속박시킬 수 있을 만큼 충분했을 것이다. 사랑하는 사람이 사랑받는 사람에게서 받은 주도 인상은 더 많은 경험이 이어지면서 결코 완전하게는 아니지만, 서서히 전개될 수 있으며 새로운 사실들에 대해서 스스로 적응할 수 있다. 사랑받는 사람 자신은 이 주도 인상 전체를 모두 인식할 수 없지만, 삶이 앞으로 성공적으로 진행되는가는 주도

---

38) Laermann, "Kneipengerede. Zu einigen Verkehrsformen der Berliner 'linken' Subkultur", *Kursbuch* 37, pp. 168~180, 여기서 pp. 173~175.
39) Schmitz, *System der Philosophie*, vol. III part 2, p. 381 이하.

인상이 자신에게 비춰 주는 것에 의존하고 있다. 주도 인상은 감정의 권위에 — 즉 사로잡는 감정이 지니고 있는 권위에 — 수반하는 '포획력'을 통해서 사랑하는 사람을 이끈다. 주도 인상은 사랑받는 자 또한 이끌고 있는데, 이 경우에는 안내자인 사랑하는 사람에 의해 사랑받는 자에게 전달되는 빛을 통해서, 사랑받는 사람 자신의 개체적 상황 내의 전망적 부분을 비추고 있는 빛을 통해서 이끌리는 것이다. 이러한 과정을 통해서 이미 사랑하는 파트너 사이에는, 양쪽 모두에 대해 균등하게 생산적일 수 있는 '강력한 결속'이 생성된다. 물론 이때 사랑받는 사람도 마찬가지로 자신의 편에서, 자신을 사랑하는 사람의 개체적 상황을 그에 대한 올바른 주도 인상을 통해 성공적으로 획득해야 한다. 이럴 때 사랑하는 파트너 양쪽은 각자가 서로에 대해 이끌리면서 이끌어 가는 자가 되는 것이다.

하지만 큰 실패의 위험성이 이러한 성공 가능성을 가로막고 있다. 그것은 사랑받는 사람이 주도 인상과 해당 사랑이 자신을 이끄는 상태에서 [언제든] 벗어날 수 있는 위험성이다. 그는 이러한 이끌림 자체를 거절할 수도 있고, 사랑하는 사람의 개체성Person이 — 이 사람에 대한 '인상'으로 볼 때 — 자신에게 잘 맞지 않는다고 여길 수도 있다. 사랑하는 사람에게 이러한 거부는 괴로운 일이다. 하지만 더 심각하고 비극적인 경우는 사랑하는 사람이 가진 주도 인상이 그 자신을 잘못된 방향으로 이끌 때다. 이럴 경우, 최종적으로는 괴테의 소설 『빌헬름 마이스터의 수업시대』(4권, 15장)에 나오는 아우렐리에의 쓰디쓴 통찰 같은 것만이 남게 된다. "아, 만약 제가 유혹을 당했다가 뜻밖의 배반을 당하고, 그리하여 버림을 받았던들, 절망 속에라도 여전히 위안이 남을 것입니다. 그러나 저는 훨씬 더 고약한 경우인데, 저는 저 자신을 속인 것입니다. 뻔히 알면서도 저 자신을 기만한 것이지요. 제가 저 자신을 결코 용서할 수 없는 것이 바로 이 점입니다."[40] 이에 관하여 프리드리히 슐레겔은 기막힌 표현을 남겼다. "괴테의 사랑은 어디서나 똑같다. 파우스트와 마가레테, 에그몬트와 클라라, 빌헬름과 미뇽, 심지어 드라마「타소」Tasso에서도 마찬가지다. 절대적인 몰이해, 그럼에도 상대방을 위해서 서로 아무것도 할 수 없음. 바로 이러한 사랑, 사랑 아닌 사랑이다."[41] 우리는 이를 괴테의 드라마「클라비고」Clavigo에 나오는 마리 보마르셰에도 적용할 수 있으며, 슐레겔은 예상할 수 없었겠지만, 특히 소설『친화력』에 나오는 에두아르트와 오틸리에의 관계에까지 확장할 수 있다. 그것은 실패한 주도 인상이 어떤 것인가를 보여 주는 가장 깊고 비극적인 형태다.[42] 괴테는 그렇게 오인으로 점철된, 그리하여 비극적일 수밖에 없는 사랑을 형상화하는 고전적인 대가다. 그것은 잘못된 주도 인상으로 인해 당사자에게 함정이 되어 버리는 사랑이다. 괴테의 작품에서, 서로 잘 이해하는 사랑의 한 쌍은 아주 드물게 잠깐 나타날 뿐이며, 그마저도 생기 없게 묘사되어 있다. 예를 들어,『친화력』에 대조적인 한 쌍으로 등장하는 백작과 그의 부인 바로네세가 그러하다.『파우스트』에서 괴테는 파우스트에 대한 마가레테의 주도 인상이 실제와 전혀 다

---

40) 번역은 다음을 따랐다. 요한 볼프강 폰 괴테,『빌헬름 마이스터의 수업시대 1』, 안삼환 옮김, 민음사, 1999, 384쪽.—옮긴이

41) Friedrich Schlegel, *Literary Notebooks 1797-1801*, ed. Hans Eichner, London 1957, Nr. 2033.

42) 괴테는 에두아르트의 성격을 이루고 있는 정수이자 주도 모티브로서, 잘못된 주도 인상으로 기우는 경향을 부각시켜 보여 준다. 특히 이 경향을 잘 보여 주는 것은, 청혼에서부터 시작된 샤를로테와의 잘못된 관계다.

르다는 것을 극단적으로 강조해서 보여 준다. 곧 괴테는 메피스토펠레스가 파우스트의 신경질적이며 불안정한 성격을 적절하게 묘사하도록 한 후에(3366~3373행), 마가레테가 독백으로 파우스트에 대해 자신이 가지고 있는 이미지를 표현하도록 하는데(3394~3401행), 이 독백에서 그녀는 파우스트를 영웅적이며 쾌활한 인물로 그리고 있다.

이와 달리, 만약 사랑하는 사람의 주도 인상이 사랑받는 사람의 개체성에 부합하여 사랑받는 사람을 잘 포착하도록 해준다면, 이때는 파트너 사랑이 탁월한 생산성과 결속력을 획득하게 된다. 물론 범위가 큰 집단의 사랑에서는 이러한 생산성과 결속력이 가능하지 않다. 왜냐하면 집단적 사랑처럼 사람들의 범위가 클 경우, 두 사람 사이에 가능한 관계망의 선들이 너무 많고 복잡하게 얽혀 있기 때문이다. 집단적 사랑에서는 두 사람이 서로에 대해 가질 수 있는 주도 인상들만으로 결속을 유지하는 일이 개개인의 능력을 넘어설 뿐 아니라, 집단의 전체성 자체를 붕괴시킬 수 있다. 두 사람의 사랑이 가진 이러한 장점을 통해서,[43] 어떻게 두 사람의 파트너 사랑이 그토록 놀라운 안정성을 가질 수 있는가도 잘 설명될 수 있다. 평균적으로 볼 때, 성적인 파트너 사랑이 지닌 열광은, 집단의 사랑이 지닌 열광보다 일상에서 겪게 되는 냉정함과 실망을 대부분 훨씬 더 잘 극복할 수 있다. 가령 종교적 집단에서 볼 수 있는 것처럼, 후자의 열광이 공통되는 상징, 원리, 신앙의 내용 등에 쉽게

---

43) 여기서 '장점'은 두 사람 사이의 사랑이 집단적 사랑과 비교했을 때 가진 주도 인상의 장점, 즉 서로에 대한 주도 인상을 공동의 사랑 안에서, 이 사랑의 성숙 과정에서 적극 활용할 수 있는 장점을 말한다.—옮긴이

의지할 수 있음에도, 파트너 사랑이 오히려 어려움을 더 잘 극복할 수 있는 것이다. 이러한 평가가 실제로 얼마나 올바른 것인가와 상관없이, 여기서 우리가 얻은 통찰을 잘 활용한다면, 성적 사랑에서 두 사람의 파트너 관계가 왜 훨씬 더 오래 지속되는 장점을 갖고 있는가를 명확히 논구할 수 있다. 수십 년 동안 사람들은 이른바 '집단섹스 관계'의 가능성에 대해 수많은 실험을 감행했다. 집단섹스 관계는, 신에 대한 사랑 속에서 기독교인들이 무리를 이루고 있는 것처럼, 남성들과 여성들이 성적인 사랑 속에서 하나의 무차별적인 무리를 이루는 것을 말한다. 도덕적 관점에서 볼 때, 이런 시도를 비난할 근거는 거의 없다. 이것은 기껏해야 우리에게 익숙한 성적인 파트너 사랑을 반대할 수 있을 뿐이다. 가령, 이 사랑에서는 두 사람이 지나치게 배타적으로 결합해 있고, 그리하여 두 사람의 외부를 차단하는 일이 두 사람만의 '이기주의'로서 도덕적인 의문점을 안고 있다는 식으로 말이다. 그런데 성적인 집단적 사랑이 자주 오래 유지되지 못하고 집단이 해체되면서 실패로 돌아간 것은 결코 우연이 아니다. 그 원인은 해당 집단에 대해 비우호적이거나 점잔 빼는 주위 환경에 있는 것이 아니라, 오히려 집단 자체의 내재적 측면에 있었다. 즉 성적인 집단적 사랑에는 사랑의 관계를 안정화시킬 수 있는 가능성이 부재했던 것이다. 반면에 성적인 파트너 사랑이나 성적인 것과는 다른 동기를 가진 집단의 사랑은 안정화의 가능성을 적절히 활용할 수 있다. 성적인 파트너 사랑에서는 주도 인상이 ──방금 논증했듯이, 주도 인상은 성적인 집단적 사랑이 결속하는 데 효력을 미치지 못하기에 ──그러한 가능성이며, 성적 동기가 아닌 집단의 사랑에서는 응축 영역을 안정화시키는(4장 6절) 정박 지점이 그에 해당한다.

성적인 집단적 사랑에는 바로 이러한 주도 인상이나 정박 지점이 결여되어 있다.

파트너 사랑에 의해 고취된 열광을 보고, 사랑 밖의 사람들은 때때로 조롱 섞인 의구심을 품고는, '사랑은 눈을 멀게 만든다'라는 식으로 비난하곤 한다. 하지만 서로 열광적으로 사랑하는 사람들을 우호적으로 바라본다면, 이러한 의구심은 섣부른 판단이며 실은 정보가 부족한 데서 기인한다. 곧 의심하는 사람들에게는 함축적이며 견인력을 보유하고 있는 '주도 인상', 혼돈적이며 다양한 방식으로 많은 것을 얘기해 주는 '주도 인상'이 부재한 것이다. 사랑하는 사람(들)은 이러한 주도 인상의 빛을 따르고 있으며, 이에 힘입어서 어떤 '예견적인 파악' Vorgreifen을 시도할 수 있다. 반면, 의심하는 사람들이 판단의 근거로 삼는 소위 '분명한 객관적 사실들'만을 가지고서는 결코 이러한 예견적인 파악이 무엇인지 알 수 없다. 한편, 헤겔은 성적인 파트너 사랑에 대해서 다음과 같은 의구심을 제기하고 있다. "이 구체적인 사례에서 클리타임네스트라의 죄가 처벌받지 않는다면, 또 안티고네가 여동생으로서 당한 모욕이 지양되지 않는다면, 이것은 각각이 하나의 불의Unrecht an sich 자체가 될 것이다. 그러나 이러한 사랑의 슬픔, 이 산산이 찢긴 희망, [바로] 이 사랑에 빠짐 자체, [다시 말해] 사랑하는 사람이 느끼는 이 무한한 고통, 사랑하는 사람이 떠올리는 이 무한한 행복과 지복감은 그 자체로는 어떠한 보편적인 관심사안Interesse이 아니며, 단지 사랑하는 사람 자신에게만 해당하는 일일 뿐이다. 당연히 모든 개개인은 각자 사랑을 위한 가슴과 사랑을 통해서 행복할 권리를 가진다. 하지만 누군가가 여기서, 바로 이 경우에, 이러저러한 구체적인 상황에서, 바로 이 여성과 관련하여 자신의 목표에 도달하지 못했다 해도, 결코 어떤 부당한 일이 벌어진 것은 아니다. 왜냐하면 여기에는 내적으로 필연적인 것이 아무것도 없기 때문이다. 따라서 우리는 응당 [여기서는] 극단적인 우연성에 대해, 그리고 어떠한 외연이나 보편성도 없는 주관성의 자의에 관해서 관심을 가져야 한다. 이러한 냉혹함의 측면이 남게 되는데, 설사 사랑의 열정이 아무리 뜨겁게 불타오른다 해도, 이 열정의 재현에서 우리를 관통하고 있는 것은 바로 이 냉혹함의 측면이다."[44] 헤겔이 여기서 행하는 "찬물을 끼얹는 일"kalte Dusche은 사랑하는 사람의 맹목에 대한 싸구려 비난과 마찬가지로, 양쪽 방향으로 서로 영향을 미치는 주도 인상의 견인력을 잘못 이해한 데서 비롯한다. 이러한 견인력은 한편으로는, 많은 것을 얘기해 주는 인상의 "정경" 속에 감싸여 있으며, 또한 감정이 실려 있는 계획, 이러한 계획들의 암시력에 의해서 사랑하는 사람에게 영향을 미치고 있다. 동시에 이러한 견인력은 다른 한편으로, 주도 인상에 의해 고취된 사랑하는 사람의 카리스마를 통해서 —— 이 카리스마는 사랑받는 사람의 개체적 상황 안에 있는 전망적 부분에게 말을 건네고 있다 —— 사랑받는 사람에게 영향을 미치고 있다. 헤겔은 견인력을 지닌 주도 인상은 고려하지 않고, 단지 사랑받는 여성들 각자에게서 그때그때 확인할 수 있는 개별적인 '객관적 사실들'만을 고려하고 있다. 그의 생각에 따르면, 이러한 객관적 사실들이 애정 깊은 관심에 유리하게 작용한다고 할 때, 실은 해당 여성 외의 다른 여

44) G. W. F. Hegel, *Vorlesungen über die Ästhetik*(제2권 3부 2장), eds. E. Moldenhauer and K. M. Michel, vol. 14, Theorie-Werkausgabe, Frankfurt a. M.: Suhrkamp 1970, p. 190.

성들도 그러한 사실들을 마찬가지로 가지고 있다. 이에 따라 헤겔은 어떤 한 여성에게 전적으로 집중하고 있는 사랑하는 사람에 대해 '완고한 고집불통'이라고 비난할 수 있다고 여긴다. "왜 하필이면 바로 이 남성 혹은 이 여성인지에 대한 근거는 오로지 주관적인 개별성, 자의성의 우연에 있다. 사랑하는 남자에게는 바로 이 여성이, 또 사랑하는 여성에게는 바로 이 남성이 ─ 다른 사람들은 이들이 평범하다고 생각할지 모르지만 ─ 이 세상에 다시는 찾을 수 없는 최고로 아름답고, 최고로 빼어난 사람으로 다가온다. 그런데 바로 이렇게 모든 사람이, 적어도 수많은 사람이 미의 여신 아프로디테를 사랑하는 것이 아님에도 한 사람을 배타적으로, 즉 자신이 사랑하는 사람을 자신의 아프로디테, 아니 그 이상으로 여기기 때문에, 결과적으로 이 세상에는 그렇게 동일하게 사랑받는 사람이 수없이 많이 존재하고 있는 셈이다. 실제로 우리는 누구나, 이 세상에는 예쁘고 좋은 여성, 뛰어난 여성이 매우 많다는 것, 이 여성 모두 혹은 적어도 대부분은 자신들을 아름답고 선하고 사랑스럽게 바라보는 애인, 숭배자, 남성을 찾을 수 있다는 것을 잘 알고 있다. 각각의 경우에 오로지 바로 이 남성, 바로 이 여성에게 절대적인 우선권을 부여하는 일은 따라서, 단지 주관적 심정의 특수한 주체, 타인으로부터 분리되어 있는 주체의 사적인 일일 뿐이다. 또한 주체가 오직 이 사람에게서만 반드시 자신의 삶을 찾아야 한다고, 자신의 최고의 의식을 찾아야 한다고 무한히 완고하게 고집하는 것은 필연성의 무한한 자의성에 다름 아닌 것으로 드러난다. 물론 주체가 이런 태도를 취함으로써 자신의 주관성이 도달할 수 있는 좀 더 높은 수준의 자유, 이 자유의 절대적인 선택을 인정받기는 한다. 이것은 에우리피데스의 파이드라처럼 어떤 격정이나 어떤 하나의 신에 복종하는 데에 그치는 자유와는 다르다. 하지만 이 자유의 선택이 전적으로 개별적인 의지로부터 산출된 것이기 때문에, 그러한 선택은 동시에 개별성의 고집으로, 개별성의 완고함으로 밝혀지는 것이다."[45] 헤겔의 비난은 사안에 무지할 뿐 아니라 부적절하다. 왜냐하면 바로 이 여성의 '마법'에 걸린 사랑하는 사람을 유지해 주는 것은 일련의 객관적 사실들의 목록이 아니라 이 여성이 당사자에게 "말을 걸어 주는" 주도 인상이기 때문이다. 주도 인상은 사랑하는 사람에게 '주관적인' 여러 사태, 문제, 계획을 함축하고 있으며, 이들은 ── 그가 스스로를 기만하지 않는다면 ── 사랑받는 사람의(여기서는 한 여성의) 개체성 안에 있는 전망적인 부분들과 대부분 잘 부합하고 있다. 이러한 주도 인상이 사랑하는 사람에게 ── 운 좋은 경우에는 두 사람 각자에 대해서 ── 바로 자신(들)의 사랑을 위한 과제를 부여하는 것이다. 이것은 헤겔의 예를 따르자면, 사랑받는 여성이 사랑하는 남성에 대해 가지고 있는 인상과 관련해서도 마찬가지다. 두 사람의 인상은 서로 경쟁할 수 있고, 아니면 서로를 활성화하고 서로를 보완해 줄 수도 있다. 파트너 사랑에서 사랑하는 사람 내지 서로 사랑하는 사람들을 상대방과, 오직 이 상대방과 함께 묶어 주는 것이 바로 이 과제다. 사랑하는 이들이 이 과제를 받아들일 때, 이들은 서로에 대해 신뢰하면서, 사랑의 권위가 주도 인상들의 영향력 속에서 자신들을 이끌어 가는 명령과 숙명에 자신을 기꺼이 내맡긴다. 만약 누군가가 이렇게 사랑의 권위에 사로잡힌 사람에게 유사한 본성을 갖춘 다른 후보자

45) *Ibid.*, pp. 188~189.

들에게 애호하는 마음을 전이하라고 제안하는 것은 무지의 소치가 아닐 수 없다. 다른 후보자들과의 관계에서는 바로 그러한 인상, 즉 사랑하는 사람을 '과제'로서 포획하고 있는 인상이 부재하기 때문이다. 이러한 인상은, [타인들의] 탁월한 본성들을 관찰하는 일을 통해서 마음대로 보충할 수 없다. 오히려 인상은 감정의 사로잡는 힘과 함께 숙명적으로 한 사람을 엄습하여 사랑에 빠지는 형벌을 지우는 것이다. 이와 반대되는 입장, 곧 헤겔이 성적인 파트너 사랑의 배타적인 열광과 대비시키는 '이성의 태도'를 대변하고 있는 유명한 인물이 있다. 바로 괴테 『파우스트』의 메피스토펠레스다. 처음으로 등장하는 헬레나를 보면서 메피스토펠레스는 다음과 같이 짧게 논평한다(6479~6480행).

이것이 바로 헬레나 그녀란 말인가! 그녀 앞에서 내가 평온함을 갖고 있는가:
물론 그녀는 상당히 예쁘다. 하지만 내게 말을 건네지는 않는다.

메피스토펠레스는 헤겔이 어떤 사랑받는 특정 여성이 다른 여성들과 공유하는 많은 장점 가운데 하나로 지적한 사실을 언명하고 있다. 즉 자신이 호기심을 가지고 있는 여성이 '대상으로서' 예쁘다는 사실을 알려 준다. 하지만 메피스토펠레스는 동시에 인상이 부재한다는 점도 기록하고 있다. 다시 말해, 자신에게 인상의 동요 상태가 없다는 점도 함께 기록한다. 즉 이 여성이 자신에게 어떤 말 ─ 따르고 싶은 마음이 드는 ─ 을 하고 있음을 느끼지만, 그로 인한 동요 상태가 있는 것은 아님을 함께 기록하고 있다. 만약 그러한 동요 상태에 있다면, 주도 인상의 사로잡는 힘과 그에 사로잡힌 사람을 포괄하는 사랑이 그 당사자[메피스토펠레스]에게 자신의 존재를 알려 올 것이다. 이와 달리 메피스토펠레스는 헬레나를 보고 장점들을 객관적으로 평가하는 사람의 위치에 있다. 따라서 메리스토펠레스는 헤겔이 어떤 예쁜 여성을 사랑하는 사람에게, 완고한 고집불통의 비난을 면하려면 취해야 한다고 '비현실적으로' 요구하는 태도를 건지하는 것이다.

## 8. 사랑의 성숙

두 사람의 사랑에서 파트너에 대한 주도 인상(들)을 확인하면서 이해에 도달하는 일, 이 일을 통해 사랑과 상황 사이의 불화가(5절) 완화될 수 있으며, 이 둘 사이에서 균형을 잡는 일을 연습할 수 있고, 두 사람 양쪽에서 사랑이 안정성을 획득할 수 있다. 그렇게 되면 사랑은 이를테면 만족감(순수하게 충만한 감정)을 가득 빨아들일 수 있을 만큼 스스로 충족된 상태가 될 수 있다. 이것이 바로 '지복한 만족감'의 상태인데, 헤겔은 앞서 3장 2.2절에서 인용한 편지에서 이러한 상태를 사랑의 목표로서 통상적인 행복보다도 더 선호하고 있다.[46] 이로써 사랑은 '신뢰'가 된다(6절). 물론 사랑이 그 이전에 이미 신뢰가 되었을 수도 있지만. 순

---

46) "Hegel an seine Braut, Sommer 1811", *Briefe von und an Hegel*, vol. I, p. 367: "우리가 지난번 저녁에 분명히 함께 얘기하고 확인하지 않았나요? 우리가 함께 도달할 수 있다고 믿어 의심치 않는 것을 우리가 만족감이라고 부르고자 한다는 것을요. **지복한** 만족감의 상태가 분명 존재하며, 만약 거짓 없는 채로 살펴본다면, 이것이야말로 행복하다고 일컬어지는 모든 것을 넘어선다는 사실을요."

수하게 충만한 감정으로서의 신뢰는 파트너 안에 (서로 응답을 받는 상호적 사랑에서는 두 파트너 안에) 집중되어 있는 상황 속에, 확인된 주도 인상(들)의 예견적 지향이 실려 있는 상황 속에 뿌리를 내리고 있다. 나는 이미 앞에서 믿음의 위기를 넘어설 때 '더 잘 이해하기'를 통한 인상의 가공이 ― 이 가공은 기존 인상들을 변경하거나 적합하게 만드는 지성적 작업에 의한 것인데 ― 얼마나 본질적으로 중요한가를 설명한 바 있다(6절). 그러니까 파트너 사랑에서 방금 서술한 방식으로 형성되는 신뢰의 중심 문제는 인상의 변경과 적응 과정이다. 주도 인상의 도움으로 수많은 사실로부터 두드러지게 나타나는 사태들을 전개하는 일, 그리고 사실들에 대해 반응할 때 주도 인상이 지닌 신축성, 수용성, 견고성을 활용하는 일, 이 두 가지가 파트너 사랑의 독특한 '지성적 차원'이라 할 것이다. 이에 비해서 (가령 종교적 공동체에서의) 집단의 사랑은 그러한 주도 인상들을 바탕으로 세워진 것이 아니기 때문에(7절), 일반적으로 지성적 차원을 훨씬 덜 필요로 한다.

니클라스 루만의 이론은 인상들을 적절히 다루는 일의 중요성을 간과하고 있다. 그의 이론은 삶을 위해 필수적인 복잡성의 축소를 [일면적으로] 어떤 세밀하게 얽힌 '경감 조치들의 연결망'을 통해 설명하려는 잘못을 범하고 있다. 루만은 사랑하는 사람들이 "미리 선취하고 '이미 이해했음'"으로 기우는 성향을 보이는 것을, 이해하는 사랑이 자신이 직면한 인식적 혹사를 회피하기 위해 택한 것으로 오해하면서, 이에 대한 적절한 설명에 실패하고 있다.[47] 물론 분명히 사랑에서도 인식

---

47) Niklas Luhmann, *Liebe als Passion*, 4th ed., Frankfurt a. M.: Suhrkamp 1988, p. 29: "그런데

적 혹사를 피하기 위해 다가오는 인상들을 섣불리 믿어 버리는 일이 일어나기는 한다. 하지만 루만은 '더 잘 이해하기'에 포함된 고유한 지성적 측면을 잘못 이해하고 있다. 이 지성적 측면은 기본적으로 인상들의 전체적인 상태 안에 머무르면서 인상들을 신축성 있게 형성하고 변경하는 과정을 뜻한다. '더 잘 이해하기'에서도 개별적인 사태들, 문제들, 계획들의 전개가 일어나기는 하지만, 이는 결코 흔한 일이 아니다. 사랑하는 사람들은, 함께 이해하고 있는 대상의 세부를 시시콜콜 따져 보지 않고도 서로의 의중을 잘 이해하고, 서로 깊이 숙의할 수 있다. 이런 경우 이들은 물론 —— 전체적인 인상들이 지니고 있는 혼돈적이며 다양한 의미-있음의 정경 속에 계획들과 예견적 지향들이 포함되어 있기에 —— '선취'와 '이미 이해했음'을 활용할 수 있다. 가령 한쪽이 파트너에게 이렇게 말할 때가 그렇다. "그래, 이미 널 잘 이해했어. 더 이상 내게 설명할 필요 없어." 이렇게 말하는 것은 결코, 이해하는 사랑이 인식적 혹사를 회피하려 하기 때문이 아니다. 반대로 이것은 성공적인 경우, 이해가 이루어지는 가장 경제적이며 현명하고 적합한 방식이다. 이 방식은 앞서 서술한 방식으로 사랑하는 사람들 사이의 신뢰와 연관되

---

이해하는 사랑이란 인식적으로는 너무 피곤한 일이어서, 차라리 감정의 불안정성을 감수하면서 감정에 매달리는 편이 더 낫다고 생각된다. … 이로써 동시에 분명해지는 것은, 사랑은 스스로 감당해야 하는 소통의 문제들을 완전히 고유한 방식으로 해결한다는 점이다. 이 점을 역설적으로 표현한다면, 사랑이란 소통을 거의 포기하면서 소통의 밀도를 높이는 일이라 할 수 있다. 사랑은 간접적 소통을 폭넓게 이용하고 있으며, '선취'와 '이미 이해했음'에 의지하고 있다. 사랑은 명시적인 소통, 즉 묻고 답하는 일을 통해 곧바로 불쾌한 것으로 느껴질 수 있다. 그런 식의 소통에 의해 무언가 자명하지 않은 것이 있음이 밖으로 드러나기 때문이다." [다음 국역본의 번역을 일부 수정했다. 『열정으로서의 사랑: 친밀성의 코드화』, 정성훈·권기돈·조형준 옮김, 새물결, 2009, 44~45쪽.]

어 있으며, 그러한 이해하기는 (또는 이상적인 이해를 향해 나아가는 더 잘 이해하기는) 주도 인상을 따르면서 신뢰를 보호하고, 또 위기 상황에서 신뢰를 치유해 준다. 루만이 제안하는 방식의 인식적 혹사는 심지어, 사랑에 속해 있는 신뢰에 해를 입힐 수 있다. 사랑받는 사람의 개체적 상황은 이보다 더 포괄적인 여러 상황 속에 포함되어 있는데, 그러한 인식적 혹사는 이 개체적 상황을 낱낱이 파헤치고 분석하려 할 것이기 때문이다. 내가 이미 말한 것처럼, 진정으로 신뢰하는 사람은 자신이 신뢰하면서 믿고 있는 것에 대해 너무 정확히 알려고 해서는 안 된다. 인상을 가공하면서 앎을 진척시켜 도달한 이해는 과도하게 분석할 경우, 오히려 그 확실성을 저해하게 된다. 앞서 인용했던 편지에서 헤겔이 사랑하는 여인에게 표현하고 있는 우려는 인식적 혹사를 회피하려는 것이 아니라, 오히려 인식적 지혜를 위한 것이다. "한 가지만 더 얘기하지요. 저는 당신에게 편지를 써야 하는지 한참을 망설였어요. 우리가 쓰거나 말하는 것은 모두 다시 설명하는 일에 좌우되기 때문이지요. 저는 설명을 두려워했던 것인데, 우리 사이가 설명해야 하는 쪽으로 인도되는 것이야말로 참으로 위험천만하니까요. 하지만 저는 이 두려움을 극복했고, 이 글을 받아들이는 당신의 마음에 모든 희망을 품고 있어요."48)

신뢰는 주도 인상을 지속적인 인내와 유연한 대응 방식으로 가공함으로써 도달하게 되는 이해를 통해서 획득되고 유지된다. 그리고 신뢰 속에서 두 사람의 파트너 사랑이 취할 수 있는 "멋진 형태"가 완성

---

48) "Hegel an seine Braut, Sommer 1811", *Briefe von und an Hegel*, vol. I, p. 368 이하.

된다(여기서 '형태'는 베르트하이머의 게슈탈트 심리학에 나오는 '형태'를 전용한 용어다).[49] 만약 우리가 이러한 완성을 사랑의 역사에 등장하는 어떤 새로운 단계의 시작으로 이해하려 한다면, 바더Franz von Baader가 구분하는 사랑의 두 단계와 연관 지을 수 있을 것이다. 클루크혼은 이에 대해 바더 전집에서 그의 말을 인용하면서 다음과 같이 소개한다. "이로부터 사랑의 두 단계가 등장하게 된다. '첫째 단계에서 서로 사랑하는 두 사람은 이제 막 이를테면 하나의 목소리를 내는 상태(이것은 아직은 화음이라 할 수 없다)에 있으며, 아직은 확인되고 검증되지 않은 사랑 내지 화합의 무구한 상태에 있다. … 이 상태는 화합이 분화될 가능성, 서로 같아지지 않을 가능성, 그리하여 화합이 깨어질 수 있는 가능성을 자신 안에 품고 있다. 이 깨어질 수 있는 가능성을 근본적으로 절멸시켰을 때, 그때 비로소 두 사람의 사랑은 진정한 화음을 이루는 두 번째 단계로 … 사랑의 완성이라 할 지속적인 통일의 단계로 접어들 수 있게 된다'(VIII 138). 이 두 번째 단계가 성실의 단계다. 바더에 의하면, 자신의 사랑에 대해 성실하다고 할 수 있는 사람은 '적어도 불성실하거나 사랑의 관계에서 벗어날 자질과 가능성을 내적으로 제거한 사람'뿐이다."[50] 우리는 이 두 번째 단계를 보고 저절로 헤겔이 얘기한 사랑 안에서의 지복한 만족이라는 이상理想을 떠올리게 될 것이다. 그러나 여

---

49) 막스 베르트하이머(Max Wertheimer, 1880~1943)는 볼프강 쾰러(Wolfgang Köhler), 쿠르트 코프카(Kurt Koffka)와 함께 게슈탈트(형태) 이론과 게슈탈트 심리학의 대표적인 주창자다.─옮긴이

50) Kluckhohn, *Die Auffassung der Liebe in der Literatur des 18. Jahrhunderts und in der deutschen Romantik*, p. 547.

기서 조심해야 한다. 왜냐하면 바더는 어떤 구성주의적인 경향, 즉 괴테 시대에 헴스테르하위스[51] 이래 크게 각광을 받은 삼단계의 목적론적 도식('잠정적 조화-균열-최종적 조화'의 삼단계 도식)을 따르면서, 단계들 사이를 지나치게 엄격하게 구분하고 있기 때문이다. 한편으로 사랑에 있어 신뢰는 처음부터 무한히 클 수 있으며, [그에 따라] 이후 겪게 될 확인 과정을 선취할 수도 있다. 물론 그렇다고 이러한 신뢰에게 자주 고통스러움과 지난함을 견뎌야 하는 이해를 향한 여정이 —이것은 말하자면 주도 인상을 몸소 '소화해 내는 과정'인데— 생략될 수는 없다. 다른 한편으로, 여기서 바더에 대한 비판이 시작되는데, 파트너 사랑의 멋진 형태, 즉 (그가 말하는 것과 같은) 성실함과 안정된 신뢰의 왕국은 결코 확실한 소유물이 될 수 없다. 반대로 사랑의 멋진 형태는 '이해하기' 혹은 '더 잘 이해하기'의 새로운 노력과 성공을 늘 필요로 하는 것이다.

### ◆5장 해설

5장에서 슈미츠는 파트너 사랑이 지닌 또 다른 존재론적 성격인 '상황'을 집중적으로 논의한다. 감정으로서의 사랑은 오랫동안 시인과 문필가들에 의해서 문학적으로 다양하게 묘사되고 표현되었다. 반면에 상황으로서의 사랑은 세밀하

---

51) 프란스 헴스테르하위스(Frans Hemsterhuis, 1721~1790)는 계몽주의 시대 유럽에 널리 알려진 네덜란드의 철학자이자 문필가였다.—옮긴이

게 고찰된 적이 드물었다. 이런 배경에서 5장은 슈미츠 사랑론의 독창적 성취이며, 실제로 철학적·인간학적으로 매우 의미심장한 일련의 통찰을 담고 있다.

1절에서 슈미츠는 성적인 파트너 사랑이 어떻게 두 사람을 공동으로 포괄하는 '상황'으로 형성되는가를 서술한다. 그는 이 형성 과정에서 '감정의 권위'가 일종의 교두보 역할을 한다고 분석한다. 물론 이때 '권위'란 말도 상식적인 부정적 의미가 아니라, 규범적인 영향력을 현상학적으로 포착하는 용어로 이해해야 한다. 즉 '권위'는, 감정으로서의 파트너 사랑이 서로에 대한 '말과 행동 방식'과 관련하여 두 사람에게 공통적으로 유효한 사로잡고 구속하는 '영향력과 암시력'을 획득한다는 뜻이다.

2절은 '인상' 개념의 의미와 중요성을 논의한다. 인상은 상황과 함께 슈미츠 철학의 고유한 존재론적 범주다(「핵심 용어 해설」 참조). 그가 인상과 상황 개념에서 '사적이며 주관적'이라는 부정적 뉘앙스를 완벽하게 제거한 점을 반드시 기억해야 한다. 인상 개념의 적절한 이해가 중요한 이유는, 파트너 사랑이라는 새로운 '공동의 상황' 속에 던져진 두 사람에게 상대방에 대해 서로가 갖고 있는 '인상'이 상호소통과 이해 과정에서 결정적인 토대가 되기 때문이다.

3절과 4절에서 슈미츠는 다시 상황 개념으로 돌아와, 파트너 사랑의 상황 속에 있는 두 사람이 어떤 '소통과 이해의 조건'에 직면해 있는가를 분석한다. 이때 그는 넓은 의미의 상황 개념을 '개체적 상황'과 '공동의 상황'으로 구별하고, 다시 '공동의 상황'에 속한 다양한 종류의 상황을 구별한다. 파트너 사랑이라는 상황 속에 있는 두 사람은 다양한 상황이 복합적으로 교차하는 과정과 마주하고 있다. 달리 말해서, 사랑하는 두 사람의 대화는 여러 종류의 상황(개인적 상황, 공통적 상황, 현재적 상황, 동시대적 상황 등)이 서로 대면하고, 탐색하고, 갈등하고, 공감하는 드라마다. 두 사람은 물론, 이 다양한 상황을 모두 아우르는 조화로운 통일을 지향하면서 대화를 나눈다.

5절에서 슈미츠는 파트너 사랑에 내재된 본질적인 어려움을 논의한다. 그 것은 파트너 사랑이 '감정'이면서 동시에 '상황'인 데서 연유하는 어려움으로서, 그는 이를 '사랑의 딜레마'라고 부른다. 사랑의 딜레마는 감정의 존재 성격과 상황의 존재 성격이 근본적으로 다른 데서 발생하는 어려움이다. 비유하자면, 상황으로서의 사랑은 두 사람이 이제 함께 거주하기 시작했고 앞으로 오래 거주하고자 하는 '집'에 해당된다. 반면에 감정으로서의 사랑은 그 집 안에서 서로의 존재를 신체적으로 생생하게 느끼는 '현재적 분위기와 체험'에 해당된다. 그런데 이렇게 감정–사랑과 상황–사랑의 층위와 존재 성격이 다르기 때문에 둘 사이의 관계를 어떻게 만드는가가 어려운 숙제로 대두된다. 슈미츠는 특히 감정–사랑이 상황–사랑으로부터 떨어져 나와 표류하게 될 위험성, 그리고 반대로 감정–사랑이 상황–사랑 속에 너무 깊숙이 가라앉을 위험성을 지적한다. 이와 관련하여 언어철학자 훔볼트 부부의 사랑의 감춰진 이면을 분석하는 대목이 상당히 흥미롭다. 훔볼트 부부의 사랑은, 이들 사이의 편지 교환에서 드러나듯 이상적인 파트너 사랑과 혼인 관계의 전범으로 평가되어 왔다. 하지만 슈미츠는 훔볼트가 은밀하게 사디즘적이며 마조히즘적인 상상을 갖고 있었음을 들춰내면서 이상적인 파트너 사랑의 이면에 어떤 심연이 감춰져 있는가를 보여 주고, 그럼으로써 사랑의 딜레마의 깊은 어려움을 인상적으로 강조한다.

6절은 사랑의 상황 속에서 이루어지는 '대화와 이해'의 노력을 조명한다. 여기서 슈미츠는 '이해' 개념을 '텍스트' 이해에 초점을 맞추어 ——가령 가다머의 경우처럼 ——설명하는 입장의 문제점을 비판한다. 또한 그는 파트너 사랑에서 대화와 이해의 노력을 경시하거나 냉소적으로 바라보는 관점 ——가령 루만의 사회학적 이론에서처럼 ——도 날카롭게 비판한다. 파트너 사랑을 시작하는, 이 사랑의 상황을 기쁘게 받아들이는 두 사람은 서로 대화를 나누면서 '원숙한 상호이해와 신뢰'에 도달할 수 있다고 믿기 때문이다.

7절에서 슈미츠는 '주도 인상' 개념에 각별히 주목한다. 이 개념이 사랑하는 두 사람 사이의 소통과 이해에서 기초적인 '이정표' 역할을 하기 때문이다. '인상'은 단지 가설적이거나 주관적인 이미지가 아니라, 대상 이해의 필수적이며 함축적인 출발점이다. '주도 인상'도 이와 유비적인 역할을 한다. 즉 사랑하는 두 사람도 언제나 상대방에 대한 '주도 인상'을 바탕으로 대화와 소통을 시도하는 것이다. 슈미츠는 '주도 인상'의 실패 가능성에 관한 비극적인 문학적 형상화의 예로, 괴테의 소설 『친화력』의 두 주인공 에두아르트와 오틸리에의 관계를 든다.

이상의 논의를 바탕으로 마지막 8절에서 슈미츠는 '사랑의 성숙'을 긍정적으로 전망한다. 상황으로서의 사랑이 소통과 이해의 노력을 거쳐 '깊은 신뢰'의 단계에 도달하기란 결코 쉽지 않다. 그럼에도 이러한 성숙은 현실적으로 충분히 가능하다. 소통과 이해의 노력은 상대방에 대해 가지고 있는 '주도 인상'을 상당한 인내심과 유연한 대응 방식으로 계속 적응시키고, 변형시켜 가는 과정을 말한다.

# 6장 사랑과 주관성

## 1. 주관성의 응축성

3장 2.1절에서 서술한 것처럼, 주관성과 객관성은 사태(이 가운데 특히 사실들), 계획, 문제의 본성이다. 주관성과 객관성에 대한 엄밀하고 형식적인 정의는 주관, 객관의 개념을 활용하지 않고, 진술 가능성에 대한 고려를 활용한다. 최상의 경우 오직 한 사람만이 (자기 이름으로, 그리고 상당히 빈번히는 아무도 할 수 없는데) 어떤 사태 등등[1]을 '진술할' 수 있을 때, 이 사태는 주관적이다. 물론 충분한 지식과 언어능력을 갖춘 사람이라면 누구나 그 사태의 특징을 지적하고 그에 대해 논의할 수 있다. 다른 한편, 이러한 조건을 충족한 사람이라면 누구나 그 사태를 진술할 수 있을 때, 이 사태는 객관적이다. 나는 3장 2.1절에서 (그 외에도 여러 대목에서) 주관적 사실 등이 존재한다는 점을 보여 주었다. 특히

---

1) 내가 "등등"이라고 축약한 것은 '사태, 계획, 문제'를 함께 아우른다는 의미다. 나는 이들을 포괄하는 새로운 개념을 따로 도입할 생각이 없다.

'정동적 놀람의 사실'이라는 형태를 띤 주관적 사실들을 보여 주었는데, 이러한 사실들에는 (단지 신체적 동요에 의한 놀람 상태와 함께) 감정들에 의한 사로잡힘이 속하며, 따라서 사랑도 여기에 속한다. 예를 들어, 여러 희망이나 근심은 주관적 계획 내지 주관적 문제다. 만약 희망하고 근심하는 당사자에 대한 주관성이 이들로부터 떨어져 나온다면, 이러한 계획과 문제는 이를테면 중화된, 순수하게 대상적인 관점에서 표현할 수 있는 객관적인 계획과 문제로 바뀌게 된다. 그 실질적인 내용으로 볼 때 주관성에서 문제의 핵심은 충만하고 재촉하면서 압박하는 '현실성의 환경Milieu'이다. 인간은 삶을 살아가고 분투하는 자로서, 이러한 현실성의 환경을 헤치고 나아가야 한다. 반면에 객관성에서 문제가 되는 것은 부담을 덜어 낸 표본과 증류 결과로서의 환경이다. 주관성의 환경과 객관성의 환경 사이의 관계는 우리가 살아 나가야 하는 세계와 이야기의 관점에서 말하는 세계 사이의 관계와 동일하다. 이러한 방식으로 주관성과 객관성의 개념을 도입할 수 있는 권한은, 오직 주관적 사실이 출현하는 때에 주체들의 실존이 가능하다는 데 있다. 왜냐하면 주관적 사실에는 다름 아닌, 어떤 일이 당사자와 관련된 일, 당사자에게 밀접하게 다가오는 일, ("최고 수준으로 개체적인", 이것은 흔히 '독립된 개체'라 보지 않는 갓난아기나 동물의 경우도 마찬가지다) 당사자 자신의 일이라는 확신이 포함되어 있기 때문이다. 만약 주관적 사실들이 사라진다면, 모든 것은 동등한 중립성 속에 잠겨 버리게 될 것이다. 그렇게 되면, 어떤 사람도 자기 자신을 어떤 다른 존재가 아니라 바로 이 존재라고 간주해야 할 동기를 갖지 못할 것이다. 누구도 어떤 확실한 존재가 될 수 없을 것이다. 다른 말로 하자면, 어떤 것을 어떤 것으로 간주할 수 있는 사람, 실제로 자기의식을 지녔건 안 지녔건 간에, 자신을 어떤 존재로 간주할 수 있는 사람이 존재하지 않게 될 것이다. 요컨대, 주관적 사실이 없다면 어떠한 '주체', 곧 생각하고 느끼고 원하고 읽고 말하는 주체가 더 이상 존재하지 않게 될 것이다. 물론 사상, 느낌, 노력 등등은 존재할 수 있을 것이다, 그러나 이들은 [더 이상 어떤 주체의 것이 아닌] '온도'나 '전기적 충전'이 존재하는 것처럼 요소들이나 요소들의 다발²⁾로서 존재할 것이다. 아베나리우스와 마흐와 같은 경험-비판주의 내지 실증주의 철학자들은 그 자체로는 모순이 없는, 하지만 현실과 동떨어진 이러한 세계관을 실제로 주장했다.³⁾ 만약 이러한 정말로 세계가 존재한다면, 그곳에는 주관적 사실이 부재할 것이다. 또한 객관적 사실을 정의하는 일도 더 이상 무엇인가를 진술하는 화자를 요구할 수 없을 것이며, 하늘에 번개가 나타나는 것처럼 객관적 사실들이 그렇게 세계의 요소로서 존재할 것이다.

우리의 주제인 사랑에는 사랑에 의한 사로잡힘으로서 사랑함이 속해 있고, 사로잡힘의 사실은 언제나 주관적인 사실이기 때문에, 3장 2.1절에서와 마찬가지로 반드시 주관성에 대해 논의해야 한다. 거기에서 서술된 것을 좀 더 예리하게 다듬고 심화해야 하는 이유는, 지금까지는 사랑함을 오직 느낌으로서의 신체성 측면에서만 논의했기 때문이다. 그로 인해 4장과 5장에서 사랑에 대해 상세히 고찰한 내용에 비해 주

---

2) 이 '요소들의 다발'은 흄이 확정된 실체로서의 자아 개념을 비판적으로 해체하면서 말한 '지각의 다발'(bundle of perceptions)을 염두에 둔 표현으로 보인다(David Hume, *A Treatise of Human Nature(1739-40)*, Oxford: Clarendon Press 2014, Book I, part IV, sec. 6).—옮긴이

3) Schmitz, *Die entfremdete Subjektivität*, pp. 59~64.

관적 사실에 대한 논의를 상대적으로 빈약하게 다루었다. 3장 2.1절에서 나는 비-객관적인, 주관적인 사실의 존재를 논증했다. 이제 나는, 주관적 사실들 혹은 적어도 이 사실들의 핵심 영역이 [쉽게 생각하듯] 한 대상에 다른 부가물이 덧붙여지는 방식으로 형성되는 것이 아님을 보여 주고자 한다. 다시 말해서, 객관성의 환경에서 연유하는 몸통에다가 누군가를-위한-주관성의 뉘앙스가 일종의 첨가물처럼 부가되어 형성되는 것이 아님을 증명하고자 한다. 일견, 이러한 증명의 목표는 역설적으로 보일 수 있다. 앞서 주관성을 도입하면서, 어떤 일이 해당 당사자에게 관련되었다는 것, 그에게 밀접하게 다가온다는 것, 바로 '그 자신의 일'이라는 뉘앙스를 통해 주관성을 정의했기 때문이다. 모든 정동적 놀람 속에는 이런 의미의 뉘앙스가 포함되어 있다. 즉 정동적 놀람이 주관적 사실들에 대한 내적 확인Innesein으로서 [사실상] 자기의식 내지 자신에-대해-의식함인 것이다. 방금 언급한 잘못된 가설은 주관적 사실들을, 객관적 사실성이라는 몸통이 먼저 있고, 여기에 특정 주체와 밀접하게 관련되어 있다는 뉘앙스가 덧붙여진 것으로 생각한다. 이런 가설은 문제가 되는 자신에-대해-의식함을 특정 주체 자신이 어떤 객관적 사실을 자기 자신에게 부과하는 식으로 생각하는 것이다. 그러나 우리는, 유한한 주체에게는 ── 유한한 주체는 무한히 많은 사상을 한 번에 포착할 수 없다 ──이런 자기부과의 특성을 배타적으로 지닌 자기의식이 불가능하다는 점을 증명할 수 있다. 만약 이러한 주체가 있다면, 이러한 주체 'S'의 자기의식은 다음과 같은 (자기부과의) 공리를 충족시켜야 할 것이다. "S에 대해서, S가 가지고 있는 모든 자기의식은 다음 생각을 포함하고 있다. 즉 '어떤 것이, S가 자기 자신으로 간주하는 어떤 것과 동일하다'라는 생각을 포함하고 있는 것이다." 이러한 동일시 과정은 어떤 것과 어떤 다른 관계항 ──이 관계항은 S에 대해서, S가 그것을 자기 자신으로 간주하는 특성을 지니고 있는데 ──사이의 관계가 될 것이다. 그리고 이 관계항에 대한 생각은 ──이는 관계에 대한 생각 속에 포함되어 있다 ──다시금 S에 대한 자기의식, 즉 S가 자기 자신으로 여기는 것에 대한 생각인 자기의식을 포함하고 있어야만 한다. 아울러 이렇게 앞선 자기의식 속에 포함된 두 번째 자기의식에 대해서도 다시금 저 자기부과의 공리가 적용될 수 있어야만 하고, 이는 무한히 반복되어 이어져야 하고, 결국 어떤 주체 S가 갖는 자기에-대해-의식함은 매번 무한히 많은 자기에-대해-의식함을 포괄해야 한다는 결과에 도달하는데, 이는 유한한 주체에게는 과도하고 불가능한 일이다. 따라서 유한한 주체들의 자기의식이 이 세계에 출현한다는 것을 인정한다고 할 때, 자기부과를 거치지 않는 자기의식이 반드시 존재해야만 하는 것이다. 이상 논의한 바에 따라, 주관적 사실이 (주관적 계획과 문제를 포함하여) 등장할 때 항상, 어떤 것이 바로 자신의 문제라는 뉘앙스를 확신하는 자기의식 또한 존재한다. 주관적 사실이 등장할 때가 아니라면, 주체 또한 존재하지 않을 것이다. 그러므로 자기부과 없이 명확하게 드러난 자기의식은 주관적 사실의 내적 확인 속에 존재하며, 주관적 사실은 객관적 사실의 몸통과 주관적인 부가물이 결합된 것일 수가 없는 것이다.

정동적 놀람의 사실은 이러한 조건을 충족하고 있다. 이 사실들은 심지어 자기망각의 상태에서도 똑같이 자기의식을 가능케 한다. 가령 깊은 슬픔에 빠져 있을 때, 충격적인 불안과 동요 상태에서, 집단적 광란의 뜨거운 도취 상태에서, 교전 중인 군인에게서, 극도로 격렬한 통증이 갑자기 엄습했을 때 등등의 경우, 인간은 자기 자신에 대해 생각할 틈이 없다. 하지만 인간은 이때 중립적인 태도로 사태를 기록하는 데서 아주 멀리 떨어져 있다. 반대로 인간은 이 경우 대단히 강렬하게 이러한 상태들과 결합해 있으며 자신이 문제가 되고 있음을, 자신에 달려 있음을 확실하게 인지하고 있다. 이런 경우 '자기망각'은 단지 '자기귀속'이 빠져 있다는 데 있다. 이로부터 우리는 다음 사실을 배운다. 즉 누군가에-대한-주관성은 어떤 본성(예를 들어 주관성 일반 혹은 누군가에게 주관적이어야 하는 것)이 하나의 '실체'에 귀속되는 '관계성'이 아니다. 오히려 그것은, 적어도 그 핵심에서 사태, 계획, 문제가 형성하는 환경에 분명한 [주관적인 것의] 특징을 부여해 주는 하나의 상태다. 이러한 낯선 ── 왜냐하면 인도게르만어의 주어-술어-목적어-구문론이 불러일으키는 암시들에 상반되기 때문에 ── 사태의 진실을 적절히 들여다보기 위해서, 우리는 "나"라는 대명사를 말하자면 부사적으로, 마치 "여기"나 "지금"과 같은 부사들처럼 사유할 수 있도록 노력해야 한다. 이러한 부사들의 목적은 본성들의 담지체 역할을 하는 어떤 사물을 지칭하는 것이 아니라, (일정한 관점에서 바로 지금 현실적인) 사태, 계획, 문제가 형성하는 환경을 특징적으로 묘사하는 데 있다. 오직 이러한 이유로 인해, 정동적 놀람을 형성하는 힘들은 특정 당사자의 일임을 확인하기 위해 어떠한 '자기귀속'도 필요로 하지 않는다. 우리는 아픔, 슬픔, 기쁨 등을 거리에서 습득한 물건처럼 줍고, 이어 누구 것인가 하고 둘러보지 않는다. '내가' 통증을 감지하듯이, 나는 누가 통증을 겪는지 이미 알고 있다. 바로 나 자신이란 것을. 다시 말해 나의 주관적인 사태에 대해서 당사자가 나 자신이란 점을 확인하는 것은 적어도 통증과 동시에, 아니 통증보다 더 근원적이면서 더 긴밀하게 다가온다. 비록 내가 자기망각의 상태에서, 본성의 담지체로서 나 자신에 대해 아무런 생각을 하지 않아도 그러하다.

자기귀속이 없는 근원적인 자기의식 외에, 전개된 현재 속에서 개체적으로 해방되어 있는 주체에게는 당연히 자기귀속을 지속적으로 동반하는 자기의식도 존재한다(5장 3절). 그러나 이러한 자기의식도 자유롭게 부유하는 상위의 층으로서 자족적으로 존재하지는 않는다. 앞서 증명했듯이, 이렇게 자족적인 자기의식은 유한한 주체에게 가능하지 않기 때문이다. 우리는 유한한 주체를 결코 (자기귀속이 없는) 중립적인 층과 (자기귀속을 가진) 개체의 층이 합쳐진 것으로 생각해선 안된다. 층위의 이미지 대신, 우리는 양가적인 것, 다중적인 것에 대한 사고를 떠올려야 한다. 나는 이 사고를 자주 하나의 기지機智를 통해 설명하는데, 여기서는 이에 대한 일종의 모델로서 철학자 빈델반트(빈델반트는 "서곡들"이란 제목의 책의 저자다)[4]가 말한 기지를 택하고자 한다. 빈델반트는 언젠가 이런 말을 했다고 전해진다. "나는 강의 없는 방학기간을 이용하여, 내 서곡들이 연결된 접합부를 흙을 발라 메우고자 한다." 빈델반트는 이 기지에서 자신을 저자이자 작곡가이면서 동시에 미장이로 재현하고 있으며, 그 속에 세 가지 사태, 즉 하나의 사실과 두 가

---

4) 빌헬름 빈델반트(Wilhelm Windelband, 1848~1915)는 마르부르크 중심의 신칸트학파를 대표하는 철학자로서 칸트 철학의 현대적 해석을 바탕으로 '객관적인 가치'의 철학을 주창했다.―옮긴이

지 비사실적 사태를 뒤섞고 있다. 이 세 가지는 서로 명확히 구별된다. 하지만 재치 있는 태도Witzverhalt는 ─ 이 태도를 정확히 파악해야 기지를 제대로 이해하는 것인데 ─ 세 가지 중 어떤 것과 재치 있는 태도를 일치시켜야 하는가와 관련하여 비결정의 상태에 있다. 즉 재치 있는 태도가 세 가지 각각이 다른 나머지 두 가지로 받아들여짐으로써 등장하게 되는 것이다. 그리하여 가령, 한 사람이 진정으로 감정에 사로잡힌 상태에서 진솔한 진지함을 가지고 이성 파트너에게 "너를 사랑해"라고 확언할 때(4장 2.2절), 이 사람의 자신에 대한 의식Bewußthaben은, 한편으로는 자기귀속이 없는 원초적인 정동적 놀람과 다른 한편으로는 자기귀속(정동적 놀람에 대한 자기귀속)을 동반한, 개체적으로 해방된 자기의식, 이 둘 사이에서 역동적으로 교대하고 있는 상태로 봐야 한다.

'주관적 사실'과 '객관적 사실' 사이의 경계선이 엄격하지는 않다. 중핵을 이루는 것은 자기귀속이 없는 자기의식 상태에서의 정동적 놀람과 이 놀람과 결합해 있는 근본적인 주관적 사실들이다. 이 사실들이 없다면 이 세계에는 어떠한 주체도 존재하지 않을 것이다. 적어도 유한한 주체들은 없을 것이다. 주관적 사실과 순수하게 객관적인 사실 사이에는 상당히 넓은 '비결정 상태의 활동 공간'이 존재한다. 이것은 사실들이 누군가에-대한-주관성과 연결될 수 있는 다양한 수준의 친화성의 활동 공간이다. 여기에는 상황에 따라서는 당사자조차 전혀 모르는 '잠재적인 주관적 사실'도 속한다. 당사자에 대한 의미심장함의 관점은 이러한 주관적 사실들을 [언제든] 포괄할 수 있으며, 그럴 때 이 관점 아래에 들어오는 모든 사실은 주관성의 색조를 띠게 된다. 이렇게 넓은 전망에서 우리는 심지어 이렇게 말할 수도 있다. 즉 어떤 주체의 존재 상태Sosein에 속한 모든 사실은, 설사 해당 주체가 이 사실들 각각에 대해 무관심하거나 전혀 주목하지 않는다 해도, 해당 주체에게 주관적인 사실이다. 왜냐하면 어느 누구도 자기 자신에 대해서 어떤 견지에서든 완벽하게 무관심하지는 않기 때문이다. 나는 5장 3절에서 주체의 이러한 제약된 상태를 자기 자신에 대한 인상을 가질 수 없음으로 소급하여 설명한 바 있다. 물론 자기귀속 없이 의식된 주관적 사실들을 실제로 하나하나 의식하고 있어야 하는 것은 아니다. 원초적 현재에 접어들게 되면 주관적 사실들이 절대적인 혼돈적 다양체의 상황 속으로 [순간적으로] 통합된다.

이에 따라 누군가에 대한 주관성은 다음과 같은 의미에서 **응축적**kompakt이다. 즉 이 주관성은 적어도 정동적 놀람의 핵심 영역 안에서는 객관적인 것(다시 말해 객관적인 사태, 계획, 문제)의 몸통에다가 단순히 주관적 뉘앙스가 덧붙여진 것이 아니라는 의미에서 응축적이다. 여기서 정동적 놀람의 핵심 영역은 양가적인 의미에서, 유한한 주체의 모든 자기의식적 행동에 참여하고 있으면서, 유한한 주체가 바로 그 주체로서 존재하기 위해 반드시 필요한 전제다. 따라서 누군가에 대해 주관적인 사태, 계획, 문제는 그 핵심 영역에서 '객관성의 몸통'과 '주관성의 나머지 부분'으로 형성된 것이 전혀 아니다. 비록 주관성이 떨어져 나옴으로써 이들이 객관적인 대응물로 환원될 수 있기는 하지만, 이들은 결코 이런 식으로 합쳐진 것이 아니다. 이런 한에서, 누군가에 대한 주관성은 게슈탈트 심리학에서 얘기하는 의미에서 하나의 '전체적 특질'Ganzqualität이라 할 수 있다.[5] 우리는 주관성을 어떤 부수적으로 첨가되는 것의 이미지로 떠올려서는 안 된다. 반대로 그것을 하나의 독립적 요소로 생각해야 한다. 흐르는 것은 딱딱한 육지에다가 뭔가를 덧붙인다고 해서 생성되지 않는다. 그 반대도 불가능하기는 마찬가지다. 문제의 핵심은 서로 다른 두 가지 요소라는 점,[6] 설사 각각의 요소 안에 유사한 것이 있다고 해도 밀도의 차이로 인해 전혀 다른 특징을 가진 두 가지 요소라는 점에 있다. 바로 이렇게 근본적으로, 나에게 주관적인 사태, 계획, 문제가 형성하는 환경은 이들의 객관적 대응물들이 형성하는 환경이나 혹은 어떤 임의의 주체(함께 있는 사람 혹은 동물)에게 주관적인 사태, 계획, 문제의 환경과는 확연하게 구별된다. 나는 이제 이러한 주관성의 응축성이 (사로잡힘의 의미에서) 감정을 느끼는 일에 대해서 어떤 귀결을 가져오는가를 살펴볼 것이다. 물론 이 맥락에서 관건이 되는 문제는 사랑하기다.

## 2. 사랑하기의 외로움

사랑하는 사람들은 자신들의 사랑을 '상황'으로서, 그리고 '감정'으로서 서로 공유하고 있다. 물론, 앞서 서술했듯이 이 소중한 보물을 지키고 확인하는 일은 쉽지 않으며, 매번 새롭게 마주 서야 하는 과제이기도 하다. 여건이 좋을 때는, 사랑과 더불어 성장한 신뢰와 그 평온함으로 인해 이 과제의 어려움이 줄어들 수 있다. 그런데 이러한 사랑의 공동체의 곁에서 늘 함께 갈 수밖에 없는 어려움이 있으니, 그것은 바로

---

5) Metzger, *Psychologie*, 5th ed., p. 64.

6) 곧 서로 본질적으로 다른 주관적인 것과 객관적인 것을 가리킨다. —옮긴이

사랑하는 자 각각이 사랑함 속에서 '심연적으로'abgründig 분리되어 있다는 점이다. 다시 말해서 사랑하는 자는 사로잡는 감정으로서의 사랑에 의해 정동적 놀람에 처하게 되는데, 이 놀람을 느끼는 일은 사랑하는 자 각각이 홀로 할 수밖에 없다. 이러한 분리됨으로 인해 사랑하는 사람들이 하나로 합쳐지는 일은 사실상 영원히 불가능할 수밖에 없는데, 그 기원은 바로 '주관성의 응축성'에 있다. 즉 분리의 기원은 주관성이 '정동적 놀람'을 핵심으로 하는 것, 따라서 주체가 어떤 대상에 대해 취할 수 있는 어떤 전망이나 태도가 아니라는 데 있다. 반대로 주관성은 사태, 계획, 문제로 이루어진 하나의 환경이다. 만약 [주관성들이] 동일한 목표를 향한 시선에 근거한 '전망들'이라면, 우리는 이들을 좌표체계들을 다룰 때처럼 적절한 변화를 통해 상호 간에 바꾸고 호환할 수 있을 것이다. 하지만 누군가에게 주관적인 사태, 계획, 문제로 형성된 환경들은, 우리가 이들로부터 해당하는 주관성을 제거하여 이들을 순수한 객관성의 수준으로 환원시키지 않는 한, 그렇게 상호 간에 바꾸고 호환할 수가 없다. 그리고 만약 순수한 객관성의 수준으로 환원된다면, 정동적 놀람과 함께 사랑하는 일 자체가 사라지게 된다. 누군가가 어떤 파트너를 사랑한다는 객관적 사실은 단지 이 파트너에 대해 상응하는 주관적 사실의 빛바랜 잔여물일 뿐이며, 이 주관적 사실이 없다면 '사실'로서도 존재하지 못할 것이다. 사랑받는 사람은 해당 사랑의 주관적 사실을 사랑하는 사람에게 "너는 나를 사랑하고 있어"라는 식으로 진술할 수 있다. 그런데 사랑받는 사람의 편에서 본 이 주관적 사실은 사랑하는 사람에 대한 주관적 사실과 다르다. 왜냐하면 두 주관적 사실이 속해 있는 주관성의 환경들이 서로 비교할 수 없이 다르기 때문이다.

가령 '내'가 '너'를 사랑할 때, 이때 누군가를 사랑하는 일은 나에게 내가 문법상 일인칭 주어$_{ich}$를 가지고 말할 수 있는 일이며, 너에게는 네가 이인칭 주어$_{du}$를 가지고 말할 수 있는 일이다. 이러한 언어적인 주어의 차이가 두 가지 주관적 사실이 각기 속해 있으며, 그 속에서 "수영하고 있는" 환경들이 상호분리되어 있음, 그리고 이 분리에 의한 두 가지 사실의 본질적 상이함을 분명하게 표시해 주고 있다. 반면, 두 사실로부터 주관성을 떼어 낸 후 남게 되는 객관적 사실, 가령 남성 P가 여성 N을 사랑한다는 사실은 양쪽 편에서 동등한 중립적 사실이 될 것이다.

사물, 특히 물체는 우리가 서로 붙이고, 접합시키고, 혹은 유동적인 것으로 여기면서 서로 뒤섞을 수 있다. 그래서 플라톤의 대화편 『향연』에 나오는 아리스토파네스가 [기묘한] 사랑의 신화를 손쉽게 만들어 낸 것이다. 아리스토파네스는 사랑하는 사람들의 강한 열망을 예시하기 위해 "둘에서 하나가 되고자 한다는"(『향연』, 192 e), 즉 반구의 형태로 분리된 인간이 본래의 근원적인 구체 형태로 되돌아가려 한다는 신화적인 이야기를 선보인다. 역사학자 레오폴트 폰 랑케는 젊은 시절 사랑하는 동생 하인리히에게 보내는 편지에서 이와 유사한 소망을 자발적이면서도 감동적인 방식으로 표현하고 있다. "오직 우리가 완전하게 서로 하나가 될 수 있도록!"[7] 사랑에서 이러한 소망은 이루어질 수가 없다. 바로 사랑하는 일의 주관성 때문이다. 서로 사랑하는 두 사람

---

7) 1827년 8월 25일 편지. Leopold von Ranke, *Das Briefwerk*, ed. Walter Peter Fuchs, Hamburg 1949, p. 110. 또한 p. 33(하인리히 랑케에게 보낸 1822년 10월 18일 편지) 참조. "친애하는 동생아, 부디 잘 지내기를! 신에게 간청하건대, 우리의 심정이 하나이기를, 고래수염뼈처럼 단단한 개체성의 견고한 테두리가 떨어져 나가고, 우리 둘의 삶과 삶이 서로 연결되기를!"

의 사랑, 이 사랑의 통일성(하나임)에 대립하여 서 있는 것은 각자가 '외롭게' 사랑해야 하는 사랑의 이원성(둘임)이다. 이 대립은 결코 지양될 수 없다. 이 외로움 때문에 사랑의 공동체에 몰입하는 일, 자기를 망각할 정도로 몰입하는 일이 손상을 입는 것은 아니다. 반대로, 한 사람이 다른 사람의 일을 자기 자신의 일로 만들면서, 이를테면 자신의 주관성을 제공하는 일은 너무나 자연스럽고, 또 너무나 일상적인 일이다. 물론 이렇게 자신의 일로 만드는 일이 반드시 능동적인 성취일 필요는 없고, 오히려 대부분 당사자에게 급작스럽게 닥쳐오는 일이다. 그리하여 한 사람이 어떤 일에 열심히 참여하면서도, 스스로는 '혼자로서' 분리되는 역설이 남게 된다. 설사 자기가 누구인가에 대한 윤곽이, 자신을 포괄하는 상황의 혼돈적이며 다양한 전체성 속에서 희미해진다 해도, 역설이 계속 남아 있는 것이다. 이러한 개별화[홀로 분리됨]는 정동적 놀람의 가능성을 위한 조건으로서 순수하게 '형식적인 조건'이며, 동시에 '근본적인 조건'이다. 이러한 개별화가 거부하는 일이나 이해관계의 충돌과 관련되어 있을 필요는 없다. 개별화의 결과로 "가장 사랑스러운 사람들은 가까이 살고 있으며, 동시에 지치고 기운을 잃은 채 가장 멀리 떨어진 산 위에 있다"[8]라는 말이 진실로 남는다. 이로부터 헤르더는 헴스테르하위스의 플라톤적인 합일의 철학에 반대하면서 이렇게 결론을 도출한다. "이곳 지상에서 이루어지는 우리의 사랑과 동경에는 어떠한 쾌감이 동반된다 해도 한계가 설정되어 있는데, 우리는 우리 스스로 이 한계에 도달하게 된다. 그 이유는 헴스테르하위스가 외견상 주

---

8) Friedrich Hölderlin, "Patmos".

장하는 것처럼, 단지 우리의 감각기관에 있을 뿐 아니라, 헴스테르하위스도 나중에 스스로 찾아내듯이, 우리의 **고립되어 있는 개별적 존재**에 있다."[9] 헤르더는 계속 말한다. "우리는 **개별적인** 존재이며, 또 만약 우리가 향유하면서 모든 향유의 근거인 우리 자신의 의식을 포기하지 않으려 한다면, 만약 우리가 결코 우리 자신이 아니며 우리 자신이 될 수도 없는 어떤 다른 존재 속에서 우리를 다시 발견하기 위해 우리 자신을 상실하려 하지 않는다면, 반드시 우리는 개별적인 존재여야만 한다. 신비주의가 원하듯이, 설사 내가 신 안에서 나 자신을 잃는다고 해도, 만약 내가 **나 자신에 대한** 아무런 감정이나 의식 없이 신 안에서 **나 자신**을 잃었다고 한다면, 나는 더는 향유할 수가 없을 것이다. 신이 나를 삼켜 버렸을 것이며 나 대신에 향유하고 있을 것이다."[10] "우정과 사랑은 오직 상호 간에 자유롭고 조화를 이루는 피조물들 사이에서만 가능하다. 반면에 서로 동일시된 피조물들은 말할 것도 없고 똑같은 소리를 내는 피조물들 사이에서는 불가능하다."[11]


## 3. 사랑의 본래적 공동성과 비본래적 공동성

자기망각 상태(6장 1절) 내지는 상대방 속으로 완벽하게 몰입하는 상태에 도달하여 윤곽[12]이 희미해지고 사라지게 되면, 이를 통해 사랑하

---

9) "Liebe und Selbstheit", *Herders Sämtliche Werke*, vol. XV, p. 320.

10) *Ibid.*, p. 321.

11) *Ibid.*, p. 326.

12) 여기서 윤곽은 앞서 논의한 주관성의 응축성이 두드러지게 부각되는 것, 달리 말해서 감정에

기의 외로움, 이 외로움의 첨예함이 다소 완화될 수 있다. 나는 이때를 **비본래적 공동성**이라 부르고자 한다. 왜냐하면 자신의 것이 타인의 것에 대비하여 어느 정도 혹은 상당한 정도로 혼돈적 관계에서 부유하는 상태 속으로 ─ 다시 말해서 혼돈적 다양체 속의 "내부적 분산"에 대한, 동일성과 차이에 대한 비결정의 상태로(5장 2절) ─ 빠져들기 때문이다. 사랑에 빠진 사람들이 갖게 되는 극단적인 내밀함이 이런 종류라 할 것이다. "우리가 누구이고 어떤 사람인지, 어디서 시작하고 어디서 끝나는지, 우리는 아무것도 모른다."[13] 여기서 하나로 합치하는 일은 모호성이라는 대가를, 즉 동일성과 차이에 대한 비결정 상태라는 대가를 치르고 있다. 이렇게 사랑하는 자들은 "우리가 '파라다이스 환상'이라 부를 수 있는 [병적] 상태의 희생자들"이다.[14] 다시 말해서 "상호 간의 사랑에 의해서 자신들에게 주어지는 말할 수 없는 행복의 경험, 이 경험의 희생자들이다. 정해진 강압과 한계를 지닌 외부세계는 잊어버린다. 이러한 외부세계 존재에 대한 모든 기억도 사라지며 … 무엇보다도 이제 곧 헤어진다는 것에 대한 약간의 암시조차 거절되고, 아니면 이러한 암시는 두 사람을 깊은 충격에 빠뜨린다."[15] 그러나 이러한 내밀한 융합 상태의 진정한 적은 외부세계가 아니다. 마치 한 몸의 분출로 이루어진 듯한 융합 상태에 대해 외부세계는 별 손상을 입힐 수 없

---

의한 사로잡힘이 주관성의 계기를 강렬하게 부각시키는 것을 가리키는 말로 이해해야 할 것이다.─옮긴이

13) Theodore M. Mills, *Soziologie der Gruppe*, München 1974, p. 194.

14) Max Pagès, *Das affektive Leben der Gruppen*(*La vie affecitve des groupes*), Stuttgart 1974, p. 198.

15) *Ibid.*, p. 199. 또한 괴테의 『파우스트』 3184~3194행도 참조하라.

다. 오히려 그 진정한 적은 어떤 '도약', 즉 융합 상태를 관통하고 있으며, 내밀한 비본래적 공동성 속에서 이를테면 [주관성의] 윤곽을 부드럽게 완화하면서 자신을 숨기고 있는 어떤 도약에 있다. 이 도약은 바로, 정동적 놀람의 작용 안에 내재해 있는 균열, 곧 정동적 놀람의 상태가 '융합을 촉진하기도 하고 동시에 저해하기도 하는 것을' 가리킨다. 자기 자신에 대한 주관성으로 인해 모든 사람은 각자가 근본적으로 홀로인 상태다. 그러나 동시에 이 주관성은 [두 사람의] 융합이 실현될 수 있는 '온기의 원천'이기도 하다.

이러한 역설, 즉 내밀한 '함께-있음의 원천'이 동시에 극복할 수 없는 '개별화의 원천'이기도 한 역설은 밖으로 분명하게 드러나고 충분한 정도로 경험될 수 있다. 이럴 때를 나는 **본래적 공동성**이라 부르고자 한다. 본래적 공동성은 한편으로는 온기와 생동함을 — 온기와 생동함은 정동적 놀람의 주관성을 통해서 이 세계에 등장하며, 이 세계에 충만한 현실성의 무게를 부여해 준다(3장 2.1절과 이 장 1절) — 선사할 능력이 있으며, 다른 한편으로는 함께-속함과 낯설음 사이의 균열을 감추지 않는다. 온기와 생동함의 원천이기도 한 '주관성'이 공동의 삶 속으로 이러한 균열을 끌고 들어온다. 본래적 공동성 속에는 이별에 대한 불안과 고통이 내밀하게 얽혀 있는데, 그러한 균열이 바로 이 불안과 고통의 원천이다. 비본래적 공동성에서는 이러한 불안과 고통이 — 두려움이나 억압된 '적대성의 방식'으로든 혹은 공동의 자발성을 위한 보조 장치라 할 '공개적인 반항의 방식'으로든 — 외부로 투사된다. 사르트르는 1789년 바스티유 감옥 공격을 일종의 전범으로 삼아, 이러한 공개적인 반항의 방식을 찬양한다. 그는 감옥 공격을 "처벌에 대한 탐험"

의 방식으로 "공동의 통일체로서 자유롭게 실천한 것"으로 찬양한다. 그는 이를 "조직화된 자유로운 행위", 또는 "융합 상태에서 집단이 실행한 주권적인 자유 혹은 테러의 연대성"이라 표현한다.[16) 이러한 모험을 갈망하는 '혁명과 테러의 낭만주의'는 "진정으로 유일하게 성공적인 공동성을 혁명적 순간의 체험으로 제한하고자"[17) 하는데, 그 목적은 융합과 개별화 사이의 균열을 봉기의 범람을 통해서 공동의 삶으로부터 완전히 몰아내려는 데 있다. 이러한 혁명과 테러의 낭만주의는 비본래적인 공동성의 대표적인 사례라 할 것이다.

반면에 사랑에서 '본래적인 공동성'은 다성적인 음악과 흡사하다. 본래적인 공동성은 깊은 행복감, 정열적인 충만감 또는 고요하게 비상하는 충만감을 가져다준다. 하지만 단조로운 것이 아니라 일련의 화음들이 연속으로 이어지는 방식으로 가져다주는데, 이 연속에서는 주도하는 목소리가, 손상되기 쉬운 화음 속에서도, 화음과 불협화음을 넘어서서 계속 앞으로 스스로를 관철하고자 노력한다. 본래적인 공동성에는, 앞서 보여 준 사랑 속의 균열로 인해 늘 공통적인 고통이 속해 있다. 이 고통이 두 사람을 결합시키고, 또한 두 사람의 공동성에 무게와 온기를 부여해 준다. 이것이 가능한 것은 공통적인 고통이 사랑하는 사람 각자를, 상대방은 도달할 수 없는 낯선 상태로 독립시켜 주기 때문이다. 물론 이때 조건은 각자가 내부 윤곽이 없는 집단의 혼돈적 다양

---

16) Jean-Paul Sartre, *Critique de la raison dialectique*, vol. I, Paris 1960, p. 395, 399, pp. 408~410, p. 746.

17) Peter Kampits, *Sartre und die Frage nach dem Anderen*, Wien/München 1975, p. 289.

체 속으로 '해체되지' 않고, 자신의 의식을 유지하는 것이다. 에버하르트 그리제바흐는 이런 방식의 사랑하기에 대해 ── 그는 간단히 "사랑"이라 말하는데 ── 그 특징을 다음처럼 적절히 서술한다. "사랑이란 피할 수 없는 [사랑의] 공동체의 속박 안에서 고통을 감내할 수 있음이다. 현존하는 사람들이 취하는 태도라 할 사랑은 하나의 공동체 안에 있는 서로 다른 사람들의 관계를 나타낸다. 이 공동체는 갈등이 있는 경우, 낯선 타인의 요구를 참아 낸다. 이러한 사랑은 실제로는 실현 불가능한 그러한 요구가 아니다. 그것은 이상도, 사상도 아니고, 우연한 만남의 경험 속에 존재하는 현실적인 열정을 포함하고 있다. 어떠한 갈등을 견뎌 낼 수 있을까에 관하여 이론적으로는 이야기할 수 없다. 오직 극단적인 수준에 이르는 모든 어려움을 실제로 견뎌 냈을 때, 그때 비로소 이 사랑이 정말 존재했었다고 말할 수 있다."[18]

## 4. 안나 카레니나

톨스토이의 유명한 소설 『안나 카레니나』는 사랑에서 본래적 공동성이 무엇이며, 또한 그 실패가 어떤 것인지를 대단히 생생하고 다양한 방식으로 가르친다. 심지어 작가가 스스로 선택하고 끝까지 흔들림 없이 서술한 주제가 바로 이것이라 말할 수 있을 정도다. 왜냐하면 작가가

---

18) Eberhard Grisebach, *Gegenwart*, Halle 1928, p. 594. [그리제바흐(1880~1945)는 1920년대에 카를 바르트(Karl Barth, 1886~1968), 프리드리히 고가르텐(Friedrich Gogarten, 1887~1967)과 함께 '변증법적 신학'을 주창한 중요한 신학자이자 철학자다. 그는 부버의 '나와 너'의 철학과 상통하는 '실존적 대화의 철학'을 제시했다.]

이 주제의 핵심 문제인 [사랑 안의] 대립들을 매우 날카롭게 부각해 보여 줄 뿐 아니라, 이 대립들을 따라서 작품 전체를 구성했기 때문이다.[19] 작품의 구성은 남녀 세 쌍에 맞춰져 있다. 바로 레빈과 키티, 안나와 카레닌, 안나와 브론스키다. 본래적 공동성은 첫 번째 쌍인 레빈과 키티를 위해 준비되어 있다. 독자는 이들의 사랑이 지닌 친밀함이 어떻게 생성되고 자라나는지, 곧 근본적으로 다른 인격의 두 사람이 각자 독특한 방식으로 느끼는 정동적 놀람으로부터 어떻게 사랑의 친밀함이 생성되고 자라나는지를 너무도 극명하고 명료한 이미지로 접하게 된다. 이 사랑의 친밀함에서 두 사람의 고유함과 그 안에 잠재된 갈등의 가능성은 조금도 은폐되어 있지 않으며, 따라서 이 친밀함은, 마치 복잡한 악장 속을 관류하는 멜로디처럼 명백한 불협화음에도 불구하고 안정적으로 불협화음을 뚫고 나간다. 톨스토이는 레빈의 서투름과 거칠고 사나움, 키티의 불안정한 미숙함, 사회적 관습의 불리함 등을 절묘하게 결합하여 두 사람의 갈등 양상을 잘 부각시킨다. 이 어려운 정황 속에서 갈등 양상을 가능케 하고 촉진하는 두 가지 요소가 있다. 그것은 두 사람 상호 간의 '내체화'(7장 2.1절)가 놀랍도록 신속하고 부드럽게 이루어지는 것,[20] 그리고 두 사람이 모두 강한 개체성을 지닌 것이다. 레

---

19) 나는 루터(Arthur Luther)의 독일어 번역본을 사용하며, 쪽수가 아니라 ──다른 여러 번역본의 쪽수가 달라 적절치 않을 것이므로── 권수와 장수로 인용할 것이다.

20) 4권 11장: "그녀는 레빈과 자신만의 대화를 나누었다. 아니 그것은 대화라기보다는 어떤 신비로운 교감으로, 매 순간 차츰차츰 두 사람을 가깝게 맺어 주었고, 이제부터 둘이 함께 들어서려는 미지의 세계에 대한 즐거운 두려움의 감정을 두 사람의 마음에 불러일으켰다." [『안나 카레니나 2』, 박형규 옮김, 문학동네, 2009, 303쪽. 이 작품 인용의 번역은 박형규 번역본을 따르되, 필요한 경우 슈미츠가 인용하는 독일어본과 비교하여 일부 수정했다.]

빈은 강한 개체성과 더불어 그리제바흐를 연상시키는 '숙고'의 면모도 지니고 있다. 가령, 그가 결혼식에서 자신과 키티에 대해 본래는 서로 멀리 떨어진 사람들인데 신이 함께하도록 해주었다고 느끼면서, 키티도 그렇게 느낄까 하고 마음속으로 질문할 때(5권 3장[『안나 카레니나 2』, 416쪽]), 또는 소설 종결부에서 "내 영혼의 가장 성스러운 차원과 다른 사람들 사이, 심지어 내 부인과의 사이에" 존재하는 "격벽"隔壁에 대해서 반성할 때(8권 19장[『안나 카레니나 3』, 521~522쪽]), 그러한 숙고의 면모가 드러난다. 물론 여기서 우리는 과연 "격벽"이라는 말이 잘 선택된 것인지에 대해 의문을 가질 수 있다. 벽은 언제든 허물어질 수 있다. 또한 사람들 사이에 존재하면서 이들의 만남과 동거를 방해하는 그 어떤 요인도 주관성만큼 ──사람들을 결합하기도 하지만── 철저하게 사람들을 서로 분리하지는 못한다. 여기서 과실은 단지 말로만 한 것이긴 하다. 실제로 레빈과 키티는 사랑하는 본래적인 공동성 속에서 어떻게 공동의 행복이 공동의 고통과 구별되지 않는지, 그럼에도 어떻게 이 행복이 결코 부족한 것이 아닌지를 잘 보여 준다. 이와 달리 카레닌은 안나와의 관계에서 잘못된 선택을 한다. 그는 자신을 배신한 부인 안나가 산욕열을 앓는 동안에, 그리고 그 이후 안나와 브론스키에 대해서도 본래적 공동성의 고통을, 마치 독점주의자처럼 전적으로 혼자 짊어지고 자신에게 밀착시키는 태도를 보여 준다(4권 17장[『안나 카레니나 2』, 339~351쪽]). 이제 마치 그리스도와 같은 형상으로 우뚝 서 있는 듯한 이러한 태도는 기만적인 제스처가 아니다. 오히려 이 태도의 근본적인 잘못은, 앞서 그리제바흐의 이론적인 묘사에서(앞의 3절) [사랑하는 사람들이] 받아들여야 한다고 본 그 태도를 갖추지 못한 데 있다. 즉 사랑하는 당사자에게 행위의 가능성을 열어 주는 태도, 당사자가 홀로 어떤 대응책 내지 준칙을 마련할 수 있도록 해주는 태도를 결여한 것이다. 그럼으로써 카레닌의 태도는 전적으로 자신만의 개인적인 일이 되어 버리며. 따라서 이 태도가 감당하는 고통도 더 이상 공동의 고통일 수가 없다. 안나와 브론스키는 그로부터 철저히 배제되어 있다. 카레닌은 이를테면 발작적으로 자신의 고결함을 꽉 붙들고 있으며(4권 19장[『안나 카레니나 2』, 357~359쪽]), 자기 자신의 구제를 위한 절벽 위에서 어쩔 줄 모르고 안나 앞에 서 있다. "그녀는 알고 있었다. 만약 그녀의 남편이 이 편지를 보게 된다면, 남편이 자신이 행하는 고결한 자의 역할에 충실하기 위해 그녀를 거절하지 않을 것임을 알고 있었다"(5권 29장[『안나 카레니나 2』, 571~572쪽]).

안나와 브론스키도 키티와 레빈처럼 행복과 고통을 공유하고는 있다. 하지만 결코 어떠한 명료함도 허용하지 않는 악의적이며 모호한 뒤섞임의 방식으로 공유하고 있다. 1956년부터 미국에서는 조현병의 원인에 대한 하나의 가설로서 (물론 의심스러운 가설이긴 하지만) '이중적 구속'double bind에 대한 이론, 즉 '관계의 함정'에 대한 이론이 대중적인 호응을 얻었다. 이 이론에 따르면, 인간은 전달하는 방식에 의해서 내용이 부정되는, 그러한 요구를 수용해야 할 때 이중적 구속의 상황에 빠지게 된다. 즉 이 경우에 한 인간은 어떤 요구에 상응해야 한다는 강압을 인지하지만, 동시에 요구 내용의 역설적인 성격으로 인해 요구에 상응하는 행위가 차단되어 있다.[21] 바로 이러한 의미에서 안나와

---

21) Paul Watzlawik, Janet Beavin and Don Jackson, *Menschliche Kommunikation*, Bern/Stuttgart

브론스키, 두 사람의 관계는 두 사람에게 함정이 되어 있다. 나는 이를 보여 주는 몇 가지 대목을 소개하고자 한다. 브론스키가 안나에게 그녀와 함께 도망가겠다고 제안할 때, 안나는 이렇게 반응한다. "'제발 부탁이에요, 제발.' 그녀는 별안간 그의 손을 잡고 지금까지와는 전혀 다른 진지하고 부드러운 어조로 말했다. '앞으로 이 얘긴 무슨 일이 있어도 나에게 하지 마세요!'"(2권 23장[『안나 카레니나 1』, 374쪽]). "편지를 읽고 난 후, 그는 그녀에게 시선을 향했다. 그러나 이 시선에는 단호함이라곤 조금도 없었다. 그녀는 곧바로 그도 이미 나름대로 이런 문제들에 대해 생각하고 있었다는 것을 알아챘다. 그녀는 '그가 자신에게 설사 무슨 말을 하더라도 결코 속내를 모두 털어놓지는 않는다'는 사실을 알았다. 자신의 마지막 희망마저 기만당했음을 확인한 것이다. 이것은 그녀가 기대하던 결과가 아니었다. 떨리는 목소리로 그녀는 말했다. '당신은 이제 그분이 어떤 사람인지 알았을 거예요. 그분은…' 브론스키는 그녀의 말을 가로막으면서 '아니 잠깐만, 나는 이렇게 된 걸 오히려 기쁘게 생각하고 있어요'라고 말했다. '제발 내가 끝까지 얘기하게 놔둬요.' 그는 눈으로 자신의 말을 설명할 틈을 달라고 간청하면서 덧붙였다. '내가 기쁘게 생각하는 건 그것이 가능하지 않은 일이기 때문이에요. 그분이 생각하는 것처럼 지금 이대로 있다는 것은 도저히 가능하지 않은 일이에요.' '어째서 가능하지 않죠?' 안나는 눈물을 참으면서, 이젠 그가 얘기하는 것에는 전혀 신경 쓰지 않고 말했다. 그녀는 이것으로 자기의 운명도 결정되었다고 느꼈다. 브론스키는 이제 아무래

---

1969, pp. 194~196.

도 피할 수 없을 것처럼 보이는 결투 후에, 도저히 지금 이대로의 상태를 계속할 수는 없을 거라고 얘기하고 싶었으나, 다른 얘기를 하고 말았다. '그것은 지금이 아니라 나중에도 가능하지 않아요. 그러니까 난 지금 당신이 그분을 버려 주기를 바라고 있어요. 난 간절히 바랍니다.' 그는 어찌할 바를 모르고 얼굴을 붉혔다. '당신이 나에게 일체의 계획을 맡겨 주기를, 그리고 우리가 함께 생활하는 것에 대해 숙고할 수 있게 해주기를 내일….'하고 그는 말을 이으려고 했다"(3권 22장[『안나 카레니나 2』, 157~158쪽]). 이탈리아에서 안나는 브론스키에게 이렇게 말한다. "'아, 알렉세이, 나는 이제 여기서 더 견딜 수가 없어요. 우리는 언제 여기를 떠나는 거죠?' 곧이요, 곧! 여기 생활이 내게도 얼마나 괴로운지 당신은 좀처럼 믿지 못할 거예요.' 그는 이렇게 말하면서 자기 손을 빼냈다. '그럼, 떠나요, 제발 떠나요!' 그녀는 뽀로통하게 쏘아붙이고 재빨리 그의 곁을 떠났다"(5권 31장[『안나 카레니나 2』, 590쪽]).

안나는 다른 곳에서 브론스키에게 다음과 같이 말한다. "'하지만 이번에는 모스크바에 같이 가겠어요.' '당신은 마치 나를 위협이라도 하는 것 같군. 그러나 좋아, 나도 당신과 떨어져 있고 싶지 않으니까. 그보다 더 내가 바라는 것은 아무것도 없으니까' 브론스키는 웃으며 말했다. 그러나 그가 이 부드러운 말을 입 밖에 꺼냈을 때 그의 눈 속에는 단순한 싸늘함 이상의 눈빛, 박해를 받아 잔인해진 사람의 악한 눈동자가 빛나고 있었다. 그녀는 이 눈동자를 보고 그 의미를 올바르게 추측했다. '만약 그렇게 된다면 그것이야말로 불행이다!'라고 그의 눈동자는 말했다. 그것은 순간적인 인상이었다. 그러나 그녀는 영원히 그것을 잊지 않았다"(6권 32장[『안나 카레니나 3』, 233쪽]). "'그보다도 경마는 어떻게 되었어요? 당신은 내게 아직 이야기해 주지 않았어요' 그녀는 이번에도 자기가 얻어 낸 승리의 기쁨을 숨기려고 애쓰면서 말했다. 아직은 완전히 승리한 것은 아니었기 때문이다. 그는 하인에게 만찬을 준비하라고 이르고 나서 그녀에게 경마의 광경을 소상하게 이야기하기 시작했다. 그러나 그녀는 차츰 싸늘해져 가는 그의 시선과 태도에서 그가 그녀의 승리를 용납하지 않고 있다는 것, 그녀가 맞서 싸워 온 그 아집이 또다시 그의 마음속에 뿌리를 뻗쳐 오고 있다는 것을 알았다. … 그리고 그녀는 둘 사이에는 그들을 이어 주는 사랑과 나란히, 그의 마음에서도 또 그녀 자신의 마음에서도 제거할 수 없는 일종의 호전적이며 사악한 정신이 개재해 있다는 것을 느꼈다"(7권 12장[『안나 카레니나 3』, 306~307쪽]).

함께하는 공동의 삶의 길을 최종적으로 거부하면서도 부드럽고 섬세한 목소리와 접촉을 표현하는 것, 불안정한 시선을 보이면서도 모든 것이 달라져야 하며, 새로운 삶의 설계를 시작해야 한다고 천명하는 것, 상대방과 똑같이 느끼고 있으며 공동의 길로 나아가려 한다고 확언하면서도 동시에 이를 취소하는 제스처, 미소 짓는 다정다감함 속에서도 상대방에게 보내는 차갑고, 심지어 악의에 찬 시선, 호의적인 담소와 저녁 식사를 함께 하면서도 내비치는 어떤 냉정함, 이들 특징은 '이중적 구속'에 대한 전형적인 예로서, 신경증 이론을 다루는 모든 교과서에 실릴 만하다. 이런 관계에 있는 두 사람은, 사랑의 본래적인 공동성을 이루고 있는 사람들과 달리, '낯설음과 함께 성장함'이란 두 가지 측면이 서로 보완하면서 서로를 견인하지 못한다. 반대로 여기서 두 측면은 서로 분기하여 갈라지는 두 경향으로, 즉 한편으로는 사랑하면서 서로에게 관심을 기울이는 일, 다른 한편으로는 상대방에 대해서 자신을 보호하는 일로 분배되어 있다. 그 때문에 이렇게 사랑하는 두 사람은 레빈과 키티처럼 갈등을 거쳐서 서로를 확인하고 받아들이는 상태에 결코 도달하지 못하고, 각자 따로 갈등을 그냥 지나쳐 버리고 있다. "그는 그녀가 가여웠다. 하지만 괘씸하기도 했다. 그는 그녀에게 자기의 사랑을 맹세했다. 오직 그것 하나만이 지금 그녀의 마음을 가라앉힐 수 있을 것 같았으므로. 그리고 그는 말로는 꾸짖지 않았지만, 마음속으로는 그녀를 꾸짖고 있었다. 그에게는 말하기조차 부끄러울 만큼 몹시 저속한 것으로 여겨졌던 사랑의 맹세를 그녀는 목마른 듯 들이마시고 차차 가라앉았다. 이 일이 있은 다음 날 두 사람은 완전히 화해하고 시골로 떠났다"(5권 33장[『안나 카레니나 2』, 606쪽]).

### ◆6장 해설

5장에서 슈미츠는 감정과 상황 사이의 존재론적 차이에서 연유하는 '사랑의 딜레마'를 논했다. 6장에서는 파트너 사랑의 또 다른 난제인 '사랑하기의 외로움'에 주목한다. 사랑하는 두 사람은 파트너 사랑이란 상황 속에 함께 포괄되어 있음을 기뻐하고, 이 상황을 계속 유지, 발전시키고자 한다. 그러나 상대방에게 드러내지 않지만, 두 사람은 각자 사랑하는 일이 근본적으로 '고독하다는 것' 또한 종종 절감한다. 이를 어떻게 이론적으로 정치하게 설명할 수 있을까?

슈미츠는 자신의 현상학의 토대를 이루고 있는 존재론적 기초 개념들을 경유하여 이 문제에 대해 답변한다. 이 개념들은 '주관성', '주관적 사실', '정동적 놀람 상태', '원초적 현재', '전개된 현재' 등이다(「핵심 용어 해설」 참조). 1절은 이들에 대한 현상학적 이론의 요약이다. 감정으로서의 사랑은 당사자의 신체성을 강력하게 사로잡는 주관적 사실이다. 이러한 강력한 사로잡음은 당사자 자신의 '주관성'이, 곧 자신이 확실하게 결부된 사안이라는 점이 첨예하게 부각한다는 것을 뜻한다. 슈미츠는 이를 '주관성의 응축성'이라 부른다.

그런데 '주관성의 응축성'이란, 다른 말로 표현하자면 감정에 의해 정동적 놀람에 빠져드는 사람이 이 빠져듦을 철저하게 홀로 느낄 수밖에 없다는 것을 의미한다. 결국 사랑하는 사람은 각자가 사랑의 감정을 신체적으로 느끼면서 서로 '심연적으로' 분리되어 있다. 그리고 이러한 분리로 인해 사랑하는 사람들이 하나로 합쳐지는 일은 사실상 영원히 불가능하다. 슈미츠는 2절에서 '주관성의 응축성'을 바탕으로 사랑하기의 외로움 문제를 설득력 있게 해명한다.

3절에서 슈미츠는 파트너 사랑의 '본래적 공동성'과 '비본래적 공동성'을 구별한다. 이것은 사랑하기의 외로움이 두 사람의 사랑(감정이자 상황) 안에서 얼마나 독자적인 위상을 갖고 있느냐에 따른 구별이다. 즉 사랑하기의 외로움은 비본래적 공동성에서는 활발하게 영향을 미치거나 독립적인 위상을 획득하지 못하며, 반대로 본래적 공동성에서는 활발하게 작동하고 독립적 위상을 드러낸다. 중요한 것은, 슈미츠가 이 구별을 토대로 '사랑하기의 외로움'이 주체에게 역설적으로 혹은 변증법적으로 영향을 미친다는 점을 밝힌다는 것이다. 이는 다음 사태를 가리킨다. 감정에 의한 정동적 놀람은 해당 주체의 주관성을 '절대적으로' 고립시킨다. 이는 주체가 '원초적 현재'의 상태에 접어들면서 '절대적으로 홀로 있음'을 신체적으로 확실하게 느낀다는 것을 말한다. 그런데 이러한 절대적인 고립과 홀로 있음의 확실성은 해당 주체에게는 동시에 파트너 사랑을 믿고 이 사랑에 헌신할 수 있는 동력이 된다. 요컨대, 주관성의 응축성은 사랑하는 개별자가 철저하게 '개별화'되는 원천이기도 하지만, 동시에 사랑하는 파트너와 내밀하게 '함께–있음'을 확신하고 이를 발전시키도록 이끄는 추동력이 된다.

4절에서 슈미츠는 톨스토이의 『안나 카레니나』를 '본래적 공동성'의 관점에서 간략하게 분석, 비평한다. 그에 따르면 이 소설을 읽는 방식은 대단히 다

양하겠지만, 본래적 공동성이 파트너 사랑에서 어떤 의미가 있으며, 또 이 공동
성이 어떻게 실패하는가를 중심으로 흥미롭게 해석할 수 있다. 슈미츠는 이런
관점에서 소설에 등장하는 세 쌍, 즉 레빈과 키티, 안나와 카레닌, 안나와 브론
스키의 관계를 분석한다.

# 7장 사랑과 신체

## 1. 사랑과 희열

### 1.1. 희열[1]

감정은 신체적 동요를 통해 인간을 사로잡는다(4장 2.2절). 따라서 감정이 야기하는 정동적 놀람 상태를 뜻하는 느낌Fühlen은 신체적 공명 능력에 따른 함수라 할 수 있으며, 이러한 신체의 공명 능력을 규정하고 있는 것이 바로 신체의 역동학Dynamik이다. 나는 4장 2.3절에서 수축 상태와 확장 상태 사이의 대립의 차원에서 서로 상반된 수축과 확장을 지니고 있는 신체의 역동학의 구조를 개략적으로 보여 주었다. 그것은 핵심 내용으로 볼 때 활기 있는 동력,[2] 다시 말해 수축 과정과 확장 과정이

---

1) 여기서 희열(Wollust)은 인간의 신체가 느끼는 감각적이며 관능적인 기쁨을 의미한다. 물론 이때 신체는 의학적·생리학적 관점에서 육체나 육체의 특정 기관처럼 협소한 의미로 이해해서는 안 된다.—옮긴이

2) '활기 있는(vital, 생생한) 동력(Antrieb)'을 줄여서 '생동력'으로 옮기기로 한다. 4장에 나오는 동력도 그 내용이 근본적으로 생동력과 다르지 않다. 동력이 활발하고 탄력적으로 움직이는 상태가 생동력이다. 반드시 기억해야 할 것은, 동력이든 생동력이든 그 의미의 바탕에 현상학

상호대립적으로 경쟁하고 있는 상태를 뜻한다. 수축 과정과 확장 과정은 이를테면 서로 마찰을 빚으면서, 즉 서로 억압하고 또 이를 통해 서로 자극하고 상승시키면서 긴장과 팽창[3]으로서 교차하고 있는 것이다. 4장 2.3절에서 밝혔듯이 감정에 대한 신체의 공명 능력은 생동력이 지닌 진동 능력과 분열을 위한 준비 상태에 따라 증가한다. 생동력의 진동 능력은 생동력이 리듬을 위해 가진 자질, 즉 긴장과 팽창이 교대로 지배할 수 있도록 하는 자질을 뜻한다. 이럴 때 두 경향 가운데 한 경향이 하나의 전체 형태를 이루고 진행되는 신체적 동요에 대해서 각별히 두드러진 특징을 부여하고, 전반적으로 지배하는 역할을 떠맡을 수 있다. 한편, 분열을 위한 준비 상태는 박탈적 수축 과정과 박탈적 확장 과정이 생동력의 긴장 내지 팽창으로부터 자유롭게 풀려날 수 있도록 하는 생동력의 적합성을 의미한다. 이 두 가지 진동 능력과 분열을 위한 준비 상태라는 측면에서 희열은 각별한 위상을 보여 준다. 희열은 팽창이 지배하고 있는 단계에서 생동력이 취하게 되는 형태로서, 성적 자극 외에도 다른 많은 삶의 관계 속에서도 나타난다. 예를 들어 매우 간지러운 피부를 쓰다듬고 긁을 때, 답답한 공기에서 벗어나 야외에서 처음 심호흡을 할 때, 목이 타는 사람이 시원한 음료를 마실 때, 아첨하듯 부

---

적인 '신체(성)' 개념이 있다는 점이다. 신체와 동력에 대한 자세한 내용은 「핵심 용어 해설」을 참조하라. ─옮긴이

3) "팽창"(Schwellung)은 양적인 의미(의학적인 언어 사용에서 "염증적인 부풀어 오름"이나 "부종의 팽창"의 경우처럼)라기보다는 역동적인 의미를 갖고 있다. 이 차이는 두 가지 서로 다른 완료 분사인 "부풀어 오른"(geschwollen)과 "팽창된"(geschwellt)을 대비시켜 보면 분명해진다("부풀어 오른 담화 방식"에 대비하여 "팽창된 돛대"나 "솟아오른 가슴" 등의 말을 비교해 보라). 내가 의미하는 것은 전자인 "부풀어 오른"이 아니라, 후자인 "팽창된"의 의미에서의 "팽창"이다.

드러운 봄기운을 느낄 때, 또는 모피나 부드러운 피부 혹은 (가볍게 표면이 일어난) 일본 전통 종이 등을 손가락으로 감촉할 때, 침대에서 편안하게 몸을 늘어뜨릴 때, 아침에 일어나 상쾌한 사지를 펴고 늘릴 때, 기타 무언가를 빨아먹거나 소리 내서 마시고 먹을 때에도 희열을 경험할 수 있다. 희열의 강도가 충분하면 희열은 현저하게 두드러진 생동력의 리드미컬한 형식을 갖게 되는데, 바로 이 리드미컬한 형식을 통해서 희열은 진동 능력이 되는 것이다. 그리고 희열은 이 리드미컬한 형식을 불안과 공유한다(4장 2.3절). 불안은 긴장이 우세한 상태에 있는 생동력의 또 다른 축에 위치해 있으며, 희열과 대립되면서도 동시에 서로 긴밀한 관계에 있는 신체적 동요다. 이 때문에 희열과 불안은 서로를 끌어당기며, 매우 자극적인 방식으로 상호 뒤섞이곤 한다(끔찍한 이야기, 공포영화, 회전목마에서 흔들릴 때의 불안쾌락 또는 어른 팔에 매달린 아이들의 스릴 등등). 희열이 지닌 분열을 위한 준비 상태는 예컨대, 성행위에서 확인된다. 즉 이러한 준비 상태는 팽창이 긴장의 저항을 무너뜨리고 오르가즘이 절정에 도달한 이후에, 승리한[4] 팽창이 박탈적이며 경계가 없는 확장 과정으로 이행할 때 잘 확인된다. 이러한 이행은 의식이 희미해지면서 잠 속으로 빠져드는 데까지 이를 수 있다. 따라서 희열은 사로잡는 감정들에 대해 공명할 수 있는 준비 태세를 잘 갖추고 있으며, 그럼으로써 사랑에 각별히 잘 부응할 수 있는 동요 상태다. 물론 사랑은 다른 종류의 동요들, 아니 거의 모든 종류의 동요를 통해서

---

4) 여기서 "승리한"은 팽창의 경향이 수축의 경향에 대해 우위를 점하게 되는 신체성의 상태를 의미한다.—옮긴이

도 신체를 사로잡을 수 있다. 사포Sappho가 에로스에 대해 사용하는 '고통스러우면서도 아름다운 아부의 동물'이라는 은유와 에우리피데스의 파이드라가 사랑한다는 것erān이 무엇인가에 대해 물었을 때,[5] 아이를 돌보는 '보모'와 같다고 답하는 것에서 우리는 그러한 동요의 넓은 범위를 엿볼 수 있다. 이러한 풍부한 동요 전체에 대해 어떤 이론적인 질서를 부여하기란 거의 불가능하다. 따라서 나는 사랑을 느끼는 일의 신체성과 관련하여, 이제 희열에 집중하고자 한다. 왜냐하면 희열이 [성적인 파트너 사랑에서] 현저한 중요성을 갖고 있을 뿐 아니라, 그 본질적 특징을 신체적 역동학의 체계 안에서 명확히 파악할 수 있기 때문이다. 이 역동학과 무관한 상태에서는 현상학자라 할지라도 신체적 동요들의 영역에 관하여 매우 불충분하고 불안정한 표현만을 확인할 수 있을 뿐이다. 이렇게 논의 주제를 희열로 제한하면서, 나는 다른 사람들이 내가 많은 사랑의 형식 가운데 두 사람의 성적 사랑을 일방적으로 선호한다고 지적하는 것을 감수할 수밖에 없다.

　　사랑과 희열의 관계를 잘 알아내기 위해서는 신체적 역동학에 관

---

5) Euripides, *Hippolytos*, 348행: "오 여성이여, 세상에서 가장 달콤한 것이 동시에 가장 고통스러운 것이기도 하구나"(hédiston, ō paī, tautòn algeinón th'háma). 두 사람의 성적 사랑을 질병으로, 오늘날 말로 하자면 자율신경계의 기능장애 증상을 보여 주는 질병으로 파악하는 것은 이미 저 멀리 고대에서 중세로 이어지는 오랜 전통을 갖고 있다. 예를 들어 고(古)프랑스어 소설 『아이네이아스 소설』(*Roman d'Énéas*)에서 라비니아의 어머니가 라니비아의 딸을 보고 진단하는 내용을 비교해 보라. "어머니는 먼저 그녀가 떨고 있는 것을 보았다. 또한 그녀가 바로 땀 흘리고 한숨 쉬면서 입을 크게 벌리는 것도 보았으며, 그녀가 창백하고 침울해지며 안색이 계속 바뀌는 것도 보았다. 어머니는 사랑이 그녀를 사로잡아 마음대로 지배하고 있음을 잘 알고 있었다"(Monica Schöler-Beinhauer ed., *Le Roman d'Énéas*, München 1972, p. 407, 8453~8458행. 또한 7917~7930행과 8072~8127행 참조).

한 연구와 관련하여 또 한 쌍의 개념을 보완해야만 한다. 나는 4장 2.3 절에서 단지, 수축 상태와 확장 상태의 대립에서 연유하는 특징들과 관련해서만 신체적 역동학을 살펴보았다. 물론 이것은 신체적 역동학의 본질적 차원이었다. 하지만 이 역동학은 두 번째 차원을 통한 보완적 설명이 필요한데, 이 두 번째 차원은 앞선 첫 번째 차원과 매우 긴밀히 연관되어 있지만 서로 완전히 겹쳐지지는 않는다. 우리는 이 두 번째 대립된 차원을 첨예하고 날카로운 것과 분산되고 부드러우며 둔탁한 것의 대립으로 특징적으로 묘사하고자 한다. 나는 전자의 특성을 '판별적'epikritisch이라 칭하고, 후자의 특성을 '원형原型감각적'protopathisch 이라 칭하고자 한다.[6] 이 표현은 영국 신경학자인 헨리 헤드Henry Head 가 날카로운 표면의 통증(예컨대 찔림의 통증이나 치통)과 둔탁한 내장의 통증을 구별하기 위해 도입한 것인데, 나는 그 의미를 모든 신체적 동요와 상태에 대해 확장하여 사용하고자 한다. 가령 희열의 경우, (손으로 아니면 따사로운 봄기운으로) 피부를 쓰다듬고 어루만지는 일이 일깨울 수 있는 부드럽고 융해시키는 듯하며 민감하게 다가오는 희열은 원형감각적이라 할 수 있다. 반면에 등골을 타고 흘러내리며 오싹해지는 (예를 들어 기분이 나쁘지 않은 무서움에서) 짜릿짜릿함과 섬세하게 찌르는 듯한 희열은 판별적이라 할 수 있다.[7] 뒤에서 좀 더 살펴보겠지

---

6) 이 두 가지 용어는 좀 더 쉬운 우리말로 '예리한/둔중한' 혹은 '첨예한/분산적인' 정도로 옮길 수도 있다. 하지만 원어의 어원적 뉘앙스를 살리기 위해 다소 낯설고 어색하더라도 '판별적/원형감각적'으로 옮기기로 한다.—옮긴이

7) 제임스 로이바는 다음 내용을 "인상적인 관찰로서" 보고하고 있다. "아침에 일어났을 때 우리는 편안하게 느끼지 못했다. 기이하지만 결코 불쾌하지는 않은 작은 몸서리가 등골을 타고 내려 팔과 다리까지 도달했다. 이 몸서리가 남긴 느낌이 사지를 펴도록 이끌었는데, 팔, 다

만, 우리는 또한 공감각적 특성들이 지니고 있는 신체적 친화성을 선취하면서(7장 2.3절), 판별적/원형감각적의 대립 관계를 언어의 모음을 통해 좀 더 분명하게 이해할 수 있다. 즉 ('i'와 같이) 밝고 첨예한 모음은 판별적이며, 반면 ('u'처럼) 어둡고 둔탁한 모음은 원형감각적인 것이라 할 수 있다. 이에 따르자면, '판별적'(epikritisch, 곧 '에피크리티슈'라는 소리)이라는 말 자체가 '판별적으로' 들리며, 반면에 '원형감각적'(protopathisch, 곧 '프로토파티슈'라는 소리)이라는 말은 '원형감각적인' 울림을 갖는다고 할 수 있다. 가려운 피부를 긁을 때 느끼는 희열은, 생동력과 이 새로운 대립의 차원을 결합시켰을 때 비로소 온전히 이해될 수 있다. 피부가 가려운 것은 신체적 동요로서 생동력 안에서 일어나는 일종의 팽창의 자극이다.[8] 하지만 이때 팽창은 자신과 경쟁하는 긴장으로부터 도움을 주는 저항을 발견하지 못한다. 왜냐하면 원형감각적 경향이 우세함으로써 긴장이 미끄러지듯 배출되기 때문이다. 그리하여 해당 피부 부위를 보상하기 위해 긁는 일은 신체적 긴장을 위한

---

리, 몸통을 펼 때마다 관능적 희열을 느낄 수 있었다. 이는 몇 시간 동안 계속되었으며 이후에는 큰 불쾌함으로 바뀌었다." 사지를 펴고 늘이는 것은 신체적으로 볼 때 긴장에 대해 팽창이 지배적인 상태이며 그 때문에 희열을 불러일으킨다(James H. Leuba, *Psychologie der religiösen Mystik*, München 1927, p. 127 이하).

8) 따라서 오래전부터 언어를 사용하는 관습은 피부가 간지러운 것을 오만함 내지 방탕한 자극들과 연결해 왔다. 이러한 자극들 속에서 신체적 팽창이 분출되었던 것이다. 그림 형제의 독일어 사전에서 표제어 "가렵다"(Jucken, Jücken)의 d) 부분을 비교해 보라. "d) 어떤 사람이 피부, 가죽, 굽 등 부위가 가려운 것은 **그가 오만하고 게으르게 타인을 자극하거나 아니면 지나치게 안락하게 느낄 때다**. 왜냐하면 그 사람이 지나치게 안락하고, 피부가 너무나 많이 간지럽기 때문이다. Luther 5, 161ᵇ; 그분의 은총으로 피부가 가려운 동안, 그들은 그 달 25일에 레부스에 있는 수도원으로 가서 그와 함께 맘껏 술을 마셨다. Schweinichen 2, 315"[이 표제어 항목에 나오는 다른 전거들도 아래 링크에서 확인할 수 있다. http://woerterbuchnetz.de/DWB/?sigle=DWB&mode=Vernetzung&lemid=GJ01079#XGJ01079].

집결지로서 적당한 정도의 판별적인 통증을 구축하게 된다. 이제 자극된 팽창이 이 집결지 위에서 자신을 구축함으로써 희열이 출현하게 되며, 이는 생동력에서 통증과 이에 따른 긴장이 우위를 점할 때까지 지속된다. 그러고는 급작스럽게 긁는 일이 중단된다. 이러한 상황에도 불구하고, 사람들은 판별적인 경향을 수축 과정으로, 반면에 원형감각적인 경향을 확장 과정으로 환원하려 시도할 수 있을 것이다. 이는 만약, 원형감각적 수축 과정을 보여 주는 명확한 유형이 없다면 가능할 것이다. 이 유형에는 예를 들어 배고픔[9]이나 "몽롱한 머리", 즉 술을 많이 마시고 난 후처럼 아침에 정신이 온전히 명료하지 않을 때가 해당한다. 그런데 판별적 경향과 서로 융합하는 수축 상태는 언제나 단지 긴장일 뿐, 결코 박탈적 수축 과정은 아닌 것처럼 보인다. 반면에 확장 과정의 측면에서는 두 개의 형식(팽창과 박탈적 확장 과정)이 판별적인 경향과 결합될 수 있다. 이것은 판별적 경향이 적어도 간접적으로는(팽창과 경쟁하는 긴장을 통해서) 확장 과정으로부터 힘을 얻고 있음을 알려 준다.

## 1.2. 박탈적 확장 과정을 지닌 희열

희열은 긴장과의 경쟁에서 팽창이 우세한 지위를 점하고 있는 신체 상태다. 희열이 생동력을 분열시키면서 박탈적 확장 과정에 대해 자신을 개방하게 되면 이는 사로잡는 감정들이 다가오도록 하는 데 유용한 역할을 하며, 또한 두 사람의 성적 사랑과 관련해서, 예를 들어 성행위의 도취가 꺼져 가는 긴장 이완의 단계를 위해서도 도움이 될 수 있다(뒤

---

9) Schmitz, *System der Philosophie*, vol. II part 1, pp. 230~236.

의 1,5절을 보라). 아울러 그것은 사정에 따라서는 그렇게 정확하게 특정 대상을 향하지 않은, 희미하게 유동하는 사랑에 대해서도, 이 사랑이 일종의 예비적 감정으로서, 사랑을 향한 동경으로서, 사랑을 위한 준비 상태로서 나타나는 경우에도 도움이 될 수 있다. 이러한 상태에 대한 빛나는 묘사가 뫼리케의 시 「봄날에」Im Frühling에 등장한다. 이 시가 묘사 하는 상태를 불러일으킨 계기는 부드럽고 따사로운 봄날의 분위기가 자극한, 온화하면서도 판별적 경향을 지닌 희열이다.

여기 봄의 동산에 나는 누워 있네,
구름은 나의 날개가 되고,
새 한 마리가 나를 앞서 날아가네.
아, 홀로 있는 사랑이여 내게 말해 다오,
네가 어디에 있는지, 내가 너에게 머물 수 있도록!
하지만 너와 봄기운, 너희들은 집이 없구나.

해바라기와 똑같이 내 마음은 열려 있고,
동경하면서,
자신을 넓게 늘이면서
사랑과 희망 속으로.
봄이여, 너를 무엇을 바라고 있느냐?
언제 나는 고요한 상태가 될까?

나는 구름과 강이 모습을 바꾸는 것을 보고,

태양의 황금빛 입맞춤이 내 핏속 깊숙이 들어오네.

두 눈은, 경이롭게 도취하여,

마치 잠에 빠져들 듯 바라보며,

오직 귀만이 벌 소리를 엿듣고 있네.

나는 이것저것 생각해 보며,

잘 알지는 못하지만 무언가를 그리워하네.

반쯤은 쾌락이기도 하고, 반쯤은 탄식이기도 하네.

내 가슴이여, 오 말해 다오,

너는 회상을 위해 무얼 직조하느냐,

금빛 푸르른 나뭇가지의 황혼 속에서?

이름 부를 수 없는 오랜 날들이여!


중립적인 현상학적 분석의 관점에서 볼 때, 마음이 동경하고 넓게 늘인다는 시적 묘사에 상응하는 것은 신장伸長시켜 주는 유형의 확장 과정을 특징으로 하는 신체적 느낌 상태Befinden다. 신체적으로 자발적으로 감지된 (외부의 힘에 의해 강제로 경험한 것이 아닌) 신장이란 어떤 긴장에 대립하여 팽창하는 것, 어떤 저항에 임하여 끌어 늘이는 것을 뜻한다. 이 때문에 신장이 자신을 잘 전개할 수 있을 때에는, 생동력에서 팽창이 우위를 점함으로써 희열을 느끼게 된다.[10] 확장 과정이 희열을 낳는 것은, 그것이 팽창으로서 긴장하는 수축 과정을 배경으로 가

---

10) Leuba, *Psychologie der religiösen Mystik* 그리고 Schmitz, *System der Philosophie*, vol. II part 1, pp. 95~97 참조.

지고 있는 동안에만 가능하다. 이를테면 확장 과정이 수축 과정의 배경에 대해 저항할 수 있는 한에서만 가능한 것이다. 이것은 뫼리케의 시에 나타난 일광욕의 경우에도 해당한다. 신체의 신장을 감지하는 일은 일종의 기분 좋은 따사로움 속으로 융해되고 녹아드는 느낌으로서 박탈적 확장 과정으로 이행하고 있다. 하지만 이때 태양의 따사로움과 밝음이 강렬하게 비춰 옴으로써 이러한 이행을 중단시키게 된다. 즉 태양이 충분한 정도로 날카롭고 첨예하며 피부에 짜릿짜릿하게 느껴지는 자극을 주는데, 이로 인해 여기서 박탈적 확장 과정이기도 한 원형감각적인 융해에 대항하여 팽창을 고무시키는 긴장을 적어도 미약하게나마 유지할 수 있게 되는 것이다. "태양의 황금빛 입맞춤이 내 핏속 깊숙이 들어오네." 그리고 신체-섬의 형성이 이와 결합하게 된다. 일광욕속의 사지, 즉 신체적으로 감지된 신체-섬[11]들은 즐거운 신장을 느끼며 독립된 상태인 듯 서로 나란히 놓여 있다. 뫼리케는 눈과 귀가 각기 고유한 길을 가도록 함으로써 이러한 독자성을 암시하고 있다. 눈은 마치 잠에 빠져들 듯 바라보고, 오직 귀만이 소리를 엿들으며 깨어 있다. 나는 신체의 긴장이 가라앉는 것과 신체-섬들이 자립적으로 활발히 활동하는 것 사이에 존재하는 법칙적 연관성을 상세하게 논구했다.[12] 그 내용에 따라 말하자면, 뫼리케가 묘사하는 것과 같은 일광욕의 부드러운 희열은, 신체가 지배적인 팽창에서 박탈적 확장 과정으로 이행하는 도중의 중간 상태를 안정적으로 만든다. 그리고 이때 희열은 대립된 요소

---

11) 신체-섬의 개념에 대해서는 4장 2.2절을 보라.
12) *Ibid.*, pp. 151~164.

들(긴장과 판별적인 경향)에 의해 뒷받침되는 일을 허용하지 않는 상태다. 우리는 이 상태를 은유적으로 표현하여, 낮은 불꽃을 피우는 은은한 가열 상태라 할 수 있는데, 이러한 낮은 불꽃이 분산된 열기를 유지하는 데 도움을 주고 있다. 뫼리케는 이러한 과정을 통해 산출되는 감정들에 대한 개방성을, 혹은 이러한 개방성이 등장하는 것을 사랑과 희망을 향해 동경하고 신장하는 것으로 표현하고 있다. 이 대목에서 내가 '마흐의 경험'이라 부른 것과 같은 황홀한 확장 과정의 특징들이 덧붙여질 수도 있다.[13] 그러면 일광욕의 희열 속에서 인간을 사로잡는 분위기는 환희$_{Wonne}$[14]로 기울게 된다. 이는 다른 종류의 짜임관계 속에 있는 희열의 경우도 마찬가지인데, 뫼리케는 시 「겨울 아침에, 해 뜨기 전」$_{An}$ $_{einem\ Wintermorgen,\ vor\ Sonnenaufgang}$의 아름다운 도입부에서 이러한 짜임관계 속의 희열을 다음과 같이 노래한다.

오 어두운 새벽녘 솜털처럼 가벼운 시간!
너는 어떤 새로운 세계를 내 안에서 움직이도록 하느냐?
그것은 무엇인가, 내가 이제 일순간 네 안에서
내 존재의 부드러운 희열로 불타오르도록 하는 것은?

---

13) Hermann Schmitz, *Der Ursprung des Gegenstandes. Von Parmenides bis Demokrit*, Bonn 1988, pp. 1~8. 또한 *System der Philosophie*, vol. II part 1, p. 79 이하 참조. 나는 에른스트 마흐가 젊은 시절에 겪은 깊은 인상에 대해 다음과 같이 얘기하는 것을 수용한다. "어느 밝은 여름날 야외에서 내 자아를 포함한 이 세계 전체가 일순간에 서로 연관되어 있는 느낌들의 덩어리로 나타났다. 이 덩어리는 내 자아 속에서 단지 좀 더 강하게 연관되어 있을 뿐이었다. 비록 이 순간에 대한 본질적인 성찰을 한참 뒤에야 할 수 있었음에도, 이 순간은 나의 모든 직관을 결정적으로 규정한 순간이 되었다"(Mach, *Die Analyse der Empfindungen*, p. 23).
14) Schmitz, *System der Philosophie*, vol. III part 2, pp. 122~127의 '환희' 부분.

이러한 부드러운 희열은 섬세하게 쓰다듬는 일, 부드러운 침상 위에서 몸을 쫙 펼 때, 산들거리는 공기가 피부를 어루만질 때, 몇몇 물질(모피, 벨벳, 공단 등)을 관능적으로 만지는 일 등에서도 나타난다. 이런 종류의 희열이 반드시 피상적이거나 일시적일 필요는 없다. 반대로 그것은 격렬한 희열보다도 더 지속적으로 신체의 분위기를 바꾸어 놓을 수 있다. 즉 그러한 희열이 원형감각적인 융해 상태와 신체-섬의 형성을 산출할 수 있는 것이다. 반면 격렬하게 불타오르는 희열의 급작스러운 충격은 그렇게 자주 심층적으로 영향을 미치지는 못한다. 부드러운 희열의 경우, 긴장에 의해 단지 가볍게, 하지만 여전히 감지할 수 있을 정도로 제어된 확장 과정이 신체-섬들이 자유롭게 전개될 수 있도록 도와주고 있기 때문에 신체를 좀 더 풍부하게 만들어 준다. 반면 생동력의 수축 과정을 형성하는 요소들이 희미하게 약화되면, 신체-섬들은 융해되어 불명료한 덩어리가 되면서 사라지게 된다. 부드러운 희열은 신체를 일종의 문턱의 위치로 끌어올리는데, 이 문턱에서 생동력은 박탈적 확장 과정을 위해 개방하면서도 계속 자신의 상태를 유지하고 있다. 이로써 생동력이 분화된 공명 작용을 위한 토대가 되는 것인데, 특히 감정들을 잘 받아들일 수 있는 상태가 된다.

## 1.3. 가슴 근방에서의 희열

박탈적 확장 과정으로 이행하는 문턱 상태의 부드러운 희열은 아직까지는 리드미컬하게 강조된 상태가 아니다. 하지만 이것은 희열의 강도가 더 강해지는 단계에서 달라진다. 이 희열의 단계는 특히 가슴 근방에 귀속되어 있다. 신선한 공기를 처음으로 깊이 심호흡할 때 느끼는 희열이 여기에 속하며, 또 팔 근육과 호흡 근육의 힘든 활동과 결합되어 있는 수영의 희열도 여기에 속한다. 뫼리케는 시 「나의 강」Mein Fluß에서 이러한 가슴의 희열 상태를 묘사하고 있다.

강은 내게 가슴으로 차오르는 느낌을 주며,
강은 사랑의 전율의 쾌락과
환호하는 노래로 상쾌하게 해주네.

밀려오는 물결의 리듬이 이러한 희열을 강화시켜 준다.

물결이 나를 향해 달려들듯 오네,
물결이 나를 붙잡았다가 다시 놓아주네.

이러한 리듬은 수영하는 시인에게 투쟁을 향한 욕망을 일깨운다. 이는 팽창이 관능적으로 지배하도록 하기 위해서, 시인과 강물 사이의 역할을 배분하면서 생동력이 지닌 투쟁의 본성, 즉 긴장과 팽창의 대립성을 활성화하기 위한 것이다.

부풀어 올라라, 나의 강이여, 일어서라!
공포의 전율로 내 위에 퍼부어라!
네 삶을 둘러싼 나의 삶이여!

따라서 부드러운 희열과 비교할 때 신체적 강도가 더 강화된 이 단계에서는, 생동력의 분열 능력에 이어서 생동력의 진동 능력이 효력을 발휘하게 된다. 그리하여 희열이 불안과 공유하는 분위기를 위한 감수성 또한 힘을 획득하게 되는 것이다. 이로써 신체적으로 사랑하는 하나의 방식을 이해할 수 있는 길이 열리게 된다. 감상주의와 낭만주의 시대의 많은 사람은 이 방식을 우정의 신체적 측면으로, 이를테면 자연스럽게 타고나는 것으로 받아들였다. 하지만 그것은 오늘날 우리에게는(적어도 남자들에게는) 더 이상 친숙하지 않으며, 성충동의 전회된 동성애적 표현으로 쉽게 오해받을 수 있다. 감상주의와 낭만주의 시대의 친구들은 열광적인 친애와 사랑의 표현으로서, 애정이 듬뿍 담긴 포옹을 넘치도록 만끽하고 동경했었다. 그들의 이러한 친애와 사랑은 뒤의 1.6절에서 논의할 구강 부위의 성애에 속하는 열정적인 키스를 포함하고 있었으며, 그것을 거리낌 없이 남성과 여성 사이의 성애적 관계와 비교했다. 여기서 우선적으로 문제가 되는 것은 포옹할 때 가슴 근방에서 느끼는 희열이다. 우리는 "누군가를 가슴으로 포옹하다"jemanden an sein Herz drücken라는 관용어 표현을 시작으로 이 희열에 가까이 다가갈 수 있다. 한 사람의 몸으로 자신의 가슴을 누르는 일은 수축 과정을 통해 신체적 긴장을 낳으며, 이 긴장을 바탕으로 하고 폭을 넓히는 포옹의 몸동작과 함께 지배적인 역할을 하는 팽창이 희열 상태에 특징적인 방식으로 등장하게 된다. 포옹 속에서 사랑의 감정이 깊고 고요하게 사람을 사로잡기 때문에, 사랑하는 사람들이 친밀하게 서로 기대고 순종하는 상태에 그대로 머물도록 할 수 있다(뒤의 2.2절을 보라). 친구들 사이의 열정적인 포옹은 좀 더 동적이라 할 수 있는데, 누르고 휘감는 동작을 변형시키고 반복함으로써 뻗친 팔에 의해 확장된 가슴 근방에서 긴장과 팽창이 교대로 지배하는 단계가 리드미컬하게 진동할 수 있도록 해준다. 낭만주의자들이 이런 과정에서 얼마나 본래적 의미의 동성애와 거리가 멀었는가를 우리는 이들이 대단히 솔직하게 우정을 표현하면서도 남색적인 면모를 전혀 보여 주지 않는다는 점에서 인식할 수 있다. 낭만주의적인 두 사람의 사랑과 공동체적 사랑이 지닌 이러한 시대적 양식을 상세하게 서술한 프리츠 기제는 이 점에 주목했고,[15] 그것을 양성적 경향의 표현으로 해석했다. 양성적 경향으로 남자들이 스스로 마치 여자처럼 느낄 수 있었다는 것이다. 실제로 우리는 오늘날에도 여성들 사이의 우정에서, 본래적인 성적 욕구의 격정이 없으면서도 상당히 강렬하게 애정 어린 접촉에 몰두하는 경향을 발견할 수 있다. 이럴 때 우리는 너무 성급하게 위장된 성적 소망을 얘기해선 안 될 것이다. 적어도 성적 소망을 [곧바로] 오르가즘과 도취를 지닌 성적 절정Ekstase과 연관 지으려 해서는 안 될 것이다(1.5절). 포옹과 입맞춤을 통해 충분히 체험하게 되는 희열은 (우정이라 지칭된 것을 포함한) 두 사람 사이의 사랑과 공동체적 사랑이 적절하게 실행되는 방식일 수 있다. 이때 어떤 다른 정점을 추구해야 할 필요는 없다. 물론 이러한 사랑하기가 적절한 경우는, 그것이 단지 신체적으로 사로잡는 감정들로 가득 차 있을 뿐 아니라, 상황으로서의 사랑(5장)에 대해서도 올바르게 부응할 때다. 물론 어떤 감춰진 갈등이나 억압된 소망이나 욕망을 부인하는 일이 이러한 사랑하기의 배후에 놓여 있을 가능성은 충분히 있다. 하지만 결코 반드시 그래야 하는 것은 아니다. 18세기 말 제후 부인 갈리친Amalie von

---

15) Giese, *Der romantische Charakter*, vol. I, pp. 254~263, p. 273 이하 참조.

Gallitzin을 중심으로 한 친구들이 보여 주는 것처럼, 성적 갈망에 대한 경멸을 표방하면서도 애정 어린 키스와 포옹을 나눌 수 있기 때문이다.[16]

## 1.4. 성기 근방에서의 희열

성기의 희열은 두 사람의 성적 사랑에서 모든 경우는 아니지만, 많은 경우에 신체적 공명을, 즉 사랑의 감정을 느끼는 신체적 공명을 가장 강력하게 기록하는 통로다. 성기의 희열에서 두드러진 특징은 생동력 안에서 긴장과 팽창의 리듬을 왕성하게 활성화시킨다는 데 있다. 그리고 이를 위해 간헐적으로 통증의 자극도 기꺼이 받아들이는데, 이는 통증에서는 그 국면에 따라 긴장이 주도적인 역할을 하고, 이에 상응하여 대립하며 경쟁하는 팽창이 새롭게 승리하는 위치로 부상할 수 있기 때문이다. 이러한 리드미컬한 대립성을 우리는 특히 성행위에서, 즉 남자의 성기가 질의 수축 상태에 대항하여 힘차게 전진하면서 쇄도해 들어갈 때, 그러면서도 또한 재차 이러한 수축 상태의 긴장을 낳는 억제를 찾을 때 경험할 수 있다. 이것은 [남성의 경우] 사정을 통해서 성공적으로 새로운 국면이 출현할 때까지 계속되는데, 이 국면에 신체적으로 상응하는 것은, 무한한 심층으로 떨어지는 것과 같이 [신체적 상태가] 흘러 나가 분산되는 박탈적 확장의 감지다. 생동력 안에서 대립적으로 경쟁하고 있는 것은 또한 성행위를 동반하는 관능적인 신음과 외침의 '모음적 몸짓표현'Vokalgebärde을 통해서도 드러난다. 신음에서는 관능적 팽

---

16) Kluckhohn, *Die Auffassung der Liebe in der Literatur des 18. Jahrhunderts und in der deutschen Romantik*, p. 232.

창이 가지고 있는 확대하려는 추진력이, 이를 막으면서 강화하는 억제에 막혀 고정된 상태다. 외침에서는 마치 (여성도 마찬가지로) 사정을 선취하는 듯한 분출이 성공하게 되는데, 하지만 이때 들숨이 급작스럽게 밀려들어 옴으로써, 팽창과 강렬하게 경쟁하고 있는 긴장이 높은 수준으로 계속 유지된다. 따라서 이렇게 스스로를 방출할 수 있는 성기 희열의 경우, 팽창이 박탈적 확장 과정으로 이행하고, 그러면서 리드미컬한 진동과 생동력의 분열을 통해서 사로잡는 감정을 위한 일종의 '정착지'를 제공하게 된다. 하지만 매우 격렬한 신체적 동요가 감정의 목소리를 압도함으로써, 감정에 대해 공명하는 데에 도달하지는 못한다. 그런데 이런 경우 출현하는 감정이 꼭 사랑일 필요도 없다. 마찬가지로 성기 희열은 리드미컬한 적응성Valenz을 통해 분노나 격분의 권역 안에 있는 공격적인 감정들에 대해 ──우리의 언어는 다시금 이를 제대로 표현하기 어려운데 ──개방적인 상태에 있을 수 있다. 또한 그것은 박탈적 확장의 적응성으로 인해, 성행위가 불만족스럽게 끝났을 때 슬픔과 고독의 감정에 대해서도 열려 있는 상태일 수 있다. 성기적 희열을 충분히 체험하게 되는 사건이 바로 성적 절정이다. 성적 절정은 성기 근방뿐만 아니라, 신체 전체를 요구하는 사건이기 때문에 성행위에 국한된 것이 아니며, 따라서 다음 절에서 따로 논의할 필요가 있다.

## 1.5. 성적 절정

나는 여기서 이전에 내가 성적 절정에 대해 상세하게 다루었던 내용을 기반으로 논의를 진행할 것이다. 이전에 나는 성적 절정을 다른 종류의 절정들과 함께 공간에 대한 공포증에 대비시키고, 분절화된 확장 공간을 현시한다는 점에서 이 두 부류의 경험[17]을 하나로 묶어 서술한 바 있다.[18] 통상적인 중립 상태에서, 가령 날씨를 지각할 때 현존하는 확장 공간은(4장 3절) 분절화되어 있지 않다. 신체가 그 절대적인 장소에서, 곧 신체의 수축 상태가 지닌 공간적 국면에서 확장 상태로부터 두드러지게 부각하기는 하지만, 수축과 확장이 서로 완전히 분리되어 버린 상태는 아니다. 이어 분절화가 이루어지면서 확장 공간은 분해되는데, 이때 단지 수축이 확장으로부터 구분될 뿐만 아니라, 역으로 확장 — 이 확장은 확장 공간에서 나타나는 것으로 제한 없이 널리 퍼져 있으며 아무런 운율적 형태를 지니지 않은 상태인데 — 또한 수축으로부터 구별되게 된다. 그럼으로써 이제 수축 상태와 확장 상태가 급격하게 대조되면서 서로 마주 서게 된다. 몇몇 공간 공포(순수한 확장 공포, 추락 공포, 황혼 공포)[19]에서는 이러한 대조가 동시적으로 일어난다. 그렇게 되면 수축이 중단되면서 제한이 없는 확장 속으로 상실되는 상태가 된다. 이 상태에서는 수축 상태에서 확장 상태로 이끄는(4장 3절) 신체적 방향의 추진력이 자신을 전개할 수가 없다. 이로써 불안이 특징적으로 포함하고 있는 억제, 즉 "저리 가!"(4장 2,3절)라는 추진력이 억제되는 상황이 초래된다. 광장 공포증이 엄습한 사람은 자신에게 무제한적으로 다가오는 공간의 확장 상태에 직면하여, 그 자리에서 옴짝달싹하지 못하는 상태에 처하게 된다. 황혼 공포증은 "중립적 구역들"의 공감각적 특성

---

17) 즉 절정의 경험과 공간 공포증의 경험을 가리킨다. ─옮긴이
18) Schmitz, *System der Philosophie*, vol. III part 1, pp. 136~193, 이 가운데 pp. 166~173이 성적 절정에 관한 내용이다.
19) *Ibid.*, pp. 136~166.

들(뒤의 2.3절), 가령 차갑고 창백하며 조용하고 느린 측면들이 모든 것을 마치 거울 뒤에 있는 듯 밀쳐 낼 때 발생한다. 이럴 때는 모든 것이, 공간적 거리와 상관없이 일어나는 질적이며 인상학적인 변화를 통해 신체적 방향들에게 도달할 수 없는 것으로 나타나게 되며, 이에 따라 신체는 낯설게 자신을 둘러싼 확장의 한복판에 고립된 채 오한을 느끼며 두려워하게 된다. 반면에 절정 경험에서는 이에 상응하는 대조가 연속적으로 진행된다. 곧 급작스러운 수축의 정점으로부터 무제한적인 확장 상태로 이행하는 것이다. 성적 절정에서 오르가즘과 도취는 이러한 방식으로 전개된다. 이것은 침몰하면서 흘러넘치는 유형의 과도한 확대 속에서 강력한 수축과 급작스러운 긴장 이완이 [연이어] 나타나는 방식이다. 따라서 여기서 생동력이 해체되는 두 가지 형식인 진동과 분열은 과격한 수준에 도달하여 서로 합치하게 되고, 지배적인 단계가 변화하는 것도 이미 팽창이 박탈적 확장으로 이행하는 방식을 보여 준다.

축약되지 않고 상세히 전개된 이상적 유형으로 이해했을 때, 성적 절정의 진행 과정은 다음 네 가지 단계로 구별할 수 있다. 처음 두 단계는 준비 단계이며, 나머지 두 단계는 실행 단계라 할 수 있다.

1. 시초에 존재하는 것은 모호하게 분산되는 원형감각적 확장이다. 이것은 신체 전체가 당당하게 팽창하는 상태로서, 팽창과 경쟁하고 있는 긴장이 이 팽창을 대립적으로 고무시키고 있다. 또한 프로이트적 의미의 성감대들이 자극되어 느끼는 "예비적 쾌락"Vorlust이 이 팽창을 뒷받침하고 있다. 예비적 쾌락이란 신체-섬들에서 원형감각적인 회열이 산출되는 상태를 뜻한다.

2. 이제 종류가 다른 희열이 이러한 확장과 교차, 혹은 그와 겹쳐지면서 일깨워지게 된다. 이 희열은 좀 더 판별적인 경향, 즉 장소적으로 좀 더 명확하게 한정된 특성을 지니고 있다. 그것은 개략적으로 말해서, 성적 욕망의 감각Sensation이라 할 터인데, 주로 성기 방면에서 느껴지지만 복강과 가슴 방면에서도 감지된다. 이 성적 감각은 또한 신체 전체를 넘쳐흐르는 관능적인 전율로도 느껴진다. 이러한 신체적 동요는 달콤하면서도, 거의 숨 막힐 듯 첨예하게 찌르는 것처럼 다가온다. 그것은 이를테면 해당 인간을 포로로 만들고 무력화시킨다. 이 두 단계는 순서를 바꿔 등장할 수 있으며 서로를 강화해 준다. 두 단계는 함께 성적 절정을 도입하는 부분으로서 성적 절정이 급작스럽게 격렬해지기 이전의 단계를 구성한다. 이들에 이어 급작스럽고 격렬하게 충족시키는 단계가 출현한다.

3. 본래적 의미의 성적 절정, 즉 성적 희열 속에서 몰아의 도취에 빠져드는 일의 시작점은 오르가즘이다. 오르가즘은 판별적 경향의 예비적 단계를 급격하게 강화하는데, 이는 판별적이며 특별히 부각하는 경향이 신체를 아직도 순수하게 절대적 장소(4장 2.2절)의 정점으로 이끌기 때문이다. 다른 한편, 상당한 정도의 도취 속에 빠져 있기 때문에, 감지할 수 있는 자신의 신체에서 상대적 장소들의 위치와 간격에 따라 정향定向할 수 있는 가능성도 사라지게 된다. 공간적 정향에서 손상되지 않고 남아 있는 것은 신체의 가장자리에 놓여 있는 인상의 조각들이다. 이러한 도취 상태가 바로 광범위한 미분별 상태의 중핵이며, 이러한 미분별의 상태에서 인간은 자신에 대한 지배력을 상당 부분 상실하게 된다. 하지만 이로써 이미 자기의식이 상실된 것은 아니다. 사태는 정반

대다. 자기의식은 [오히려] 오르가즘에서 정점에 달하며, 이 정점은 선명한 각인의 정도에서 불안과 통증의 극단적 수축 상태에 뒤지지 않는다. 다시 말해서, 자기 신체의 상대적 장소들이 지워지면서 그 어느 때보다 명확하게 [신체의] 절대적 장소가 부각하는 것이다. 그리고 이와 함께 원초적 현재도 명확하게 도드라지게 된다. 원초적 현재 속에서 절대적 장소로서의 신체는 응집된 주관성과(6장 1절) 하나로 융합한다. 오르가즘은 일정한 조야함Wildheit, 아니 일종의 잠재적 격분의 경향을 지니고 있는데, 왜냐하면 생동력이 밀고 나가는 강도가 가장 선명하게 고착되어 있기 때문이다.

4. 오르가즘 속에서 일어나는 현격한 수축 과정, 즉 신체적 강도가 날카롭게 정점에 도달하는 과정에 이어서 성적 절정을 충족하는 결말로 도취 단계가 등장한다. 이 단계는 무제한적인 확장 상태로 흘러들어 가는 것 또는 그 상태로 가라앉는 것을 말한다. 오르가즘에서 '여기'와 '주관성'이 그토록 강조되었던 것이, 마치 이제 이들이 이렇게 완벽하게 희생되기 위한 조건이었던 것처럼 보인다. 바로 이러한 몰락 과정 안에, 신비주의자들이 자주 성적 절정에서 찾으려 했던 형이상학적 의미가 근거하고 있다. 성적 절정의 도취 속으로 가라앉는 인간은 이를테면 일종의 해방적인 행위를 실천한 셈이다. 횔덜린은 자신의 엠페도클레스가 우주의 통일을 재생하기 위해 에트나 화산에 뛰어내린 것을 이러한 해방적 행위로 해석한 바 있다. 만일 도취 속에서 오르가즘의 날카로운 정점을 단번에 완전히 중단시키지 않고 리드미컬한 간격을 두고 유지하는 일이 성공한다면, 그러한 가라앉음이 지닌 운동의 암시성이 특별히 명확한 형태를 띠고 나타날 것이다. 이럴 경우, 여러 차례 강

력하게 진동하면서 활모양을 그리며 떨어지는 인상이 생성될 것이다. 따라서 불안에서는 중지된 벗어남(저지된 "저리 가!")의 과정이 성적 절정에서는 성공적으로 진행된다. 개체적으로 자립적인 주체가 도취 속으로 가라앉는 것이다. 성적 절정은 오직 오르가즘이 도취로부터 구별되는 과정을 통해서만, 이탈된 수축 상태가 무제한적인 확장 상태와 직접적으로 대면함으로써 불안으로 귀결되는 숙명에서 벗어날 수 있다. 만약 그러한 구별이 완벽하게 성공적이지 못하여 도취가 자유롭게 진동할 수 없게 되면, 어떤 불쾌한 기분, 즉 일종의 불안 내지 답답함이 절정을 엄습할 수 있다. 또한 오르가즘과 도취가 순차적으로 구별됨에도 불구하고 둘은 서로 결합하여 끊김이 없는 통일체를 이룰 수 있다. 이는 숨 쉬는 일을 긴장감 있게 중단하는 일과 발산하듯 숨을 내쉬는 일이 통일체를 이루는 것과 흡사하다. 이들은 선율을 이루는 소리나 노래의 도입부와 종결부에서처럼, 연속적으로 형성되어 하나의 완결된 형태를 이루는 것이다.

성적 희열은 세 번째 단계인 오르가즘으로 이행하면서 비로소 성적 절정이 된다. 도입 역할을 하는 두 단계는 준비 과정으로서 이어지는 두 단계와 서로 상응하는데, 즉 첫 번째 단계는 네 번째 단계에, 두 번째 단계는 세 번째 단계에 상응한다. 첫 번째 단계인 원형감각적 단계는 확장 상태로 흘러 나갈 준비가 된 희열, 곧 분산적으로 팽창하는 부드러운 희열을 끌어들인다. 신체-섬들의 형성은 신체의 확장이 증진되도록 영향을 미치고, 이를 통해 신체-섬들이 가능한 한 많이 일깨워지는 것이 이 단계의 부드러운 희열에 기여하게 된다.[20] 이러한 일깨우는 역할을 각별히 잘 수행하는 것이 다름 아닌 키스다. 키스는 희열을 이미 관능적으로 팽창하고 있는 입술과 혀의 영역에서 상대방의 신체로 전이시키는 역할을 한다. 이는 마치, 불타는 촛불이 가연 물질에 다가갔을 때 불이 붙게 되는 것과 유사하다. 이에 따라 키스는 통상 성적 절정에 앞서서 상대방 신체 가운데 관능에 민감한 것으로 잘 알려진 몇몇 영역, 즉 가슴, 목, 얼굴 등의 영역에서 시작한다. 이어서 키스는 황홀함이 증가함에 따라 계속 새로운 영역들에서 희열의 불꽃을 생생하게 자극하면서unter die Haut setzen 신체 어느 영역으로든 널리 퍼져 가게 된다.

판별적 경향을 띤 두 번째 단계는 이와는 다른 방식으로 절정을 준비한다. 물론 이 단계도 마찬가지로, 인간이 도취 속에서 무제한적인 확장 상태로 흘러 나갈 수 있을 만큼 충분히 무르익을 수 있도록 도와준다. 이 단계는 신체 내부로 감미롭고 관능적이며 날카로운 자극을 가함으로써 인간을 약하고 무력하게 만들며, 그럼으로써 자기 자신을 막 시작된 성적 희열의 유혹에 내맡기도록 이끈다. 다른 한편, 이러한 판별적 경향의 예비 단계는 세 번째 단계인 오르가즘을 준비하는 역할을 한다. 다시 말해 이 예비 단계에서 신체적 역동학의 한 구성요소, 즉 장소를 확인할 수 있는 판별적인 국면이 절대적 장소라는 정점을 향해 극적으로 날카로워지는 것이다. 이 정점에 도달해야만 [그다음] 이어지는 도취 상태가 이러한 첨예함을 완전히 떨쳐 내고 무제한적인 확장 상태에 빠져들 수 있게 된다. 판별적 경향을 이렇게 활성화하는 일, 그리고 긴장을 통해서 생동력의 팽창을 리드미컬하게 고무하는 일에 기여하

---

20) Schmitz, *System der Philosophie*, vol. II part 1, pp. 160~164.

는 또 다른 접촉 방식도 있다. 그것은 물고 할퀴고 꼬집는 행위를 통해 명확히 제한된 판별적 통증을 가하는 일인데, 이 또한 성적 절정의 희열을 상승시킬 수 있다.

오르가즘에서 예리하게 정점에 도달하는 수축 상태가 무제한적인 확장으로부터 구별됨으로써, 성적 절정은 공간 불안증에 의해 팽팽하게 결집되어 있는 생동력을 철저하게 해체한다. 따라서 성적 절정을 불안으로부터 보호해 주는 것이 다른 한편으로는, 신체의 역동적인 전체성을 붕괴시키게 된다. 이러한 신체의 붕괴는 신체-섬들의 형성을 통해 이루어진다. 도취 속에서 수축과 긴장이 사라지는데, [바로] 이 희생이 신체의 통일이 느슨하게 산재된 신체-섬들로 분해되는 일을 ─ 내가 규명한 법칙적 연관관계에 따라서 ─ 촉진시키는 것이다. 그 때문에 성적 절정의 도취 상태로부터 자신에게 되돌아온 사람에게 자신의 사지를 다시 모으는 일이 종종 쉽지 않은 것이다. 감지 가능한 신체-섬들로 이해되어야 할 사지는 마치 몸통에서 떨어져 나온 듯 독립적인 상태로 존재할 수 있다. 이러한 두 가지 원천, 즉 생동력의 해체, 그리고 신체-섬의 형성으로 신체가 분해되는 일이 성행위 후 기력이 소진된 상태에 빠지게 되는 원인이다. 이렇게 기력이 소진된 상태는, 납처럼 무거운 잠이나 강한 경악에서 깨어나는 일과 마찬가지로 일종의 재생 과정을 필요로 한다. 일반적으로 말해서, 성적 절정을 경험한 잠자리에 좀 더 머무는 것이 그러한 재생을 용이하게 한다.

성적 절정이 지난 후 기력이 빠지고 이를 다시 회복하는 단계는 감정으로서의 사랑이 찾아오는 데 중요하다. 오르가즘의 절정으로부터 하강하면서, 물론 신체는 박탈적 확장 상태에 놓여 있으며 감정의 분위기들에 대해 열려 있다. 하지만 이 열려 있음은 사랑의 감정보다는 로맹 롤랑이 말하는 '대양적' 감정이거나 '슬픔'의 감정에 대한 열려 있음에 가깝다.[21] 왜냐하면 성적 절정에서 일어나는 추락은 환희에 넘치지만, 동시에 무제한적 확장의 형태로 절대적 차원과 맞닥뜨리는 당황스러운 경험이기 때문에 상대방에게 애정 어린 관심을 기울이기에는 너무도 극단적으로 다가오기 때문이다. 루트비히 클라게스의 의미로 말하자면, 성적 절정의 도취는 자기-감각적인idiopathisch 상태이지, 공감-체험적인sympathetisch 상태가 아니다.[22] 두 사람의 성적 사랑은 성적 절정에 직면하여 이 극적이며 엄청난 경험을 함께 소화해야 할 때, 다시금 새로운 기회를 얻게 된다. 이 새로운 기회를 위한 자리가 바로 도취에서 깨어나 [생동력을] 재생하는 단계다. 생동력이 해체되고 신체-섬들로 분해된 상태에서 다시 신체를 통합하는 일은 동시에 두 사람이 사랑하면서 서로를 함께 찾아가는 과정이 될 수 있다. 다시 말해서, 이것은 절정의 상태에서 신체가 지니고 있던 감정에 대한 개방성, 즉 신체가 자신을 사로잡는 감정을 개방적으로 수용할 수 있던 것을 위해 사후적으로 사랑의 감정을 가져오는 일이 될 수 있다. 성적 절정을 보낸 후, 잠자리에서 서로 마주 보면서 미소 짓고 함께 수다를 떠는 것은 이렇게 사랑을 되찾아 오는 방식이다. 이는 사정 후 옆으로 돌아누워 코를 고는 저급한 남자의 행동 방식과는 전적으로 다르다.[23]

---

21) *Ibid.*, p. 78 참조.
22) Ludwig Klages, *Vom kosmogonischen Eros*, 2nd ed., Jena 1926, pp. 78~91.
23) 여기서 내가 감히 자신 있게 답변할 수 없는 문제 하나가 떠오른다. 그것은 남성과 여성이 체험하는 절정 형식의 차이에 대한 문제다. 나는 하나의 추측만을 언급하고자 한다. 여성들의

## 1.6. 구강 근방에서의 희열

구강 영역은 감지된 신체-섬들이 형성하는 항상적인 짜임관계 Konstellation로서, 온갖 형태의 희열에 대해 이들이 더 잘 전개될 수 있는 풍부한 기회를 제공한다. 입은 축소된 형태의 신체 자체다. 혀, 입천장, 치아, 입술은 작은 공간에 늘 함께 있으면서 서로 어우러져 살아가야만 한다. 이로 인해 본질적으로 상이한 부분들이 스스로 접촉하고 또 스스로 감지하는 자기연관적 경험이 혼융된 상태를 이룬다고 할 수 있다. 이는 촉각을 느낄 수 있는 육체 부분이 스스로 육체의 표면과 관계하는 것과 다르지 않지만, 구강 영역은 훨씬 더 내밀한 상태를 드러낸다. 왜냐하면 입속에서 이루어지는 접촉은 지속적이며, 인상의 동형성으로 인해 오래 지속되는 영향을 미칠 뿐 아니라, 접촉 과정에서 수동성과 능동성의 역할이 명확히 배분된 상태와 결합하기 때문이다. 반면에 [가령] 양손은 단지 자의적이며 우연적으로만 서로 접촉하며, 상호관계에서 상황에 따라 한 손이 다른 손에 비해 다소간 능동적인 역할을 할 수 있을 뿐이다. 나아가 예를 들어, 음식을 먹을 때는 낯선 물체가 입 안으로 들어오고 거기서 접촉하고 움직이며 잘게 부서진다. 입은 이런 방식으로 생동력의 활동에 대한 저항을 경험하는 일종의 학교가 된다.

---

보고에 따르면, 여성이 느끼는 절정은 클리토리스를 직접 자극하는 데서 오는가 아니면 성행위 자체에서 오는가에 따라 질적으로 상이하다고 한다(프로이트 이래 남성 학자들은 이 주제에 대해 온갖 추측과 억측을 시도해 왔다). 내가 보기에, 클리토리스의 절정은 (에컨대 자위행위에서) 판별적인 경향과 오르가즘을 좀 더 확연히 부각하는 데 비해, 성행위에서의 여성적 절정은 원형감각적인 경향과 도취를 좀 더 확연히 부각하는 것 같다. 이러한 두 단계가 넓은 의미의 성적 절정에 함께 속한다는 점은 이론의 여지가 거의 없다. 물론 강조점의 차이에 따른 변형도 주목할 필요가 있을 것이다.

[앞서 서술했듯] 생동력 안에서 긴장과 팽창은 지배적인 위상을 마치 하나의 공을 주고받듯이 서로 주고받고 있다. 구강 영역에서 각별한 우선권을 가진 것은 입에서 이루어지는 확장 과정이다. 우리는 입을 저절로 혹은 자의적으로 벌릴 수 있다. 하품할 때는 긴장과 팽창이 강렬하게 통합된 상태가 된다. 하지만 다른 경우에는 어떠한 긴장하는 수축 과정도 이러한 확장 과정과 경쟁하지 않으며, 그럼으로써 이 확장은 박탈적 상태의 확장이 된다. 혀가 입천장과 치아의 견고함에 대해 버티는 와중에 생동력은 비단 강도적으로뿐만 아니라 리드미컬하게 활동할 수 있게 된다. 여기서 혀가 지닌 부드러움과 유동성, 그리고 혀가 취할 수 있는 매우 다양한 자세, 형태, 동작에 힘입어서 인간은, 협소한 구강 크기에도 불구하고 밀쳐 냄을 지나치게 강력하게 제지하는 것, 즉 불안과 고통을 예방할 수 있게 된다. 그 때문에 혀를 통한 유희는 (긴장 혹은 팽창의 지배 없이) 압도적으로 힘을 펼치는, (팽창하는 확장이 우세한 상태에서) 그러한 희열을 갖기 위한 기초적인 자질이 된다.

그러나 입에서는 긴장과 팽창의 두 경향 사이에서 또 다른 비중 관계들이 미리 형성되어 있다고 할 수 있다. 이는 특히, 서로 누를 수 있는 입술과 함께 씹을 수 있는 치아를 통해 이루어진다. 그럴 때 생동력에서 긴장이 주도적인 역할을 한다. 다른 한편, 혀처럼 유동적이며 형태가 가변적인 입술은 또한 키스하고 빨아들이고 소리 내어 마시는 일을 함으로써 관능적 팽창을 위해 봉사할 수도 있다. 그런데 입술이 입안의 신체적 수축 과정을 위한 보호막 역할을 하는 한, 수축을 확장에게 매개해 주는 신체적 방향이 입술로부터 등장하게 된다. 신체적 방향은 (숨을 밖으로 배출할 때와 외침과 말을 위해 목소리를 낼 때) 바깥을 향하거나 아니면 빨아들이고 소리 내어 마실 때 인두 아래쪽을 향할 수 있다. 후자의 경우, 자기 신체성에서는 운율적으로 불확정적인 확장과 심층을 향한 것으로 감지된다. 아울러 혀의 동작들도 신체적 방향들을 위한 준비 역할을 한다. 살짝 미소를 짓거나 그 밖의 다른 입술의 흉내 기술들은 온갖 종류의 수축, 확장, 방향의 형태를 표현할 수 있는 대단히 풍부한 가능성을 지니고 있다. 이때 신체가 지닌 원형감각적이며 분산적인 경향과 판별적이며 세부를 강조하는 경향도 마찬가지로 효력을 발휘하게 된다. 나아가 혀는 감지할 수 있는 신체-섬으로서 원형감각적인 성격을 갖고 있다. 이 성격은 혀가 침의 습한 환경 속에 있는 부드러운 점액성의 덩어리로서 지니고 있는 공감각적 특성(2.3절) 때문이기도 하다. 그리고 혀는 통상적인 (고통이 없는) 상황에서 낯선 물체처럼 확연하게 두드러진 견고한 치아들에서 지속적으로 뾰족하고 모난 판별적 경향의 형태진로들(2.3절)을 만나고 있다.

이러한 서술에서 희열의 폭넓은 여지, 즉 구강에서 희열이 얼마나 큰 가능성의 스펙트럼을 갖고 있는가가 곧바로 드러난다. 이는 수축 과정과 확장 과정의 차원에서뿐만 아니라 원형감각적인 경향 및 판별적인 경향과 함께 작용하는 것에 대해서도 해당한다. 신체적으로 사랑에 사로잡혀서 키스를 나눌 때 입술과 혀가 움직이게 된다. 이때 빨아들이는 일의 희열도 마찬가지로 고려해야 한다. 그렇게 되면 뾰족하게 유지하고 있는 입술의 긴장이, 밀려오는 충만함을 빨아들일 때 지배적인 위상을 획득하는 팽창과 결합하게 된다. 여기서 밀려오는 충만함은 어머니의 젖가슴을 관능적으로 빨고 있는 아이에게는 모유일 것이며, 반면 성적 흥분 속에서 상대방의 피부를 빨고 있는 사람에게는 아마도 집어

삼키는 것을 [상상적으로] 선취한 환영일 것이다. 빨아들이는 성적 희열이 특히 선명하게 각인되는 때는 펠라티오, 즉 남성의 성기를 입으로 빨아들일 때다. 이때 남성의 성기는 빨아들이는 입술이 긴장시키면서 압박을 가하는 것에 대해 팽창으로 대응하며, 이러한 팽창 과정은 사정을 선취하면서 흥분시키는 환상을 통해 관능적 희열이 완벽하게 지배하는 수준까지 상승하게 된다.

## 2. 사랑에서 내체화

### 2.1. 내체화

지금까지 나는 개별 신체의 관점에서 출발하여 ——사랑하는 두 사람이 함께 협력하는 과정에서도 ——사랑과 신체의 관계를 파악하고자 했다. 하지만 신체적 소통의 관점에서 사랑하는 한 쌍을 하나의 체계로서 주제화하는 논의도 필요하다. 이를 통해 밝혀지게 될 많은 내용은 좀 더 범위가 큰 집단의 사랑에도 유비적으로 적용될 수 있을 것이다. 물론 그렇게 적용할 경우, 중추적인 구조들이 그렇게 명확한 모습으로 도드라지지는 못할 것이다. 따라서 사랑하는 한 쌍과 관련하여 해명 작업을 선구적으로 시도하는 일이 합당하다. 이 해명 작업의 성공을 위해 결정적으로 중요한 것은 '내체화'의 발견이다. 나는 생동력의 구조와 연결하면서(4장 2.3절, 이 장 1절 참조), 자기 자신의 신체로부터 통합된 '신체-공동체'에 이르는 연속적인 단계를 통해서 독자를 내체화로 이끌고자 한다. 수축과 확장은 생동력 안에 있는 긴장과 팽창으로서, 말하자면 적대적 경쟁 관계에 있는 대화의 파트너들이다. 들숨에서 긴장과 팽창의 두 경향은 집약적으로 하나로 합쳐지게 된다. [반면] 불안과 희열에서는 리드미컬하게 서로 경쟁하면서, 두 경향이 이미 파트너처럼 서로 유희하기 시작한다. 만약 여기서 통증이 출현한다면 ─ 통증은 자기 자신의 신체 상태이면서 동시에 침투해 들어오는 적대자로 감지되는데 ─, 이러한 두 경향의 유희는 불화 상태에서의 역할 분담이 되어버린다. 그리고 만약 어떤 것이 자기 자신의 신체**에서** 감지될 때, 그런데 이 어떤 것이 이 신체**로부터** 연유한 것이 아니라,[24] 이 신체를 감싸면서 내지는 이 신체 속으로 개입해 들어오는 것으로서 감지될 때(오슬오슬하거나 땀을 흘리게 하는 날씨의 경험에서, 또는 추락 위험에 직면하여 끌어내리는 무거움을 마치 어떤 습격처럼 느낄 때, 또는 전기적인 충격을 감지할 때, 혹은 아주 강력한 바람을 맞을 때 등등), 긴장과 팽창의 역할을 배분하는 과정이 중도에서 자기 자신의 신체를 넘어서도록 하게 된다. 처음에는 자기 자신의 신체에서 진행된 [긴장과 팽창의] '대화'가 자신의 신체를 넘어서고, 한 걸음 더 나아가 바깥을 향해 펼쳐지게 되면, 이때 신체는 자신이 맞닥뜨리는, 자신에게 속하지 않는 대상(예컨대 사람들, 신체, 죽은 물체 등)과 결합하여 신체적 역동학의 구조를(4장 2.3절) 지닌 하나의 형성물을 이루게 된다. 이것이 바로 **내체화**다.

통상적으로 눈을 보는 일은 이미 내체화다. 만약 어떤 거대한 덩어리가 위협적으로 다가온다면, 우리는 주변 상황이 허락하는 한 재빨리

---

24) 슈미츠가 여기서 전치사 'an'과 'von'의 구분을 강조하는 이유는, 그가 현상학적 신체(성)가 경계가 정해지지 않은 열려 있는 흐름과 힘의 감지(an)라는 점을 장소가 명확히 정해진 육체로부터(von) 재차 명확히 구별하고자 하기 때문이다. ─옮긴이

요령 있게 옆으로 뛰거나 머리를 피하는 등의 행위를 통해 자신을 안전한 위치로 옮긴다. 이것은 오직 우리가 눈으로 보면서 보는 것보다 더 많이 지각하고 있기 때문에 가능하다. 즉 우리는 보면서 습관적으로 전혀 혹은 거의 보지 않지만, 우리 자신의 신체와 육체를 함께 지각하고 있다. 그런데 이 신체와 육체는 내체화를 통해서 보이는 대상과 병합되어 있기에 반응 시간이 없는 듯 즉각 함께 움직일 수 있다. '반응 시간 없이 반응하기', 이것이 내체화를 보여 주는 주도적인 징후다. 예를 들어 함께 톱질을 하거나, 노를 젓거나, 연주를 하는 사람의 경우, 또는 마부와 말의 경우, 혹은 자동차나 오토바이 운전자가 자신이 모는 기계 및 도로와 관계할 때, 또는 독일에서 일상적인 인사 동작인 악수와 포옹할(포옹은 촉각적 내체화로서 악수를 강화할 뿐 아니라 넘어서는 과정이다) 때가 그러한 내체화의 예다.[25] 내체화 없는 대화는 존재하지 않는다![26] 마찬가지로 스포츠 경기에서의 대결, 엄마와 아기, 일련의 동물에게서 볼 수 있는 종적 특유의 행동 방식[27] 등도 반응 시간 없이 함께 움직이는 행위에 대한 증거다. 이것은 몸의 균형을 잡을 때 개별 신체의 사지가 함께 반응하는 경우, 또는 시선이 신체를 운동적 육체 도식 속에 편입시키는 경우도(4장 3절) 마찬가지다. 그 때문에 이러한 징후가 나타나면, 우리는 충분히 내체화를 통해서 즉석에서 형성되는(곧 대부분 다시 해체되는) 포괄하는 신체를 이야기할 수 있다. 청각적인 내

25) Hermann Schmitz, *System der Philosophie*, vol. III part 5, Bonn 1978(2nd ed., 1989), pp. 95~97; vol. V, Bonn 1980, p. 33 이하 참조.

26) *Ibid.*, pp. 97~101.

27) *Ibid.*, pp. 37~39.

체화는 포괄하는 신체 형성에 대한 여러 뚜렷한 증거를 보여 준다. 함께 음악을 듣는 사람들은 하나의 분위기를 자아내는 종소리 아래에 있는 듯 함께 결합하면서 그러한 포괄하는 신체를 형성한다. 리드미컬한 소리, 합창, 춤과 행진 음악을 통해 군중 심리를 북돋우는 일은 개별자의 신체들이 일종의 '그룹 신체' 속에서 일어나는 인도引導에 복종하도록 한다. 내체화가 일어나는 가장 중요한 통로 가운데 하나가 바로 시선이다. 시선은 신체적인 동요로서, 시선을 던지는 사람 자신의 신체에서 감지될 뿐만 아니라 ―심지어 눈을 감고 있는 경우에도 어떤 집중하려는, 신체적 긴장을 집결시키는 "안쪽을 향한 시선"으로 감지되는데 ―다른 사람의 신체에서도 그 자체의 동요로서 지각될 수 있다. 이때 신체의 동요에는 감정들이 실려 있을 수 있다. 사람들은 이러한 시선에 의해 '적중된다'. 우리는 이를테면 우리 자신의 신체에서 '시선의 낙뢰'를 감지하며, 다른 사람이 언제 우리 눈을 보는지, 다른 사람의 시선이 어디를 향해 있는지 놀랄 만큼 정확하게 알고 있다. 통상적인 생리학과 심리학이 제시하는 표준화된 감각자료들만으로 이 정확성을 설명하기는 대단히 어렵다. 서로 만나고 있는 시선들은 신체적 동요들이다. 시선은 신체 내부에서 일종의 레슬링 겨루기처럼 일어나고 있는 긴장과 팽창의 대화를, 내체화에 의해 형성된 포괄하는 '신체' 혹은 '의사疑似-신체' 속으로 전이시킨다. 그 때문에 시선들 사이의 만남은, 설사 어떤 특출한 자세나 지배에 대한 집착이 없어도 늘, 저절로 우월함을 차지하기 위한 하나의 투쟁이 된다. 이러한 대결은 사람들 사이에서만 일어나는 것이 아니라, 동물들 사이와 사람과 동물 사이에서도 일어난다. 타인의 시선을 눈을 직시하면서 견디는 일은 쉽지 않다. 이 공격을 막아 내지 못한 자는 상대에게 굴복한다.[28] 즉 그는 시선을 내리거나, 다른 방향으로 돌리거나 아니면 포획되어 옴짝달싹하지 못한다. 그리하여 성애적인 접촉에서도 (아주 짧다고 할지라도) '연장된' 시선이 결정적인 역할을 하는 것이다. 이런 경우, 시선에 의한 내체화는 격정적이다. 하지만 시선을 통한 내체화는 전혀 극적이지는 않아도, 경이롭다고 할 일 또한 해낸다. 예를 들어, 사람들이 밀집해 있는 거리를 가로질러 걸어갈 때가 그러하다. 사람들은 보통 시선을 대충 힐끗 던지는 데도 밀려오는 행인들과 부딪히지 않고 걸어간다. 사람들은 행인들의 위치나 진로를 의식적으로 고려할 필요가 없으며, 그래도 이들과 부딪히지 않고 발걸음을 적절히 옮긴다. 이 복잡한 과제를 수학적으로 해결하기란 매우 어렵거나 불가능할 것이다. 하지만 도시인들은 매일 자발적이며 순간적인 내체화를 통해서 매일 이 과제를 수도 없이 능숙하게 해결하며 살아간다.

내체화는 일방적일 수도 상호적일 수도 있다. 일방적인 내체화는 무엇인가에 강하게 매혹되었을 때, 가령 사람들이 외줄 타기를 하는 기예가의 위험천만한 곡예를 넋을 잃고 숨죽이면서 바라볼 때다. 또는 함께 음악을 연주하는 과정에서 한 연주자가 자신의 관심을 사로잡는 테마 속으로 자신을 연대적으로 내체화하는 경우, 혹은 함께 참여한 사람들이 서로 간에 관심을 기울이지 않는 상태에서 노래를 부를 때가 그러한 일방적 내체화에 해당한다. 한편, 상호적 내체화에 대한 특징적인

---

28) 이것은 이미 어린이들 사이에서 일어나는 전형적인 반응이다. David Lewis, *The Secret Language of Your Child*, London 1978, p. 198 참조.

표식은, 내체화를 통해 즉석에서 형성된 포괄하는 신체 안에서 우월함의 역할이 교대로 변동한다는 데에 있다. 이 변동은, 불안과 희열의 상태에서 긴장이 우세한 단계와 팽창이 우세한 단계가 리드미컬하게 교체하는 것에 상응하여 일어난다. 그렇게 되면 내체화에 참여하는 두 파트너는 짧은 간격을 두고 마치 공을 넘기듯이 상대방에게 우월함을 넘겨준다. 이러한 유희에서, 가령 대화 과정에서처럼 중요한 전달자 역할을 하는 것은 시선 교환이다. 대화에 참여하는 화자는 대개 상대방을 직접 보면서 시선을 접촉하려는 경향을 보이는데, 이는 단지 자신이 한 말의 효과를 통제하기 위해서가 아니라, 자신과 상대방이 신체적으로 감지할 수 있는 방식으로 상대방에게 '안착하고자' 하기 때문이다. 대화에 속한 내체화에서 이러한 안착이 성공하기까지는, 말이 건네진 쪽이 성공을 결정하는 우위를 점하고 있다. 말을 건넨 화자의 신체적 관심에 대해 건네진 쪽에서 (말의 내용이 아니라) 시선으로 미세한 호응의 신호를 보내기만 해도, 화자는 주도권을 쥐게 된다. 이제부터는 대화 속 내체화에 의해 즉석에서 형성된 포괄하는 신체의 살아 있는 생동력에서 주도권이 [양방향으로] 진동하게 된다. 만약 이러한 진동이 —— 이 진동은 당연히 청각적 통로 또한 활용할 수 있다 —— 부재한다면, '너의 명증성'Du-Evidenz, 곧 의식을 지닌 타인과 관계하고 있다는 명증성이 사라진다. 이를 보여 주는 명확한 예로 주유소 직원 복장을 하고 영혼 없이 움직이며 인사하는 기계 인형을 들 수 있다. 전기 모터로 구동되는 인형의 인사 동작은 물론, 지나가는 운전자를 멈춰 세워 주유소와 편의점의 매출을 올리기 위한 것이다. 이를 설명하는 신문 기사 하나를 보자. "우리는 한 사람을 본다. 적어도 아주 잠깐 그렇다고 믿는다. … 손

동작이 사람의 행동을 가장하기 때문에, 인형의 차원들은 … 현실적인 사람, '살아 있는' 사람을 보여 준다. … 하지만 동시에 우리 본능이 '뭔가 맞지 않는다', '감각이 끊긴다', '인형이 너무 뻣뻣하다', '죽은 것 같다'라고 말한다. 이 균열이 혼란스럽게 하고, 불안감을 자아내며, 긴장을 고조시킨다."[29] 상호적인 내체화의 유희 속에서 되돌아오는 반응이 없기 때문에, 의식을 지닌 '타자'를 향한 접촉의 길이 끊어진다. 이러한 결핍이 '너무 뻣뻣하다', '죽은 것 같다'라는 본능의 말로 부각하는데, 만약 그러한 결핍이 없다면 인형을 의식을 지닌 보통 사람으로 믿었을 것이다. 이에 따라 볼 때, 상호적인 내체화가 이른바 '너의 명증함'을 위한, 즉 의식을 지닌 어떤 타자(주체)와 마주하고 있음을 자연스럽게 확신하기 위한 필연적이며 충분한 조건인 듯 보인다. 상호적인 내체화는 사람 사이의 교제에서는 물론, 동물과의 관계에서도 ─ 곤충과는 아니겠지만, 적어도 인간에 대해 표현 능력을 갖추고 있는 동물과의 관계에서는 ─ 잘 작동하며 언어를 필요로 하지 않는다. 물론 속을 가능성이 없는 것은 아니다. 상호적인 내체화는 의식을 갖기는커녕 생명체가 아닌 사물과의 관계에서도 존재한다. 이에 대한 사례는 열광적인 자동차 내지 오토바이 레이서가 자신의 차량과 흡사 '켄타우로스' 같은 결합을 이루는 것이다. 차량은 상호적 내체화 속에서 레이서에게 반응을 돌려주면서, 마치 말이 기수에게 하듯이, 레이서의 운동적 추동력을 자극할 수 있다. 운전자가 정상적인 인지 상태에서 진지하게 차량을 말과 같이 자신의 주관성을 지닌 생명체로 여기지는 않지만, 자연스럽게 '너의 명

29) Frank Gotta, "Der seelenlose Winkemann", *FAZ*, 1978년 6월 10일 경제면.

증함'이 나타나는 경우에는 차량이 그렇게 생명체처럼 다가오기도 한다. 속도에 대한 도취가 위험하게 분출되면서 끔찍한 자동차 사고에 이르게 되는 것은, 종종 인간과 기계 사이에 형성되는 하나의 공생의 결과일 것이다. 이 공생에서 운전자와 자동차는 상호적인 내체화 속에서 우월한 지위를 주고받으며 진동시키면서 서로를 더더욱 "격하게 자극시킨다". 공생을 향한 갈망이 운전대에서 종종 벌어지는 경솔함의 원인이 되는 것이다.

## 2.2. 성애적 내체화의 접촉 지점들

상호적 내체화로서 시선들 사이에 이루어지는 대화는 사랑의 운명에서 대단히 중요하다. 이를 통해 인상들이 서로 교환되고, 상황들이 달아오르거나 중단되며, 혹은 분위기(감정)들이 상대방에게 전달되기 때문이다. 시선의 드라마가 몇 초 이내에 얼마나 풍부하게 펼쳐질 수 있는가를 순간적인 시선 교환에 관한 다음 보고가 잘 보여 준다. 그것은 서로 모르는 두 남녀 승객이 우연히 같은 칸에 앉게 되어 주고받은 시선에 관한 보고인데(5장 7절에서 이미 일부 언급했다), 시선 교환이 품고 있던 잠재적인 사랑은 시작되기도 전에 실패로 끝난다. 보고는 여성의 관점에서 이렇게 얘기한다. "그녀는 객관적 가면 밖으로 나와 [남성의 시선에] 동일한 시선으로 응답할 시도를 아직 하지 않았다. 하지만 만약 그녀가 자신을 그렇게 응답하도록 강제하여, 극히 짧은 순간 동안이나마 낯선 시선 안으로 들어간다면, 그녀는 그러한 [시선의] 만남에서 움찔하며 몸을 움츠리고, 포옹과 다름없는 이 체험의 부끄러움을 힘겹게 넘어설 것이다. 만약 그녀가 잘 견뎌 낸다면, 남성이 [오히려] 그녀의 시선 아래에서 대상이 될 것이다. 그녀가 그를 가능한 연인으로 자신에게 복종시키는 것이다. 그녀와 마찬가지로 이 순간에 남성은 실제보다 더 위험하고 비밀스러운 존재가 될 것이다. 그녀는 남성의 일상적인 현실에 대해 아무것도 알고 싶어 하지 않는다. 그가 그녀를 찾고 만난 바로 그곳에서 그녀는 그를 찾아낸다. 이제는 그가 점점 더 불안해지며 담뱃불을 붙이고 자세를 취하며 손을 보여 주는 쪽이 된다. 그녀는 미소 짓지 않을 수 없다.

그러나 남성은 전혀 미소 짓지 않는다. 그는 그러한 시선들에 대한 권리를 그녀에게 내맡길 생각이 없다. 그의 표정이 좀 더 모호해진다. 남성은 이전의 상황을 강제적으로라도 다시 복구시키고자 날카롭게 쏘아보는 시선으로 그녀를 대상의 역할로 재차 밀어 넣으려 한다.

본래 이 여성은 순순히 남성을 따르는 일을 반대하지 않는다. 그녀는 개화한 수동적 상태에서 훨씬 더 풍성한 모습이었고 스스로 이를 즐겼다. 하지만 이제 그녀는 이미 남성의 영역 속으로 너무 멀리 나아갔으며 스스로 전도유망했던 거울상에서 벗어났다. 그녀는 [거울상의] 세력권 밖으로 나가서 관심을 일깨우는 시선을 적대적인 시선으로 변형시켰다. 곧바로 남성은 그녀에게 저항하기 시작한다. 만약 그가 지금 자신의 근원적인 욕망을 행동으로 옮겨 그녀에게 말을 건다면, 그는 추근대는 남자가 될 것이다. 두 사람 사이에 말 한마디를 하자마자, 그는 그녀를 일상적이며 밋밋한 여성으로 되돌려 버릴 것이다.

여성은 재빨리 고개를 숙이고 서둘러 남성의 자발성의 영역에서 벗어난다. 그러나 여성은 이내 실망하며 이렇게 생각한다. '내가 이런 생각을 하기 전에 그가 내게 말을 걸었어야 했는데, 그가 60초 동안만이라도 내 시선을 기꺼이 받아들였어야 했는데, 그걸로 충분했는데, 그랬다면 나는 그가 활용하지 않은 가능성을 알아채고 바로 그 가능성을 위한 영원한 대상이 될 수 있었을 텐데.'"30)

이 묘사는 2.1절에서 서술한 투쟁적인 본성, 즉 내체화로부터 시선 교환 속으로 들어오는 투쟁적인 본성을 매우 분명하게 알려 준다. 그것은 또한 내체화가 상호적으로 이루어지도록 해주는 우월성 단계의 상호교체 과정도 잘 확인시켜 준다. 가령, 최면술사의 이른바 "집중적 시선"Zentralblick은 이러한 시선의 상호교체와 대립적이다. 집중적 시선은 최면술사가 최면 시술을 받는 상대방을 자신 속으로 일방적으로 내체화하면서 자신의 우월함을 유지하기 위해 사용하는 기법이다. 최면술사는 이때 상대방의 비근鼻根에 시선을 고정하는데, 이는 시선 사이의 투쟁 과정에서 최면술사가 예기치 않게 스스로 최면에 걸리지 않기 위해서다.31) [이 기법에서는] 시선을 아래로 내림으로써 시야를 제공해 주는 것도 확인된다. 아울러 [최면의 시선 교환에] 참여하고 있는 두 사람이 함께 구축하고 있는 다층적 차원도 특기할 만하다. 두 사람은 아무런 준비 없이 시선 교환을 시작한 후에 ── 개체적 해방의 일정한 수준을 (그리고 그 양식을) 황급히 수용함으로써(5장 3절) ── 상호적인 내체화 속에서 공통적인 [최면] 사건이 자신들에게 넌지시 부여하는 역할과

---

30) Hedwig Rohde in *FAZ*, 1957년 7월 6일, Walter Ehrenstein, *Probleme des höheren Seelenlebens*, Basel 1965, p. 310 이하에서 재인용. [슈미츠가 이 보고를 이렇게 상세히 인용하는 이유는 분명하다. 이 보고가 시선을 주고받는 일에 함축된 감정과 암시의 드라마를 예리하고 섬세하게 포착하고 있기 때문이다.]

31) S. Seligmann, *Der böse Blick und Verwandtes*, vol. I, Berlin 1910, p. 77 이하; B. Stokvis and D. Langen, *Lehrbuch der Hypnose*, 2nd ed., Basel/New York 1965, p. 36.

가능성들을 넘어서고 있으며, 이런 과정을 통해서 마치 갑자기 강물이 불어났을 때 재빨리 나무 위로 올라가듯이 함께 다층적 차원을 구축하고 있다. 마찬가지로 [여기서] 개체성이 신체적인 과정에 뿌리를 두고 있다는 점도 분명하게 드러난다. 개체성은 시선 사이의 신체적 소통 속에서 뜻하지 않게 저절로 열리게 되며, 또 이러한 열림 상태에서 빠져 나오기가 매우 어렵다.

상호적 내체화의 원형, 즉 이 내체화의 구조를 선명하게 보여 주는 모델로 볼 수 있는 것은 레슬링 경기다. 레슬링 경기에서 두 사람은 각자, 서로 적대적으로 경쟁하고 있는 두 가지 방향에 따라서 ── 곧 긴장 아니면 팽창으로서 ── 상대방과의 관계에서 자신이 넘겨받은 역할로서 생생한 생동력을 받아들인다. 왜냐하면 각자는 상대방이 가하는 압력을 긴장시키는 수축으로 겪게 되며, 이 수축에 대항하여 힘을 쏟는 일은 팽창하는 확장 상태에서 ── 상대방을 수축시키면서 ── 자신을 관철시키고자 시도하기 때문이다. 두 레슬링 선수는 이러한 대칭성의 틀 안에서 번갈아 가면서, 한쪽이 다른 쪽을 수축으로 몰아넣음으로써 확장이 긴장에 대해 우위에 서게 되는 지배적인 지위를 교대로 차지한다.[32] 이와 마찬가지 방식으로 시선 접촉도 ── 설사 그것이 아무리 다정하고 좋은 뜻의 접촉이라 해도 ── 다른 수단을 사용하는 레슬링 경기라 할 수 있다. 이것은 악수(인사하는 접촉의 몸짓으로서 이 또한 아주 작은 영역의 레슬링 경기인데)를 통한 접촉이나 포옹, 나아가 성행위에

[32] 슈미츠의 묘사에 가장 잘 들어맞는 레슬링 종류는 상체만을 사용하여 힘을 겨루고 상대를 제압하는 '그레코로만'(Greco-Roman)일 것이다.─옮긴이

대해서도 유효하다. 이미 고대 그리스인들은 성행위를 일종의 레슬링 경기로 생각한 바 있다.[33] 직접적인 신체적 접촉이 시선 교환에 비해서 갖고 있는 큰 장점은, 대적하고 있는 긴장과 팽창이 던지는 파동을 대단히 정교하게 조정할 수 있다는 점이다. 즉 '아주 강하게'로부터 '아주 약하게'에 이르기까지, 격정적인 흥분 상태에서 섬세한 입김 혹은 거의 감지할 수 없는 흔들림에 이르기까지 정교하게 조정할 수 있는 것이다. 시선들은 창과 흡사하여 제어할 수 없이 [상대방 신체의] 심층으로 파고든다. [반면에] 손은 쓰다듬을 수 있으며, 내체화의 잔잔한 유희 속에서 편안한 느낌을 줄 수 있다. 이것은 촉각적 내체화의 다른 접촉 부위에도 해당한다. 그 때문에 ──섬세한 태도가 충분히 전제되었다고 할 때 ── 촉각적 내체화에서는, 자신이 (그러기를 원하는 것과 상관없이) 포획당하지 않으면서 마주치는 시선을 오래 견뎌야 하는 어려움 같은 것이 존재하지 않는다. 사람들은 몸을 붙잡아 주는 포옹을 깊이 신뢰할 수 있다.[34] 이러한 신뢰에서 사람들은 재빨리 교대하는 싸움의 불안정함에 개의치 않는다. 곧 불확실한 결과나 예기치 않은 흡인력을 초래하는 싸움의 불안정함이 엄습하면 어쩌나 하는 우려를 하지 않는다. 안정적이며 부드러운 접촉에 의해서 내체화는 ──내체화에 의해 형성되는

---

33) 시인 아르킬로코스와 문필가 롱고스가 남긴 텍스트를 보라. Schmitz, *System der Philosophie*, vol. II part 1, p. 222.

34) "몸을 붙잡아 주는 포옹"(이것은 책의 제목이기도 하다. Martha G. Welch, *Die haltende Umarmung*, München/Basel 1991), 이것은 자폐증 어린이들을 위해 사용하는 신체치료적 기법의 하나다. 몸을 붙잡아 주는 포옹의 기법은 실제로 촉각적 내체화의 분량을 섬세하게 조절하여 숙달된 기술 수준으로 끌어올릴 수 있다. 한 가지 아쉬운 것은, 사람들 사이의 일반적인 교류 방법으로 지니고 있는 풍부한 가능성에서 단지 하나의 기법을 만들었다는 점이다.

포괄하는 신체의 편안함 속에서 ── 일정하게 유지되는 균형과 흘러들어 가는 힘을 위한 기회를 획득한다. 이를 통해서 사랑은, 자신 안에 내재하는 갈등[35]을 해결하는 데 본질적으로 중요한 이해와 신뢰의 성취를(5장 6절) 사랑함의 신체성 속에서 명료하게 실현할 수 있는 계기를 얻게 된다. 이해와 신뢰가 접촉 속에서 신체적으로 응결되기 때문이다. 여성에 대한 관습적인 정식으로, 남성에게 의지하려는 욕망에 관해 이야기하곤 한다. 이 욕망의 신체적인 함의가 이러한 [접촉의] 의미를 통해 분명해진다고 할 수 있다. 이와 마찬가지로 흔히 남성은 특별한 촉각적 내체화 능력을 지니고 있다고 얘기되는데, 남성은 이 능력에 힘입어서 사랑과 사랑을 넘어서서 힘, 편안함, 신뢰를 잘 전달할 수 있다.[36] 반면에 레슬링 경기처럼 (또한 성애적 경쟁에서도)[37] 촉각적 내체화가 격렬한 파동을 일으킨다면, 촉각적 내체화는 생생한 생동력의 놀이터가 된다. 생동력은 유희적으로 자유롭게 자신을 즐길 수 있으며, 파트너와의 대결을 경유한 명료한 대상화를 통해서 자신의 리듬의 척도를 스스로 결정한다. 자신 안에 갇혀 있는 개별 신체가 놀람에 빠져들면서 그러한 척도를 단지 수동적으로 받아들이는 것과는 전혀 달리 말이다. 바로 여기에서 열정적인 촉각적 내체화의 행복이 기인한다. 열정적인

---

35) 이는 상황으로서의 사랑과 감정으로서의 사랑 사이의 갈등, 그리고 사랑의 주관성 자체 안에 내재된 딜레마를 함께 가리킨다고 봐야 할 것이다. ─옮긴이

36) 여성에 대한 문헌 자료는 다음을 보라. Schmitz, *System der Philosophie*, vol. V, p. 35 이하. [슈미츠가 여기서 얘기하려는 것은 여성과 남성에 대한 상투적인 관념을 확인하고 강화하려는 것이 아니다. 오히려 그 핵심은 상투적인 관념을 경유하여 접촉의 신체현상학적인 중요성, 즉 두 사람 사이의 이해와 신뢰를 증진하는 중요성을 재차 명확히 하는 데 있다.]

37) Schmitz, *System der Philosophie*, vol. II part 1, p. 222.

촉각적 내체화는 매우 다양한 층위에서 생명체들이 벌이는 '레슬링 경기' 외에도 자연 물질들과의 경쟁에서도 성공적으로 일어난다. 즉 촉각적 내체화는 힘차게 앞으로 나아가는 수영 선수와 물의 흐름 사이에서, 산악인과 땅과 절벽 사이에서, 해변이나 사우나에서 옷을 벗은 사람들과 뜨거운 공기 사이에서도 성공적으로 일어난다.

## 2.3. 내체화의 통로들

접촉 지점들은 내체화를 위한 전형적인 계기가 되며(2.2절), 내체화의 통로들은 이러한 계기들에서 효과적인 신호들이 보여 주는 유형들이다. 시선은 이러한 통로 중 하나다(2.2절). 하지만 가장 넓은 범위에서 작용하는 내체화의 통로들은, 삶의 모든 영역에서 지각을 이끌어 가는 두 종류의 감각적 특징에 있다. 역설적이지만 기존의 지각이론은 이 특징들을 포착하지 못했는데, 그것은 '형태진로'Gestaltverlauf와 '공감각적 특성'synästhetischer Charakter이다.

이런 경우를 생각해 보자. 용의자를 쫓는 경찰이 용의자에 대해 언급한 어떤 목격자에게 그에 대한 정보를 요청할 경우, 목격자가 알려 주는 내용은 매우 빈약할 때가 많다. 경찰이 문의하는 부인의 눈동자 색깔에 대해서 남편이 당혹스럽게 제대로 대답하지 못하는 경우도 적지 않다고 한다. 하지만 이로부터 이들이 해당 사람들을 올바로 보지 못했다고 추론해서는 안 된다. 이들은 자신의 해당 상대방을 자주 충분히 주의 깊게 바라보았다. 만약 더 자세히 바라보려 했다면, 이는 적절치 않고 기이한 행동이었을 것이다. 그런데 이들이 상대방을 보면서 포착한 것은 1차적 감각 특질이나 2차적 감각 특질이라기보다는 운동의 암시들Bewegungs-suggestionen이다.[38] 이 암시들은 견고한 물질적 형태들은 물론, 진행 중인 운동들에도 결부되어 있다. 운동들에 결부된 암시들에 대해서는 몸짓표현의 예를 통해서 쉽게 이해할 수 있다. 가령, 눈 깜박임은 실행된 운동으로서는 극히 미미하지만, 간청의 몸짓, 유혹의 몸짓, 복종의 몸짓, 아이러니의 몸짓 등을 표현할 수 있다. 이러한 표현에서 눈 깜박임은 [비가시적이지만] 진동하거나 감는 밧줄과 유사한 일종의 아치 혹은 파동 형태의 몸짓-비유를 갖게 된다. 가까이 있는 사람을 손가락으로 가리키는 것은 매우 불쾌한 행동으로 간주된다. 아주 간단한 움직임이지만 이러한 몸짓-비유가 마치 칼처럼 상대방으로 파고들기 때문이다. 혹은 자부심의 몸짓——머리를 높이 들고 뭔가를 되던지는 듯하며 가슴을 넓게 펴는 몸짓——은 그 범위가 크지 않다. 하지만 자부심의 몸짓은 자신의 신체에서 강력하게 출몰하는 확장으로 감지되며, 그러한 몸짓-비유로서 보는 이에게 강한 인상을 준다. 이러한 운동의 암시들은 모든 지각 가능한 형태에 고유한 방식으로 속해 있으며, 각 형태가 지닌 명료한 표현의 핵심을 이룬다. 몸짓-비유와 몸짓 사이의 관계처럼, 그렇게 형태진로는 형태와——좀 더 일반적이긴 하지만——관계를 맺고 있다. 소리의 원천이 방향과 이격Entfernung을 들을 수 있도록 변화시킬 때, 오직 이때에만 음악 자체가 스스로 움직인다. 우리가 음악을 감상할 때 이를 넘어서서 어떤 움직임을 듣고 있다면, 이

---

38) 주지하듯이, '1차적 감각 특질'과 '2차적 감각 특질'은 영국 경험론 철학자 존 로크가 감관이 받아들이는 감각자료들을 그 인식론적 원천에 따라 구별한 개념이다(J. Locke, *An Essay Concerning Human Understanding*, ed. Peter H. Nidditch, Oxford Univ. Press 1975, pp. 134~135; 『인간지성론 1』, 정병훈·이재영·양선숙 옮김, 한길사, 2014, 200~202쪽).—옮긴이

러한 움직임이 바로 형태진로다. 형태진로는 유럽 고전음악에 매우 뚜렷하게 각인되어 있어서, 이 음악은 음들의 유희가 아니라 음들이라는 매개체 속에서 전개되는 유사-사물적[39] 형태진로들이라 불러야 할 것이다.[40] 지속하는 소음은 마치 바늘처럼 불쾌하게 파고들며, (지속하는 색깔과 달리) 길게 끌어당기고 찌르는 듯하다. 이런 지각이 형태진로들이며, 이들은 무언가를 가리키는 손가락의 몸짓-비유에 비교할 수 있다. 무엇이 매개체 역할을 하는가는 별 상관이 없다. 느긋하게 몸을 세워 자부심을 드러내는 운동의 암시는 베드로 성당 앞에 있는 로마 분수의 모습으로부터 마이어ConradFerdinandMeyer의 시구 속으로 옮겨 갔다. 마이어는 시 「로마의 분수」에서 그 모습을 생생하게 묘사한다. 운동의 암시가 시가 일깨우는 몸짓으로, 신체적으로 감지할 수 있는 몸짓으로 옮겨 간 것이다. 이러한 논의를 통해 운동의 암시들이 감각적으로 명료한 체험을 위해 얼마나 중요한가가 지적된 셈이다. 운동의 암시들은 마찬가지 방식으로 지각된 형태들의 인상학과 자기 신체의 감지를 명료하게 각인한다. 가령 피곤함, 희열, 자부심, 기쁨 등의 감정을 느낄 때, 운동의 암시들은 가라앉기, 부풀어 오르기, 상승하기, 풀어내어 펼치기, 부유하기 등의 형상으로 일어난다. 모든 리듬은 운동의 암시다. 즉 리듬은 사건들 내지 휴지休止들이 연속적으로 분절되어 있는 암시다. 이

---

39) '유사-사물적'으로 번역한 독일어 halbdinglich는 '반(半)-사물적'으로도 번역할 수 있다. 슈미츠는 자신의 현상학적 존재론에서 '바람'과 같은 대상을 '반-사물'로 규정하는데, 왜냐하면 바람의 존재 방식 내지 존재적 특성이 일반적인 사물(Ding: thing)과는 달리 명확한 윤곽을 결정할 수 없는 유동적이며 변화하는 상태에 있기 때문이다. ─옮긴이

40) Schmitz, *System der Philosophie*, vol. III part 5, pp. 243~253. '유사-사물' 혹은 '반-사물'에 대해서는 pp. 116~139, 또한 *Der unerschöpfliche Gegenstand*, pp. 216~218 참조.

것은 규칙성에 의존하지 않은 자유로운 리듬의 경우도 마찬가지다. 리듬의 매개체는 신체적으로 감지할 수 있으며, 혹은 시각적이거나 구약성서 「시편」에서처럼[41] 의미론적일 수도 있다. 하지만 역시 리듬을 가장 민감하게 수용하는 매개체는 음향이다. 이것은 예컨대 춤음악이나 리드미컬한 외침, 박수, 북소리 등을 통해 흥분된 집단을 "더 높이 끌어올릴 때"에 잘 확인된다. 리듬은 이를테면 "피부 아래로" 파고든다. 왜냐하면 리듬은 형태진로로서 감지할 수 있는 신체로 옮겨 가기 때문이다. 그 때문에 감상자를 내밀하게 사로잡으려는 시들은 산문이 아니라 운문으로 지어진다.

공감각적 특성들도 운동의 암시들처럼 신체에 밀착되어 있다. 공감각적 특성들은 감각적 특질들에서 출현하는데, 하지만 명료하게 각인된 고요함에서도 (고요함의 덩어리, 무게, 밀도로서) 전적으로 독립적인 모습으로 출현하기도 한다. 밝음과 날카로움은 노란 색깔뿐만 아니라 모음 'i', 모차르트의 음악, 긴장과 탄력을 지닌 걸음걸이에 속한 공감각적 특성이다. 우리는 이러한 걸음걸이를 눈으로 볼 뿐 아니라 신체적으로도 감지한다. 음절 "하르트"hart와 "바이히"weich는 그 자체가 각각 하르트하게[거칠게] 내지는 바이히하게[부드럽게] 들린다. 이를 구강 속 혀의 위치를 통해 설명할 필요는 전혀 없다. 아첨하는 궁신宮臣과 아첨하는 봄바람은 어떤 지점에서 서로 합치하는 것일까? 대부분은 아첨

---

41) 나는 여기서 히브리어 시의 기본 법칙인 이른바 '부분들의 대구법'을 염두에 두고 있다. A. Bertholet, "Einleitung zum Buch der Psalmen", E. Kautzsch, *Die Heilige Schrift des Alten Testaments*, vol. II, 4th ed.(전문가 동료들 및 아이스펠트[O. Eißfeldt]와 협력하여, 베르톨레[A. Bertholet]가 편집), Tübingen 1923, Nachdruck Darmstadt 1971, p. 119.

하는 듯한 부드러움에서 그러할 것이다. 이러한 부드러움은 부드러운 따뜻함, 분산하는 따뜻한 빛(온도계의 의미가 아니라 시각적 의미에서), 미풍이 섬세하게 피부를 접촉하는 것 등에 속한 공감각적 특성인데, 이 특성은 궁신의 아첨하는 어투가 지닌 소리와 형태진로로, 그리고 궁신의 태도와 동작이 보여 주는 몸짓-비유에서도 감지된다. 따라서 서로 합치하는 특징은 공감각적 특성(부드러운, 따뜻한)과 형태진로, 아울러 자기 신체에서 감지되는 운동 암시(궁신의 거동과 몸짓, 혹은 살랑대는 봄바람의 느낌)로서 등장한다. 여기서 한 가지 사실이 드러난다. 즉 형태진로와 공감각적 특성은 신체적 감지의 친화성으로 인해 서로서로 전이될 수 있으며, 종종 구별하기가 불가능하다는 점이다. 오토 쾨니히는 또 다른 예를 든다. "많은 동물 종 사이에 널리 공통된 '멀리 가!'의 신호는 … 쉿 소리, 바스락거리는 소리, 윙윙거리는 소리, 딸가닥 소리가 합쳐진 소음복합체다. 이 소음복합체는 … 동물계 전반에 걸쳐 확인할 수 있으며, 충분한 청각 능력을 갖춘 고등동물은 이를 잘 '이해'할 수 있다. … 그 어떤 힘찬 '조용히'라는 외침보다도 단 한 번의 밝은 '쉿' 하는 소리가 크게 떠드는 많은 사람을 곧바로 집중하게 만든다."[42] 이 경우에 소음이 지닌 공감각적 특성이 신체적으로 감지되는 독특한 감각을 통해서 바로 이 특성과 같은 운동의 암시를 일깨운다. 운동의 암시로부터 흥분의 자극이 생성되며, 이 흥분의 자극으로 인해 그 이전에 산만하게 펼쳐졌던 움직임이 긴장된 준비 상태로 축적된다. 그것은 극히 미세한 자극이 덧붙여지자마자 (적어도 동물계에서는) 겁에 질려 도망치려는

---

42) Otto König, *Urmotiv Auge*, München/Zürich 1975, p. 93.

준비 상태다.

형태진로와 공감각적 특성에 대해 알아본 것을 바탕으로 우리는
청각적 접촉의 의미를 적절히 평가할 수 있다. 청각적 접촉은 성애적
내체화는 물론, 2.2절에서 다룬 접촉 형식들(시선과 신체적 접촉)을 위
해서도 대단히 중요한 역할을 한다. 사람의 목소리는 따뜻하거나 차가
울 수 있고, 날카롭고 폭이 넓을 수 있으며, 혹은 딱딱하고 압박된 듯 들
릴 수도 있다. 또한 그것은 꽉 차 있고 부드러울 수 있으며, 아니면 거칠
거나 점잔 뺀 듯 느껴질 수도 있다. 여기서 목소리 묘사에 적용된 형용
사들은 공감각적 특성들 내지는 형태진로들을 함께 혹은 각각 개별적
으로 가리키고 있다. 다시 말해, 이 형용사들은 신체친화적 특징들로서
신체적 성향[준비 상태][43]들이 현시되는 신체성과 밀접하게 결합된 특
징들을 가리킨다. 이러한 특징들은 이를테면 신체적 성향들에 충전되
어 있으며 감정의 분위기들이라 할 수 있다.[44] 감정의 분위기는 우리가
소리를 듣고 신체를 감지하는 공간을 말하자면 기후처럼 채우고 있으
며, 소리를 듣는 사람의 신체적 느낌 상태에 영향을 미친다. 소리를 듣
는 사람은 자신 안에서 뭔가가 일어남을, [신체적으로] 수축됨을 느낀
다. 혹은 그는 어떤 다른 독특한 방식으로 "접촉됨"을, 즉 신체적인 요
구의 감각을 느낀다. 감정에 의한 정동적 놀람 상태는 신체적인 사로잡

---

43) 신체적 성향에 대해서는 다음을 참조하라. Schmitz, *System der Philosophie*, vol. II part 2, pp.
81~85; vol. IV, pp. 291~296, 315~346; *Der unerschöpfliche Gegenstand*, pp. 127~130.

44) 감정에 대한 슈미츠의 가장 중요한 통찰은 감정의 존재론적 특징이 알 수 없는 '영혼의 내부'
나 이 내부의 '동요'가 아니라, 현상학적 의미에서 신체의 상태를 사로잡는 분위기적 힘이라
는 데 있다. 이에 대해서는 슈미츠의 대표적인 논고인 「신체적 느낌 상태와 감정들」(1974)을
보라. Schmitz, *Leib und Gefühl*, pp. 107~123.—옮긴이

힘이다(4장 2.2절). 형태진로들과 공감각적 특성들이 [본래의 신체적 상태와] 유사한 신체적 상태이므로, 이들이 있는 곳에는 감정의 분위기들 또한 자리를 잡고 내체화의 포괄하는 신체를 통해서 내체화된 사람을 사로잡는다. 이것은 정동적 놀람 상태의 반향이 없는 경우에도 일어난다. 살아 있지 않은 사물이나 빛의 반사물에서는, 설사 이들이 형태진로들이나 공감각적 특성들을 갖추고 있다고 해도 정동적 놀람 상태를 유발할 수 없다. 유혹적Vamp 여인의 거칠고 낮은 음성이나 여성의 낭랑한 웃음소리는 이러한 방식으로 감정들로 충전된, 많은 것을 약속하면서 사로잡는 '인상들'(5장 2절)일 수 있다. 하지만 이 인상들은 오직 수용자의 신체적 성향이 특별하게 조율되어 있을 때만 상응하는 반향을 얻는다. 이것은 라디오로 음악을 들을 때 주파수를 정확히 맞춰야 하는 것과 같다. 어떤 미지의 남성이 뒤에서 연약하고 고요하게 '할로'Hallo라 부른 목소리가 덴마크의 여성 공산주의자 루트 베를라우Ruth Berlau에게 거의 마법적인 힘을 발휘했다. 베를라우는 안정된 기혼자이지만 여전히 많은 남성이 흠모하는 매력적인 해방 여성이었다. 그녀는 저널리스트로서 어떤 제3의 인물을 인터뷰하기 위해 가는 중이었는데, 시인 베르트 브레히트Bert Brecht가 뒤에서 그녀에게 '할로'라 부른 것이다. 베를라우는 단번에 그리고 영원히 브레히트에게 성적 종속 상태에 이를 만큼 빠져들었다. 브레히트가 그녀를 부당하게 대했기 때문에 후에 그녀는 알코올중독자가 된다. 1933년 가을의 저 [치명적인] 만남에 대해 그녀는 이렇게 말한다. "나는 내 타자기를 들고 망설이듯 집 앞에 서 있었다. 그때 내 뒤에서 자그맣게 '할로' 소리가 들렸다. 이 여리고 뭔가를 문의하는 듯한 부름이, 후에 내가 알게 되었듯이, [나를 포함하여] 많은 여성에게 말하자면 삶의 내용이 된 것이다. 이들은 그것을 기다렸고 그 위에 자신을 세웠으며 그것을 꿈꿔 온 것이다."[45] 여리고 뭔가를 문의하는 듯한 '할로' 소리는 베를라우를 사로잡는 분위기 속으로 옭아매었고, 그녀는 이로부터 평생 빠져나오지 못했다. 그녀가 스스로 말하듯 많은 여인과 마찬가지로, 신체적으로 그러한 분위기를 위한 감수성을 지니고 있었기 때문이다. 마치 정확한 진동수를 위해 조율된 음차音叉처럼 말이다. 만약 그러한 감수성이 없는 사람이라면 감정의 신호에 전혀 관심이 없었거나 혹은 단지 피상적으로만 관심을 기울였을 것이다. 내체화를 통해서 성애적인 분위기가 부름 소리가 지닌 형태진로들과 공감각적 특성들의 통로로 옮겨 갔다. 이것은 소리를 낸 브레히트 자신이 그러한 분위기에 사로잡혀 있었는지, 아니면 성애의 대가로서 자신의 능력을 혹여 냉혹하게 활용했는지와는 무관하다.

### 2.4. 성적 매력

희열이 성적으로 세분화하는 과정에서 ——이 과정은 결코 전반적으로 성적으로 정향되어 있는 것은 아닌데(1.1절) —— 한 사람의 성적 파트너 혹은 일군의 각별한 성적 파트너들이 가지고 있는 특정한 전형적 특징들이 중요한 역할을 한다. 이러한 특징들은 유인하고 유혹하는 매혹으로서 희열을 향한 경향성을 촉발하고(성적 매력), 따라서 사랑하기를 위해 ——사랑하기가 (사랑을 위한 신체적 감수성으로서) 희열에 의

---

45) Marcel Reich Ranicki, "Berthold Brecht und seine Kreatur. Die Erinnerungen der Ruth Berlau", *FAZ*, 1985년 12월 14일 문학면.

존하고 있는 한 ── 상당히 중요한 의미를 지니고 있다. 많은 성적 매력을 가진 성적 파트너들은 그렇지 못한 경우보다 성적 파트너 사랑 관계에서 사랑받을 수 있는 가능성이 더 크다. 이에 대한 탁월한 사례는 [방금 논의했던] 브레히트의 음성이 루트 베를라우에게 미친 영향이다(2.3절). 이 사례를 논의하면서 성적 매력이 어떻게 작용하는가는 근본적으로 해명되었다고 볼 수 있다. 형태진로들과 공감각적 특성들은 신체와의 친화성에 의해 [신체적] 동요를 야기하는 분위기들을 가득 흡수할 수 있다. 형태진로들과 공감각적 특성들은 내체화를 통해서 그들에 상응하는 감수성을 지닌 신체에서 반향을 불러일으킨다. 이들이 해당 동요를 신체로 이전시키기 때문이다. 이러한 반향이 희열을 일깨우고 욕망이 된다는 것, 우리는 이것을 보상을 향한 욕구를 통해 쉽게 설명할 수 있다. 우리는 이것을 갑자기 견딜 수 없게 가려운 피부를 긁음으로써 얻는 희열을 통해 서술했었다. 원형감각적 경향이 희열의 확장이 자리 잡는 것을 방해하는 수준이 되면, 이를 보상하기 위해 부드러운 통증이 덧붙여질 필요가 있다. 손톱에 의한 부드러운 통증이 판별적 경향과 긴장을 활성화시키는 것이다. 한층 더 이해하기가 용이한 것은 다음과 같은 전도轉倒의 경우들이다. 즉 일방적인 판별적 경향이 원형감각적 보충을 향한 욕구를 일깨울 때, 또는 긴장이 과도한 상태(불안, 통증, 숨막힘, 저지됨)가 팽창 혹은 박탈적 확장을 통해 출구를 찾을 때가 그러하다. 이러한 보상 형식은 세분화와 강도 차이를 통해서 매우 넓고 다채로운 스펙트럼을 보여 주며 순수하게 신체적인 차원 안에 머물러 있다. 그런데 성적 매력의 개별적 구성요소들이 함축적인 인상(5장 2절)과 분위기적 감정(4장 1절)의 연관 속에서 등장하기 때문에, 그 구성요소들은 유혹적인 자극들을 지닌 훨씬 더 풍부한 배경을 가져온다. [물론] 이 배경은 성적 매력에 직면한 개인적 상황(5장 3절)에 따라 그에 대한 반향의 여부와 반향의 종류와 강도가 달라진다. 이럴 때 금방 복잡하게 얽힌 상황이 초래될 수 있으며, 이러한 상황은 어떤 규칙성을 찾아내는 일을 방해한다. 하지만 단지 신체적 성향 안에 있는 쾌락적이며 성적인 반향의 근원만이 문제가 되는 [신체의] 기층과 관련해서는, 단순한 구조들에 의해 —— 적어도 이 구조들의 일정한 수준까지는 —— 성적 매력의 영향을 현상학적으로 충분히 세부적으로 해명할 수 있다. 사랑하기가 감정으로서의 사랑에 의한 정동적 놀람 상태이며 이 상태가 신체적인 본성을 갖고 있기에(4장 2.2절), 성적 매력의 영향을 해명하는 작업은 사랑을 연구하는 데도, 특히 성적인 파트너 사랑을 연구하는 데도 소중한 가치가 있다. 이제 나의 [현상학적] 연구가 제시한 왜곡되지 않은 체계적 지각이론이 적절한 이론적 서술 수단을 제공하기 때문에 그러한 해명 작업이 새롭게 이루어질 수 있다. 이와 달리, 프로이트가 모피의 성적 매혹을 설명하는 방식에서, 과연 우리는 어떤 설명 가치를 얻을 수 있을까? 프로이트가 희열이 성적으로 특수화되는 현상을 문제로 주목했다는 점을 인정한다고 하더라도 말이다.[46] "모피가 물신적 대상 역할을 하는 것은 그것이 여성의 음모를 연상시키기 때문이다."[47] 희미하게 빛나는 솜털을 손가락으로 부드럽게 쓰다듬을 때의 마법적

---

46) Sigmund Freud, *Drei Abhandlungen zur Sexualtheorie*, Gesammelte Werke, vol. V, London 1949, p. 44.
47) *Ibid.*, p. 54.

인 느낌을 즐겨 본 사람이라면, 프로이트의 이런 전적으로 외적인 설명을 아마도 '끔찍하게 웃기는' 설명이라 칭하지 않을 수 없을 것이다. 무엇보다 프로이트가 언급한 모피옷에 이런 자격을 부여하는 일이 거의 없기 때문이다. 오히려 모피의 감각적 매력은 앞서 서술한 대로 하나의 공감각적 특성에서 기인한다. 물론 예를 들어, 소설 『모피를 입은 비너스』(1870)을 쓴 자허-마조흐[48]와 같은 문필가에게는 공감각적 특성에 대한 예민한 반향 능력을 분명히 인정할 수 있을 것이다. 마찬가지로 사르트르가 남성에 대한 여성의 성적 매력을 남성의 욕망에서 도출하는 방식에 대해서도 고개를 가로젓지 않을 수 없다. 사르트르가 구멍을(여성의 성기를 남성의 성기로) 메우려는 욕망, 그리고 이러한 "희생"으로 구멍에서 나타나는 무無 앞에서 존재를 구원하려는 욕망으로부터 여성이 지닌 성적 매력을 도출하고 있기 때문이다.[49] 첫째로, 여성의 성기는 벌린 입과 콧구멍 같은 구멍이 아니다. 반대로 남성의 생동력이 여성의 성기를 향한 전개의 충동을 얻었다고 한다면(1.4절), 이때 관건이 되는 것은 바로 이 들어가기 어려운 입구의 비좁음에 있다. 둘째로, 여성의 성기는 성적 매력을 위해 필수적인 것도 아니고(성적 매력은 롱

---

48) 레오폴트 폰 자허-마조흐(Leopold Ritter von Sacher-Masoch, 1836~1895)는 오스트리아의 문필가로서, 본명 외에 샤를로테 아란트(Charlotte Arand), 조에 폰 로덴바흐(Zoë von Rodenbach)라는 익명으로도 소설을 발표했다. 그의 소설들은 대중적으로 상당히 인기가 있었을 뿐 아니라, 입센, 위고, 졸라 등 당대 저명한 문필가들의 찬사도 받았다. 자주 인용되는 사랑 소설 『모피를 입은 비너스』는 연작 '카인의 유산' 가운데 한 편으로 출간되었는데, 이 소설에 묘사된 남주인공 제베린 폰 쿠지엠스키/그레고어(Severin von Kusiemski/Gregor)와 여주인공 반다 폰 두나예프(Wanda von Dunajew) 사이 관계 및 작가의 이름에서 피학적 성도착을 뜻하는 개념 '마조히즘'이 유래한다. ─옮긴이

49) Sartre, *L'être et le néant*, p. 705 이하.

고스[50] 소설에 나오는 다프니스의 경우처럼, 여성의 성기 조직에 대해 아직 알지 못하는 남성들에게 이미 영향을 미치기 때문이다), 성적 매력을 위해 충분한 것도 아니다(여성의 성기가 성적 매력에서 여성의 육체가 지닌 결점들을 채워줄 수 없기 때문이다).

여성 외모의 전형적인 특징들이 남성의 쾌락적 경향에 미치는 매력적인 힘을 어떻게 현상들로부터 명확히 논증할 수 있을까? 이제부터 나는 이 문제에만 국한하여 논의할 것이다. 논의의 출발점으로, 육체 형태 일반의 특수한 경우들로서 여성의 육체 형태들에 정향하는 것이 적절해 보인다. 왜냐하면 내가 그러한 여성의 육체 형태들을 형태진로들에 귀속시키고, 형태진로들을 다시 신체적 역동학의 짜임관계에 귀속시켜 특징적으로 파악하는 방식을 계발했기 때문이다.[51] 이 방식에서 나는 오목한 굴곡의 '우산 원리'에서 시작했다. 이 원리에 따르자면, 그렇게 [우산처럼] 굴곡이 있는 형태의 운동 암시 안에는 (설사 외부에서는 이 형태가 볼록하게 보인다고 해도) 방사형의 살들이 포함되어 있다. 방사형의 살들은 대부분 그 위치가 애매하거나 드러나지 않는 중심으로부터 밖으로 퍼져 나가며 구부러진 주변 둘레에 한편으로는 신체적 팽창의 특성을 부여하고 ── 동일한 운동의 암시들을 자기 신체에서 감지하고 형태들에서 지각할 수 있기 때문에 ──, 하지만 다른 한편으

---

50) 롱고스(Longos)는 기원후 2세기에 살았던 고대 후기 그리스 작가로서 유명한 목가 내지 연애 소설인 『다프니스와 클로에』를 남겼다. ─옮긴이

51) 다음 나의 책 2장을 보라. *System der Philosophie*, vol. II part 2. 이 책에서 그러한 특징적 파악 방식은 이른바 (신체적 성향의) '육체 감정'으로부터 예술 양식들을 특징적으로 파악하는 일을 위한 것이었다. 하지만 나는 이미 이 책에서 성적 매력에 대한 보론을 삽입한 바 있는데(pp. 63~69), 뒤의 논의는 이를 바탕으로 하고 있다.

로는 반대 방향으로 잡아당기면서 팽창하는 것을 수축시킨다. 이를 통해서 생동력에서와 동일한 긴장과 팽창의 대립 상태가 생성된다. 이러한 토대 위에서 우리는 또한 좀 더 복잡한 곡선의 형태 진행을 정돈할 수 있다. 나는 뒤에서 다시 이 지점으로 돌아올 것이다. 이 때문에 곡선의 형상들이 지닌 형태진로들은 신체적으로 충만한 상태에 있다. 이것은 그러한 형태진로들이 신체적 역동성이 풍부하고 지속적으로 전개될 수 있는 기회를 제공한다는 뜻이다. [반면에] 직선적인 것은 ——평면을 포함한 넓은 의미에서 —— 형태의 신체적 특성 부재不在라 할 수 있는데, 왜냐하면 여기서는, 설혹 [직선적] 형태의 형태진로가 가능하다 하더라도, 그러한 형태진로가 자기 신체에서 감지할 수 있는 운동의 암시를 소유하고 있지 않기 때문이다. 예외적인 경우라면, 예컨대 사선적인 상승 혹은 하강을 암시하는 공간 안의 위치나 시선을 앞쪽으로 무한히 이끄는 공간 안의 위치의 경우다.[52) 수평선은 이러한 암시적인 위치들에 유용하지 않기 때문에 화가 칸딘스키는 수평선에 대해 이렇게 말할 수 있었다. "차가움과 평평함이 이러한 선의 기초 화음이다."[53) 단지 직선적이기만 한 형태들이 지닌 —— 바로크와 로코코의 곡선들이 지닌 팽창 및 만곡과 비교할 때 —— 특유의 빈약함은 맥없이 느껴질 수 있다. 하지만 가령 황제적인 거대한 건축물처럼 크고 조야한 덩어리들이 감상자를 두렵게 뒤로 물러나도록 하는 경우에는, 직선적 형태들도 강력한 느낌을 자아낼 수 있다.

---

52) Schmitz, *System der Philosophie*, vol. III part 1, pp. 353~359 참조.
53) Wassily Kandinsky, *Punkt und Linie zur Fläche*, 4th ed., Bern-Bümpliz 1959, p. 59.

단독으로 있는 직선적인 선로나 평면에 (공간 안의 적절한 위치에서) 특징적인 신체적 특성 부재는, 여러 개의 직선적 형태가 서로 교차하여 외각과 모서리를 형성하자마자 바로 사라진다. 곡선적 형태들이 서로 교차하여 (후기 고딕의 나선형 문양이나 중국의 음양 상징 같은) 새로운 형태를 형성할 수도 있다. 외각과 모서리 형성을 통해서 원형감각적 형태진로가 등장한다. 원형감각적 형태진로는 예각에서는 수축과, 둔각에서는 확장과 결합한다. 확장은 원형감각적 경향과 불화를 일으키며 경쟁한다. 이 경쟁은 칸딘스키가 둔각에서 표현으로서 오직 "서투름, 허약함, 수동성"과 "불만족스러움과 일을 끝낸 후 자신의 허약함을 느낌(예술가들은 이를 '숙취'Kater라 부름)"만을 읽어 낼 정도다.[54] 직각의 형태가 유일하게 그 변이 축소되거나 연장되어 보이지 않는 경우, 따라서 그 형태진로가 수축 및 확장과 관련하여 중립적인 경우다. 여기서 직각의 특성이 유래한다. 직각은 순수하게 원형감각적인 형태진로에서 수축 및 확장과 관련하여 중립적인 각도다. 이로부터 직각의 정확한 정의를 얻을 수 있다.[55]

곡선적 형태의 형태진로들이 단순한 우산 원리를 통해서 특징적으로 묘사되는 것은, 오직 원이나 구의 요소들이 적어도 상당히 근접하게 문제가 되는 경우다. 우산 원리는 타원, 계란 모양 혹은 리드미컬하게 볼록하고 오목하게, 매끈하게 다듬어진 형태들에 아무 문제 없이 적용될 수 없다. 이러한 형태들은 관찰자에게 방사적 살들의 한가운데에

---

54) *Ibid.*, p. 75.
55) Schmitz, *System der Philosophie*, vol. II part 2, p. 54 이하.

있는 특정한 자리를 제공하지 않기 때문이다. 다른 한편, 이러한 형태들은 원이나 구로부터 도출된 형태들보다 굴곡의 흐름 속에 주어져 있는 원형감각적 느낌을 충분히 맛볼 수 있도록 해준다. 다시 말해서, 반원이나 반구의 모습을 가진 형태는 우산 원리를 쉽게 적용할 수 있기 때문에 원형감각적 형태진로를 가진 모난 형태를 향한 지시를 포함하고 있다. 이 지시는 우산의 살들이 중심에서 각을 이루며 만나기 때문에 형성되는 감춰져 있지만 효과적인 지시다. 그 외에도 생동력의 동적인 리듬은, 매끈하게 다듬어지고, 볼록하고 오목하게 휘어지거나 선회하는 형태 속에서 자신을 현시한다. 왜냐하면 시선이 곡선의 굴곡으로부터 우산 원리를 적용하기 위한 거점을 찾도록──이 거점을 지속적으로 이동 중이지만──유도되기 때문이다. 단순한 반원형이 안정된 신체적 강도를 체현하는 반면에, (방향과 길이에 따라) 계속 변화하는 방사적 굴곡을 지닌 곡선 안에서는 긴장과 팽창의 우위가 교대하는 리듬의 불안정성이 표현된다. 실린더나 축들의 비틀림에서 연유하는 형태 속에 기입될 수 있는 나선형의 선은 한편으로는 (수평적 절단과 관련하여) 수축을 재현한다. 나선형의 선은 축들의 둘레를 회전하면서도 [동시에] 축들에 연결되어 있어서 일종의 저지된 자기 회전으로서 수축을 재현한다. 다른 한편으로, 나선형의 선은 (축들의 방향과 연관하여) 확장을 재현한다. 왜냐하면 나선형이 무한히 계속될 수 있기 때문이다(이로부터 이탈리아 바로크 양식의 둥근 천장화가 효력을 발휘했다).[56]

나는 이제 육체 형태들에 대해 이렇게 관찰한 내용을 여성의 성적

---

56) *Ibid.*, p. 194, 296 이하.

매력을 분석적으로 해명하는 데 활용하고자 한다. 이를 위해서는 여성의 균형 잡힌 몸매가 본질적으로 중요해 보이는데, 여기서 몸매란 여성의 육체 형태는 물론 어느 정도 (나선형의 선을 따르면서) 몸을 흔드는 걸음걸이도 포함하고 있다. 여기서 관건이 되는 것은 부분적으로는 탄력 있고 오히려 단조로운 몸매이며, 이 몸매에는 가슴, 엉덩이, 허벅다리가 관련되어 있다. 하지만 몸매보다 더 중요한 역할을 하는 것은 — 방금 언급한 육체 부분들뿐만 아니라 종아리, 나아가 어깨, 몸통, 허리가 이루는 복합적인 곡선들에서도 — 매끈하게 다듬어진 곡선들이다. 곡선들이 생동력의 리드미컬한 불안정성과 원형감각적 경향이 현시될 수 있는 좋은 기회를 제공하기 때문이다. 만약 여성을 향한 남성의 쾌락을 유도하는 것이 이러한 견고한 형태들과 움직임들이라면, — 이 방향을 규정하는 어떤 신체의 보상 욕구가 있다는 전제하에서 — 다음과 같은 해석이 가능하다. 즉 [여성을] 욕망하는 남성의 신체적 성향이 추동력의 리드미컬한 동요와 원형감각적 경향성을 통해서 어떤 보상을 향한 갈망을 자극한다는 해석이 가능하다. 만약 이러한 신체적 성향이 순수하게 심도 있는 (리드미컬하게 유동하지 않는) 추동력과 일방적인 원형감각적 경향 속에서 상당한 정도로 견고해진다면, 그러한 해석이 맞을 것이다. 그렇다면 남성의 쾌락이 여성을 겨냥하는 것도 균형과 보상을 향한 욕구일 것이다. 여성 외모의 많은 특징이, 곧 본질적 특성이란 의미에서[57] 여성적인 것을 잘 보여 주는 특징들이 여기에 들어맞는다. 이들을 열거하자면, 여성적 인상학에 속하는 특징들로 형태가

---

57) Schmitz, *System der Philosophie*, vol. III part 5, pp. 159~167.

완성되지 않음, 부드러움, 희미함, 어린아이 같음 등이 있으며, 여성적 행동방식에 속하는 특징들로는 경쾌한 장난스러움, 감정 기복이 큼, 약삭빠름, 정밀하지 않음, 어른거림 등을 열거할 수 있다.[58] 성적 욕망을 지닌 남성은 성급하게 압박하면서, 또 강하고 거칠게 구애하는데 — 이것은 남성의 생동력이 동시적으로 압축된 상태의 강도를 드러내는 데 — , 여성은 이에 대해 리드미컬하게 유희적인 아양으로 응대할 수 있으며 그럴수록 더더욱 남성의 구애를 부추긴다.[59] 이것은 전적으로 여기서 토론되고 있는 보상 욕구의 의미에 부합한다. 남성이 여성에 대해 갖고 있는 환상들도, 융이 적절히 관찰한 영혼의 원형적 이미지_anima-Archetyp의 의미에서 — 이러한 이미지들은 수많은 설화, 시, 꿈 속에 표현되어 있는데 — 이러한 내용에 잘 들어맞는다. 꿈에 그린 여성은 미끄럽고 사람의 손길을 빠져나가는 특성을 지닌 물의 요정으로 묘사된다. 그 여성은 괴테의 발라드 「어부」_Der Fischer의 "반쯤 그녀는 그를 당겼고, 반쯤 그는 끌려 내려갔다" 시구에서 남성을 유혹하는 물에 젖은 여성처럼 물에 연결되어 있다. 남성의 꿈속 이 매력적인 여성은 예측할 수 없이 나타났다가 사라진다. 이 여성을 온전히 파악하고 그 윤곽을 정확히 묘사하기란 불가능하다.

---

58) 슈미츠는 성적 매력의 존재론적 토대를 신체현상학적으로 해명하면서 분명 논란의 여지가 큰 '여성적 인상학'과 '여성적 행동방식'이란 개념을 언급하고 있다. 관습적인 통념에 머무른 남성 철학자의 한계를 충분히 비판할 수 있다. 하지만 슈미츠가 자신의 분석을 "여성 외모의 전형적인 특징들이 남성의 쾌락적 경향에 미치는 매력적인 힘"에 국한하고 있다는 점과 '남성적 환상'을 분명하게 언급하고 있다는 점을 염두에 둘 필요가 있다. ─ 옮긴이
59) 가령 괴테의 시 「릴리의 정원」을 보라. [시가 노래하는 여인 릴리는 25세의 괴테가 처음으로 깊이 사랑했던 16살 연상의 안나 쇠네만(Anna Elisabeth Schönemann, 1758~1817)이다.]

당연히 남성의 성적 갈망은 획일화될 수 없다. 구석기시대 조각 가운데 여성의 과도하게 큰 둔부의 "둥근 지방 덩어리"Fettkugeln(가령, 빌렌도르프의 비너스 조각상)는 오늘날 오히려 혐오감을 일으킬 것이다. 설사 괴테 시구처럼 살찐 여인이 "참으로 물컹물컹, 말랑말랑, 동양에서 높은 가치를 지녀"[60] 자신을 좋아하는 애인을 찾게 된다고 해도 말이다. "시대적 변화 속에서 여성미의 이상"[61]은 개인에 따라서, 또 집단에 따라서 달라질 수 있다. 1920년대에는 각지고 마른 체형을 지닌 소년미의 이상이 득세했었다. 몇십 년 전에 나는 이런 재치 있는 문장을 읽은 적이 있다("트위기"Twiggy가 이런 유형의 극단적인 후기 형태를 체현했다). "마르고 금발이며 다리가 길고 고양이 눈을 가진 여성이 오늘날 젊은 남성들의 꿈속에 유령처럼 돌아다니고 있다." 지금도 이런 말을 할 수 있을까? 남성의 욕구가 목표로 삼는 [여성] 이미지가 통계적으로 평균적인 여성의 모습과 상호연관되어 있는가는 전혀 문제의 핵심이 아니다. 하지만 [그럼에도] 나는 이런 주장을 과감히 제시하고자 한다. 즉 서술한 바와 같은 명료한 여성 이미지의 유형은 핵심적 구조처럼 많은 남성의 개체적 상황들을 관통하고 있으며, 소망 이미지로든 혹은 현혹의 이미지로든, 널리 대표성을 지니고 있다. 이 주장을 무조건 고집하는 것은 아니지만, 나는 아무튼 나의 [신체현상학적인 해석] 방법을 추천하고자 한다. 그것은 성적 매력을 예술양식의 경우처럼 신체적 성향들을 통해 귀속시키면서 연구하고 해석의 열쇠 내지 가교로서 형태진로들

---

60) 『파우스트』, 7782행.
61) Curt Moreck, *Das weibliche Schönheitsideal im Wandel der Zeiten*, München 1925.

을 활용하는 방법이다. 공감각적 특성들에 대해서도 이에 상응하는 방법이 있다면 매우 바람직할 것이다(목소리에 대해서는 내가 앞서 서술했는데, 향수와 같은 냄새와 관련해서도 그러한 방법이 필요해 보인다). 하지만 나는 공감각적 특성들의 단순하고 포괄적인 특성론을 위한 실마리를 찾지 못했다. 다른 한편, 나는 이미 끔찍한 단순화의 오류에 대해 경고했다. 그것은 만약 사람들이 성애적인 주도 이미지들 내지 소망 이미지들을 신체적 성향의 보상 욕구에서 모두 완벽하게 설명하려 할 때다. 내 방법의 가능한 유용성은 아마도 동성애에 적용할 때 확인될 것이다. 소년을 원하는 남성 동성애자의 신체적 성향은 아마도 어떤 균형과 보완을 찾는 듯한데, 이때 균형과 보완은 전형적인 여성적 특징들보다는 소년의 몸에서 드러나는 형태진로들과 공감각적 특성들을 통해 현시되는 것 같다.

## 2.5. 희열과 미학

성적 매력이 미美를 지향하는 경향을 보이는 것은 다행스러운 일이다. 왜냐하면 미가 미적 태도를 향한 가까움과 도전을 수반하기 때문이다. 또한 그 때문에 성적 희열은 미적 태도 쪽으로 이끌리게 된다. 그리하여 미는 보다 더 섬세하고 성찰적인 삶의 문화를 위해 적절한 기회를 제공하며 이는 또한 사랑을 위해서도 긍정적인 역할을 한다. 아름다운 여성은 추한 여성에 비해 두 사람의 성적 사랑에서 사랑받을 가능성이 더 크다. 아름다운 여성은 자신의 아름다움을, 일종의 의미 있는 자본으로 자신의 성적 매력 속에 투입할 수 있다. [그런데] 이것은 기이한 일이다. 적어도 성적 매력에 대한 보상이론의 관점에서 볼 때는 이해하기가 쉽지 않다. 이 보상이론의 가정에 의하면, 성적 매력에 본질적인 형태진로들과 공감각적 특성들을 그때그때 선택하는 일을 규정하는 것은 신체적 역동학의 구조 안에서 보상과 보완을 찾는 신체적 성향의 욕구다. 그런데 왜 하필 그렇게 아름다움을 우선시하는 특징들을 선택하게 되는지가 이해하기 어려운 것이다. 이 문제를 논의하기 위해 나는 우선 미의 핵심적인 특징을 서술할 것이다. 나는 이미 이를 다른 곳에서 두 차례, 한 번은 좀 더 상세하게,[62] 다른 한 번은 간략하게[63] 서술했다. 나는 미의 특징을 첫째 단계로 신체적 역동학의 관점에서 현상학적으로, 다시 말해 바로 지금 논의하는 문제를 위해 생산적인 관점에서 서술했다. 두 번의 서술에서 시도한 두 번째 단계는 미와 미적 태도 사이의 연관성을 해명하는 일이었다. 이러한 [이론적] 배경이 분명해져야 어떤 보상 욕구로 인해 남성의 성적 희열이 아름다움으로, 또한 미적 태도로 기울게 되는지가 비로소 의미 있게 다루어질 수 있다. 나는 이미 앞의 두 곳에서 이에 관해서도 언급한 바 있다. 하지만 내가 조심스럽게 제시했던 내용이 추정 이상의 것이 될 수는 없다. 내가 제시했던 분명하고 쉽게 이해할 수 있는 분석을 또 다시 상술하는 것은 의미가 없다고 보이므로, 나는 분석의 경로와 결과를 간략하게 소개하는 것으로 만족하겠다.

사람들은 자주 무제한적일 만큼 다양한 의미로 아름다운 것에 대해 '미적 측면에서 가치 있는 것'이라고 이야기한다. 나는 아름다운 것

---

62) Schmitz, *System der Philosophie*, vol. III part 4, pp. 662~671.
63) Schmitz, *Der unerschöpfliche Gegenstand*, pp. 490~494.

을 추한 것의 정확한 반대로서 범위를 좁혀서 얘기하고자 한다. 따라서 나는 우선 추한 것을 분석할 것이며, 이에 반대되는 것으로서 아름다운 것의 특징을 서술할 것이다. 나는 추한 것의 두 종류를 구별한다. 그것은 반감을 일으키는 혹은 혐오스럽게 추한 것과 무미건조하게 추한 것(예를 들어 대도시의 단조롭고 지저분한 잿빛 집들의 모습)의 구별이다. 내가 도달한 결론은 이렇다. 두 경우에서 추함이란, 추한 것에 고유한 형태진로와 공감각적 특성으로 인해 신체의 박탈적 수축을 자극하는 것이다. 이 수축 과정은 오슬오슬 추워할 때처럼 신체가 수축 상태로 떨며 물러나는 것과 같은 유형이다. 그리고 이를 정반대로 전환시킴으로써 아름다운 것의 자리를 찾아낼 수 있다. 나는 일련의 관찰을 통해 아름다운 것을 고립시키면서 다음 정의에 도달했다. "아름다움이란 박탈적 확장 과정 속에서 행복한 홀가분하고 가벼운 상태를 가질 수 있는 가능성이다. 이러한 가능성은 형태진로와 공감각적 특성에 힘입어 감각적으로 명료한 약속으로서 인간 앞에 다가선다."[64] 아름다운 것과 미적인 것 사이의 연관성을 증명하기 위해,[65] 나는 내가 미적 태도의 특징적 성격으로 밝힌 것을 연관시켰다. 나는 미적 태도의 특징적 성격을 미적 경건함Andacht과 이 경건함 속에 근거하고 있는 미적 향유Genuß를 통해서 분석한 바 있다.[66] 미적 태도를 형성할 때 본질적 역할을 하

---

64) *Ibid.*, p. 492; 같은 의미로 *System der Philosophie*, vol. III part 4, p. 674에서는 이렇게 말했다. "박탈적 확장 과정 속에서 신체가 수축 상태로부터 홀가분해질 수 있음을 현혹함으로써 마음에 들거나 행복하게 해주는 것은 아름답다. 이 경우 이러한 현혹은 형태진로들과 공감각적 특성들에 의해 생성된다."

65) *Ibid.*, pp. 669~671; *Der unerschöpfliche Gegenstand*, p. 493 이하.

66) Schmitz, *System der Philosophie*, vol. III part 4, pp. 636~646; *Der unerschöpfliche*

는 미적 경건함의 정의는 이렇다. "미적 형성물 속에 체화된 감정은 어떤 예비적 감정을 통해 … 사로잡는다. … 직접적으로 사로잡는 힘과 권위를 가진 이 예비적 감정은 이에 사로잡힌 사람에게 그 감정의 저변에 놓여 있는 본 감정에 참여해야 한다는 규범성을 부과한다. 여기서 본 감정에 대한 참여는 거리를 전혀 두지 못한 채 완전히 휩쓸려 가는 것을 뜻하지 않는다. 미적 형성물을 마주한 사로잡힘에서 거리의 간격을 이어 주는 이러한 예비적 감정이 미적 경건함이다."[67] 나는 여기서 다음 사실을 분명히 지적하고자 한다. 그것은 이렇게 사로잡혀 있으면서 동시에 일정한 거리를 두고 있는 양면적인 태도가 오직 어떤 명확하게 표현되고 잘 적응된 개체적 해방의 범위 안에서만 가능하다는 사실이다. 이로써 미와 미적 태도 사이의 친화성을 가능케 하는 비교점이 분명하게 드러난다. 그것은 바로 원초적 현재, 즉 신체의 수축 상태로부터의 거리다. 이 거리 두기는 미적 태도의 경우, 개체적 해방의 수준으로 상승한 주체가 이를 통해 획득한 가능성들을 전개할 때 등장하며, 아름다운 것의 경우에는 신체가 박탈적 확장 과정 속에서 수축 상태로부터 벗어나게 되면서 이루어진다. 칸트는 아름다운 것을 그것에 대한 무관심적 만족감이라는 (즉 그것이 존재한다는 것에서 만족감을 찾지 않는) 특징을 통해 설명한 바 있다. 이 설명의 올바른 핵심도 이러한 거리 두기의 토대 위에서 명확히 밝혀낼 수 있다.[68]

---

*Gegenstand*, pp. 479~483.

67) *Ibid.*, p. 480.

68) Schmitz, *System der Philosophie*, vol. III part 4, pp. 673~675.

이제 이러한 현상학적 해명과 연관시키면서 앞선 문제를 검토할 수 있다. 신체적 성향이 갖고 있는 어떤 보상을 향한 욕구로 인해 남성이 성적으로 갈망하는 여성에게서 미를 찾고, 또 주어진 여건이 좋을 때 이를 통해 미적 태도를 발견하고자 시도하는가를 검토할 수 있는 것이다. 내가 대답할 수 있는 유일한 답변은 미에서 증명된 가능성, 즉 신체의 수축 상태를 경감시킬 수 있는 가능성이다. 여기서 관건이 되는 것은 도취 속의 성적 절정이 실제로 보장해 주는 것과 같은 생동력의 분열, 이 분열을 향한 욕구인 듯 보인다(1.5절). 이러한 욕구가 생성되는 것은 생동력이 강하게, 그리고 리드미컬한 진동보다 더 많은 동시적 강도를 지닌 채 긴장의 측면으로 고정되어 있을 때다. 남성은 이를테면 자신을 강압적으로 압박하는 성적 충동으로 인해 이런 상태에 빠지게 된다. 남성은 이렇게 지나치게 강한 수축 상태에서 벗어나는 출구를 박탈적 확장 과정을 통한 신체적 경감에서 찾고자 하는데, 여성의 아름다움이 바로 이러한 경감을 약속해 준다. 이러한 남성적 태도를 대표적으로 보여 주는 것은 괴테의 『파우스트』(3326~3329행)에서 파우스트가 악마에게 전달하는 다음 시구다.

흉악한 자여! 여기로부터 일어서라
그리고 아름다운 여성을 부르지 마라!
여성의 달콤한 몸을 향한 갈망을
반쯤 미쳐 버린 감각들에게 다시는 가져오지 마라!

이 말에서 우리는 파우스트가 자신의 관능적 갈망을 부담으로 느끼고 있으며 그것을 여성의 아름다움과 연관시키고 있음을 알 수 있다. 그리고 아름다운 여성과 달콤한 몸을 따로 언급한 것은 아마도 파우스트가 이미 미적 거리를 둔 상태로 진입했음을 암시한다고 보인다. 아름다움이 지닌 경감시켜 주는 기능으로 인해, 아름다움이 남성적 희열에 흥미로운 것이 된다는 가설을 뒷받침해 주는 또 다른 요소가 있다. 그것은 여성의 성적 매력에서 아름다움의 하나의 특별한 형식이라 할 우아함이 각별히 중요하다는 점이다. 우아함에서 관건이 되는 것은 가볍고 경쾌하며 세련된 움직임이다. 혹은 그것은 오히려 이 아름다움에 내재되어 있는 움직임의 암시라 할 수 있는데, 예를 들어 이러한 아름다움의 몸짓-비유에서 나타나는 우아한 동작이나 정지된 형태들이지만 그 형태진로가 움직임에서의 형태진로와 다르지 않은 경우를 떠올릴 수 있다. 우아함은 가볍고 부유하는 특성을 갖고 있으며, 이 특성 속에서 신체의 박탈적 확장 과정이 생생하게 표현되는 것이다.

### ◆7장 해설

7장의 주제는 파트너 사랑과 신체적 경험의 연관성이다. 성적인 파트너 사랑에서 신체적 경험과 성적 희열이 중요하다는 점은 누구나 공감할 수 있다. 하지만 슈미츠의 관점은 일반적인 혹은 통속화된 실증과학(생물학, 의학, 생리학 등)의 관점과 전혀 다르다. 그는 철저하게 자신의 신체현상학, 특히 '신체의 역동학'에 입각하여 사랑하는 두 사람이 경험하는 성적 희열과 신체적 교감과 소통을 분석한다. 7장의 논의가 복잡하고 어렵게 다가오는 것은 이 때문이다. 7장의 논의를 적절히 이해하려면, 그가 말하는 '생동력' 개념과 '신체성의 알파벳'을 상당한 정도로 잘 파악하고 있어야 한다. '신체성의 알파벳'은 신체성 영역을 형성하는 아홉 가지 기초 개념으로, '수축'과 '확장', '긴장'과 '팽창', '원형감각적 경향'과 '판별적 경향', '방향', '강도', '리듬' 등을 말한다(「핵심 용어 해설」과 「옮긴이 해제」 참조). 다행스럽게도 슈미츠는, 추상적으로 다가오는 용어들로 신체적 느낌을 분석하면서, 일상적으로 쉽게 이해할 수 있는 여러 사례와 문필가들의 시적인 묘사를 적절히 활용한다.

7장은 '사랑과 희열', 그리고 '사랑에서 내체화'를 다루는 두 개의 긴 소절로 이루어져 있다. 1절에서 슈미츠는 먼저, 사랑하는 자가 느끼는 성적 희열을 현상학적으로 "긴장과의 경쟁에서 팽창이 우세한 지위를 점하고 있는 신체 상태"로 규정한다. 그런데 이러한 신체 상태는 신체를 사로잡는 여러 감정이 영향을 미치는 데 매우 유리한 조건이 된다. 슈미츠가 급격하고 강렬한 희열과 부드러운 희열을 구별하는 것도 흥미롭지만, 희열과 감정의 영향력을 긴밀하게 연관 짓는 것은 매우 중요한 통찰이다.

슈미츠는 이어서 가슴, 성기, 구강 '근방'에서의 희열을 현상학적으로 관찰하고 분석한다. 여기서 두 가지 지점이 중요하다. 하나는 성적 희열이 결코 '성기적 욕망 충족'에 국한되지 않는다는 점이며, 다른 하나는 '근방'이라는 용어에서 보듯, 가슴, 성기, 구강이 생물학적 개념이 아니라 현상학적 의미의 '신체—섬들'이란 점이다. 신체—섬들은 경계선이 모호한 영역들로서 각기 독자적인 의미와 내적 역동학을 지니고 있다. 가령, 상대적으로 독립된 구강 영역에 대하여 슈미츠는 이렇게 서술한다. "구강 영역은 감지된 신체—섬들이 형성하는 항상적인 짜임관계로서, 온갖 형태의 희열에 대해 이들이 더 잘 전개될 수 있는 풍부한 기회를 제공한다. 입은 축소된 형태의 신체 자체다. 혀, 입천장, 치아, 입술은 작은 공간에 늘 함께 있으면서 서로 어우러져 살아가야만 한다. 이로 인해 본질적으로 상이한 부분들이 스스로 접촉하고 또 스스로 감지하는 **자기연관적 경험이 혼융된 상태**를 이룬다고 할 수 있다." 구강 영역은 독특한 신체적 경험이 다채롭게 펼쳐지는 공간으로서 하나의 '완결된 소우주'라 불러도 손색이 없다.

슈미츠는 '성기 희열'에 대해서 "사랑의 감정을 느끼는 신체적 공명을 가장 강력하게 기록하는 통로"라고 규정한다. 독자는 이 규정이 생물학적 혹은 정신분석의 성욕적 관점과 확연히 다르다는 점을 명확히 인식할 수 있다. 슈미츠는 성기 희열이 지닌 신체적·인간학적 중요성을, 사랑하는 주체의 "생동력 안에서 긴장과 팽창의 리듬을 왕성하게 활성화시키는" 것이라 분석한다. 또한 구강 영역과 직접 연결된 키스에 대해서는 '신체의 확장이 증진'되도록 이끌어 주며, "이를 통해 신체—섬들이 가능한 한 많이 일깨워지는 … 부드러운 희열에" 기여한다고 평가한다. "키스는 희열을 이미 관능적으로 팽창하고 있는 입술과 혀의 영역으로부터 상대방의 신체로 전이시키는 역할을 한다."

신체현상학적 접근의 생산적인 장점은 '성적 절정'에 대한 분석에서도 잘 드러난다. 슈미츠는 일단, 넓은 의미의 성적 절정과 오르가즘(좁은 의미의 성적 절정)을 명확히 구별한다. 그는 넓은 의미의 성적 절정의 진행 과정을 네 가지 단계로 분석하는데, 앞의 두 단계는 성적 절정의 '준비 단계'에 해당되며, 뒤의 두 단계는 '실행 단계'에 해당된다. 여기서 슈미츠의 분석이 생물학적 관점에서 이해하는 오르가즘과 본질적으로 다르다는 점이 분명히 드러난다. 오르가즘이 신체의 생동력 및 감정의 영향력과 어떻게 내밀하게 연관되어 있는가에 대해 슈미츠는 이렇게 서술한다. "오르가즘에서 예리하게 정점에 도달하는 수축 상태가 무제한적인 확장으로부터 구별됨으로써, 성적 절정은 공간 불안증에 의해 팽팽하게 결집되어 있는 생동력을 철저하게 해체한다. 따라서 성적 절정을 불안으로부터 보호해 주는 것이 다른 한편으로는, 신체의 역동적인 전체성을 붕괴시키게 된다. 이러한 신체의 붕괴는 신체—섬들의 형성을 통해 이루어진다."

2절의 중심 개념은 '내체화'다. 내체화는 현상학적 신체가 피부로 닫혀 있지 않고 외부에서 다가오는 형태, 방향, 강도, 리듬에 유연하고 탄력적으로 열려 있음을 나타내는 개념이다. 슈미츠는 내체화를 '반응 시간 없이 반응하기'라 부르기도 한다. 내체화의 예는 일상적으로 무수히 많다. 즉 함께 톱질하기, 함께 노젓기, 함께 연주하기, 마부와 말 사이의 공명, 운전자와 자동차의 동기화, 악수와 포옹 등 매우 다양하다. 내체화는 한 주체의 신체가 다른 대상이나 신체와 즉흥적으로 혹은 자연스럽게 눈에 보이지 않는 '교감의 공동 신체'를 형성하는 모든 과정에서 일어난다. 그런데 내체화와 항상 긴밀하게 연결된 두 가지 중요한 개념이 있다. 바로 '형태진로'와 '공감각적 특성'이다.

슈미츠가 내체화, 형태진로, 공감각적 특성에 주목하는 이유는 두 가지다. 한편으로 그는 통상적인 생리학적 지각이론이 포착하지 못하는 신체 경험의 양상을 이들 개념을 통해 엄밀하게 파악하고자 한다. 다른 한편으로 그는 사랑하는 두 사람의 신체적 공감과 소통이 육체 기관 중심이 아니라, 훨씬 더 깊고 포괄적인 방식으로 진행된다는 점을 보여 주고자 한다.

내체화, 형태진로, 공감각적 특성이라는 세 개념은 이어지는 '성적 매력'과 '희열과 미학'에 관한 논의에서도 핵심적인 역할을 한다. '성적 매력'은 너무나 흔한 말이지만, 이론적으로 해명하기가 대단히 어렵다. 사회, 문화, 역사, 개인적 취향에 따라 그 구체적인 내용이 매우 가변적이기 때문이다. 슈미츠는 신체현상학적 지각이론의 관점에서 이렇게 답변한다. 여성의 어떤 지각적 특질이 '성적 매력'이 되는 것은 "남성의 신체적 성향이 추동력의 리드미컬한 동요와 원형감각적 경향성을 통해서 어떤 보상을 향한 갈망을 자극"하기 때문이다.

'희열과 미학', 즉 성적 희열이 아름다움을 향하고 아름다움과 결합하기를 원하는 것도 당연한 듯 보이지만, 이론적으로 해결하기가 어려운 문제다. 일상적 의식 수준에서는 아름다운 것이 '진화에 유리하다'는 속류적 진화심리학 이론이나 수학적 대칭과 비율로 소급하려는 객관적 균제설이 지배적인 관점이다. 슈미츠는 전혀 다른 관점, 즉 자신의 신체현상학적 관점에서 답변을 시도한다. 추한 것은 신체를 급격하게 수축시키는 계기가 되며, 반대로 아름다운 것은 주체의 '신체를 부드럽고 유연하게 확장할 수 있는 가능성을' 제공한다. 이 부드럽고 유연한 확장이 사랑하는 남자의 신체적 성향이 지니고 있는 '보상을 향한 갈망'에 적절히 부응할 수 있다. 물론 슈미츠는 이러한 답변이 완결된 추론이나 명제가 아니라 잠정적 시도라는 점을 분명히 한다.

# 8장 사랑의 역사에 대하여

## 1. 실마리들

당연한 말이지만, 나는 여기서 '사랑의 역사'를 서술할 수 없다. 나는 이를 위한 학식을 충분히 갖추고 있지 못하며[1] 사랑의 역사라는 과제가 그 자체로 의미 있는 작업인 한, 이 책의 범위를 확연히 벗어나기 때문이다. 그런데 이 대단히 중요하고 매력적인 주제의 숲속을 잘 헤쳐 나가기 위해서는 어느 정도 분명한 관점과 지침이 필요하다. 만약 누군가가 사랑과 관련된 역사적 자료들을 충분히 잘 알고 있으면서 사랑에 대한 진정한 전문가가 되고자 한다면, 그에게 철학적 현상학자, 즉 경험적으로 엄정한 태도를 지닌 현상학자가 필수적인 도움을 줄 수 있을 것이다. [무엇보다도] 사랑의 본질적인 유형을 구별하는 일, 다시 말해서 지난 역사를 전체적으로 조망하기 위해 일종의 '좌표체계'

---

1) 예컨대 나는 중세 시대의 근원적 언어들을 알지 못하여 이들을 현대어로 번역한 것에 의존하고 있다.

Koordinatensystem를 구상하는 일이 필요하다. 그런데 이러한 구상을 지나간 시대의 사랑 문화를 단순히 재생산하는 관점이나 통상적인 역사 해석가가 의존하고 있는 우연적인 언어와 개념의 지평에 맡길 수는 없다. 반대로 그러한 좌표체계의 구상은 역사적 자료와 동시대적 자료, 그리고 고유한 삶의 경험을 통합하는 균형 잡힌 현상학을 필요로 한다. 이 현상학의 목표는 다음과 같다. 즉 집중적인 성찰 과정을 통해 현상들을—즉 반성하는 자가 진지하게 그 사실성을 부인할 수 없는 사태들을—적절하게 추출하면서, 동시에 해당 주제의 대상 영역에 가장 잘 부합하는, 정교하면서도 유연한 개념의 망을 산출하는 일이다.[2] 오늘날 전문가들에게—스스로는 전혀 인지하지 못하고 있어도—이러한 현상학의 도움이 얼마나 필요한가는 다음 진술에서 잘 드러난다. 고古프랑스어로 된 연애소설을 훌륭하게 번역한 연구자는 자신의 견해를 이렇게 표명한다. "감정들은 사적인 것이며 사회적 관계들과는 무관하다. 따라서 감정들은 일정 정도 변화하지 않는다. 12세기의 프랑스 기사가 사랑에 빠졌을 때, 그는 자신이 갈망하는 여인에 대해 고대 이집트의 노예나 우리 시대의 한 남자가 그런 것과 같은 행복과 불안함을 느꼈을 것이다. 그리고 만약 구애를 받는 여인이 드디어 상대 남자에게 자신 또한 좋아한다고 고백하게 되면, 이들은 모두 똑같은 정도로 자신이 무한히 강력해지는 느낌을 가졌을 것이다."[3] 이러한 주장은 감정들

---

2) Hermann Schmitz, "Die phänomenologische Methode in der Philosophie", *Neue Phänomenologie*, Bonn 1980, pp. 10~27.

3) Albert Gier, "Nachwort", Chrétien de Troyes, *Erec et Enide/Erec und Enide*, trans. and ed. Abert Gier, Stuttgart 1987, p. 438.

이 마치 [전적으로] 사적인 것처럼 얘기한다(4장 1절)! 사랑이 단지 감정에 불과한 것처럼 말이다(5장 5절)! 또한 사랑이 그 복합적인 구조로 인해 다양하게 변형될 수 있음을 전혀 모르는 듯 말하고 있다! 즉 사랑이 정박 지점과 응축 영역으로 이중적으로 집중화되어 있다는 사실, 사랑의 감정이 초개체적이며 상태적인 공동의 상황 속에 걸려 있다는 사실, 그리고 이 공동의 상황은 다시 현재의 실제적인 공동의 상황들과 비인격적이며 상태적인 (언어와 관습과 같은) 공동의 상황들 사이에 끼어 있는 상태라는 사실(5장 4절), 감정과 느끼는 일 사이의 관계(사랑과 사랑하는 것의 관계, 즉 사랑은 사랑에 의한 감정적 사로잡힘이며, 또한 사랑이란 공동의 상황을 위해 소통할 수 있는 언어 능력이라는 점) 등, 사랑의 복합적인 구조들을 전혀 고려하지 않고 있는 것이다. 저자인 기어는 별다른 생각 없이 애매하고 과도한 일반화에 근거한 판단을 통해 이러한 특징들을 모두 간과하고 있다. 기이한 것은 기어의 판단이 좀 더 명확하고 확실한 듯 보이는 때가 남성의 불안정함이 아니라 남성의 자칭 '무한한 강인함'이 문제의 중심으로 등장할 때라는 점이다.

이제 나는 서로 구별되는 사랑의 두 가지 특징에 국한하여 논의를 진행하고자 한다. 하나는 사랑의 '통일성의 형식'이며(즉 사랑의 통일성이 '연합적인'koinonistisch[4) 것인가 아니면 '변증적인'dialektisch 것인가), 다른 특징은 집중화된 감정으로서 '사랑의 중심이 지닌 구조'다(즉 정박 지점을 갖고 있느냐 없느냐). 연합적인 사랑이 무엇인가에 대해서는, 이미 3장 2.2절에서 (여기서 도입한 '연합적'이라는 전문용어를 사용하지 않고) 로마

---

4) 어원인 희랍어 '코이논'(Koinón=κοινόν)은 공동체, 연합체, 동맹 등을 의미한다.─옮긴이

인들의 사랑이 내포한 신의를 논의할 때 강조한 바 있으며, 또한 이어지는 부분에서(예컨대 5장 6절과 8절 사이에서) 이를 좀 더 심화하여 서술했었다. 연합적인 사랑은 특히 앞서 3장 2.2절에서 인용한 헤겔의 권고에서 곧바로 명확히 드러나고 있다. 헤겔은, 그가 정말 자신을 사랑하고 있는지에 대해 의심하는 신부를 진정시키기 위해 이렇게 쓰고 있다. "나에 대한 그대의 사랑, 그대에 대한 나의 사랑, 이렇게 특별하게 말하는 것이 **우리의** 사랑을 분리하는 구별을 가져오고 있어요. 사랑은 오직 **우리의** 사랑이며, 오직 이러한 통일성, 오직 이러한 사슬입니다. 그대는 이러한 구별을 성찰하는 데서 벗어나도록 하세요. 그리고 우리 함께 이 하나인 것을 확고히 붙잡도록 해요. 이것만이 또한 나의 강함이요, 삶의 새로운 쾌락일 수 있답니다. 이러한 신뢰를 모든 것의 바탕에 놓도록 해요. 그러면 모든 것이 진정으로 잘될 거예요."[5] 연합적으로 이해된 사랑은 하나의 공동적인 상황이자 분위기이며, 이 상황과 분위기는 사랑하는 한 쌍의 두 사람이 함께, 혹은 (공동체적 사랑의 경우에는) 좀 더 큰 범위의 사랑하는 자들의 집단이 함께 관장한다. 따라서 이러한 [연합적] 사랑에 우선적으로 속해 있는 것은, 이 공동의 상황과 분위기가 제기하는 요구에 적절히 부응해야 한다는 책임감이다. 반면에 변증적 사랑에서 사랑하기는 우선적으로 공동적 상황 내지 분위기를 위해 봉사하는 일이 아니다. 반대로 변증적 사랑은 헤겔이 자신의 신부에게 경계하면서 저지하고자 하는 것, 즉 너에 대한 나의 사랑과 나에 대한 너의 사랑이 장기판에서 오고 가는 한 수와 대응 수처럼 서로

---

5) "Hegel an seine Braut, Sommer 1811", *Briefe von und an Hegel*, vol. I, p. 368.

분리된 채 오고 가는 것이다. 여기서 사랑은 드라마에서 대사가 빠르게 교대로 말해질 때Stichomythie의 도전과 응답처럼 서로 교차하고 있으며, 이런 의미에서 변증적이라 할 수 있다. 변증적인 사랑은 대칭적일 수도 있고 비대칭적일 수도 있다. 이는 사랑하는 사람들이 사랑의 기본적인 토대에서 동일한 역할을 하는가, 아니면 동일하지 않은 역할을 하는가 에(즉 한 수와 대응 수를 위한 사랑하는 자들의 성향 차이에) 달려 있다. 응답받지 못한 변증적 사랑은 언제나 비대칭적이다. 연합적 사랑과 변증적 사랑을 늘 쉽게 구별할 수 있는 것은 아니다. 그러나 전체적으로 볼 때, 두 사랑 사이의 구별은 서로 대립시켜서 논의할 수 있을 만큼 충분히 명확하다. 우리는 지금까지 정박 지점을 가진 사랑을 주제적인 우정과 주제적인 공통적 사랑, 그리고 가족 및 친족 사이의 주제적인 공통적 사랑에서 확인했다. 반면 두드러진 유형의 두 사람 사이의 사랑(즉 성적 사랑과 어머니의 사랑)에서는 감정의 중심(정박 지점이 없는 응축 영역으로서의 중심)이 분열되어 있지 않다는 고유한 특징을 확인할 수 있었다. 이어 역사적 자료를 면밀하게 조사해 보면 다음 사실을 확인할 수 있다. 즉 유럽 문화에서 이를테면 사랑에 대한 공식적 견해로 인정되어 온 이론을 통해 보았을 때, 두 사람 사이의 사랑의 경우에도 오랜 시기 동안 정박 지점을 경유하는 것이 일반적이었으며, 특정한 역사적 시점에 이르러서야 비로소 정박 지점 없이 가능한 새로운 사랑의 형태가 관철될 수 있었다는 사실이다.[6]

---

6) 헬무트 쿤은 자신의 연구에서 이러한 공리를 내세우고 있다(Helmut Kuhn, *"Liebe". Geschichte eines Begriffs*, München 1975, p. 21). "무엇을 사랑하든지 간에, 사랑은 언제나 '좋게'(gut) 이루

사랑의 역사를 추적하는 일은 체험된 삶 자체에 직접적으로 다가 가지는 않는다. 반대로 그것은 오직 기록들만을, 대부분 매우 간접적인 기록들만을 대상으로 한다. 이들은 주로 텍스트로서 특히 철학적 논고 나 시처럼 [언어적으로] 높은 수준의 양식화를 실현한 것들이며, 대부 분 저자의(혹은 저자들의) 실제 사랑에 대해서는 직접 관련이 없이(혹 은 확실치 않게, 눈에 드러나지 않게) 생산된 것들이다. 그 때문에 기록들 이 묘사하는 대로 정말 그렇게 사랑했는가에 대한 의심의 여지가 늘 남 아 있다. 그러나 이러한 의문스러움을 과대평가해서는 안 된다. 왜냐하 면 적어도 한 문화 안에서 전범적인 것으로 인정받은 사랑에 대한 특징 적 서술과 묘사는, 단지 이미 존재했던 사랑에 관한 증언일 뿐 아니라, 사랑하기 자체에 ─ 사랑하기는 그것이 구체화되는 방식에서 상당히 뛰어난 적응력을 보여 주는데 ─ 고유한 실현 형태를 부여하기 때문이 다. 그 때문에 설사 그러한 텍스트들의 증언적 가치가 불확실하다 하더 라도, 이들이 지닌 [문화적] 형성력만으로도 기록과 기록된 대상이 서 로 합치된다는 점을 상당한 정도로 신뢰할 수 있다. 이것은, 비록 기록 자체가 부분적으로 이러한 합치를 낳은 원인이라고 해도 상관없이 유 효하다. 따라서 나는 이러한 신뢰 문제를 더 이상 토론하지 않을 것이 다. 하지만 나는 적어도 한 가지 사항만큼은 지적하고 넘어가고자 한 다. 그것은 사랑의 서술에서 사실에 충실한가 아니면 허구인가의 양자 택일은 전적으로 완결된 문제가 아니라는 점이다. 즉 이 두 가지 외에

---

어진다." 하지만 쿤은 이로써 명확히 정당화하는 논증 없이 역사적 조망의 지평을 정박 지점 을 가진 사랑으로 한정하고 있다.

도 유희적 동일시라는 제3의 가능성이 존재하는데, 나는 유희적 동일시를 인간이 개체로서 존재하는 것Person-sein에 필수적인 중요 범주들 중 하나로 명확하게 밝힌 바 있다.[7] 이와 관련하여 내가 즐겨 드는 예는 자연스럽게 그림[이미지]Bild을 수용하는 과정이다. 어떤 아름답고 매력적인 풍경화에 심취한 사람이 있다면, 그는 이 그림을 그냥 그림이 아니라 하나의 풍경으로서 받아들이고 있다. 하지만 그는 결코 인쇄된 종이나 그려진 화폭을 풍경과 혼동하지도 않고, 또 이러한 종이와 화폭을 풍경으로 새롭게 해석하지도 않는다. 이 두 가지 일, 즉 혼동과 허구는 사실성 자체에 대해 고려하는 일이라 할 것이다. 반면 유희적 동일시란 [대상의] 사실성 자체를 고려하지 않고 실행되는 동일시다. 인간이 언어를 이해하는 일도 이렇게 유희적으로 그림을 수용할 때와 유비적으로 이해할 수 있다. 그것은 음향의 연속 내지 활자를 통한 표현을 사태, 계획, 문제 등등과 유희적으로 동일시하는 일과 다르지 않다. 유희적 동일시는 진지하지 않게 (예컨대, 패러디에서) 일어날 수 있으며, 아니면 깊은 진지함 속에서 일어날 수도 있다. 후자에 대한 하나의 예가 되는 것은, 주의 깊게 이해된 기독교적 신앙이다.[8] 사랑에 관한 역사서에 나오는 일부 관심을 끄는 사랑의 형태들과 관련하여, 사람들은 이런 비판적 언급을 하고 싶어 한다. 즉 이러한 서술이 낯설게 느껴지는 이유가 묘사하는 저자가 사랑하는 자와 유희적으로 동일시하는 데에 있으

---

7) Schmitz, *System der Philosophie*, vol. III part 4, pp. 453~488; *Der unerschöpfliche Gegenstand*, pp. 174~194.

8) Schmitz, *System der Philosophie*, vol. III part 4, pp. 476~483; *Der unerschöpfliche Gegenstand*, p. 452 이하.

며, 이를 통해 사랑의 고백과 수사적 허구 사이의 구별이 없어지게 된다고 비판하는 것이다. 바로 이런 방식으로 뤼디거 슈넬은 중세의 연가문학Minnesang을 교정하려는 것처럼 보인다. "연구사에서도 그동안 자주 언급되었지만, 중세의 연가문학과 여기서 생각된 사랑의 이상은, 오직 문학적인 유희로 만들어진 것으로 봐야 할 것 같다. 하지만 비록 자주 그렇게 받아들여지곤 했지만, 이것을 사랑의 노래들이 단지 기지에 찬 착상들을 구속력 없이 각색한 것에 불과하다고 생각해서는 안 될 것이다. … 연가문학은 귀족적 엘리트 계층이 생각한 이상과 가치관을 반영하고 있다. 이러한 이상과 가치관이 자주 유희적이며 아이러니한 방식으로 의문시되고 있긴 하지만, 그럼에도 그 당시 사람들은 연가가 공연되는 상황에서 이러한 이상과 가치관을 자주 일종의 의무와 동일시의 가능성으로서 받아들였던 것이다."[9] 사랑하는 일의 가능성이 가진 범위는 유희적 동일시의 제안을 충분히 활용하는 것을 배우면 배울수록 증가하며, 시작詩作은 이를 위해 철학적 논고보다 더 나은 계기를 제공해 준다. 중세 시대의 인간적 사랑이 지니고 있던 놀라운 자극력은, 사람들이 주장하듯이 어떤 사랑의 발견[10]에서 기인한 것이 아니다. 왜냐하면 사랑은, 특히 두 사람의 성적 사랑이 가진 높은 수준의 형식은 이미 로마인들이 성취했으며(3장 2절), 중세의 문학적 독자에게도 적어도

---

9) Rüdiger Schnell, *Causa Amoris. Liebeskonzeption und Liebesdarstellung in der mittelalterlichen Literatur*, Bern 1985, p. 109.
10) 나는 여기서 페터 딘첼바허가 서술한, 내용적으로 충실한 전체적 조망을 염두에 두고 있다. Dinzelbacher, "Über die Entdeckung der Liebe im Hochmittelalter", *Saeculum*, vol. 32, pp. 185~208.

오비디우스 이래로 널리 알려져 있었기 때문이다. 오히려 중세의 놀라운 사랑의 자극은 사랑에 대한 문화적 해석을 담당하는 주도적인 역할이 철학자들로부터 시인들에게로 옮겨 온 데에 그 원인이 있었다. 고대에는 시인과 철학자가 이 주도적인 위상을 차지하기 위해 서로 경쟁했었다.[11] 중세 이래 이제 시인들이 주도적인 위상을 계속 차지해 왔으며, 반면 철학적 산문을 통해 사랑의 문제를 해명하려는 시도는 대부분 시인들의 작업을 뒤따르는 데 그쳤다.[12]

## 2. 고대

### 2.1. 변증적 사랑과 연합적 사랑

그리스인들의 성적 사랑은 3장 1절에서 서술한 것처럼 적어도 고전적 시기가 끝나가는 시점까지 두 개의 분리된 하상河床 위에 흐르고 있었다. 한편으로는 필리아로서, 다른 한편으로는 아프로디테로서 구분되어 존재했었다. 필리아는 한 사람에게 "마치 나의 한 부분인 듯" 귀속되어 있어 귀하게 여기는 '애호'의 사랑이다. 반면 아프로디테는 '성애적인 황홀함'의 사랑으로서, 처음에는 에로스의 (특별히 선호된) 한 가지 형태에 지나지 않았다. 다시 말해, 목표가 정해져 있지 않으며 섬뜩하

---

11) 여기서 고대의 위대한 이름들, 즉 엠페도클레스, 플라톤, 아리스토텔레스, 키케로, 플로티누스, 아우구스티누스 등과 아울러 지금은 유실되었으나 고대에 사랑에 대한 많은 논고를 집필한 저자들을 고려할 수 있다. 이와 관련하여 다음을 참조하라. *Plotins Schriften*, vol. V b, trans. R. Harder, eds. R. Beutler and W. Theiler, Hamburg 1960, 50. Ennead.

12) 헬무트 쿤은 자신의 책(*"Liebe". Geschichte eines Begriffs*)에서 이에 대해 아무런 언급을 하지 않고 있다.

고 두려운 것으로 감지된 욕망의 힘인 에로스가 자신을 밖으로 드러낸 한 가지 형태에 불과했다. 그러다가 이 에로스가 기원전 4세기 직전에 그 범위가 성애적으로 좁혀지면서 아프로디테와 거의 겹쳐지게 된다. 이 두 사랑에서 그리스인들의 사랑은, 두 사람의 성적 사랑이라는 틀을 넘어서서도 변증적 성격을 지니고 있었다. 에로스적 사랑의 의미로 볼 때, 사랑이 변증적이라는 점은 쉽게 이해가 간다. 에로스는 근본적으로 그때그때 오직 한 사람을 사로잡는 갈망의 힘, 어떤 알기 어렵고 불특정한 갈망의 힘이기 때문이다. 예를 들어 젖어 있는 소년의 눈이 이뷔코스를 주시했을 때, 에로스가 이뷔코스를 떨게 만드는 그 힘은[13] 토마스 만의 소설 「베네치아에서의 죽음」에 나오는 성애적이며 악마적인 사로잡힘의 상태와 다르지 않다. 현저하게 비대칭적이며 변증적인 그리스적 사랑이 도달한, 가장 고유하고 눈에 띄는 형태가 바로 동성애적 소년애Päderastie다. 이 사랑은 아프로디테적이면서 동시에 교육적인 사랑의 특징을 지니고 있다. 사랑받는 소년이 장년의 남성이 드러내는 불타는 욕망에 대해 대칭적으로 응대해 주는 것은 적절한 일이 아니었다. 반대로 소년이 자신의 평판을 지키고자 한다면, 소년은 소극적으로, 주저하는 태도로, 심지어 냉담한 태도를 견지해야만 했다.[14] 따라서 플라

---

13) Ibykos Fragment 6, *Poetae Melici Graeci*, ed. D. L. Page, Oxford 1962, p. 150.

14) David M. Halperin, "Why is Diotima a Woman?", *Before Sexuality. The Construction of Erotic Experience in the Ancient Greek World*, eds. D. M. Halperin et al., Princeton (N. J.) 1990, pp. 257~308, 여기서는 p. 267 이하. 도버의 선구적 작업(K. J. Dover, *Greek Homosexuality*, Liverpool 1978) 이후 그리스의 소년애에 대한 가장 철저한 정보를 제공하며 우리에게 중요한 맥락에서도 주목할 만한 저작은 라인스베르크의 다음 저작이다. Carola Reinsberg, *Ehe, Hetärentum und Knabenliebe im antiken Griechenland*, München 1989, pp. 163~215. 이 저작은 특히 고고학적 자료를 포괄적으로 활용하고 있다. 다만 생산적인 정보의 원천을 아테네에

톤의 대화편 『파이드로스』(255d)에서 소크라테스의 찬사 연설에 등장하는 사랑받는 소년의 신 안테로스[15]는 단지 소년을 향한 에로스 신이 약화되어 반영된 결과라 할 수 있다. 소크라테스조차 안테로스의 성격을 제대로 이해하지 못하고 필리아로 잘못 해석하고 있는 것이다. [에로스적] 사랑의 순수한 변증적 성격을 좀 더 특징적으로 보여 주는 것은 크세노폰의 『향연』(VIII 1~3)에서 소크라테스가 에로스를 대화의 주제로 도입하는 방식이다. "친애하는 여러분! 우리가 위대한 에로스의 현존 앞에서, 늘 존재하는 신들과 마찬가지로 오래된 에로스의 현존 앞에서 [그를] 상기해 보는 것이 적절한 일이 아니겠습니까? 왜냐하면 우리 모두가 이 신에 대한 숭배 의식을 함께 하는 공동체이기 때문입니다. 에로스는 그 모습으로 보자면 매우 젊은 상태이며, 그 위대함으로 보자면 모든 것을 포괄합니다. 그런데 에로스의 자리는 인간의 영혼 속입니다. 누군가에 대한 에로스적 사랑 속에서 보내지 않는 시간이 내게는 없다고 할 수 있습니다. 저는 여기 카르미데스가 (소년으로서) 많은 사랑하는 사람을 소유하고 있음을 알고 있으며, 그 자신이 (성애적인) 욕망을 지니는 경우도 있습니다. 또한 마찬가지로 (소년애의 대상으로) 사랑받는 처지에 있는 크리토불로스도 다른 사람들을 향한 욕망을 이미 느끼고 있습니다. 나아가[16] 제가 전해 듣기로 니코스트라토스

---

국한시키고 있는 점이 아쉽다.

15) 안테로스(Anteros=Ἀντέρως)의 희랍어 의미는 '응답받은 에로스'이며, 그리스 신화에서도 '거부된 사랑'에 복수하는 신으로 등장한다. 안테로스는 에로스 신, 즉 생산하는 사랑의 신과 형제지간이다.—옮긴이

16) 이 'allà mén'은 '상승시키면서'의 뜻이다. S. Kühner-Gerth, *Ausführliche Grammatik der griechischen Sprache Teil 2. Satzlehre. Band 2*, 3rd ed., Hannover/Leipzig 1904, Nachdruck

는 성애적으로 사랑하면서 자신의 부인에 의해 다시 사랑받고 있다고 합니다." 에로스의 연합적인 의식儀式 동맹이 어떻게 관념적으로 모든 사랑하는 자들의 우주로 확대되는지, 시인이 이를 어떻게 노래할 수 있는지를 잘 살펴볼 수 있는 예는 실러가 시 「율리우스의 신지학」Theosophie des Julius과 「기쁨에 부쳐」An die Freude에서 표현하고 있는 열광이다. 반면에 크세노폰의 소크라테스에게서는 모든 의식의 동참자들이 성애적-소년애적인 윤무 속에서도 개별적으로 등장하고 있다. 한 사람씩 차례차례로, 마치 한 수를 두고 대응 수를 두듯이, 혹은 차례대로 도전하고 대응하듯이 등장하고 있는 것이다. 이러한 나열의 마지막에 이르러서야, 비록 단지 전해 들어서 아는 것이지만, 성애적으로 눈에 띄는 예민한 사건이 새로운 소식으로 제시되어 있다. 그것은 어떤 여성이 자신을 사랑하는 남성을 심지어 마찬가지로 사랑한다는 소식이다. 물론 플라톤의 『향연』에서 아리스토파네스가 상세하게 그리고 있는 성애적 이상은 연합적인 사랑이라 할 수 있다. 사랑하는 한 쌍이 평생 사랑을 지속하는 것은 이들이 함께 성적인 향락을 추구하기 때문이 아니다. 또한 이들은 자신들이 궁극적으로 무엇을 원하는가에 대해서도 이야기하지 못한다. 그런데 이들의 실제 목표는 둘로 나눠진 상태에서 하나가 되는 것이다. 왜냐하면 에로스가 [바로] 그러한 전체성을(192c~e) 향한 욕망이자 추구이기 때문이다. 소크라테스의 연설에 등장하는 디오티마의 권위는 이러한 견해를 부인한다. 에로스는 전체성 자체를 지향하는 것이 아니라 좋은 것을 지향하며, 아울러 사랑하는 자가 좋은 것을 획득

---

Darmstadt 1966, p. 138.

하는 것을 지향한다. 그리고 좋은 것은 전체성뿐만 아니라 절단과 파괴 안에도 존재할 수 있다(205d~206a).

그리스적 사랑의 또 다른 흐름, 곧 필리아의 하상 위에서 진행되는 흐름은 에로스적이며 아프로디테적인 흐름보다 연합적인 사랑에 좀 더 잘 부합하는 듯 보인다. 왜냐하면 친숙하게 귀속되어 있다는 사실이 [이미] 통합적으로 작용하기 때문이다. 하지만 남아 있는 기록을 통해 볼 때, 그리스인들은 여기서도 단지 비대칭적인 사랑 내지는 기껏해야 대칭적인 변증적 사랑의 수준에 도달한 것처럼 보인다. 이와 관련해서, 의미 있는 기록은 다시금 크세노폰의 다음과 같은 판단이다. "가장 강력하게 애정 어린 애호함은 자식에 대한 부모의 사랑, 부모에 대한 자식의 사랑, 형제들의 다른 형제들에 대한 사랑, 남성에 대한 여성의 사랑, 그리고 동료들의 다른 동료들에 대한 사랑인 것처럼 보인다"(『히에론』 III 7). 여기서 가장 먼저 눈에 띄는 것은 일반적으로 "필리아"를 "우정"으로 번역하는 일이 얼마나 잘못된 것인가 하는 점이다. 아리스토텔레스의 『니코마코스 윤리학』에 있는 이른바 우정에 관한 장들에서도──이들은 더 정확히 말해 애정 어린 애호에 관한 장들인데──어머니의 사랑과 남성과 여성 사이의 자연스러운 사랑이 아리스토텔레스가 선호하는 사례들이다(1159a 28, 1162a 16 이하). 아울러 독자의 시선을 끄는 것은 크세노폰이 대칭적인 사랑의 관계에 대해서도, 오직 너에 대한 나의 사랑으로, 즉 두 개의 일방향적인 사랑이 서로 교차하고 있는 것으로 파악한다는 점이다. 우리는 이것이 단지 언어 사용에 결부된 우연이 아니라는 점을 아리스토텔레스의 다음과 같은 섬세한 분석에서 확인할 수 있다. 곧 어떤 공통적인 상황 속에 있는 역할 사이에 차이가 존재한다면, 이에 속해 있는 필리아와 그 필리아의 정박 지점도 마찬가지로 차이를 갖게 된다는 것이다(di' hà philoūsin["이들이 사랑하는 것들을 통하여"], 1158b 18 이하). 가령, [공통의 상황에서] 기대되는 유용함이 많으면 많을수록, 그에 속한 필리아 또한 더더욱 커지게 된다. 그리고 상대보다 더 우월한 자가 덜 사랑하게 되고, 그럼으로써 그가 지니고 있는 좋음의 우위가 다른 쪽에서 더 많이 사랑함으로써 상호균형이 맞춰지게 된다(1158b 11~28, 특히 26~28행). 여기서 아리스토텔레스가 애정 어린 애호의 사랑을 공동의 연합이 아니라 일종의 '짜임관계' Konstellation로 이해하고 있음이 분명하게 드러난다. 즉 애호의 사랑을 두 사람의 혹은 한 집단의 사랑이라는 공동의 상황 속에서, 이에 속한 당사자들이 ── 감정으로서의 사랑으로 채워져 있는 ── 상황을 함께 고수하고, 함께 살아 내는 공동의 연합성으로 이해하지 않고, 반대로 전략적인 유희에서 벌어지는 한 수와 대응 수처럼 참여자의 위상에 따라 애호하는 태도가 다르게 나타나게 되는 '짜임관계'로 이해하는 것이다. 마지막으로 크세노폰의 인용문에서 특기할 만한 것은 여성에 대한 남성의 사랑이 빠져 있다는 점이다. 이에 대한 설명을 우리는 요제프 포크트가 크세노폰의 『가정 경영』Oikonomikos 7~10장에 대해 시도한 논평에서 찾아볼 수 있다. 크세노폰은 이 부분에서 남편이 젊은 부인을 교육시키는 문제에 대해 논의하는데, 포크트는 이를 이렇게 논평하고 있다. "… 남성과 여성 사이의 동등함은 존재하지 않는다. 이러한 혼인관계에서 상호 간의 깊은 사랑은 별로 느낄 수 없다. 물론 여성은, 10장의 4 부분에서, 만약 남편이 그가 소유하고 있는 것에 대해 속인다면, 남편을 온전히 사랑할 수 없다고(aspágesthai ek tēs psychēs) 말하고 있기는 하다. 그러나 크세노폰의 다른 저작에서도 남성에 대한 여성의 애호를 말하지만(『히에론』 2, 3 이하 참조), 반면 남성에게는 자신의 부인을 존중해야 한다고 요청하고 있다. 이러한 구별은 혼인에 대한 여러 논문이 밝힌 것처럼, 그 이후에도 오랜 시기 동안 계속된다. 크세노폰과 이후의 다른 저자들에게 비록 두 사람의 정동이 서로 다르다 해도 상호 간의 신뢰pístis는 가능하다. '신뢰가 없다면, 과연 어떠한 함께 있음이 남편과 부인에게 기쁨을 줄 수 있을까'(『히에론』 4, 1)."[17] 이에 따르면 혼인 관계의 사랑은 비대칭적인 방식으로 변증적 성격을 띠고 있다.

애정 어린 애호의 사랑은 ── 아마도 연합적인 특성보다는 변증적인 특성 아래에서 더 많이 ── 응대해 주는 사랑antiphílēsis[18]의 욕구와 결합하게 된다. 왜냐하면 너에 대한 나의 사랑과 나에 대한 너의 사랑이 ── 헤겔이 원하는 것처럼[19] ── 당연하게 **우리의** 유일한 사랑으로 이해되지 않고 있기 때문이다. 크세노폰의 소크라테스는 자신이 사랑하는 사람들로부터 사랑받고자 하는antiphíleīsthai 강력한 욕구를 분명하게 밝힌다. 즉 이 사람들이 자신과 같은 정도로 자신을 열망하고 또 자신과 함께 있고자 갈망하기를 원하는 것이다.[20] 이렇게 오고 가는 사랑의 변증적 면모에 대한 좋은 예로 고전적 그리스 시대의 비문에 나오는

---

17) Joseph Vogt, "Von der Gleichwertigkeit der Geschlechter in der bürgerlichen Gesellschaft der Griechen"(1960), *Sexualität und Erotik in der Antike*, ed. Andreas Siems, Darmstadt 1988, pp. 118~167, 여기서는 p. 148 이하.

18) 아리스토텔레스, 『니코마코스 윤리학』, 1155b 28, 1156a 8. 따라서 응대하는 사랑은 두 가지 필수적인 조건 중(사랑하는 자를 위해 좋은 것을 원하는 일과 함께) 하나로서 필리아에 속한다.

19) 3장의 마지막 각주를 보라("Hegel an seine Braut, Sommer 1811", *Briefe von und an Hegel*, vol. I, p. 368).

20) Xenophon, *Memorabilien* II 6, 28.

표현 방식을 들 수 있다. 이 표현 방식은 사자死者에게도 응답할 기회를 주고 있다. 앞서 인용했었던 피레우스에 있는 묘비석의 시를 보면,[21] 남편이 세상을 떠난 부인에 대해 "그녀는 자신을 사랑해 주는 남편을 동등하게 사랑하는 일에 최고였다"고 상찬하고 있다. 남편은 이어 부인이 다음과 같이 말하도록 해준다. "행복을 빌어요, 내 사랑. 내가 아끼는 사람들도 잘 돌봐 주세요." 이 시구의 후반부에 표현되어 있는 조심스러운 권고는 필리아의 본성, 곧 누구에겐가 속해 있어 사랑스러운 모든 대상을 포괄하는 필리아의 본성에서 기인한다. 기원전 4세기 초 피레우스의 또 다른 묘비도 이와 유사하다. 여기서도 6운각 이행시의 전반부에서는 죽은 자를 국가와 가족의 모범으로 상찬하고 있으며, 이어 후반부에서는 놀랍게도 죽은 자가 어머니에게 말을 건네도록 하고 있다. "어머니, 당신 무덤 오른편에 제가 있어요. 당신의 깊은 애정을 계속 붙들고 있으려고요."[22] 플라톤의 관점에서 필리아와 에로스가 서로 어떤 관계에 있는가를 잘 보여 주는 것은 대화편『향연』이 알케스티스의 행위를 다루는 대목이다. 플라톤은 남편 아드메토스를 위해 자신의 목숨을 바친 알케스티스의 행위를 영웅적인 행위로 서술한다. 이로써 알케스티스는 필리아적 사랑의 측면에서 그러한 희생을 거부했던 아드메토스의 부모님을 넘어선다. 즉 "에로스를 통해서 필리아적 사랑"을 능가했던 것이다(『향연』의 파이드로스 연설, 179c). 이때 에로스는 순수한 자애로운 애호를 넘어서는 에로틱한 갈망의 위력을 의미하는데, 하

---

21) 3장 각주 13) 참조.
22) Peek, *Griechische Grabgedichte*, Nr. 86 (Inscriptiones Graecae II/III² 7711).

지만 알케스티스의 본래 의도는 사랑받고 있는 아드메토스가 아니라, 자신의 미덕이 가질 수 있는 불멸의 명성을 향해 있었다(『향연』의 디오티마의 가르침, 208d). 여기서 분화되지 않은 갈망의 힘인 에로스가(3장 1절) 우선, 어떤 모호한 명예심으로 전도될 정도로 불안정하게 하나의 사랑으로 특수화되고 있다. 하지만 그럼에도 에로스는 여전히 충분히 강력하여, 사람들에게 필리아를 넘어서는 ── 필리아가 에로스보다는 좀 더 신뢰할 만하지만, 대신 에로스보다 더 부드럽고 연약한데 ── 용기와 활력을 불어넣어 영웅적 행위를 실행하도록 해준다.

헬레니즘 시대에 접어들면서 필리아가 연합적 사랑에 근접하기 시작한 것으로 보인다. 스토아주의자인 타르수스의 안티파트로스(기원전 2세기)는 혼인 관계에서의 애정 어린 애호philía 및 애착philostorgía과 다른 삶의 연관 속에서 등장하는 사랑의 태도들을 구별한다. 안티파트로스는 물과 포도주처럼 서로 완전히 침투하여 뒤섞이는 것과 곡식 낱알들과 같은 것들이 단순히 집적되어 함께 있는 것을 비교하면서 이러한 구별을 하고 있다.[23] 플루타르코스(기원전 1세기)도 이러한 비교를 수용하고, 상호침투하는 혼합을 이제 혼인 관계에 작동하게 된 에로스의 의미에서 사랑하는 자들과 연관 짓는다("Erotikos", *Erotikos Moralia* 769

---

23) *Stoicorum Veterum Fragmenta*, vol. III, ed. H. von Arnim, Leipzig/Berlin 1923, p. 255(Antipater Fragment 63, 스토바이오스의 발췌에 따라 혼인에 대한 글에서). 이 텍스트는 콘라트 가이저(*Für und wider die Ehe. Antike Stimmen zu einer offenen Frage*, München 1974, p. 37)와 힐데가르트 칸시크-린데마이어(Hildegard Cancik-Lindemaier)에 의해 번역되었다(*Sexualität und Erotik in der Antike*, p. 244). 하지만 나는 번역어와 관련하여 두 번역자에 대해 완전히 만족하지 못한다. 특히 가이저가 원작에 단지 "호의"(eúnoia)라는 단어가 있는데 이를 "사랑"이라 옮긴 것에 동의할 수 없다. 게다가 두 번역자는 "필리아"를 "우정"으로 옮기는 일반적인 잘못을 반복하고 있다.

F). 플루타르코스는 이 에로스의 작용력을 혼인 관계의 삶에 대해서뿐만 아니라, 일반적인 맥락에서 아름다운 말로 묘사한다(767 D~E). 에로스를 결정적인 힘으로, 즉 연합적 사랑의 공통적 상황에 봉사하기 위해 개인과 삶의 영위 과정을 저절로 바꾸어 가는 힘으로 묘사하는 것이다. "그런데 에로스가 힘을 가하고 숨결을 불어넣은 사람은 플라톤의 국가에서와 마찬가지로 '나의 것'과 '나의 것이 아닌 것'을 견지할 것이다. 곧 사랑하는 자들에게는 단지 '친구의 좋음이 공동의 것이다'라는 것(원칙)만이 유효한 것이 아니다. 반대로 사랑하는 자들은 육체적으로는 분리되어 있지만, 힘을 다해 영혼을 하나로 결합하고 융합시키는 것이다. 왜냐하면 이들이 둘로 존재하는 것을 원치도 않고 믿고자 하지도 않기 때문이다. 또한 혼인 관계가 전적으로 의존하고 있는 서로에 대한 절제는 한편으로는 외부로부터 관습적으로 규정되어 있다. 그런 한 서로에 대한 절제에는 자발적인 것보다는 '많은 구속과 제어의 일로서' 두려움과 수치심이란 강압이 결부되어 있다. ─ (그래서) 이는 동료들에 대해 늘 조작 가능한 것이다 ─ 하지만 에로스는 대단히 큰 자기 절제와 예의, 그리고 신뢰를 지니고 있다. 만약 에로스가 무절제한 영혼과 마주치게 되면, 에로스는 다른 사랑하는 자들이 이 영혼을 등지도록 만들며, 이 영혼의 오만불손함을 몰아내고, 그 공허하고 조야한 본질을 부숴 버린다. (반면에 사랑하는 자에 대해서는) 에로스는 사랑하는 자에게 수치심, 침묵, 평온함, 예의 바른 장식을 부여하며 한 사람에게 예속된 자로 만든다." 이는 확실히 더 이상 예전의 에로스, 즉 섬뜩하게 두렵고 불확정적인 갈망의 힘이 아니다. 플루타르코스는 바로 이어서 자신이 생각하는 내용을 창녀 라이스Lais의 감동적인 이야기를 통해 명확히

밝힌다. 라이스는 한 남자에 대한 사랑이 그녀를 사로잡게 되자, 그동안 여러 사랑하는 사람에게 돌아다니며 방황해 온 삶의 굴곡에서 벗어나고자 했다. 하지만 테살리아 지방의 여인들이 그녀의 아름다움을 시기하고 질투하여 돌로 쳐 죽이게 된다. 그리스는 다민족 국가와 민족이 서로 뒤섞여 있던 거대한 세계에 수백 년 동안 편입되어 있었는데, 이러한 시대가 끝나면서 이제 사랑하는 일과 사랑의 기본 언어를 이해하는 것과 관련하여 새로운 [역사적] 조건들이 형성된 것이다.

그리스적 사랑은 변증적이며, 로마적 사랑은 연합적이다. 물론 이 주장은 상당 부분 유보를 전제한 상태에서만 제기될 수 있을 것이다. 왜냐하면 이러한 일괄적인 판단은 확실히, 빈약한 자료들에 근거한 과도한 추론이며, 방금 보았듯이 고대 후기 혹은 그리스 문화의 뒤늦은 번영기에는 해당되지 않기 때문이다. 그럼에도 두 사랑을 이렇게 거칠게 대비시키는 것은 사유의 정향을 위한 도움으로서 유용하며, 역사적 원전 자료를 통해 볼 때도 충분히 가능하다. 카툴루스와 비가 시인들이 보여 주는 연합적 사랑의 이해에 대해서는 3장 2.2절에서 신의 개념을 통해 조명한 바 있다. 오비디우스에게서는, 성행위를 통해 희열과 긴장 완화를 함께 나누는 일을 반복해서 강조하고 있다는 점이 눈에 들어온다.[24] 오비디우스는 이 특징을 동성애적 성행위보다 이성애적 성행위가 더 우월하다고 주장하기 위한 논점으로 활용한다.[25] 그리스 시인 가다라의 멜레아그로스(대략 기원전 130~60년)도 한 경구시에서 동일

---

24) *Ars amatoria* II 683 이하, II 727 이하, III 793 이하. 또한 *Amores* I 10, 33~36 참조.
25) *Ars amatoria* II 683 이하.

한 평가를 내리고 있다.[26] 하지만 오비디우스가 두 사람이 성적인 도취에서 함께 견뎌 내는 과정을 강조하는 반면,[27] 멜레아그로스는 두 사람이 서로 기여하는 바를 "한 손이 다른 손을 씻어 준다"라는 격언을 활용하여, 서로 주고받는 대응으로 양쪽에 배분하고 있다. 로마인들의 (특히 시인 카툴루스, 프로페르티우스, 티불루스에서) 사랑의 구상이 지닌 연합적 성격을 잘 서술하고 있는 폴만은 프로페르티우스가 쓴 시 한 구절을 지적하고 있다.[28] 이 구절에서 여성 화자인 신시아는 야심한 시간에 술자리에서 돌아오는 시인에게 비난에 찬 어조로 묻는다. "당신은 저의 밤에 속한 긴 시간을 어디서 보냈나요?" "프로페르티우스의 밤은 '사랑의 계약'foedus amoris에 의거하여 동시에 신시아의 밤이기도 하다."[29] 이것은 연합적인 것으로 사유된 사랑이다. 우리는 비교를 위해 오비디우스를 끌어올 수 있을 것이다(Amores II 5, 31 이하). 여기 나오는 소녀의 키스하는 입술은 소녀와 연인에게 공동으로 속한 소유물이다. 연합적 사랑 개념에 대한 징후로 들 수 있는 것은 로마 희극(플라우투스와 테렌티우스)[30]에 나오는 영혼을 넘겨주는 것, 즉 사랑하는 이가 자신의 영혼을 연인에게 넘겨주는 대목이다. 그리하여 플루타르코스의 희극에 나오는 두 대목이 증명해 주듯이("Erotikos", Moralia 759 C와 Cato maior 9,

---

26) *Anthologia Graeca* V 208.

27) *Ars amatoria* II 683: "나는 두 사람을 함께 구해 주지 않는 성행위는 증오해"(odi concubitus, quae utrumque resolvunt).

28) Leo Pollmann, *Die Liebe in der hochmittelalterlichen Literatur Frankreichs. Versuch einer historischen Phänomenologie*, Frankfurt a. M. 1966, pp. 20~29.

29) *Ibid.*, p. 229.

30) Peter Flury, *Liebe und Liebessprache bei Menander, Plautus und Terenz*, Heidelberg 1968, pp. 22~23, 31~32.

8) 당시 심지어 늙은 카토조차도 ─ 카토는 막 시작된 제국 근대화의
파도 속에서 고대 로마적 기질을 대변하는 절벽과 같은 인물인데 ─
그렇게 영혼을 넘겨주고 있었다. 또 다른 시인 테렌티우스에서는 사랑
하는 자가 사랑받는 여인에게 한층 더 날카롭게 말하고 있다. "결국 내
가 그대의 영혼이 되는 때는 언제나 그대 또한 나의 영혼이 되도록 하
라."[31] 이렇게 사랑하는 자들은 단지 남자의 의지에 따라 뜻을 같이하
는 것이 아니다. 반대로 각자는 자신의 감각이 지향할 수 있는 모든 것,
자신의 감각이 결착할 수 있는 모든 것을 자신의 상대방에게 맡겨야 한
다. 그럼으로써 각자가 상대방의 신조, 사유, 욕망, 바람이 되어야 한다.
이것은 이미 거의 정신적 존재자들 사이의 공산주의보다도 더 강력한
신비주의적 합일이다.

　　이러한 연합적 사랑의 개념이 혼인 관계에 대한 로마인의 이해 또
한 규정하고 있다. 울피아누스는 부인과 남편 사이에 증여를 금지한 것
을 비판할 수 있는 정황을 숙고하면서 이렇게 말한다. "집정관들에게
종종 있는 경우처럼, 만약 부인과 남편이 오랫동안 떨어져 살고 있지
만 상호 간의 관계가 혼인의 위상을 지니고 있다면, 내 견해로는 어떠
한 증여도 효력을 가질 수 없다. 왜냐하면 결혼식이 상당한 정도로 효
력을 갖고 있기 때문이다. 즉 혼인 관계를 만드는 것은 성행위가 아니
라 부부 사이의 애호인 것이다."[32] 고전적 시기의 로마 여인은 자신의

---

31) Terentius, *Eunuchus* 196; Flury, *op. cit.*, p. 26: "내가 너의 영혼이라면, 너는 나의 마지막 영혼
　　이라네"(meus fac sis postremo animus quando ego sum tuus).

32) *Digesta* 34.1, 32.13. "부부간의 애호"(maritalis affectio)에 대해 막스 카저(Max Kaser)는 "이
　　표현은 고전적인 것으로 남게 된다"라고 쓰고 있다(*Das römische Privatrecht*, vol. I, München

남편에게 완전한 의미의 생의 동반자이고자 했으며, 자신의 삶을 남편과 나누고자 했다.[33] 이에 따라 법학자 모데스티누스는 혼인을 이렇게 정의한다. "혼인이란 남자와 여자의 결합이며 삶 전체의 운명공동체이자 신적이며 인간적인 권리의 공통적인 결속이다."[34] 로마 정치가 파이투스의 아내 아리아는 정치적으로 박해를 받은 남편과 함께 세상을 떠나려 했다.[35] 이때 아리아의 사위가 그녀에게, "만약 자신이 같은 상황에 처한다면 딸이 함께 자결하기를 바라십니까"라고 하면서 아리아의 자결을 막으려 시도했다. 이에 대해 아리아는 이렇게 답한다. "만약 내 딸이 내가 파이투스와 살아온 것처럼 그렇게 자네와 오랫동안 화합을 이루며 살아왔다면, 내 딸 또한 그렇게 하기를 바라네." 이런 기록들을 보고 사람들은 문학적 양식화의 영향으로 여기면서 다소간 미심쩍어할지 모른다. 반면에 어느 로마 귀족 남편이, 기원전 1세기의 혼란기에 41년간 변함없이 결혼 생활을 했던 부인을 떠나보내며 읊은 조사, 이른바 '투리아의 찬사'Laudatio Turiae[36]는 당사자인 남편의 관점에서 사랑과 혼인에 대한 연합적인 시각을 대단히 현실적으로 보여 주고 있다. 남편

---

1955, p. 65 주석 8).

33) Plutarch, *Brutus*, 13장(독어본 : Plutarch, *Große Griechen und Römer*, vol. IV, trans. and ed. Konrat Ziegler, Stuttgart/Zürich 1957, p. 75)에서 포르키아가 브루투스에게 한 말 참조. 또한 Lucan, *Pharsalia* II 346 이하에서 귀환한 마르키아가 카토의 아들에게 부탁하는 말 참조.

34) *Digesta* 23,2,1.

35) Plinius minor, *Epistles* III 16.

36) *Éloge funèbre d'une matrone Romaine* (*Éloge dit de Turia*), trans. and ed. Marcel Durry, Paris 1950. 이 책의 원고를 마무리한 후에야 나는 디터 플라흐가 이 찬사를 상세하게 논평하여 새롭게 출간했음을 알게 되었다(Dieter Flach, *Die sogenannte Laudatio Turiae. Einleitung, Text, Übersetzung und Kommentar*, Darmstadt 1991).

은 그녀가 얼마나 큰 용기와 에너지, 그리고 깨어 있는 정신을 가지고 가족과 친지들의 이익을 위해 탁월한 역할을 했는가를 묘사한다. 그다음 남편은 그녀가, 귀감이 될 만한 중년 부인들의 미덕 가운데 어떤 것들을 지니고 있었는지 열거하고(I 30~34), 혼인 생활에서 그녀의 역할을 이렇게 묘사한다. "우리는 서로 해야 할 일을 이렇게 나누었다. 즉 나는 낭신의 운명을 지켜 주는 역할을 하고, 당신은 나의 운명을 보살피는 역할을 하기로"(I 38~39). 결혼 생활에서 자식이 생기지 않자, 부인은 그에게 자신과 이혼하고 아이를 낳을 수 있는 새로운 부인을 얻을 것을 제안한다. 부인은 자신이 기꺼이 새로운 부인을 위해 봉사하는 역할을 하겠다고 말했다. 부인의 이러한 영웅적이며 헌신적인 태도에 계속 놀라고 경탄하면서, 남편은 그녀의 제안을 거절했다. 왜냐하면 만약 그녀의 희생을 받아들였다면, 그는 자신의 명예를 빼앗기고 그녀와 자신의 공동의 불행을 떠안아야 했을 것이기 때문이다(II 40~47). "운명이 당신을 앞세웠구려. 당신은 내게 당신을 향한 그리움의 비애를 남겨두었고. … 나는 앞으로 나 자신의 성정을 당신의 판단에 따라 결정하리다. … 당신이 내게 준 임무가 내게는 법칙이지. 내게 그 이상으로 허용된 일들을 나는 앞으로 그대로 허락할 것이지"(II 54, 55, 68). 부인에 대한 찬사는 이렇게 끝맺는다. "나는 바라네. 당신의 신인 혼령들이 당신에게 안식을 주고, 당신을 그렇게 계속 지켜 주기를"(II 69).[37]

초기 기독교 공동체의 공동체적 사랑 아가페 또한, 공동의 상태적

---

37) 가톨릭 교회에서 사용되는 사자에 대한 예배 조사와 비교하라. "주님, 그에게 영원한 안식을 주소서. … 그가 평안히 쉬게 하소서"(Domine, dona ei requiem aeternam … Requiescat in pace).

인 상황 속에 걸려 있는 성령의 감정으로서 연합적 성격을 지니고 있다. 이러한 감정은 4장 1절의 의미에서 공간적으로 널리 퍼져 있는 사랑과 기쁨의 분위기로서 자유로운 담화parrēsía의 용기를 고취하며,[38] 공동의 상황은 전승된 사태들(곧 구약성서와 예수의 이야기)과 종말론적 기대의 계획들로 채워져 있다. 이러한 공동체적 사랑을 보편적인 인간애로 해석하는 것이야말로 가장 잘못된 해석일 것이다. 초기 기독교인들은 스스로를 선택된 자들의 정체政體에 속한 특권화된 일원으로 여겼으며, 저 바깥 세계의 인간들에 대해 의구심을 갖고 그들보다 훨씬 더 숭고하다고 느꼈다.[39] 「고린도전서」 13장에 나오는 바울의 유명한 사랑에 대한 찬가는 전범적인 인간성의 본보기를 묘사하려는 것이 전혀 아니었다. 오히려 그것은 공동체의 일원 사이에 종교적 직책, 위상, 성취를 둘러싸고 경쟁하면서 벌어진 싸움을 잠재우기 위한 것이었다. 그 때문에 바울은 먼저 이들이 이성을 가져야 한다고 외쳤다. 덧붙여 바울은 이들에게 (갈등을 극복하기 위한) 또 하나의 열광적인 길을 제시했다(「고린도전서」 12장). 이것이 바로 사랑의 길이다. 사랑은 사로잡는 힘으로서 인간 자신 안에서 어떤 태도를 불러일으키는데, 이 태도 앞에서는 그러한 인간 사이의 알력이 무의미한 것이 되며(13장), 또한 신의 성령 자체가 기독교인의 가슴속에서 "아버지"를 외치도록 만든다.[40] 바울은 이러한 가르침을 곧바로 경쟁하고 있던 과도한 자들을 잠재우기 위해

---

38) 내가 시도한 상세한 분석을 보라. Schmitz, *System der Philosophie*, vol. III part 4, pp. 13~40.
39) *Ibid.*, p. 30.
40) 「갈라디아서」 4장 6절

사용한다. 공동체의 일원은 사랑의 길 위에서 자신이 갖고 있는 종교적 재능을 상승시켜야 한다. 이는 도취적인 무아지경의 상태에서 방언을 읊조리는 방향이 아니라, 함께 있는 사람들을 보면서 종교적 복음을 전하고 신앙심을 강화하는 방향이다(14장). 바울이 전하는 사랑의 복음은 (공동체적 사랑을 통해) 종교 공동체의 삶을 조정하는 일, 그 이상의 의도를 전혀 갖고 있지 않았다.

## 2.2. 정박 지점을 가진 사랑

초기의 아포리아적 대화편들 가운데 하나인 『뤼시스』에서 플라톤은 사랑이 지닌 응축 영역과 정박 지점 사이의 차이로부터 하나의 문제를 추출한다. 이것이 우리의 성찰이 역사적 문헌들에서 포착할 수 있는 첫 번째 주제다. 한 사람이 어떤 사람(응축 영역)을 다정하게 애호한다면(필로스), 그는 어떤 일이나 사태(정박 지점)를 위해서 애호하는 것이다. 그러면 그는 이 일이나 사태 또한 다정하게 애호하는 것일까(218d)? 이에 대한 가능한 대답으로, 우선 다음 정식이 등장한다. "따라서 나쁘지도 않고 좋지도 않은 존재가 나쁜 것과 불쾌한 것 때문에 좋은 것을 다정하게 애호한다. 이는 좋은 것과 귀한 것을 위해서다"(219a~b). 이에 따른다면, 다정한 애호에서 응축 영역과 정박 지점은 둘 다 좋고 귀한 것$_{philon}$이다. 다시 말해서, 앞에서 던진 질문을(218d) 논증 과정 없이 긍정하고 있는 것이다. 그런데 이로써 또 하나의 새로운 문제가 등장한다. 만약 어떤 사랑의 정박 지점이 사실상 그 사랑의 응축 영역이고, 이 응축 영역은 다시금 또 다른 정박 지점을 필요로 하는, 그러한 소급 과정이 계속되어야 한다면, 무한퇴행regressus ad infinitum의 문제가 발생한다.

이 무한퇴행은 더 이상 자신과 구별되는 정박 지점에 의해 근거 지어질 필요가 없는, 어떤 '우선적으로 귀한 것'proton philon을 통해서만 중단될 수 있다(219c). 플라톤적인 소크라테스는 지나치게 성급한 일반화와 불충분한 예를 통해서 이러한 '우선적인 귀한 것'을 제외한 모든 사랑을 그 자체에 의해서가 아니라 단지 어떤 목적을 위한 유용함으로 소급한다(219e). 이로부터 다음 결론이 나온다. 곧 어떤 자신과 구별되는 정박 지점 때문에 귀한 것은 단지 이름에 따라서만 귀한 것이며, 진정으로 귀한 것은 유일하게 오직 '우선적으로 귀한 것'뿐이다. 그리고 이것이 바로 좋은 것 자체다(220a~b). 후에 아우구스티누스는 이 좋은 것 자체를 신으로 교체한다. 또한 그는 플라톤의 영향을 따르면서 이 최상의 좋은 것 외에 애호될 수 있는 모든 것을 참되지 못한 것으로, 곧 어떤 다른 것 때문에 애호되는 것으로 고발하고 있다.[41] 플라톤이 이러한 다원적 사랑에 대한 비난을 처음으로 이론적으로 창안한 것인지는 확실치 않다. 그런데 하나의 단서가 소크라테스 주위의 추종자들을 가리키고 있다. 어쩌면 이 단서는 소크라테스 자신에 대한 것일 수도 있다. 플라톤과 함께 이 추종자 그룹의 일원 중 스페토스의 아이스키네스가 있었다. 아이스키네스가 남긴 소크라테스적 대화편들은 일부를 제외하고는 모두 유실되었는데, 이 남아 있는 대화편들은 역사적 소크라테스

---

41) *Soliloquia* I 22: "그 자체를 위해(propter se) 애호되지 않는 것은 전혀 애호되지 않는 것과 다를 바 없다. 내가 그 자체를 위해 사랑하는 유일한 것은 지혜이며, 나는 다른 모든 것을 오직 이 지혜를 위해 떠올릴 것이다. 내지는 나는 오직 지혜 때문에 모든 다른 것이 없음을 우려한다." 또한 다음을 보라. *De moribus ecclesiae catholicae et de moribus Manichaeorum* 1.1,37: "따라서 오직 신만을 사랑해야 한다. 그러나 이 세계, 즉 모든 감각적 사물은 전체적으로 볼 때 경멸 대상이며, 꼭 사용해야 한다면 불가피한 현세적 삶의 필요를 위한 것이다."

의 담화술을 가장 충실하게 반영하고 있는 것으로 평가된다. 그의 대화편 『아스파시아』에 나오는 하나의 딜레마를 키케로가 전해 주고 있다 (De inventione I 51~52). 대화편의 주인공 아스파시아는 이 딜레마를 통해 크세노폰과 그의 부인을, 가장 훌륭한 자와 사랑의 파트너 사이에서 한쪽을 선택해야 하는 난처한 상황으로 몰아넣는다. 아스파시아는 쉽게 차례대로 부인과 남편이 스스로 시인하도록 만든다. 설사 남의 물건이라 하더라도 부인은 최상의 보석이나 의복을, 남편은 최상의 토지나 말을 갖고자 한다는 것을 말이다. 이어 이들을 '옭아매는' 질문이 등장한다. "부인과 남편이여, 만약 그대들이 원하는 최고의 남편과 최고의 부인이 다른 사람의 남편 내지 부인이라고 할지라도 그대들은 최고의 남편과 부인을 원할 것인가?" 두 사람은 혼란스럽고 당황해하며 침묵한다. 아스파시아는 두 사람에게 이러한 분열 상태에서 벗어날 수 있는 유일한 방법이 이들 스스로가 최고의 남편 내지 부인이 될 수 있도록 최선을 다하는 데 있다고 가르친다. 명백히 여기서도 『뤼시스』에서와 마찬가지로 사랑의 정박 지점, 즉 본래적인 의미에서의 좋은 것과 응축 영역(곧 구체적인 사랑의 상대방)을 서로 반복시키고 있으며, 그 의도 또한 응축 영역의 가치를 평가 절하하는 데 있다. 왜냐하면 사람들이 스스로 가장 훌륭한 자의 위치를 차지함으로써 갈등을 해소해야 한다는 교육적 요청은 구체적인 것과 추상적이며 절대적인 이상 사이에 존재하는 균열을 전혀 고려하지 않기 때문이다. 이것은 예수가 산상수훈의 청중에게 고하는 영웅적인 명령과 다르지 않다. "너희는 하늘에 계신 너희 아버지가 완전한 것처럼 그렇게 완전하게 되어야 한다"(「마태복음」5장 48절).

플라톤이 에로스를 묘사한 유명한 두 부분은 소크라테스가 대화편 『향연』과 『파이드로스』(두 번째 연설)에서 에로스를 거론한 두 연설이다. 이른바 '플라토닉한 사랑'에 대한 이 두 개의 연설은 이미 『뤼시스』에서 그 밑그림을 제시했던 구상을 좀 더 구체적으로 형상화한 결과다. 이 구상은 바로, 가장 우선적인 사랑의 '응축 영역'의 위상을 이 영역에 전제되어 있는 '정박 지점'을 통해 격하시키려는 구상이다. 그리고 그 의도는 사랑을 모든 다른 정박 지점을 넘어서는 응축 영역, 그 자체가 자신의 정박 지점인 응축 영역이라는 유일한 목표로 집결시키는 일에 있다. 단지 감각적 차원에서 탈피하는 것이 아니라 이렇게 사랑을 초월적으로 축소시키는 일이 바로 플라토닉한 사랑의 플라톤적 핵심이다. 『뤼시스』의 구상은 『향연』에서 분열적인 양상을 띠고 나타나서 이해하기가 쉽지 않다. 반면, 『파이드로스』의 완숙한 묘사에서는 수미일관된 완결성을 보여 준다. 『향연』에서 에로스는 플라톤이 아리스토파네스의 입으로 얘기하도록 하는 '신화'와 달리, 전체성을 추구하는 것이 아니다. 오히려 에로스는 '아름답고 좋은 것', 그리고 이것의 '소유'를 추구한다. 즉 한 사람이 언제나 좋은 것을 분유分有하고 있다는 의미에서 성공적으로 잘 되어 감[42]을 추구하는 것이다. 이는 또한 향유한다는frui 의미이기도 한데, 아우구스티누스는 전적으로 플라톤적인 입장에서 이러한 향유가 오직 정신적인 아름다움을 향해야 하며, 반면 아름답고 좋

---

42) 이 말 eudaimoneïn은 문자 그대로 '좋은-운명을-가짐', 즉 좋은 운을 갖게 된 성공을 뜻한다. "Eudaimonia"를 "행복"으로 번역하는 것은 "필리아"를 "우정"이라 번역하는 것만큼 어리석은 일이며, 이 때문에 오이데모니즘(Eudämonismus)을 쾌락주의로 부당하게 고발하는 데로 (칸트) 오도하기도 했다.

은 것을 활용한다는ⁿᵢ 것은 현세적 세계의 사물에 대한 올바른 태도를 의미한다고 말한다.⁴³⁾ 그런데 『향연』의 디오티마는 곧바로 에로스가 아름다운 것을 지향한다는 것을 부정하면서 스스로 반대되는 입장을 취한다. 에로스의 진정한 목표는 오히려, 아름다운 것 안에서 무엇인가를 산출하고 탄생시키는 데 있다. 이것은 오직 번식을 통해서만 불멸성에 이를 수 있는 인간이 가진 유일한 가능성, 즉 자신을 위해 늘 좋은 것을 소유하는 유일한 가능성이다(206e~207a). 이때 번식은 성적 번식 이외에도 위대한 행동의 영예가 계승되는 것도 포함하는데(208d), 왜냐하면 성적인 번식 또한 후손들이 조상을 기억하는 것을 추구하기 때문이다(208e). 디오티마는 사랑받는 소년을 지혜와 덕성으로 이끌어 가는 교육적이며 에로스적인 번식에 대해 성적 번식보다 더 높은 위상을 부여한다. 그러나 돌연 그녀는 번식의 모티브를 내던진다. 그녀는 그 대신 아름다운 육체에서 출발하여 아름다운 영혼, 아름다운 제도들과 학문들로 상승하고 마지막에 아름다움의 이데아를 관조하는 데에 이르는 길을 보여 준다. 소크라테스는 자신의 연설 종결부에서 에로스를 이러한 상승을 도와주는 최고의 조력자로서 상찬한다(212b). 『향연』에서 이렇게 두 갈래로 갈라져 있는 에로스 개념의 경향은 이제 『파이드로스』의 찬양 연설에서 하나로 통합된다. 이에 따르면 에로스는 아름다운 소년을 바라보는 일을 통해 영혼이 다시 이데아의 왕국으로 상승하도록 자극하는 힘이다. (영혼이라는 새의 깃털이 새롭게 돋아난다는 비유로) 이때 아름다운 소년을 통해 이를테면 미의 이데아가 내비치고 있으며,

---

43) Augustinus, *Liber de diversis quaestionibus octoginta tribus*, 30.

그럼으로써 우선은 불확정적이지만 이 이데아에 대한 회상을 일깨운다. 따라서 이러한 에로스 내지 에로스적 사랑에서 응축 영역은 아름다운 소년이며, 정박 지점은 미의 이데아가 되고 있다(252b~c). 사랑하는 자는 그 자질에서, 자신이 예전에 저 하늘 너머의 장소에서 따랐던 신에 부응하는 그러한 사랑스러운 소년을 찾고 있으며, 『향연』의 의미에서 교육적인 산출과 탄생을 추구하면서 소년의 그러한 자질을 계발하고자 노력한다. 이 과정에서 사랑하는 자는 이와 같은 에로스 신의 본성을 좀 더 명확하게 만들고, 또 이데아의 관조에 이르는 길에서 스스로를 새롭게 이 신의 종자從者로 보다 더 적합하게 만들고 있다. 이에 따라 에로스를 번식을 위한 것으로 보는 경향은 자기 도야를 위한 일종의 '자기 제어 체제'에 기여하는 것으로 규정되고 있다. 사랑의 응축 영역(아름다운 소년)은 이제 단지 정박 지점(자신의 고유한 신, 미의 이데아)을 향한 정향을 매개하는 데 그치고 있으며, 그럼으로써 사랑하는 자 자신의 '삶의 성공'Wohlgeraten에 기여하는 것이다. 다시 말해, 응축 영역의 의미는 사랑하는 자가 이러한 정박 지점들을 획득할 수 있도록 돕는 데 있다. 그리고 이들 정박 지점 가운데 자신의 고유한 신은 다시 최고의 정박 지점인 이데아 내지 (통합적 이데아론의 의미에서)[44] 이데아의 왕국을 위한 매개자 역할만을 하고 있다.

『니코마코스 윤리학』에서 아리스토텔레스는 애정 어린 애호의 사랑(필리아)을 정박 지점의 종적인 차이에 따라 구별한다. 1156b 19 이하에 따르면 모든 애호하는 일은 '좋은 것' 때문이거나, 아니면 '쾌락'

---

44) Hermann Schmitz, *Die Ideenlehre des Aristoteles*, vol. II, Bonn 1985, p. 14 이하, 17 이하 참조.

때문에 존재하며, 여기서 좋은 것은 다시 '조건 없이 좋은 것'이거나 혹은 '오직 사랑하는 자에 대해서만 좋은 것'이다. 좋은 것 때문에 존재하는 애호는 좋은 자들이며 (1156b 7 이하에 따르자면) 동등한 덕성을 지닌 사람들 사이의 완전한 애호인 듯 보인다. 적어도 이러한 완전한 애호를 포함하는 것처럼 보인다. 이 경우에도 좋은 것이 —— 이는 플라톤에서처럼 이념적으로 실체화된 것이 아니라 좀 더 개방된 의미에서 좋은 것인데 —— 사랑의 정박 지점을 의미한다는 점이 1165b 13~22 부분에서 드러난다. 이 부분에 따르면, 사랑받는 자가 방탕한 행실을 하게 되면 애정 어린 애호도 끝나게 된다. 그리고 1156a 10~19에서 아리스토텔레스는 쾌락 때문에 존재하는 애호를 다른 종류의 애호(곧 유용함 때문에 존재하는 애호)와 함께, 그 자체로부터가 아니라 단지 부차적으로만 per accidens 존재하는 한 쌍의 애호로 통합한다. 왜냐하면 이 경우 어떤 것을 본질적으로, 그 자체로서 사랑하는 것이 아니라, 어떤 목적(쾌락 혹은 유용함)을 위한 수단으로서 사랑하기 때문이다. 또한 사랑하는 자들이 서로 다른 정박 지점을 목표로 하면 갈등이 발생하게 된다. 가령 소년애의 관계에서, 사랑하는 자는 자신의 사랑스러운 소년을 바라보는 데서 느끼는 쾌락을 추구하고, 반면에 이 소년은 사랑하는 자의 보살핌을 통한 유용함을 추구하는 경우가 이에 해당한다.

키케로는 우정에 대한 논문에서 사랑(아모르)에 대한 논의도 부분적으로 덧붙이는데, 이는 우정amicitia이라는 말이 사랑에서 유래했기 때문이다. 키케로는 사랑의 근원을 현실적으로 가능한 유용성에 대한 숙고가 아니라, 하나의 자연적인 사랑의 감각으로 소급하고 있다. "이것은 인간에게서 너무나 명백하게 확인된다. 첫째로는 부모와 자식 간의 진심 어린 애호caritas로부터 드러나며 ──이 애호의 관계는 혐오스러운 범죄를 저질렀을 때만 중단될 수 있는데 ──, 둘째로는 우리가 그 교양과 본성에 있어 우리와 합치되는 누군가를 얻게 되었을 때, 상호유사한 사랑의 태도가 나타남으로써 확인된다. 이 경우 우리가 이 사람에게서 일종의 공명정대함과 덕성의 빛을 꿰뚫어 본다고 할 수 있기 때문이다. 즉 덕성보다 더 사랑할 만한 것, 덕성보다 더 우리를 사랑으로 초대하는 것은 아무것도 없다. 우리는 우리가 본 적이 전혀 없는 사람이라도 덕성과 공명정대함 때문이라면 확실히 사랑하게 되는 것이다."[45] 이렇게 볼 때 키케로는 아리스토텔레스가 말하는 정박 지점으로서 덕성을 가지고 있는 완전한 사랑을 계승하고 있다. 하지만 그는 (계산된) 유용함을 위한 사랑을 버리고, 부모와 자식 사이 자연적인 사랑을 추가하고 있다.

고유한 정박 지점을 가진 공동체적 사랑의 하나로 「요한일서」에 표현되어 있는 '초기 기독교' 내지 '근원 기독교' 공동체의 사랑을 들 수 있다. 모든 공동체적 사랑은 응축 영역(공동체에 속한 일원들) 이외에 정박 지점을 가지고 있다. 이 정박 지점은 공동체의 일원 개개인이 같은 공동체에 속한다는 사태다. 「요한일서」에 따르면, 이 기독교 공동체의 사랑은 이 사태의 정박 지점을 넘어서서 예수 그리스도라는 정박 지점을 갖고 있다. "사랑하지 않는 사람은 신을 알지 못합니다. 신은 사랑이시기 때문입니다. 신께서 당신의 유일한 아들을 이 세상에 보내 주셔서, 우리는 그분을 통해 생명을 얻게 되었습니다. 이렇게 신의 사랑이

---

45) Cicero, *De amicitia*, §§ 27~28.

우리 가운데 분명히 나타났습니다. 제가 말하는 사랑은 신에 대한 우리의 사랑이 아니라 우리에 대한 신의 사랑입니다. 신께서 당신의 아들을 보내셔서 우리의 죄를 사해 주시려고 제물로 삼기까지 하셨습니다. 사랑하는 여러분, 명심하십시오. 신께서 이렇게까지 우리를 사랑해 주셨으니 우리도 서로 사랑해야 합니다. 아직까지 신을 본 사람은 없습니다. 그러나 우리가 서로 사랑한다면 신께서 우리 안에 계시고 또 신의 사랑이 우리 안에서 이미 완성되어 있는 것입니다. 신께서 우리에게 당신의 성령을 주셨습니다. 그러므로 우리가 신 안에 있고 또 신께서 우리 안에 계시다는 것을 알 수 있습니다. 우리는 아버지께서 당신의 아들을 구세주로 보내신 것을 보았고 또 증언하고 있습니다. 누구든지 예수께서 신의 아들이시라는 것을 인정하면, 신께서 그 사람 안에 계시고 그 사람도 신 안에 있습니다. 그리고 우리는 신께서 우리에게 베푸시는 사랑을 알고 또 믿습니다. 신은 사랑이십니다. 사랑 안에 있는 사람은 신 안에 있으며, 신께서는 그 사람 안에 계십니다"(「요한일서」4장 8~16절). 여기에는 두 가지 근본적인 사상이 확연하게 표현되어 있다. 하나는 신은 사랑이며, 이 사랑을 통해서 우리가 서로 사랑하고 또 사랑해야 한다는 것이다. 즉 신은 권위를 지닌 분위기와 사로잡는 힘으로서 사랑이며(4장 1절과 5장 1절), 이 사랑은 신의 (성스러운) 성령의 선물 속에서 우리에게 현존하고 있다. 다른 하나는 이 사랑이 우리에 대한 신의 사랑이며, 그의 아들을 이 세계의 구원자로 보냄으로써 이 사랑이 구체적인 형태로 실현되었다는 사상이다. 우리가 신의 아들을 통해 계속 살아갈 수 있도록 신의 아들이 우리의 죄를 사해 주었다는 것이다. 바로 이 정박 지점을 바탕으로 그 자체가 신인 이러한 사랑은 자신을 일으켜 세우고 있다. 그러나 이 사랑의 응축 영역은 신이 아니라 우리 서로서로, 즉 기독교적 공동체에 속한 형제자매 내지 일원 개개인이다. 만약 정박 지점이 없다면 우리를 사로잡는 분위기로서의 이 사랑은 더 이상 어떠한 지지대도 갖지 못할 것이며, 더 이상 유지될 수 없을 것이다. 그렇기 때문에 「요한일서」(4장 1~3절)의 필자가 예수 그리스도를 신의 아들로서 믿는 것을 그토록 중시하고, 어떤 정신이 신으로부터 온 것인가 아니면 반기독교주의자로부터 온 것인가를 검증하는 척도로 삼는 것이다.

「요한일서」에서 사랑의 형태를 만들어 낸 것은 신적 사랑이 인간을 사로잡으면서 현존하고 있다는 점을 인지하는 일이었다. 아우구스티누스는 이러한 현존을 일종의 '광적인 플라톤주의'로 교체한다. 이것은 초월적인 정박 지점이 눈앞에 있는 사랑의 응축 영역들을 능가하도록 만드는 열정적인 노력을 뜻한다. 초월적인 정박 지점은 『뤼시스』의 우선적인 사랑처럼, 홀로 완벽하게 유효한 사랑의 응축 영역이 되어야 하며, 플라톤에서와 마찬가지로 정신적 아름다움으로 주장되고 있다. 하지만 그 밖의 경우, 이 정박 지점은 아우구스티누스가 플라톤적인 '좋은 것'을 대체하면서 내세우는 신으로 등장한다. "피조물에서 창조주를, 만든 작품에서 제작자를 사랑하는 일을 배우라. 이는 창조주가 만들어 낸 것이 너를 붙잡지 않고, 또 너 자신을 만든 조물주를 네가 놓치지 않도록 하기 위함이다."[46] 신을 향해 외치는 말로서 이런 대목도

---

46) *Enarratio in Psalmum* 39, 8. 지상에 묶여 있는 사랑에 있어 영혼의 깃털이 달라붙어 있다는 플라톤의 비유와 유사한 것은 121, 1 부분이다.

있다. "왜냐하면 당신을 위해서 사랑하지 않는 것을 사랑하는 사람이라면, 그는 당신을 덜 사랑하는 것이기 때문입니다."[47] 자신의 친구를 진정으로 사랑하는 자는 친구 안에서 신을 사랑하는 자다. 사랑하는 능력이 있는 모든 존재는, 스스로 알고 있든 모르든,[48] 신을 사랑한다. 왜냐하면 사랑이란 영혼의 중력으로서, 물질적 요소들의 자연적 운동에 대한 아리스토텔레스의 이론과 마찬가지로, 영혼이 그 본질에 따라 머물러야 하는 자연적인 장소로 영혼을 이끌고 가는 힘이기 때문이다. 그리고 이 장소가 바로 신이다. 인간 영혼의 올바른 사랑은 신으로 되돌아가는 일이며, 인간 영혼은 신에게서 육체적 쾌락을 위한 사랑에서처럼 단지 순간적인 평온함을 찾는 것이 아니라 확실하고 영원한 평온함을 얻게 된다.[49] 모든 피조물은 좋은 존재이기 때문에 (올바른 질서 속에서) 좋은 방식으로 사랑받을 수 있다. 하지만 피조물은 또한 (전도된 질서 속에서) 나쁜 방식으로 사랑받을 수도 있다. "이에 따라 덕성에 대한 짧고 참된 정의는 다음과 같을 것이다. 즉 덕성은 사랑의 질서ordo amoris다."[50] 이 사랑의 질서는 성서의 '신과 네 이웃을 너 자신처럼 사랑하라'라는 계명에 따라 산정된다. 자기 자신에 대한 사랑은 타인에 대한 애호의 사랑caritas과 덕성을 통해서 확인된다. 반면에 누군가가 리비도적 욕망(즉 cupiditas)[51]을 좇는다면, 그는 자신을 사랑하지 않고, 자신과 자신의

---

47) *Confessiones* IX 40: "Minus enim te amat qui tecum aliquid amat quod non propter te amat."
48) *Soliloquia* I 2.
49) *Confessiones* XIII 10; *Epistola* 55, 18; *De civitate Dei* XI 20.
50) *De civitate Dei* XV 22.
51) *Enarratio in Psalmum* 9, 15.

영혼을 증오하는 자다.[52] 오직 신을 사랑하는 자만이 자신을 사랑하고 있다.[53] 부모와 부인, 자식들에 대한 사랑을 버리라는 것은 아니다. 이러한 사랑에게 적절한 질서를 부여해야 한다는 것이다. 즉 부모, 부인, 자식을 신과 교회보다 더 사랑해서는 안 되며,[54] 어떤 인간들이 자신의 적이라 할지라도, 기독교로 개종시키고자 애쓰는 자신의 이웃처럼 그를 사랑해야 하는 것과 마찬가지로, 그러한 이들을 사랑해야 한다. 한 사람을 성서의 계명에 따라 자기 자신처럼 사랑하지 않고 수레 끄는 짐 승이나 목욕물 혹은 그려진 새나 수다스러운 새처럼 사랑하는 사람은, 다시 말해 자기 자신을 어떤 시간적인 쾌락이나 유용함 때문에 사랑하는 사람은 인간을 위해 사는 자가 아니라 수치스럽고 경멸적인 치욕을 위해 봉사하는 자다. 이는 그가 한 인간이 사랑받아야 마땅한 정도로 그렇게 그 자신을 사랑하지 않기 때문이다.[55] 이렇게 볼 때 아우구스티 누스는 아리스토텔레스에 따른 애정 어린 애호의 두 가지 부수적 형태(쾌락을 위한 것과 유용함을 위한 것)를 인정하지 않는다. 또한 아우구스 티누스는 아리스토텔레스의 완전한 의미의 사랑(정박 지점으로 좋은 것을 가진 사랑)을 보편적인 인간을 향한 사랑으로 한정하고 있다. 그리고 이 사랑의 의미는 아름다운 소년에 대한 사랑이 플라톤에게서 가진 의미와 다르지 않다. 즉 그것은 초월적인 좋음과 아름다움, 그리고 초월적인 귀한 것의 향유로 가기 위한 통로Durchgang, 그 이상의 정박 지점을

---

52) *Sermo* 368, 5.

53) *Epistola* 155, 15(*Epistorarum classis* III).

54) *Sermo* 344, 2

55) *De vera religione* 87.

필요로 하지 않는 사랑의 응축 영역을 위한 통로로서의 의미다.

　따라서 플라톤 (또는 소크라테스) 이래 고대의 철학자들은 간청하고 분석하는 자신들의 온갖 기술을 동원하여, 사랑에 대해 응축 영역과 정박 지점으로 [사랑의] 중심이 분열되어 있다는 점을 각인시키려는 방향으로 나아갔다. 그런데 혹시 그 당시에도 분열되지 않은 중심(정박 지점이 없는)을 옹호하는 목소리가 있었던 것은 아닐까? 나는 그렇게 해석할 수 있는 유일한 증언을 시인 프로페르티우스에게서 발견한다(II 22, 14). "그대가 '왜'라고 묻는 그러한 이유가 사랑에는 결코 없으니"

Quod quaeris 'quare', non habet ullus amor.


## 3. 중세 시대

### 3.1. 변증적 사랑과 연합적 사랑

고트프리트 폰 슈트라스부르크의 작품 『트리스탄』[56]에는 사랑하는 남녀 두 쌍, 즉 리발린과 블랑슈플뢰르, 그리고 트리스탄과 이졸데가 등장한다. 이 두 쌍은 연합적 사랑의 이상적인 유형을 체현하고 있다. "그대 두 사람의 생각을 지배했던 것은 오직 단 하나의 사랑, 단 하나의 소망이었다"(1356행 이하). "서로 사랑하는 트리스탄과 이졸데가 적절한 기회를 활용할 수 없었을 때, 두 사람은 공동의 의지를 의식하면서

---

56) 나는 뤼디거 크론(Rüdiger Krohn)이 논평을 달고 두 언어를 병기하여 출간한 판본을 따라 인용한다(Tristan, ed. Friedrich Ranke, 3rd ed., Stuttgart 1984). 나는 이곳과 뒤에서 중세 운문시를 산문으로 옮긴 것에 의지할 텐데, 이러한 번역은 리듬적 형식과 다른 시적 효과들을 희생하더라도 의미론적 충실함을 지키고자 하는 시도로서 다행스럽게도 최근 점점 증가하고 있다.

그 기회를 [함께] 지워 버렸다. 두 사람의 그리움은 사랑스럽고 달콤하게, 지치지 않은 열정으로 서로의 사이를 오갔다. 공동의 사랑과 공동의 소망, 이것이 두 사람에게는 좋고 즐거움을 주는 것으로 보였다"(1만 6440~1만 6448행). 국왕 마르케는 트리스탄과 이졸데에게 이렇게 말한다. "나는 그렇게 자주 그대들을 서로 멀리 떨어뜨려 놓았으나, 그대들은 매우 경이롭게도 그토록 오랫동안, 언제나 내면적으로 하나로서 존재했다"(1만 6566~1만 6570행). 이졸데가 트리스탄에게 작별을 고하는 고별사에는 다음과 같은 대목들이 나온다. "주님, 우리의 가슴과 마음은 '잊다'라는 말이 무슨 뜻인지 영원히 경험하지 못할 정도로 이미 아주 오래, 아주 가깝고 내밀하게 서로 결합되어 있었습니다"(1만 8288~1만 8293행). "그대여, 어떤 다른 여인이 그대를 언젠가 나와 멀어지도록 하지 않도록 하세요. 그러면 우리는 언제나 우리의 사랑과 신의를 늘 신뢰하고 새롭게 유지하게 될 거예요. 그토록 오래, 그토록 완벽하게 우리 사이에 있어 온 사랑과 신의를 말이에요"(1만 8300~1만 8306행). "우리 두 사람은 기쁨과 고통을 지금 이 순간까지 그토록 오래 공통의 일로 겪어 왔어요. 당연한 일이겠지만, 우리는 이 기억을 죽는 순간까지 반드시 보존해야 해요"(1만 8323~1만 8327행). "만약 이졸데가 트리스탄과 언젠가 한 번 **하나의** 심장, **하나의** 신뢰를 이루었다면, 그것은 영원히 그렇게 머물고 영원히 그렇게 유지될 것이다"(1만 8330~1만 8333행). "우리는 **하나의** 몸이며 **하나의** 삶이에요. 그대는 그대의 삶인 나 이졸데를 쉬지 말고 생각하세요"(1만 8344~1만 8346행). "트리스탄과 이졸데, 그대와 나 우리는 둘 다 영원히 아무런 차이가 없는 **하나의** 실체예요. 이 키스가 죽음에 도달할 때까지 성실하게 내가 그대의 것이며 그대가 나의 것이란 점을, **하나의** 트리스탄이며 **하나의** 이졸데라는 것을 확정해 줄 거예요"(1만 8352~1만 8358행). 고트프리트는 자신이 주요 전거로 삼은 텍스트로 고古프랑스어로 쓰여진 ("브르타뉴의") 토마의 『트리스탄』 서사시를 내세우고 있다(150행). 그런데 이 서사시의[57] 단편들은 고트프리트와는 대조적으로 사랑에 대한 변증적인 시각을 보여 준다. 나는 "사랑"amur 앞에 붙어 있는 소유대명사들을 ──일반적으로 소유대명사를 통해서 문제가 되는 사랑이 다른 사람을 향한 누군가의 사랑인지가 특징적으로 드러나는데[58] ──검토하는 일로 시작하려 한다. 물론 때때로 "우리의 사랑"이라는 표현도 나오기는 한다. 하지만 이 표현이 뜻하는 바는 시구(2506행=다우스[Francis Douce]의 단편 1235행) "우리의 사랑, 우리의 욕망"La nostre amur, nostre desir에서 드러난다. 여기서 '욕망'desir이란 말은 사랑하는 사람이 사랑의 파트너를 향해 품고 있는 욕망일 수밖에 없으며, 마찬가지로 "우리의" 사랑도 이졸데를 향한 트리스탄의 사랑과 트리스탄을 향한 이졸데의 사랑 이 두 사랑을 합쳐서 칭하는 말이다. 토마의 서사시에 나오는 사랑하는 두 사람 사이의 **하나의** 사랑이 단지 겉보기에만 연합적 사랑일 뿐, 실제로는 변증적 의미의 사랑이라는 사실, 이 사실을 증명해 주는 훨씬 더 강력한 논점

---

57) 나는 게자 보나트(Gesa Bonath)가 두 언어를 병기하고 논평을 덧붙인 판본을 인용한다 (Thomas, *Tristan*, trans. and ed. G. Bonath, München 1985).

58) de vostre amor(너의 사랑): 48행=Fragment Cambridge 48행; La vostre amur(너의 사랑): 59행=Fragment Sneyd 7행; ses amurs(그의 사랑들): 96행=Fragment Sneyd 44행. 다시 말해서 이것은 이졸데의 사랑을 가리키며, 화자인 트리스탄은 이 사랑으로부터 물러서고자 한다. 583행=Fragment Sneyd 531행도 마찬가지다. "그녀가 나를 위해서 가지고 있던 사랑이다." "그의 사랑"(s'amur): 182, 377, 380, 797행=Fragment Sneyd 130, 325, 328, 745행.

은 다음 시구에서 확인할 수 있다(1011행=튀린의 단편 71행). "네 사람 사이에 기이한 사랑이 있었다." 이것은 트리스탄, 금발의 이졸데, 하얀 손의 이졸데, 국왕 마르케 네 사람을 말한다. 여기서 문제의 중심은 네 사람의 네 사랑이 서로 적대적으로 교차하면서 서로서로 방해하고 있다는 데에 있다. 즉 네 사랑이 변증적인 긴장 관계에 있으며, 이 관계는 이어지는 시구들에서 광범위하게 분석된다(1011~1134행=튀린의 단편 71~194행). 사랑하는 일이 이렇게 완전히 일면적으로, 한 사람으로부터 상대방을 향한 것으로 제한되어 있기 때문에 금발의 이졸데는 고트프리트의 서사시에서처럼 트리스탄과 함께 자발적으로 사랑을 느끼지 못한다. 오히려 그녀는 트리스탄의 고통을 자신도 함께 느끼고자 애쓰는 상태다(2015~2020행=다우스의 단편 743~748행).

고트프리트와 토마가 이렇게 사랑에 대한 구상을 대립적으로 선택한 것은 이들 각자가 지녔던 특이한 성향에서 연유했을 것이다. 하지만 내가 보기에 이것은 민족정신의 고유한 징후를 보여 주는 듯하다. 곧 독일인은 연합적인 사랑에 좀 더 치중하는 반면, 프랑스인은 변증적인 사랑에 보다 더 적극적인 특징을 가진 것처럼 보인다. 나는 이러한 차이를, 비교적 널리 퍼져 있던 중세 시대 연애 서정시의 두 가지 "객관적 장르"genre objectif(Jeanroy)를 서로 비교함으로써 찾아냈다. 객관적 장르에 속한 두 가지 주요 형식은 '이별시'Tagelied와 '목자시'Pastourelle다. 두 가지 시 형식은 시인이 자신의 이름으로 말하지 않고, 정황과 등장인물들이 정형화되어 있는 사건을 통해서 이야기하듯이 노래한다는 점, 혹은 관련된 사람들이 하는 말을 통해서 묘사한다는 점에서 서로 일치한다. 중고지 독일어[59] 문학(12~15세기)을 보면 "분명히 100편 이상의 이별시가 존재했었다". 이 가운데는, 크노오프Ulrich Knoop의 계산에 따라 12세기 후반과 13세기에 해당하는 48편 이상의 "본래적인 의미의 이별시"가 존재한다. 반면에 프로방스어와 고古프랑스어[60] 지역에서는 단지 다섯 내지 아홉 편의 이별시만이 전승될 따름이다. 형식의 틀에서 벗어난 시까지 함께 친다면 여섯 내지 열여덟 편 정도가 존재한다.[61] 이를 통해 보자면, "독일 청중은 명백히 노래 형식을 띤 이야기들을 매우 즐겨 들었다. 이야기들은 근본적으로 항상 동일한 내용을 보고하는 노래였다. 이를테면 항상 이미 알려진 주제를 새롭게 변형시켜 보고하는 노래였던 것이다".[62] 이별시는 두 사람이 행복하게 사랑의 밤을 보낸 후 그 밤이 끝나 가는 것을, 그리고 이들이 애정 어린 이별을 나누는 것을 노래했다. 이들은 부적절한 사랑의 관계에서 밤을 보냈으며, 낮에는 이 일이 결코 탄로 나서는 안 된다. 대부분 도시의 심야 경비원이 이들이 은밀하게 함께 있는 순간을 거칠게 깨우게 된다. 따라서 [이별시의] 중심은 사랑하는 결합 상태의 정점에 있다. 이 정점은 사랑의 행복과 이별의 아픔이 첨예하게 두드러진 상태에서 함께 울려 퍼지는 순간이다. 즉 그것은 연합적인 사랑을 서정시를 통해 묘사하기에 가장 적합한 순간이다. 어느 누구보다 이 가능성을 잘 활용한 시인이 바로 하인리히

---

59) 중고지(中高地) 독일어는 중세 후기인 11세기 중반에서 15세기 초까지 쓰인 독일어를 말한다.—옮긴이
60) 14세기까지 프랑스 중부와 북부, 벨기에, 스위스 일부 지역에서 쓰이던 프랑스어를 가리킨다.—옮긴이
61) Ulrich Müller, "Tagelied", *Reallexikon der deutschen Literaturgeschichte*, vol. IV, Berlin/New York 1984, pp. 345~350, 여기서는 p. 345 이하.
62) Ulrich Müller, "Die mittelhochdeutsche Lyrik", *Lyrik des Mittelalters. Probleme und Interpretationen*, vol. II, ed. Heinz Bergner, Stuttgart 1983, p. 94.

폰 모룽겐이었다.[63] 그의 이별시는 두 사람이 처해 있는 현재의 이별 상황을 순전히 회고적인 관점에서 보여 준다. 남자와 여자, 두 사람 각자가 기억하는 시각을 서로 분리하여 보여 주는 것이다. 두 사람이 서로에게 말을 걸지 않고 번갈아 가며 이야기하지만, 각자의 고백은 상대방의 이야기를 확인하고 강조해 준다. 이를 통해서 사랑의 밤은 지속적으로 이어지는, 어떤 분위기가 결정화되는 중심이 된다. 이 분위기에 의해서 사랑하는 한 쌍이 가진 공동의 상태적 상황은 이별의 아픔을 통해 오히려 한층 더 강화된 빛으로 채워지게 된다. 사랑의 성취를 이렇게 서술하는 과정에서 중요한 것은, 이 한 쌍을 갈라놓게 될 새벽의 경적이 없다는 사실이다. 야경꾼이 상황에 개입하지 않고, 디트마르 폰 아이스트Dietmar von Aist의 이별시처럼 여자가 깨어나지도 않는다. 그의 이별시에서는 사랑하는 두 사람을 방해하는 것이 아무것도 없고, 또 남자가 온화하게 포용하는 모습을 보여 줌으로써 두 사람의 결합이 프로방스 지역의 이별시Alba에서보다 —— 이 이별시에서는 통상 야경꾼의 큰 외침이 후렴구의 중심 효과로 쓰이는데 —— 훨씬 더 분명하게 드러나고 있다. 물론 그렇다고 두 사람의 결합이 하인리히의 노래처럼 완벽하게 충만한 모습은 아니며, 단지 불가피하게 일어나는 일을 간결하게 보여 줄 뿐이다. 가령 "이제 날이 밝았구나"Dô tagte ez가 후렴구로서 반복되는

---

63) Minnesangs Frühling 143, 22 ff.=Lied XXX, Heinrich von Morungen, *Lieder. mittelhochdeutsch/neuhochdeutsch*. ed. Helmut Tervooren, Stuttgart 1986. 나는 4연의 시어 가운데 "mîn arme" 대신 "mich armen"을 취한다는 점에서 이 책의 텍스트에서 벗어나고자 한다. 하지만 이에 관하여 여기서 더 상세히 논할 생각은 없다. [하인리히 폰 모룽겐은 13세기 초 독일 중동부 지역에서 활동했던 중요한 연가 시인이다. 그의 이름으로 총 35편(115개 연)의 연가가 전해진다.]

것이다.

목자시 장르에서는 고ᇚ프랑스어 시와 중고지 독일어 시의 빈도 관계가 이별시 장르에서와 정반대의 양상을 보여 준다. "이별시와 반대로 중고지 독일어에서 목자시는 — 이 목자시라는 이름은 '양치는 여성'를 뜻하는 고ᇚ프로방스어 'pastorela'와 고프랑스어 'pastourelle'[여성 목자]에서 파생되었다 — 상당히 드문 편이다. 하지만 질적으로는 각별할 만큼 수준 높은 성취를 보여 준다. 반면에 프로방스어와 고프랑스어에서 목자시는 가장 애호된 노래 유형 가운데 하나였다."[64] "중세 시대에, 특히 고프랑스어 문학에서 목자시처럼 애호된 장르는 거의 없었다."[65] "목자시는 이미 1140년에 시인 마르카브뤼Marcabru에 의해 프로방스어 시에 도입된 이후, 12세기 말경 북부 프랑스 지역에서도 완성되어 나타났다. 하지만 어느 쪽이 먼저이고 영향을 끼친 쪽이 어디인가의 문제는 둘 사이의 양적 관계를 보면 그리 중요한 문제가 아니다. 고프랑스어 시가 160편 가까이(이 가운데 약 60편은 익명인데) 남아 있는 데 비해, 프로방스어 시는 단지 30편만 전해 온다. 이 때문에 목자시는 이미 중세 시대에 (궁정 소설과 함께) 북부 프랑스 지역의 고유한 장르로 간주되었다."[66] 주제는 한 기사나 성직자가 여성 목자를 성적으로 유혹하는 (대부분 성공하지만, 가끔은 실패하기도 하는) 시도다. 종종 기사나 성직자를 성적으로 "확실하게 능가"하고자 하는 남성 목자도 함께 등장

---

64) Müller, *op. cit.*, p. 108 이하.

65) Friedrich Wolfzettel, "Die mittelalteriche Lyrik Nordfrankreichs", *Lyrik des Mittelalters. Probleme und Interpretation*, vol. I, ed. Heinz Bergner, Stuttgart 1983, p. 428.

66) *Ibid.*, p. 430 이하.

한다. 목자시에서 여성은 "남성적 욕망의 대상, 순수한 성적 대상이 된다. 이는 설사 시적 자아가 수동적인 증인 역할에 머문다 해도 마찬가지다. 궁정 사회와 성직 사회가 공존하는 이데올로기적 긴장 영역에서 소박한 여성 목자는 비도덕적이며 감각적인 욕구와 자연적인 매혹을 표현하는, 일종의 허구적인 반대편 극을 대변한다. 그럼으로써 그녀는 ──강제적으로 승화된── 민네 사랑에서 숭배되어 있는 상류 귀족 부인에 대비되는 관계, 귀족부인에 대해 일종의 보상적 관계를 가진 인물이 된다. [다른 장르의] 여성의 노래들이 남성/여성 사이를 계층적으로 동등한 관계로 보여 주는 것과 달리, 궁정의 목자시에서는 신분 차이 속에서 이루어지는 성적 긴장이 주제화되고 있다. 이때 성적 긴장은 매혹된 경탄에서부터 경멸적인 평가 절하, 심지어 냉소적이며 파렴치한 평가 절하에까지 이르는 매우 넓은 범위를 갖고 있다. 기사적 자아 내지 성직자적 자아가 지닌 이러한 사회적 우위의 관점에 입각할 때, 비로소 스스로를 성적으로 찬양한다는gaber 중심 모티브가 목자시 장르의 근본 입장이 될 수 있었다. 시민계급의 작가들도 또한 [후에] 기사적 자아 내지 성직자적 자아를 기능적으로 활용하게 된다."[67] "아마도 이로부터 목자시가 세부적으로는 대단히 다양하게 변형되면서도 놀라울 만큼 전형적인 모습을 지니고 있음을 설명할 수 있을 것이다."[68] 목자시에서는 인물의 의도와 말싸움과 관련하여 남성/여성 사이가 공격적으로 대립하고 있는 점, 그리고 계층들의 삶의 형식이 현저한 격차를

---

67) *Ibid.*, p. 429.
68) *Ibid.*, p. 430.

보여 준다는 점이 시 장르의 형식 안에 통합되어 있다. 목자시는 비대 칭적인 변증적 사랑의 구상을, 많은 재치 있게 활용된 국면과 굴절을[69] 동원하여 순수하고 충분히 체험할 수 있는 시적 형식이다. 이는 이별시 에서 연합적 사랑의 구상을 온전히 체험할 수 있는 것과 흡사하다.

일종의 유사한 경향이 연가문학이 표현하고 있는 사랑에 비대칭 적인 변증론의 성격을 각인시키고 있다. "프로방스적인 기사도 사랑의 관념은 매우 아름답고 완전한 여성이 가진 지배적인 위상과 남성의 복 종이라는 특징을 지니고 있다. 남성이 끈기 있게 기사로서 봉사하는 모 습은 종종 영주를 위해 가신이 봉사하는 것으로 묘사되곤 한다."[70] 어 떤 프로방스어 언쟁시$_{tenson}$에서는, 여성 마리 드 방타두르$_{Marie de Ventadour}$ 가 남성 기 뒤셀$_{Gui d'Ussel}$의 사랑을 받아들인 후, 사랑의 관계가 대칭적 인지 아니면 비대칭적인지에 대해 대화를 나눈다. 여성은 남성이 계속 복종해야 한다고 주장한다. 왜냐하면 남성이 구애할 때는 복종의 모습 을 보이다가 사랑을 성공한 후에 완전히 태도를 바꾸는 것은 자신이 사 기꾼임을 증명하는 일이기 때문이다. 남성은 이에 연합적인 사랑의 구 상을 끌어오면서 동등한 위상을 지녀야 한다고 요청한다. 남성이 보기 에 이러한 사랑의 구상은 여성이 "두 심정을 하나로 통합했을 때"[71] 실

---

69) 프로방스적인 목자시가 지니고 있는 이러한 다양한 측면을 효과적으로 소개한 성과로 다 음을 들 수 있다. Erich Köhler, "Pastorela", *Grundriß der romanischen Literaturen des Mittelalters*, vol. II, Heidelberg 1979, pp. 33~43.

70) Ursula Liebertz-Grün, *Zur Soziologie des "amour courtois". Umrisse der Forschung*, Heidelberg 1977, p. 27.

71) Gui d'Ussel, "be. m pessa de vos", *Frauenlieder des Mittelalters, zweisprachig übersetzt und herausgegeben von Ingrid Kasten*, Stuttgart 1990, pp. 178~181.

현된다. 이 외에도 심정을 서로 바꾼다는 은유를 통해서,[72] 연합적인 [사랑의] 특징들이 트루바두르Troubadour의 변증적 사랑 속에 뒤섞이고 있다. 헤르베르트 콜프는 고古프랑스어로 쓰여진 민네 사랑에 대한 논고 안에 이러한 특징들이 포함되어 있음을 확인해 주었다. 이 논고는 사랑의 진정한 결합을——이 결합은 부분적으로 13세기의 비너스 서사시에도 수용되고 있는데——동일한 표현법을 사용하여 묘사하고 있다. "민네 사랑은 두 개의 심정을 하나로 만든다." "민네 사랑에서 결합된 두 개의 심정, 이것은 진정한 결합이다. 그것은 **하나의** 심정이며, **하나의** 영혼이고 **하나의** 새로운 탄생이다. 그것은 참된 공동체다."[73] 14세기로부터 트루바두르 시대를 되돌아보면서, 프로방스어로 쓰인 수고들은 연애 가인Minnesänger이 거치는 행로에 어떤 체계를 부여해 준다. 처음에 단지 한숨만 쉬는 애인은 간청하는 자로 올라서고, 이어 용인된 자로, 최종적으로는 육욕에 사로잡힌 자로[74] 상승한다. 하지만 일반적으로 애인에게는 애무 이상이 허용되지는 않는다.[75] 남프랑스 음유시인 페이롤Peirol의 칸초네[76] 시가 첫째 단계를 잘 조명해 준다.[77] 넬리

---

72) René Nelli, *L'Érotique des Troubadours*, Toulouse 1963, pp. 209~212.

73) Herbert Kolb, "Der Minnen Hus. Zur Allegorie der Minnegrotte in Gottfrieds Tristan"(1962), *Gottfried von Straßburg*, ed. Alois Wolf, Darmstadt 1973, pp. 305~333, 여기서 p. 327 이하.

74) Nelli, *op. cit.*, p. 179.

75) *Ibid.*, p. 281.

76) 여기서 칸초네는 기악곡 형식이 아니라 5~10연으로 된 프로방스 및 프랑스의 시 형식을 가리킨다.—옮긴이

77) "나는 이 세상에서 (여기 외에는) 그런 여성을 알지 못하네, 신이여, 나는 그녀를 왜 이렇게 사랑하는지? 나는 감히 그녀에게 나의 욕망을 절대 말하지 않으리라. 그녀는 나를 공손하게 맞아 주고 아름다운 위안을 주네. 하지만 그럴수록 나는 더더욱 어찌할 줄 모르겠네. 그녀에게 은총을 청하면, 그녀가 내 앞에서 조심하려 하지 않을까, 내가 우려하기 때문에. 적절하지 않

에 따르면, 청을 들어준 애인과의 관계에서 비대칭적인 상태는 여성에게 더는 아무 역할을 하지 못한다.[78] 하지만 앞서 인용한 논쟁시[79]는 이견해와 상반된다. 또한 음유시인은 자신이 행하는 복종의 봉사를 결코 늘 한낱 예비 단계로 여기지 않는다. 유명한 음유시인 베르나르Bernard de Ventadour[80]는 응답받지 못했다고 실망하는 사랑을 경멸하고,[81] 아무 결과도 얻지 못한다 해도 계속해서 동경하는 사랑을 신봉한다. 반면에 피에르 로지에Peire Rogier는 말없이 봉사하는 것으로 만족한다. 이 봉사에 대한 보답은 기쁨과 (분위기로서)[82] 여성의 가치에서 내비치는 광휘다. 여성 자신은 이 광휘를 전혀 모를 수 있다.[83] 고古프로방스적 서사시 『플라멩카』Flamenca에서는 —— 이 서사시는 음유시인 시 형식이 쇠퇴하고 난 후에, 아마도 1240~50년 사이에[84] 숙성 포도주처럼 뒤늦게 탄생했는데 —— 심장이 다시금 사랑에 대한 연합적 구상의 은유적 매개

---

은 간청은 성가신 것이 되지. 말하지 않고 나는 그녀에게 간청하려 하네. 그러면 그녀는 암시를 포착하듯이, 마음에 드는가를 세심하게 바라볼 거야. 왜냐하면 하나의 마음이 다른 마음과 결합하고 자연스럽게 선하게 행동할 때, 기쁨과 인정이 두 배가 되는 법이니까." Peirol, "Atresi co-l signes fai" (3~4단락), Jacques Roubaud, *Les Troubadours. anthologie bilingue*, Paris 1971, p. 369(인용 시구는 내가 프랑스어 산문 번역에서 직접 번역한 것이다).

78) Nelli, *op. cit.*, pp. 194~196.

79) Gui d'Ussel, *op. cit.*

80) 명성이 높았던 음유시인 베르나르 드 방타두르는 1200년경 프랑스 중남부 리무쟁 지역(현 코레즈 지역)에서 활동한 것으로 알려져 있다. 그는 식자층을 위한 양식이 아닌 이해하기 쉬운 양식을 대표하는 시인이었다. — 옮긴이

81) Bernard de Ventadour, "Chantars no pot gaire valer", Jacques Roubaud, *Les Troubadours. anthologie bilingue*, Paris 1971, pp. 112~113.

82) Nelli, *op. cit.*, p. 86, 129, 170.

83) *Ibid.*, p. 174.

84) Pierre Bec ed., *Anthologie des Troubadours*, Paris 1979, pp. 343~344.

체 역할을 한다.[85] 심장의 교환은 키스를 통해 일어나며, 이 교환은 문자 그대로 진지하게 받아들여진다. 그래서 플라멩카의 애인 남성은 오랫동안 떨어져 지낸 후 다시 만난 그녀에게 이렇게 인사한다. "사랑스러운 친구여, 내 심장은 무얼 하고 있는지?"[86] 하지만 심장을 단지 서로 교환하는 데 그쳤다면 이는 여전히 변증적 구상의 틀에 들어맞을 것이다. 그리고 이것은, 사랑하는 사람들이 서로의 눈을 보면서[87] 갖는 조용한 행복을 섬세하고 사랑스럽게 묘사하고 조명해 주는 일에도 여전히 타당하다. 여기서 관건이 되는 것이 서로의 시선을 주고받는 유희이기 때문이다. [이와 달리] 다음과 같은 상황에서는 사랑에 대한 연합적인 이해를 제시하는 일이 불가피해진다. 즉 사랑하는 자 혹은 그의 파트너가 자신의 일부를 (가슴을 주는 것처럼) 상대방에게 넘겨주는 데 그치지 않고[88] 그 자신이 상대방 속으로 들어가거나 상대방을 자신의 가슴 속에 받아들인다고 말하는 경우에 그러하다. 이러한 예로는 아랍-무어인 시인 알-하즘Al-Hazm이 소망을 표현할 때,[89] 그리고 중세 연가문학의 가

---

85) "사랑은 하나의 욕망으로 두 마음을 결합합니다"(Amour avec un seul désir lie deux coeurs), "두 마음의 사랑은 종종 동등하게 두 마음 안에 있으면서 하나를 만들어 냅니다"(Amour de deux coeurs fait souvent un en se mettant également en chacun). *Flamenca*, 2077~2080행, 다음의 번역에 따라. Nelli, *L'Érotique des Troubadours*, p. 212.

86) *Ibid.*, pp. 213~214.

87) *Flamenca*, 6569~6612행. Bec ed., *op. cit.*, p. 347~350.

88) Nelli, *op. cit.*, p. 212. "대부분의 음유시인들은 '사랑이 내 마음을 그 속에 집어넣는다'라고 말한다[Amour a mis mon coeur en elle', disent la plupart des troubadours](A. de M., XV, 19)". 약어로 표시된 인물은 아르노드 마뢰이(Arnaut de Mareuil)를 가리킨다.

89) *Ibid.*, p. 54. "저는 제 마음이, 마치 칼로 베어 열듯이 그렇게 열려 있기를 원합니다. 당신이 그때 입구로 들어온다면, 제 마음이 가슴속에서 절로 닫혔을 겁니다"(Je voudrais que mon coeur eût été ouvert comme avec un couteau. Tu y serais entrée, puis il se serait refermé dans ma poitrine).

장 이른 시기에 나온 유명한 고ₕ독일어 시구들이 그러한 소망을 실제로 일어나고 확정된 일로 내세울 때를 들 수 있다.[90]

아마도 토착인들에 의해 탄생한 중세 독일 연가는 서부 및 남서부 지역 외국으로부터의 영향을 '고상한 연가'[91]의 (가신과 왕족 사이의 비대칭적 변증론에 의거한)[92] 형태로 받아들였다. 이를 통해 독일 연가는 사랑을 승낙하지 않음에도 저 아득히 높은 곳으로 격상된 여성에게 충분히 익숙해졌다. 그 때문에 가령, 루돌프 폰 페니스-노이엔부르크Rudolf von Fenis-Neuenburg 백작은 응답받지 못한 사랑의 곤궁을 최고의 환희로 느끼며 즐긴다.[93] 하르트만 폰 아우에[94]는 응답받지 못하고 아무일도 일어나지 않는 사랑에서 환희를 느끼며 즐기는 일을 웃음거리로 만들었다. 하르트만은 연가 가인들에 대해 십자가를 향한 (십자군 종군 참가자로서) 자신의 종교적인 사랑을 대립시킨다. "너희들은 봐라, 내

---

90) "당신은 저의 것, 저는 당신 것: / 이를 당신은 확신하세요 / 당신은 잠겨 있어요: / 제 가슴속에요 / 열쇠는 분실했구요: / 당신은 영원히 그 안에 있어야 해요." *Minnesangs Frühling, nach Karl Lachmann, Moritz Haupt und Friedrich Vogt neu bearbeitet von Carl von Kraus*, 33rd ed., Stuttgart 1965, p. 1, 3연 1~6행

91) 고상한 연가(Hohe Minne)는 대략 1170~1180년경부터 등장한 중세 연가의 한 시 형식이다. 가장 중요한 특징은 남성과 여성 사이의 관계가 새롭게 규정된 것이다. 남성인 시적 자아는 여성의 사랑을 일방적으로 구하지만 응답받지 못한다. 그럼에도 시적 자아는 여성을 더더욱 고귀하게 이상화하고, 응답받지 못한 사랑 자체를 인정하고 높게 평가한다.—옮긴이

92) 중세 시대의 '민네 사랑'은 근본적으로 영주 부인과 기사 사이의 비대칭적인 관계를 전제하고 있었다.—옮긴이

93) Günther Schweikle, *Die mittelhochdeutsche Minnelyrik I: Die frühe Minnelyrik. Texte und Übersetzungen, Einführung und Kommentar*, Darmstadt 1977, 시 II, 4연 5행 이하(MF 81, 26 이하). MF =Minnesangs Frühling.

94) 하르트만 폰 아우에(Hartmann von Aue)는 12세경 중고지 독일어 시기의 대표적인 서사 작가다. 하인리히 폰 펠데케(Heinrich von Veldeke)와 함께 프랑스로부터 온 궁정 소설 형식을 독일 서사문학에 안착시킨 것으로 평가된다.—옮긴이

가 열망하는 대상이 마찬가지로 나를 열망하고 있다."[95] 따라서 하르트만이 생각하는 사랑도 변증적 성격을 띠고 있다. 대칭적이란 점이 다를 뿐이다. 그 반면에 중세 독일 연가는 고상한 연가의 전성기에서도 비대칭적 변증론에 의해 단지 감염만 된 듯 보인다. 그것은 어떤 열병에 굴복한 것과 유사하다. 독일 연가가 [사랑의] 연합적인 이해에 정향하고 있는 것은 이러한 영향에 의해 억압되지 않았다. 심지어 고상한 연가 형식을 대표하는 시인 라인마르Reinmar der Alte에게서도 억압되지 않았다. 라인마르는 남편 레오폴트를 잃은 미망인이 전적으로 연합적 사랑의 의미에서 읊은 아름다운 비가를 지었으며,[96] 다른 많은 여성을 노래한 시구에서 서로 주고받는 사랑을 강조하고 있다. 그것은 공동의 상황 속에 있는 공속성으로서의 사랑인데, 다만 관습적인 고려로 인해서 충분히 전개되지는 못하고 있다.[97] 하인리히 황제의 시들은 주옥같은 독일 서정시에 속한다. 이 시들은, 마치 오늘날 사랑하는 사람이 자연스럽게 말을 하는 듯, 그렇게 생생하게 독자에게 다가온다. 다른 연가 시인들에게서 감지되는 낯설음을 전혀 느낄 수 없다.[98] 그의 시들은 사랑하

---

95) Hartmann von Aue, *Lieder. mittelhochdeutsch/neuhochdeutsch*, trans. and ed. Ernst v. Reisner, Stuttgart 1985, Lied XVII, MF 218, 25.

96) Reinmar der Alte, *Lieder. mittelhochdeutsch/neuhochdeutsch*, trans. and ed. Günther Schweikle, Stuttgart 1986, pp. 194~199 (Lied XVI). [라인마르 폰 하게나우는 12세기 후반에 활동했던 연가 시인으로서 연가, 비가, 여성노래, 탄식가 등 여러 종류의 고상한 연가 형식에서 최고 수준의 작품을 남겼다. 그를 '장년의 라인마르'(Reinmar der Alte)로 부르는 것은 13세기에 활동했던 또 다른 라인마르와 구별하기 위해서다.]

97) *Frauenlieder des Mittelalters. zweisprachig übersetzt und herausgegeben von Ingrid Kasten*, Stuttgart 1990, pp. 84~103.

98) 그런데 하인리히의 시들은 슈바이클레의 번역(Schweikle, *Die mittelhochdeutsche Minnelyrik I: Die frühe Minnelyrik*, pp. 260~264)이 아니라 클라우스의 번역(*Minnesangs Frühling, nach Karl*

는 두 사람의 완성된 일치를 지속하는 공속성, 곧 기쁨에 가득 찬 함께 있음의 공속성 속에서 노래한다. 여기에는 고상한 연가에 예외적으로 나타나는, 특히 가장 아름다운 독일 연애시에 속하는 이별의 교체 노래에서 나타나는 변증적 특성이 전혀 보이지 않는다. 연가 시인 알브레히트 폰 요한스도르프[99]에게서도 사랑의 이해는 마찬가지로 연합적이다. "두 가슴이 서로 함께할 때까지 적지 않은 시간들이 그에 속하는데",[100] "가슴으로부터 서로 사랑하는 두 사람이 친숙해지는 곳에서, 그리고 이들의 연가가 하나의 신의의 동맹을 이루는 곳에서, 누구도 이들을 떼어 놓지 말아야 하지, 내가 보기에는, 죽음이 이들을 보살펴 주는 모든 시간 동안은."[101] 3장 2.2절에서 인용했던 시인 발터의 연가[102]와 다른 연가들[103]은 무리 없이 이 역사적 시기의 틀 속에 잘 들어맞는다. 연합적 이해를 표현할 때 발터는 고상한 연가 형식의 출현 이전 독일 연가의 오래된 모티브로 되돌아간다. 이것은 예컨대 그가 여러 차례 표현한 가

---

*Lachmann, Moritz Haupt und Friedrich Vogt neu bearbeitet von Carl von Kraus*, pp. 42~44)으로 읽어야 한다. 이 시들은 그 자체가 매우 아름다워서, 부주의한 필사로 인해 발생한 모호한 텍스트 부분들을 과도하게 미화하는 식의 왜곡을 범해서는 안 된다.

99) 알브레히트 폰 요한스도르프(Albrecht von Johannsdorf)는 1180년~1200년경에 활동했던 연가 시인으로 십자가 원정에 관한 서정시로 유명하다.―옮긴이

100) Schweikle, *op. cit.*, Lied 7, 1, MF 91, 8 이하.

101) *Ibid.*, Lied IX, 2, MF 91, 29~32.

102) 3장 각주 33) 참조.

103) Friedrich Maurer ed., *Die Lieder Walthers von der Vogelweide 2 Bändchen: Die Liebeslieder*, 3rd ed., Tübingen 1969, p. 93, Nr. 63, 4연: "사랑하는 사람의 사랑은 상대방의 사랑이 함께하지 않으면 좋지 않아요. 일방적인 사랑은 쓸모가 없습니다. 사랑은 반드시 상호 간에 있어야 해요. 두 마음을 통해서, 오직 두 마음만을 통해서 상호 간에 있어야 합니다"; p. 113, Nr. 75, 3연: "행복한 남성이여, 행복한 여성이여, 두 마음이 참된 사랑 속에서 서로서로 연모하고 있으니."

슴의 사랑에 대해 유효하다. 가슴의 사랑이란 표현은 이미 디트마르 폰 아이스트가 일치가 없는 비대칭적인 변증적 사랑을 왜 거부해야 하는 가를 논증하기 위해 소환한 바 있다.[104] 퀴렌베르크의 남성 시인Der von Kürenberg[105]은 이렇게 노래했다.

> 눈부시게 아름다운 여인이여,　　이제 그대가 나와 함께 오누나.
> 기쁨과 고뇌,　　　　　　　　　나는 그대와 함께 나누리.[106]

시인 발터도 마찬가지로 노래한다. "내 생각에 떠오르는 공동의 사랑, 공동의 고뇌."[107] 이 남성 시인에서는, 성적 파트너 사랑의 상태적인 공동 상황 속에서 함께 기쁨과 고뇌를 공유해야 한다는 것이 여전히 전적으로 자유스럽게 느껴진다. [반면에] 시인 발터는 어떤 명확한 숙고를 통해서("내 생각에 떠오르는") 고상한 연가 형식에 나타나는 사랑의 변증적 전개에 저항하면서 저 연합적인 공유를 되찾지 않을 수 없다.

시인 발터가 민네 사랑을 이해하는 방식에서 현상학자의 정확한 개념 파악이 문헌학자에게 —— 문헌학자가 개념을 잘못 분류하려 하지 않는다면 —— 얼마나 중요한가를 분명하게 인식할 수 있다. 뤼디거 슈

---

104) Schweikle, *op. cit.*, Lied IV 3(MF 35, 5~8): "나는 많은 여인을 떠났다. 가슴의 사랑을 발견할 수 없었기 때문이다. 내가 즐거움을 가졌던 모든 것을 가슴의 사랑과 비교한다면 허송세월한 시간일 뿐이다."

105) '퀴렌베르크의 남성 시인'으로 알려진 이 인물은 12세기 중고지 독일어로 작품을 쓴 연가 시인이다. 총 15연의 시구가 전해지는데, 그의 작품은 레겐스부르크와 빈 사이의 도나우 지역의 방언으로 쓰여 있다.—옮긴이

106) *Ibid.*, pp. 120~121, XI연, MF 9, 21 이하.

107) Maurer ed., *op cit.*, p. 71, Nr. 51 4연 7행.

넬은 대단히 학식이 깊고 통찰력 있는 책 『사랑의 이유』*Causa Amoris*에서 궁정풍 사랑 개념의 틀 안에서 발터가 예외적인 위상을 지니고 있다는 견해를 거부하면서 이렇게 말한다. "발터 폰 데어 포겔바이데가 사랑의 상호성을 요구한다고 해도(La 69, 10 ff.; 51, 5 ff.), 이 요구가 독문학의 민네 사랑 연구가 오늘날까지 받아들이는 것처럼, 사랑에 대한 새로운 '혁명적' 구상을 논증한다고 봐선 안 된다. 왜냐하면 남프랑스 음유시인들도 산발적으로 이러한 요구를 표현하고 있기 때문이다. 무엇보다도 사랑의 상호성에 대한 요구는 고대 양식을 모방하는 궁정 소설들에 널리 퍼져 있었으며 궁정풍 아르투스 소설Artusroman 장르[108] 속에서 실현되어 있다."[109] 발터 시의 예시들은 연합적 이해에 관한 증거로 제시되었다. 슈넬이 고대 양식을 모방하는 소설에서 들고 있는 예증 가운데는 고₊프랑스어 소설 『아이네이아스 소설』*Roman d'Énéas*[110]의 한 대목이 포함되어 있다. [그런데] 이 대목에서 관건이 되는 것은 대칭적인 변증적 사랑이기 때문에 연합적인 이해와 관련이 전혀 없다.[111] 물론 사랑

---

108) '아르투스 소설' 장르는 크레티앵 드 트루아(Chrétien de Troyes), 하르트만 폰 아우에, 울리히 폰 차치코펜(Ulrich von Zatzikhoven) 등 여러 작가의 작품을 포괄하여 지칭하는 장르 용어다. 여러 작품의 공통된 줄거리의 중심에는 전설적인 아르투스왕(아서왕)과 그의 원탁의 기사들이 서 있다.—옮긴이

109) Schnell, *Causa Amoris*, p. 134.

110) 12세기 후반(1160년경으로 추정) 남프랑스에서 쓰인 익명의 소설이다. 1만 행에 이르는 장편 소설로서 그 이전의 영웅노래 장르(Chanson de geste)와 이후 등장한 궁정풍 소설 사이를 매개하는 장르로 평가된다.—옮긴이

111) Schöler-Beinhauer ed., *Le Roman d'Énéas*, 8173~8177행(라비니아의 독백). "그가 나를 사랑하지 않는데 내가 그를 사랑하려 한다면, 내게는 어리석은 행동으로 보인다. 한 쌍에는 두 사람이 속해 있다. 두 사람이 각각 상대방에게 복종하고, 상대방이 원하는 바를 충족해 주어야 한다."

이 상호적이란 것은 양방향으로 오고 간다는 의미다. 그러나 이런 대략적인 외적 특징에만 집착한다면, 1절에서 정확히 구별한 본질적인 현상학적 차이를 간과하게 된다. 확실히 시인 발터가 혁명적인 혁신가는 아니다. 하지만 발터보다 앞선 선행자들은 슈넬이 말한, 앞 인용문에 언급한 작가들이 아닌 다른 작가들이 아닐 것이다. 크레티앵 드 트루아의 궁정풍 아르투스 소설들에서, 『에레크』*Erec*와 『위뱅』*Yvain*은 물론 『랑슬로』*Lancelot*에서도 나는 ─ 안타깝게도 내가 살펴보지 못한 작품 『클리제』[112]를 제외한다면 ─ 연합적인 사랑을 발견할 수 없었다. 『랑슬로』에서 크레티앵은 비대칭적이며 변증적인 사랑의 이해를 패러디적으로 극단으로 밀어붙인다. 크레티앵은 여왕이 자신을 무한히 사랑하는 기사에게 모욕적인 거절을 전하는 장면에서 매우 분명하게 강조한다(3955~3987행). 즉 여왕은 자신도 왜 그런지 모르겠지만, 단 한 번 사랑을 나눈 밤에 서로를 따뜻하게 느낄 수 있을지 모르지만 상태적인 공동의 상황을 의미하는 파트너 사랑을 인정할 수 없음을 강조한다. 나는 소설 『에레크』를 상호 간의 사랑을 상태적인 공동의 상황으로 승화시킬 수 없는 비극적 무능력을 다룬 작품으로 읽는다. 사랑하는 한 쌍으로 함께 성장하고 성숙해지는 ─ 성행위를 통해 두 사람의 결합이 일시적으로 강화되는 것을 제외한다면[113] ─ 일이 기사적 상황과 성애적

---

112) 『클리제』(*Cligès*)는 크레티앵 드 트루아가 1176년경에 쓴 것으로 추정되는 아르투스 소설 장르의 작품으로 6784행으로 되어 있다. ─옮긴이

113) Chrétien de Troyes, *Erec et Enide*, ed. M. Roques, 5210행. Gier, "Nachwort", *Erec et Enide/Erec und Enide*, pp. 294~295. 다음을 참조. Thomas, *Tristan*, 590~592행(Fragment Sneyd 538~540행).

상황 사이의 부조화로 인해 저지된다. 또한 양쪽에 분명히 존재하는 대칭적이며 변증적인 사랑이[114] 서로 화해하고 내적인 맹세를 하기도 하지만, 두 상황 사이의 부조화가 기사적인 모험심이 재차 새로이 분출되도록 이끌고, 그 결과 공동의 상황을 견고하게 만드는 일이 좌절된다.[115]

## 3.2. 정박 지점이 있는 사랑과 없는 사랑

### 3.2.1. 정박 지점이 있는 사랑

위대한 권위를 지닌 고대 사상가들인 플라톤, 아리스토텔레스, 키케로, 아우구스티누스 중 뒤의 세 사람은 직접적으로, 그리고 플라톤은 이들 세 사람을 통해 간접적으로, 중세의 극성기에 사랑의 이해에 현저한 영향력을 행사했다. 이 사상가들은 사랑을 이해할 때 하나의 분명한 정박 지점을 요구했다. 그래서 당시 사람들이 매우 애호했고 널리 알려져 있던 심리학 개요 책자Kompendium인 『정신과 영혼에 관하여』De spiritu et anima 는 사랑을 다음과 같이 정의하고 있는데, 이 책자는 오랫동안 (처음에는 알베르투스 마그누스와 토마스 아퀴나스에 의해서) 아우구스티누스의 저작으로 간주되었고, 실제 저자가 알셰르 드 클레르보Alcher de Clairvaux로 밝혀진 뒤에도 계속 높은 평가를 받았다. "사랑은 한 사람의 가슴이 어떤 일 때문에 그리고 어떤 대상에 대해서 매우 기뻐하는 일로서, 갈망할 때는 움직임 속에서, 기뻐할 때는 평온한 상태에서 이루어진다."[116]

---

114) Chrétien de Troyes, *op cit.*, 4482~4487행, 3751~3754행.

115) *Ibid.*, 5777~5827행.

116) *Liber de spiritu et anima* 45장, Migne ed., Patrologia Latina, vol. 40 column 813. "사랑이란 한 사람이 어떤 것에 대해서, 어떤 이유로 인해 느끼는 기쁨이다. 이 기쁨은 욕망을 통해서

여기서 "어떤 일 때문에 그리고 어떤 대상에 대해서"는 사랑의 중심이 응축 영역과 정박 지점으로 분열되어 있음을 나타낸다. '때문에'는 아우구스티누스의 전범에서처럼 정박 지점과 연관되어 있음을 표현하고 있다. 하지만 아우구스티누스는 오직 신에게 도달하기를 원했던 반면, 알셰르는 중세적 인간으로서 좀 더 아량이 넓은 모습을 보여 준다. '어떤 일'은 일종의 빈자리로서, 사랑에서도 가령 정박 지점으로서의 덕성이 이를 메울 수도 있다. 이로써 알셰르의 정의는 키케로와 연결될 수 있는 접점을 갖게 된다. 키케로는 덕성을 사랑의 정박 지점으로 지정했고, 이를 우리가 한 번도 본 적이 없는 대상에 대한 사랑인 '원격사랑' Fernliebe과 결합했다.[117] 이렇게 사랑[사랑의 대상]을 성찰하고 논의한 것은 사랑에 대한 중세 사유에 큰 영향을 끼쳤다.[118] 위대한 음유시인 조프레 뤼델[119]은 원격사랑amor de loing을 매혹적인 불가해함이 깃든 시적 연무로 감싸서 표현했다.[120] 뤼델은 원격사랑을 프로방스어 비다[121] 형

---

홀러나오며 기쁨 속에서 평온을 얻는다"(Amor est delectatio cordis alicuius ad aliquid propter aliquid, per desiderium currens, atque per gaudium requiescens). Herbert Kolb, *Der Begriff der Minne und das Entstehen der höfischen Lyrik*, Tübingen 1958, pp. 123~125.

117) Cicero, *De amicitia*, §§ 27~28.

118) 여기서 문제의 중심은 『우정에 대하여』(*De amicitia*)의 28절이다. 안드레아스 카펠라누스 (Andreas Capellanus)는 키케로의 같은 책 27절을 전거로 삼고 있다(*De amore libri tres*, ed. E. Trojel, Editio altera, München 1964, p. 142). 『우정에 대하여』가 중세에 끼친 영향에 대해서는 다음 책을 참조하라. Uwe Stamer, *Ebene Minne bei Walther von der Vogelweide*, Göppingen 1976, pp. 104~109, p. 271 이하 주석 12.

119) 조프레 뤼델(Jaufré Rudel, 대략 1100~1147)은 남프랑스의 귀족으로 중세 로망어로 민네 사랑 연가를 지은 음유시인으로서 문학사에 이름을 남겼다.—옮긴이

120) Jaufré Rudel, "Laquand li jorn son lonc en mai", *Mittelalterliche Lyrik Frankreichs I: Lieder der Troubadours*, trans. and ed. Dietmar Rieger, Stuttgart 1989, pp. 40~43.

121) 비다(Vida)는 12~13세기 남프랑스 프로방스어로 작성된 짧은 산문 전기 형식이다. 보통 남성 음유시인의 삶을, 드물게는 여성 음유시인의 삶도 묘사했는데, 확인된 사실은 물론 시인

식 속에서,[122] 트리폴리스의 백작 부인을 칭송하는 이야기를 단지 전해 듣기만 했음에도 그녀에 대한 사랑이 열정적으로 일깨워진 (스탕달까지 계속 믿었던) 감동적인 이야기로 형상화했다. 이야기 속에서 뤼델은 오랜 여행 끝에 마지막 숨결로 백작 부인의 품에 안기면서 생을 마감하고, 그의 사랑에 감동한 백작 부인은 수녀가 된다. 뤼델의 이야기는 당시에 널리 받아들여지고 큰 환호를 받았다. 한 번도 본 적 없는 여성에 대한 칭송에서 불붙는 원격사랑의 모티브는 이미 무어인들에게서 시의 주제로 등장하며, 이어 프로방스 문학의 음유시인들과 서사시에서 나타난다.[123] 문학사가 벤첼은 "드넓은 공간적 거리를 전제한 본래적 의미의 원격사랑"에 대한 예를 중고지 독일어 문학의 연가에서는 단 하나만 찾아낼 뿐이지만,[124] 궁정 서사시에서는 훨씬 더 많이 찾아낸다.[125] 이러한 원격사랑이 가능한 것은, 오직 사랑이 ──키케로가 앞서서 제시한 것처럼── 어떤 정박 지점으로부터 자신을 성장하게 하고 그에 덧붙여서 하나의 응축 영역을 찾는 경우일 뿐이다. 단지 전해 들어서 알고 있는 정박 지점은, 가령 해당 여성이 지니고 있는 아름다움, 선함, 미덕 등이다. 사랑하는 남성은 처음에는 환상 속에서 응축 영역을 형성하려 하고, 이어 환상이 그를 점점 더 불안정하게 하고 마침내

---

의 작품과 연관된 허구적인 이야기도 많이 포함하고 있었다. ─옮긴이

122) Roubaud, *Les Troubadours. anthologie bilingue*, pp. 74~75.

123) Nelli, *L'Érotique des Troubadours*, p. 57, 164.

124) Meinloh von Sevelingen, MF 11, 1~4.

125) Horst Wenzel, "Fernliebe und hohe Minne", *Liebe als Literatur. Aufsätze zur erotischen Dichtung in Deutschland*, ed. Rüdiger Krohn, München 1983, pp. 187~208, 여기서는 pp. 193~194. 또한 pp. 187~189 참조.

그녀를 직접 본 다음에는 감각적 직관 속에서 응축 영역을 형성하게 된다. 이러한 구조는 연가에서도 많은 예를 통해 확인할 수 있다. 많은 실례를 소개하는 푸르스트너는 이렇게 핵심을 요약한다. "유일무이한 개성을 지닌 존재로서 여성을 사랑하는 것이 아니다. 반대로 [사랑하는 남성은] 사회적 규범에 상응하는 가치 있는 본성들 때문에 여성을 사랑하는 것이다."[126] 연가 시인 프리드리히 폰 하우젠Friedrich von Hausen은 매우 소박하게 표현하는 듯하다.

> 나는 신의 선함을 칭송하네,
> 신이 내게 감각을 선물해 주었네,
> 나는 그녀를 내 마음속에 받아들였네,
> 사람들이 그녀를 사랑할 만큼 그녀는 충분히 고귀하니까.[127]

라인마르가 두 사람의 관계를 파악하는 방식은 이미 냉담한 느낌을 준다. "그리고 만약 그녀가 원하기만 한다면, 나를 온 세상 앞에서 명망 있는 사람으로 만들 수 있음을 내가 잘 알고 있지 않은가. 내가 하루도 거르지 않고 그녀에게 봉사한다면 말이다. 그 정도로 그녀는 내가 언제나 모범으로 삼고 따르려 하는 훌륭한 장점들을 갖고 있지."[128] 라

---

126) Hans Furstner, *Studien zur Wesensbestimmung der höfischen Minne*, Groningen 1956, p. 81.
　　초기 연가에서 전해지고 있는 [정박 지점에 정향된] 사랑의 다른 예들은, Meinloh, MF 11, 1~4; Friedrich von Hausen, MF 44, 13~16; Heinrich von Morungen, MF 122, 24~27.
127) MF 50, 19~22. 내가 거친 독일어 시행으로 번역했다. '감각'은 여기서 '통찰'을 뜻한다.
128) MF 157, 31~35, 번역은 Reinmar, *Lieder. mittelhochdeutsch/neuhochdeutsch*, p. 113.

인마르는 플라톤의 대화편 『파이드로스』의 칭송 연설에서(앞의 2.2절) 사랑하는 자가 사용한 것과 같은 "기교"를 활용하고 있다. 그것은 사랑의 응축 영역을 정박 지점에 접근하기 위한 수단으로 활용하는 기교다. 단지 차이점은 교육적 에로스의 이러한 가능성을 이용할 때 교육자가 생도를 끌어들이는 것이 아니라 반대로 생도가 교육자(여기서는 여성 교육자)를 끌어들인다는 점에 있다. 이렇게 사랑하면서 자신의 가치 상승에 "은밀히 다가가는" 기법에 대한 다른 예들을 푸르스트너가 제시하고 있다.[129] 그 반면 하인리히 폰 모룽겐은 정박 지점을 열광적으로 이를테면 관현악곡으로 편곡하고 있다. 즉 하인리히는 [매혹적인] 시각적 인상과 칭송하는 찬사들의 연주를 요약하면서, 자신을 사로잡은 성애적 매혹을 우선은 사랑하는 여성 눈동자의 빛나는 광휘로 소급하며, 이어서 그녀가 지닌 고상한 감각, 아름다움, 가치, 그리고 "그녀의 미덕들에 대해 사람들이 얘기하는 경이로움"으로 소급한다(MF 126, 24~31). 시인 발터는 아름다움을 사랑의 정박 지점으로 보는 것에 반대하여 이렇게 제안한다. "사랑이 아름다운 여인을 여성적으로 눈뜨게 만든다."[130] 발터는 사랑을 정박 지점으로부터 성장시키지 않고, 그 대신 연가시에서 거의 상투적으로 쓰이는 장치로서의 아름다움을 사랑의 결과로 내세운다. 사랑에 대한 그의 연합적 이해에 부응한다면(3.1절), 여기서 말하는 사랑은 변증적인 사랑(남성의 여성에 대한 그리고/혹은

---

129) Furstner, *Studien zur Wesensbestimmung der höfischen Minne*, pp. 86~87.
130) Maurer ed., *Die Lieder Walthers von der Vogelweide 2 Bändchen: Die Liebeslieder*, pp. 20~21, Lied 62("가슴의 사랑이 즐거워서"), 3연, Lachmann 50, 1.

여성의 남성에 대한)이 아니라 공동의 상황과 분위기로서 이해해야 할 것이다.

연가시는 사랑을 정박 지점으로부터 조심스럽게 점층적으로 성장시키는 과정을 보여 주며, 이 과정이 두 단계로 진행된다는 것이 중요한 특징이다. 즉 첫째 단계는 (정박 지점과 관련하여) 검사하면서 확신하는 단계이며, 둘째 단계는 응축 영역(사랑하는 여인)에 관심을 기울이는 단계다. 초기 연가 시인인 하인리히 폰 루게Heinrich von Rugge의 몇몇 시행을 번역하여 읽어 보자. "나는 현명한 사람들이 환희의 부름을 안겨 주는 여성에 대해 이야기하는 것을 들었다. 그때 나의 눈은 그러한 여성의 몸에서 품위 있는 태도gevuoge가 있는지 엿보고자 했다. 나는 그녀가 동경하는 고통을 몰아낼 수 있다는 것을 잘 볼 수 있었다. 그녀로 인해 내게 이런 일이 일어났다. 즉 내가 어찌할 수 없어서 힘겨워하는 바로 그것에 대해 내가 기뻐하고 있는 일이 일어난 것이다."[131] 음유시인 리고 드 바르베지외[132]는 사랑의 두 단계 구별, 즉 바라봄의 첫째 단계와

---

131) MF 110, 34~111, 4, *Minnesangs Frühling, nach Karl Lachmann, Moritz Haupt und Friedrich Vogt neu bearbeitet von Carl von Kraus*, p. 145. 여성의 품위 있는 태도는 사랑의 정박 지점 역할을 하기에는 다소 빈약하다. 하지만 표현은 약간 다르지만 이와 동일한 생각이 시인 마인로 폰 제벨링겐(Meinloh von Sevelingen)에게서도 나타난다. Meinloh, MF 12, 31~34(Schweikle, *Die mittelhochdeutsche Minnelyrik I: Die frühe Minnelyrik*, p. 130). 또한 Reinmar, MF 170, 8~11(Reinmar, *Lieder. mittelhochdeutsch/neuhochdeutsch*, p. 212). 좀 더 폭넓은 해석을 시도한다면, 우리는 여기서 "품위 있는 태도"를 ('매우 정확한 올바름'의 의미가 아니라) '여성스러운 우아함'의 의미로 이해해도 무방할 것이다.

132) 리고 드 바르베지외(Rigaut de Barbezieux)는 12세기 중반 남프랑스에서 활동했던 낮은 귀족 출신 음유시인이었다. 그의 시 15편이 남아 있으며, 후에 13세기 초중반의 이른바 '시칠리아파' 시인들에게 큰 영향을 미쳤다. 1230년경의 유명한 『장미소설』에 그의 이름이 인용되어 있다. ─옮긴이

애정 어린 관심의 둘째 단계의 구별을 아예 사랑의 법칙으로 규정했다.

"사랑은 멋진 황조롱이처럼 처신한다. 황조롱이는 갈망이 있기 전에는 움직이거나 곤두서지 않고 가만히 머물러 있다. 사람들이 황조롱이를 하늘로 날리면, 비로소 그것은 자신 아래에 있는 새를 붙잡는다. 바로 이렇게 순수한 사랑은 세상의 모든 자비로움이 모여 있는 여성, 아름다움으로 충만한 여성을 바라보고 관찰한다. 이러한 여성을 붙잡는 사랑은 기만당하지 않는다.

왜냐하면 지성, 공적, 관대함, 존귀, 모든 선한 특질이, 자신의 의지를 행하려는 순수한 사랑에 의해 그곳에 결합해 있기 때문이다. 영예로움인 사랑에 헌신하는 일은 기쁨을 준다. 이것은 매가 자신의 새 위를 멀리 날아오른 후에 붙잡기 위해 아래로 내려가는 것과 비슷하다. 사랑은 달콤한 겸허함을 지니고 아래로 내려가서 성실하게 사랑하는 사람들 속에 머물 것이다."[133]

[여성을] 바라보는 첫째 단계에서 여성이 지닌 장점들이 사랑의 정박 지점으로서 모습을 드러낸다. 애정 어린 관심의 둘째 단계는 어떤 "매듭의 풀림", 즉 정박 지점에 닻을 내린 사랑의 출발신호에 의해서 첫째 단계와 구별된다. 그것은 매의 움직임을 촉발하는 하늘을 향한 던짐과 마찬가지다. 둘째 단계에서 사랑하는 남성은, 먹이를 향하는 매처럼, 헌신의 감미로운 겸허함을 지닌 채 사랑하는 여인(응축 영역)에게로 나아간다. 두 단계의 구별을 통해서 사랑의 중심이 분기되어 있음이 명확

---

133) Rigaut de Barbezieux, "Tuit demandon qu'es devengud' amors", Jacques Roubaud, *Les Troubadours. anthologie bilingue*, Paris 1971 (불어본에서 내가 번역했다).

히 드러나고 있다.

### 3.2.2. 트리스탄과 이졸데

트리스탄과 이졸데라는 소재를 가장 천재적으로 형상화한 것은 고트프리트의 서사시다.[134] 그런데 이 서사시의 해석과 관련하여 한 가지 중요한 문제가 존재한다. 그것은 두 주인공 사이의 사랑의 원천에 대한 문제, 즉 사랑의 묘약을 마신 것이 어떤 역할을 했는가의 문제다. 묘약을 마신 것이 급작스럽게 사랑을 낳은 것인가? 아니면 사랑이 그 이전에 이미, 적어도 두 사람 가운데 한 사람, 곧 이졸데에게 이미 맹아 상태로 존재했던 것인가?[135] 푸르스트너는 1957년에 발표한 논문을 통해서 묘약을 마시기 전의 사랑에 대한 모든 징후가 아무런 근거가 없음을 명확히 증명했다.[136] 이에 따른다면, 텍스트에 근거한 논쟁은 완결되었어야 했다. 하지만 시인 고트프리트와 같은 섬세한 심리학자가 마법적 화학의 조야한 수단을 사용한 것에 대한 불만족스러움으로 인해 문제가 여전히 해결되지 않은 상태로 남았다. 어떤 학자는 이렇게 불만을 토로했다. "중세문학 연구자 에리스만Gustav Ehrismann은 묘약을 마시는 것을 불필요하고 방해가 되는 것으로 느끼고 있다."[137] 그 이후 특히 헤르츠

---

134) 앞의 각주 56) 참조.

135) 다음 저자들의 연구 상황 보고를 보라. Schnell, *Causa Amoris*, pp. 329~331 ; Krohn, *Tristan*, vol. III, pp. 113~116.

136) Hans Furstner, "Der Beginn der Liebe bei Tristan und Isolde in Gottfrieds Epos", *Neophilologus* 41, 1957, pp. 25~38.

137) Reiner Dietz, *Der Tristan Gottfrieds von Straßburg. Probleme der Forschung 1902-1970*, Göppingen 1974, p. 92.

만이 이를 반박하는 테제를 뒷받침하기 위해 노력했다. 헤르츠만이 보기에 묘약을 마시는 것은 이미 존재하는 사랑이 분출되는 기회를 단지 도울 뿐이다.[138] 나는 이제 사랑의 이해에 관한 유럽의 역사에서 고트프리트의 서사시가 차지하고 있는 결정적인 위상을 서술하고자 한다. 그의 텍스트에서 그가 사랑에 대해 발견한 내용을 비판적으로 논평하는 것으로 시작하자.

1. 9992행 이하(목욕하고 있는 트리스탄. 이졸데가 세밀하게 관찰한다). 이 부분에서 연구자 헤르츠만은 니켈과 함께 이졸데가 가지고 있는 "수줍어하고 고백하진 않지만 싹트고 있는 … 젊은 여성의 사랑"을 추론한다(81~82쪽). 그러나 이졸데는 연약하고 감정이 풍부한 독일의 [『파우스트』 여주인공] 그레첸이 아니다. 반대로 이졸데는 열정적이며 육감적인 여성이고 과도한 탐닉에 ──여시종 브란게네에 대한 살해 시도에서 보듯── 기우는 여성이다.[139] 이졸데는 트리스탄의 벗은 몸의 아름다움을 세심하게 감상한다. 몸의 아름다움과 트리스탄의 확증된 영웅적인 덕성이 결합하여 이졸데에게 강력한 수준의 성적 매력을 발산한다. 이러한 트리스탄의 성적 매력은 사회적 신분이 상대적으로 낮

---

138) Herbert Herzmann, "Nochmals zum Minnetrank in Gottfrieds Tristan", *Euphorion* 70, 1976, pp. 73~95. 후고 클로스의 논문은 묘약을 마시는 것에 단지 상징적인 의미만 있다고 강변한다(Hugo Closs, "The Love Potion as a Poetic Symbol in Gottfrieds Tristan", *Gottfried von Straßburg and the Medieval Tristanlegend*, eds. Adrian Stevens and Roy Wisbey, Cambridge 1990, pp. 235~245). 하지만 주목할 만한 논점을 제시하지는 못한다.

139) Marianne Wynn, "Gottfried's Heroine", *Gottfried von Straßburg and the Medieval Tristanlegend*, eds. Adrian Stevens and Roy Wisbey, Cambridge 1990, pp. 126~141. 138쪽의 언급을 보라. "그녀는 참으로 깊은 감성적 본성을 지니고 있다."

음으로써 이졸데에게 오히려 더 강화되어 나타나고, 이졸데는 잠재적으로 육감적 경탄과 호기심을 지닌 채 그 매력에 빠져든다. 그러나 감각적인 경탄, 호기심, 갈망이 있다고 해서 이것이 젊은 여성의 사랑을 낳는 것은 아니다. 자신으로부터 자라나서 충족을 향하여 성숙해 가는 그러한 사랑은 더더욱 아니다.

2. 여성적 덕성wipheit이 분노를 넘어섬으로써 이졸데는 트리스탄을 죽이는 일을 감행하지 않게 된다. 헤르츠만은 이 덕성의 승리로부터 이졸데 안에 감춰진 트리스탄을 향한 사랑을 추론해 낸다(85쪽 이하). 헤르츠만의 과감한 논점은 이렇다. 만약 시인이 묘사하듯이, 이졸데의 비밀스러운 사랑 없이, 오직 여성적 미덕만으로 이졸데가 저지된 것이라면, 이 미덕이 브란게네를 죽이려는 계략도 꾸미지 못하도록 막았어야 했다. [하지만] 헤르츠만은 한 가지 사실을 간과하고 있다. 트리스탄과의 장면에서 여성적 미덕이 분노를 넘어서는 것은 맞지만, 브란게네와의 관계에서 이졸데를 움직이는 동기가 불안이란 점을 간과하고 있다(1만 2702~1만 2712행). 불안이 분노보다 더 강한 동기로 작동하는 것은 (중세적인 이해에 따라 볼 때) 여성이 지닌 두려워하는 본성에 잘 들어맞는다. 아울러 이졸데의 위치에 있는 여성에게 그녀가 직접 빛나는 영웅을 죽이는가 아니면 고용한 킬러들이 여시종을 죽이도록 하는가는 전혀 다른 일이다. 마지막으로 슈뢰더의 다음 문헌학적 지적을 주목해야 한다. 바다를 건너는 항해를 ──이 항해 동안 묘약을 마시는 숙명적인 일이 일어나는데 ──시작하기 직전에도 이졸데는 트리스탄을 증오한다(gehaz, 1만 1402행). 비록 고트프리트가 사랑하는 두 사람 사이의 투쟁과 분노에 대해 길게 묘사하면서 이 투쟁과 분노가 증오는 아니라고

얘기하고 있음에도 그러하다(1만 3033행).[140]

3. 헤르츠만은 또 다른 논점을 앞으로 나아가는 것이 아니라 반대 사태로부터 이렇게 추론한다. 왜 이졸데는 트리스탄에 대한 미움 속에서 그녀의 어머니보다 그토록 훨씬 더 격렬하게 반응하는가? 헤르츠만은 그 이유에 대해 말한다. 자신 안에 싹트고 있지만, 트리스탄이 자신의 삼촌을 죽인 자임을 알고서 실망하게 된 사랑을 격렬한 반응으로 가리려 하기 때문이라고. 그러나 좀 더 단순하고 명쾌한 답변이 진실에 가까워 보인다. 왜냐하면 그녀가 그토록 젊기 때문이다. 외교적으로 능숙하고 조심스럽고 노련한 어머니 곁에 있을 때 젊은 이졸데는 미성숙하고 불안정할 수밖에 없다. 이졸데는 삶에 대한 안정된 태도를, 트리스탄을 향한 사랑을 인정하고 거쳐 가게 되는 일련의 시험들을 통해서 비로소 획득하게 된다.[141]

전체적으로 봐서 헤르츠만의 논증은 잘못된 시각에 근거하고 있다. 그는 사랑이 묘약을 마심으로써 산출되었는가, 아니면 그 이전에 이미 있었는가의 문제를 다른 문제로 변형시킨다. 곧 "궁정 영웅들의 내면적 삶에서 일어나는 변화가" 단지 외부의 영향으로부터 기인한 것인가 아니면 영웅들 자신이 스스로 발전한 결과인가의 문제로 변형시킨 것이다. 이것은 오류다. 자신이 목욕하는 모습을 경탄하며 바라본

---

140) W. J. Schröder, "Der Liebestrank in Gottfrieds Tristan und Isolt", *Euphorion* 61, 1967, pp. 22~35. 여기서는 p. 26의 주석 14.

141) Wynn, "Gottfried's Heroine", *Gottfried von Straßburg and the Medieval Tristanlegend*, p. 132, 137.

트리스탄이 모롤트 삼촌을 죽인 자임을 알게 되자, 이졸데는 갈등 상황에 빠지게 된다. 이졸데 안에서 분노와 혐오가 —— 분노와 혐오는 고향을 떠나는 예비신부의 고통이 공격적으로 "납치자"[트리스탄]를 향함으로써 더욱 강화되는데 —— 트리스탄에 대한 경탄 및 분노가 여성적 부드러움에 굴복했다는 경험(1만 233~1만 280행)과 싸움을 벌인다. 공격성을 위한 분출구는 막혀 있는 반면에, 경탄은 사랑을 위한 연결점으로 남아 있다. 이런 방식으로 갈등 상황으로부터 사랑으로 도약함으로써 구원받을 수 있는 길은 어느 정도 동기가 마련되어 있다. 그래서 현대 소설에 익숙한 독자는 쉽게 "그렇게 될 수밖에 없었다"라고 말하고 싶어 한다. 그러나 이것은 성급한 결론이다. 이졸데의 갈등은 해결되지 않은 채 남아 있거나, 광기에 빠지거나, 아니면 (브란게네에 대한 살해 시도와 같은) 발작적인 행동으로 귀결될 수 있기 때문이다. 마법의 묘약을 마시기 전에 트리스탄에 대한 이졸데의 사랑이 있었다고 주장하는 사람들은 나름의 근거를 갖고 있다고 할 수 있다. 그것은 상당히 고조된 이졸데의 이른바 '심리적 긴장'인데,[142] 트리스탄을 향한 사랑이 이 긴장이 해소될 수 있는 유일하게 매끄러운 탈출구로 자연스럽게 대두되기 때문이다. 그러나 이것을 잘못 해석해선 안 된다. 즉 이졸데가 스스로 자신에게 자극을 준다거나, 혹은 자기 자신과의 싸움이 도달한 성숙한 과실로서 사랑이 저절로 탄생하는 것으로, 따라서 묘약을 마시는 일

---

142) 나는 이것을 오히려 '개체적 상황' 속에 있는 긴장이라 부른다. 개체적 상황에 대해서는 Schmitz, *System der Philosophie*, vol. IV, pp. 19~21, 287~473; *Der unerschöpfliche Gegenstand*, pp. 166~170 참조.

이 실질적으로 불필요한 것으로 잘못 해석해서는 안 된다. 반대로 시인 고트프리트는, 두 사람의 사랑이 배아 상태의 병아리가 달걀 속에서 자라듯 성장하며 마법적 장면에서 단지 껍질만 깨고 나오면 되는 듯한 인상을 깨뜨리기 위해 큰 노력을 기울인다. 고트프리트는 저절로 그러한 성숙을 기대하게 되는 장면으로 정교하게 독자를 이끌어 가서는, 이 기대를 완강하게 저지함으로써 독자의 기대를 완벽하게 무너뜨린다. 슈넬은 텍스트에 나오는 관련 시구들을 분석했다.[143] 슈넬은 하나의 의미심장한 대비를 확인하는데, 그것은 "고트프리트가 이졸데의 유혹적인 아름다움과 성애적 반응의 결여를 눈에 확 들어올 정도로 서로 명확히 대비하고 있다"는 것이다.[144] 슈뢰어가 섬세하게 관찰한 내용도 이에 잘 들어맞는다(*Euphorion* 65, 1971, pp. 183~186). 즉 고트프리트는 묘약을 마시기 전에는 결코 한 번도 "트리스탄"과 "이졸데" 두 이름을 한 시행에 함께 쓰지 않았으며, 또 "그리고"를 통해 서로 연결하지 않는다. 하지만 묘약을 마신 후에는 두 이름을 매우 빈번히 결합한다.[145] 실제로 여기서 고트프리트가 명백히 지향하는 것은 사랑이 어떤 마법적인 사건에 의해 급작스럽게 발생한다는 사실이다. 이것은 고트프리트가 이 마법적 사건의 직접적인 효과를 묘사하는 부분(1만 1707~1만 1731행)에서 너무나 선명하게 드러나기 때문에 이 부분의 의미를 곡해하지 않는다면, 결코 다른 결과를 도출할 수가 없다. 이미 푸르스트너가 이를

---

143) Schnell, *Causa Amoris*, pp. 337~339.

144) *Ibid.*, p. 339.

145) Dietz, *Der Tristan Gottfrieds von Straßburg*, p. 102.

지적한 바 있다.[146] 여기서 중요한 것은 마법 자체가 아니다. 고트프리트가 마법을 맹신했다거나 일종의 원시적인 동화적 모티브를 통해서 기분 내키는 대로 독자를 이끈다고 볼 수 있는 단서는 전혀 찾을 수 없다. 만약 그가 원했다면, 그는 묘약을 마시는 일을 결정적인 원인이 아니라, 한낱 우연적인 원인으로 격하시켰을 것이다. 묘약을 마시는 일이 중요한 것은 오직, 이 사랑이 논증할 수 없는 (알셰르의 사랑의 정의에서 "어떤 것 때문에"propter aliquid가 없는)[147] 비합리적 사랑이라는 점, 현상학적으로 정확하게 말하자면, 이 사랑이 정박 지점이 없다는 점을 확연하게 부각하기 때문이다. 고트프리트는 전통적 의미에서 궁정풍 사랑이 가지고 있는 분명한 정박 지점들과 그러한 정박 지점들이 모두 힘을 잃어버린 사랑 사이를 서로 분명하게 대조시키려 한다. 후자의 사랑은 정박 지점들을 전혀 고려하지 않고, 이 지점들과 무관하게 불붙으며 오직 응축 영역에 대해서만 집중되어 있다. 고트프리트에게 이러한 대조를 표현하는 수단이 다름 아닌 사랑의 묘약이었다. 그는 그때까지 사랑의 이해를 지배해 온 서구의 전통, 즉 플라톤, 아리스토텔레스, 키케로, 아우구스티누스가 결정적인 역할을 해온 오랜 전통을 거스른다. 또한 그는 이로써 현대의 심리학적 연애소설을 위한 토대를 마련한다. 현대의 연애소설에서 사랑의 관계는 더 이상 사랑의 정박 지점으로서 동기를 부여하는 어떤 장점들을 배경으로 하지 않고, 사랑하는 사람들이

---

146) Furstner, "Der Beginn der Liebe bei Tristan und Isolde in Gottfrieds Epos", *Neophilologus* 41, p. 37.

147) Kolb, *Der Begriff der Minne und das Entstehen der höfischen Lyrik*, pp. 123~125.

가진 매우 복합적이거나 혹은 심지어 알 수 없는 심연의 개체적 상황들을 배경으로 갖고 있다. 왜 헬리오도로스의 『아에티오피카』처럼 장황하고 상세한 고대의 연애소설이 ── 이 소설은 바로크 시대에 이르기까지 많은 독자층에게 큰 기쁨을 주는 문학적 전범이었는데[148] ── 오늘날 (평범한 통속 문학에 비해) 그토록 밋밋하게 느껴지는 걸까? 왜 (일부 예외적 작품을 빼고는) 중세의 연애문학이 그렇게 경직된 듯 보이는 걸까? 왜냐하면 이들 모두 고트프리트가 가져온 전환점 이전의 작품이기 때문이다. 또한 이들은 알셰르의 사랑 정의에 나오는 '어떤 것 때문에'를 너무나 당연하고 평탄하게 받아들이고, 그럼으로써 우리가 실제로 느끼는 사랑의 현실성을 일종의 외벽으로 가로막고 있기 때문이다. 고트프리트는 트리스탄과 이졸데의 사랑이 지닌 혁명적 요소, 곧 정박 지점이 전적으로 부재하고 결여되어 있는 것을 다음과 같은 방식으로 예리하게 표현하고 있다. 즉 그는 이 사랑의 묘사를 명백하게 전통적인 사랑의 ── 사랑의 정박 지점으로서 한 사람의 장점들을 전해 듣는 것만으로 형성되는 사랑 ── 두 가지 사례로 에워싼다. 두 가지 사례는 리발린에 대한 블랑슈플뢰르의 사랑과(720~729, 1027~1038행), 트리스탄에 대한 하얀 손의 이졸데의 사랑이다(1만 9068~1만 9074행).[149] 후자의 사랑에 대해서는 슈넬이,[150] 전자의 블랑슈플뢰르에 대해서는 푸르스

148) Heliodorus, *Aithiopika. Die Abenteuer der schönen Chariklea*, trans. R. Reymer, Hamburg 1962, pp. 249~259: 오토 바인라이히의 후기 가운데 「헬리오도로스의 영향사」 부분.
149) 블랑슈플뢰르와 리발린은 트리스탄의 어머니와 아버지이며, 하얀 손의 이졸데는 트리스탄이 이졸데와 어쩔 수 없이 헤어진 후 만난 이졸데와 같은 이름의 여인이다. ─옮긴이
150) Schnell, *Causa Amoris*, p. 285.

트너가 주목했다.[151] 푸르스트너는 아울러 고트프리트가 블랑슈플뢰르(640행)와 달리 이졸데에 대해서는 어디에서도 남성에 대한 사랑의 정박 지점의 의미에서 미덕을 강조하지 않는다는 점을 지적한다.

간츠는 한 논문에서 마법의 묘약을 마시는 일을 통해 사랑을 급작스럽게 도입하려는 고트프리트의 의도가, 고트프리트가 자신의 작품의 토대가 된 토마 드 브르타뉴[152]가 쓴 서사시(150행)에 가한 변화를 통해 명확히 드러난다고 지적한다.[153] 이곳에서 트리스탄은 친구 카에르딘에게 이졸데에게 보내는 전갈이라고 하면서 이졸데가 부디 다음을 잘 기억하기를 바란다고, 이졸데가 "우리가 예전에 밤낮으로 가졌던 기쁨, 행복, 커다란 고뇌와 슬픔, 내 상처를 치료해 준 우리의 완전하고 진실된 사랑의 기쁨과 달콤함, 우리가 바다 위에서 함께 마시고 그럼으로써 우리가 제압당한 묘약"[154]을 기억하기 바란다고 전한다. 이에 따르면, 토마는 트리스탄과 이졸데가 둘의 고귀하고 진실된 사랑을 향유한 것을(amur fine et veraie, 2492행) 묘약을 마시기 이전의 시점으로, 아

---

151) Furstner, *Studien zur Wesensbestimmung der höfischen Minne*, pp. 199~200.

152) 토마 드 브르타뉴(Thomas de Bretagne 또는 Thomas d'Angleterre)는 1170년경에 프랑스 북부 지역에서 활동했던 시인이다. 고트프리트 작품의 바탕이 된 토마의 작품으로부터 트리스탄과 이졸데 소재가 웨일스-스코틀랜드-브리튼 지역에서 12세기 중반 프랑스 문학으로 유입된 것으로 추정할 수 있다.—옮긴이

153) Peter F. Ganz, "Minnetrank und Minne. Zu Tristan Z. 11707 f.", *Formen mittelalterlicher Literatur. Festschrift für Siegfried Beyschlag*, eds. O. Werner and B. Naumann, Göppingen 1971, pp. 63~75, 여기서는 p. 65.

154) Thomas 2487~2494행=Fragment Douce 1215~1222행. 앞의 각주 57) 참조. 나는 단지 1220행의 "quant"를 좀 더 자연스럽게 "~보다 더"(als)로 번역했다(보나트는 이론을 따른다면서 맥락에 어울리지 않는 "~한 이후에"[nachdem]로 번역했다). 나의 번역은 번역자 보나트의 저작권을 따른다(p. 388).

370 사랑의 현상학

일랜드에서 상처를 치료한 시점으로 옮겼다. 토마의 시행이 정말로 이런 해명을 제시하는가는 쟁점으로 남아 있다.[155] 하지만 만약 우리가 여기서 토마의 서사시 1581~1582행(다우스의 단편 309~310행)에 나오는 브란게네의 혹독한 비난에 대한 이졸데의 격렬한 답변을 참조한다면, 이러한 의구심은 불필요해진다. "만약 너희의 합의consence가 없었다면, 나와 트리스탄 사이의 어리석은 광기folie도 없었을 것이다." 따라서 이졸데는 자신과 트리스탄 사이의 광기에 대한 책임을 브란게네의 합의에 의한 행위로 돌리고 있다. 대단히 놀랍게도 토마의 서사시에서 트리스탄은 스스로 브란게네가 알고서 두 사람에게 사랑의 묘약을 주었다고 증언한다. 이것은 토마가 조각 전시실의 장면[156]을 각색하는 데서 잘 드러난다. 따라서 시인 토마에게서 묘약을 마시는 것은 이미 존재하는 아름답고 진실된 사랑을 단지 어리석은 광기로 질주하도록 하는 작용을 할 뿐이다. 이 해석은 베롤의 작품『트리스탄』[157]과의 비교를 통해

---

155) 보나트는 같은 책에서 이를 부정한다(p. 389). 또한 다음 슈넬이 들고 있는 문헌을 참조하라. Schnell, *Causa Amoris*, p. 326 주석 523.

156) 다음 책을 볼 것. "Thomas-Epitome in der nordischen Saga Bruder Roberts, Kapitel 80", Thomas, *Tristan*, trans. and ed. G. Bonath, München 1985, pp. 142~143. "난쟁이의 다른 쪽에는 여왕 시녀인 브링베트의 모습을 한 작은 인물상이 서 있었다. 이것은 시녀의 아름다움에 정확히 일치하게 만들어졌으며 매우 화려한 옷으로 장식되어 있었다. 시녀는 손에 뚜껑이 있는 병을 들고 있었고, 여왕 이존드에게 친절한 표정으로 병을 건넸다. 병 주변에 그녀가 한 말들이 울려 퍼졌다. '이존드 여왕님, 이 묘약을 마시세요. 이것은 아일랜드의 마르케 왕을 위해 준비된 것이에요.'" 이를 통해 볼 때, 시인 토마에게서 브란게네와 이졸데는 마법의 묘약을 실수로가 아니라 잘 알면서 의도적으로, 이졸데의 어머니가 결정한 목적을 무시하고 사용했다.

157) Berol, *Tristan und Isolde*, trans. and ed. Ulrich Mölk, 2nd ed., München 1991. [베롤(Berol 혹은 Béroul)은 1180년경 활동했던 중세 프랑스어 시인으로 트리스탄과 이졸데 소재를 처음으로 각색한 작품을 남겼다.]

서도 확인할 수 있다. 베롤의 작품에서도, 토마에게서 이졸데가 브란게네의 책임으로 돌리는 어리석은 광기는(2297행) 묘약에 의해 촉발된다. 그런데 묘약은 3년 후, '좋은 사랑'(2327행)을 남기고 갑자기 그 효력이 사라진다. 즉 토마에게서는 묘약의 효과로 인해 도를 지나친 광기로 왜곡되었던 바로 그 '아름답고 진실된 사랑'이 3년 후 남는 것이다. 고트프리트는 베롤과는 확연하게 다른 표현 방식을 택한다. 물론 고트프리트도 궁정풍 사랑의 이상에 적합한 사랑의 ─이 사랑은 토마에 따르면, 트리스탄과 이졸데가 묘약을 마시기 전에 이미 향유했으며, 묘약을 마심으로써 과도한 방탕으로 상승하는데 ─흔적들을 남겨 두기는 한다. 하지만 그는 이 흔적들을 면밀하게 우회한다.

고트프리트의 의도는 사랑의 두 가지 중심에 관한 플라톤-아우구스티누스적 전통과 결별하고 사랑을 정박 지점 없이 오직 응축 영역에 집중화시키는 데 있다. 이러한 의도는 그가 민네 사랑에 대한 동굴 에피소드Grottenepisode를 형상화하는 방식에서도 드러나는데, 이 형상화가 내게는 그의 사랑의 이해를 해명해 주는 열쇠 역할을 한다. 내가 주목하는 것은 다음 대목들이다. 사랑하는 두 사람은 동굴에서 육체적으로 충분히 만족한 상태이기에 눈으로 보는 것 외에 다른 먹을 것이 불필요하다(1만 6810~1만 6846행). 또 두 사람은 다른 사람과의 만남도 필요치 않다. 오히려 두 사람은 외부로부터 둘이 함께 있음을 차단하길 원한다. 만약 어떤 다른 사람 혹은 일군의 사람들이 (아서왕 궁정의 무리처럼) 이들에게 나타났다면 이들을 방해만 했을 것이다(1만 6847~1만 6874행). 내가 보기에 본질적인 관건이 되는 것은 시행 1만 6852행 이하다. "그들은 하나의 짝수를 이루었다. 다만 하나와 하나가 합쳐서." 곁으로 이해할 때, 이것은 단지 다른 사람들만을 배제한다. 하지만 고트프리트의 구성 방식은 대단히 사려 깊고 정교하여, 독자로서는 어떤 암시를 감안할 수밖에 없다. 이러한 암시를 나는 여기서 발견했다고 믿는다. 이때 나는 1만 6852행 이하를 트리스탄과 모롤트의 대결을 묘사한 6882~6888행과 6978~7006행과 연관 짓는다. 이에 따라 볼 때, 홀로 싸우는 트리스탄은 실은 넷으로 구성된 한 무리, 즉 트리스탄, 자발적인 의지, 신, 법으로 구성된 무리다. 위기의 순간에 노련한 전사인 신과 법이 동료인 트리스탄을 돕는다. 함께 속한 인물의 범위가 이렇게 확장되는 것에 대비되는 것이 [바로] 동굴 속 사랑하는 두 사람의 자족적이며 완결된 단 둘의 숫자다. 내가 잘못 보지 않았다면, 고트프리트는 조심스러운 암시를 통해 하나의 사실을 보여 주고자 한다. 즉 트리스탄과 이졸데의 사랑은 정박 지점이 불필요하다는 것, 좀 더 명확히 말해서 신과 법에 근거를 둘 필요가 없다는 것을 보여 주고자 한다. 이런 방식으로 음식과 관련하여 사랑하는 두 사람이 육체적 욕망이 전혀 없는 것에 두 사람이 (신과 법에 대하여) 아무런 사회적 욕망이 없는 것이 상응한다. 따라서 사랑의 동굴이 전하는 반反아우구스티누스적 메시지는 사랑의 유용함과 사랑의 향유 사이의 균열이 더 이상 존재하지 않는다는 것이다.[158] 사랑 속에서 배후에 있는 신에 대한 관계(한 사람이 신을 위하여, 신을 향한 준비 과정으로서 사랑받는다는 것)는 사라진다. 동시에 (신 및 모롤트와 싸우는 트리스탄과 동맹을 맺은 법에 의한) 어떤 정당화를 향한 욕구도 사라진다. [물론] 고트프리트는 조심스럽게 암시하는 것으

---

158) Augustinus, *Liber de diversis quaestionibus octoginta tribus*, 30.

로 만족할 수밖에 없었다. 만약 그 이상을 표현했다면, 그 시대의 권력자들이 필경 독단적이며 공격적인 경건함을 앞세워 고트프리트를 물리적이며 사회적인 고통과 파괴로 위협했을 것이다.

정박 지점이 부재한 트리스탄과 이졸데의 사랑이 그 시대에 진정 혁명적이었다. 연구자 슈뢰더[159]와 푸르스트너[160]는 이를 각기 다른 방식으로 강조한다. 엘로이즈가 아벨라르[161]에게 보낸 첫 번째 편지가 ── 아벨라르의 책 『고난 이야기』Historia calamitatum에 따르자면 편지 모음 가운데 두 번째 편지 ── 이 사랑의 혁명적 의미를 보여 준다. 여전히 논쟁 중인 편지의 위작 여부는 여기서 전혀 중요한 문제가 아니다. 프롬은 트리스탄-이졸데-마르케로 이루어진 시적 삼각관계가 고트프리

---

159) Schröder, "Der Liebestrank zwischen Tristan und Isolde", *Euphorion* 61, pp. 31~32. "트리스탄과 이졸데가 서로 사랑하는 것은 그들이 가진 고상한 인격적 특질들 **때문이** 아니다. 긍정적으로 표현하자면, 트리스탄은 오직 단 하나의 이유에서 이졸데를 사랑한다. 바로 그녀가 이졸데이기 때문이다. 한 개인의 자기 자신과의 동일성, 바로 이 동일성이 민네 사랑의 근거이며, 그 때문에 이 사랑은 반드시 평생 지속되어야 한다."

160) Furstner, *Studien zur Wesensbestimmung der höfischen Minne*, p. 198. "트리스탄의 사랑에는 어떤 가치와의 연관이 전혀 없다. 이졸데는 상류층의 대변인이 아니다. 반대로 이졸데는 트리스탄과 함께 상류층에 저항한다." p. 199. "이졸데가 트리스탄에게 사랑을 선사하는 것은, 트리스탄이 그녀의 사랑을 받을 만하기 때문이 아니다. 오히려 그 이유는 오직 그녀가 그를 사랑하는 것, 운명적으로 사랑하지 않을 수 없는 것에 있다." 후고 쿤(Hugo Kuhn)은 푸르스트너의 책을 부당하게 비평하면서 다음 질문을 제기한다. "푸르스트너가 생각하는 낭만적 고립화의 의미에서 현존재로서의 사랑은 대체 어떤 사회를 승인하는가?"(*Beiträge zur Geschichte der deutschen Sprache und Literatur* 80, Tübingen 1958, pp. 323~327, 여기서는 p. 324). 대답을 해야 한다면, 그것은 쿤 자신이 살고 있는 20세기의 사회일 것이다. 푸르스트너는 낭만적으로 고립된 동굴 속 사랑을 염두에 두지 않는다. 반대로 그는 성적인 파트너 사랑으로부터 정박 지점을 제거하고자 한다. 이러한 성적인 파트너 사랑은 고트프리트의 혁명적인 형상화를 계승하면서 널리 인정된 [사랑의] 규범으로서 관철되었다.

161) 엘로이즈(Héloïse)는 프랑스의 저명한 초기 스콜라 철학자이자 신학자인 피에르 아벨라르(Pierre Abélard, 1079~1142)의 부인이었다. ──옮긴이

트 시대의 사람들에게 쉽게 다른 잘 알려진 삼각관계의 유비로 깊은 인상을 주었을 것이라고 지적했다. 그것은 아벨라르의 『고난 이야기』와 다른 텍스트를 통해서 당시 널리 알려져 있던 아벨라르-엘로이즈-풀베르의 삼각관계다.[162] 무엇보다도 엘로이즈의 무조건적인 헌신, 모든 사회적이며 일상적인 고려 사안들을 경멸하고 사랑의 파트너인 특정한 개체[아벨라르]에 전적으로 헌신하는 것이 이졸데와의 유사성을 너무나 명백하게 보여 준다. 엘로이즈는 아벨라르를 향한, 순수하게 그를 향한 사랑의 광기insania에 대해 쓰고 있다. 그것은 그녀가 자신의 유일한 주인으로서 아벨라르에게 몸과 영혼으로 헌신하기 위해 그가 지시한 대로 수녀가 되고 그럼으로써 사랑의 행복을 영원히 좌절시키는[163] 광기다. 이 광기는 시인 토마와 베롤이 트리스탄과 이졸데가 빠져들었다고 말하는 어리석은 광기folie와는 그 종류가 다르다. 하지만 두 광기는 절대적으로, 가차 없이 사랑하는 파트너 자체만을 지향한다는 점에서 서로 일치한다. 엘로이즈는 이러한 지향을 '황제의 부인이 되기보다는 차라리 아벨라르의 창녀가 되는 편이 낫다'는 명확한 정식으로 표현하

---

162) Hans Fromm, "Gottfried von Straßburg und Abaelard", *Festschrift für Ingeborg Schröber zum 65. Geburtstag*, eds. D. Schmidtke and H. Schüppert, Tübingen 1973, pp. 196~216, 여기서 pp. 199~201.

163) *Lettres Complètes d'Abélard et d'Héloïse*, trans. M. Gréard(Victor Cousin, 1854), Paris 1870, p. 92 "그리고 말로 하는 것 이상이고 경이로운 것은 사랑이 그러한 광기로 변형되었다는 것이에요. 광기로 변형되면서 사랑은 자신이 유일하게 갈망했던 것을 재생에 대한 희망 없이 포기하게 되었어요. 저는 당신의 명령에 따라 제 옷과 신념을 당장 바꿔 버렸어요. 당신이 제 몸과 정신의 유일무이한 소유자임을 보여 주기 위해서지요. 신께서는 아시겠지만, 저는 당신 외에는 당신이 가진 어떤 것도 찾지 않았어요. 당신이 가진 것이 아니라 오직 순수하게 당신만을 바란 것이지요."

고 있다. [그런데] 엘로이즈에게는 이러한 배타적인 사랑의 몰입과 기이하게 대비되는 듯 보이는 학문적인 정당화 시도가 나타난다. 나는 이미 2.2절에서 스페토스의 아이스키네스의 대화편 『아스파시아』에 나오는 유도 질문에 대해서 키케로가 전하는 보고(De inventione I 51~52)를 논평한 바 있다. 공교롭게도 바로 이 대목을 엘로이즈가 사랑에 대한 학문적 정당화로서 덧붙인다. 키케로의 보고를 보면, 여기서 문제가 되는 것은 오히려, 혼인한 성적 파트너 개인에 대한 사랑의 관심을 하나의 정박 지점에 종속시킴으로써(좋은 것을 위한 어떤 대상에 대한 사랑으로서, 곧 이 사랑은 대상의 종류에서 가장 좋은 것을 목표로 하는데) 의심스럽게 만드는 일이다. 여기서 트리스탄과 이졸데는 엘로이즈보다 더 일관성이 있어서, 자신들의 사랑을 목적으로 어떤 이상을 통해 뒷받침할 필요가 없다. 엘로이즈의 모순된 모습은, 행동과 신념에서는 플라톤-아우구스티누스적 전통에서 벗어난 사람의 사고 안에 여전히 이 전통이 ― 고트프리트는 분명한 의식을 가지고 이 전통에서 해방된다 ― 잔존해 있음을 보여 준다. 이것은 심지어 편지의 진정성에 대한 하나의 증거로 간주할 수 있다. 즉 이 편지는 그 시대의 저명한 변증가[아벨라르]를 향한 엘로이즈의 사랑에서 나온 선물이며, 엘로이즈는 학식이 있는 제자로서 아벨라르에게 섬세한 변증론적 선물을 바치고 있는 것이다. 그것은 한때 스승이었던 아벨라르의 교육적 자부심을 한껏 고무시키고 있다.

나는 일종의 보론으로서, 사랑의 묘약이 하는 역할에 대한 슈넬의 주장에 반대하는 내 견해를 방어하고자 한다. 고트프리트의 서사시에 나오는 "묘약을 마시는 일의 의미"에 대하여 슈넬은 이렇게 쓴다. "묘약을 마시는 일은 바로 트리스탄과 이졸데 사이의 이상적인 사랑을 상징한다. 이상적인 사랑은 그 추동력을 외부로부터, 아름다움, 곧 한 사람의 매혹적인 외양으로부터 얻는 것이 아니다. 반대로 이상적인 사랑은 사람들의 가슴속에서 갑자기 터져 나오고, 먼저 가슴의 눈으로, 곧이어 외적인 눈으로 상대방을 비로소 아름다운 존재로 만들고, 아름다운 존재로 인식한다. 묘약을 마시는 일의 마법적인 힘 자체가 이러한 이상적 사랑을 발생하게 한다고 주장하려는 사람은 아무도 없을 것이다. 인간적 사랑의 결속이 도달하는 최고의 단계가 마법의 약을 마시는 일의 결과라고 주장한다면, 이는 우리 시인이 가졌던 의도를 형편없는 수준으로 격하시키는 증언이 될 것이다."[164] 만약 고트프리트가 이런 의미에서 시를 짓고자 했다면, 그는 아주 손쉽게 묘약을 마시는 일의 효과를 그에 맞추어 선명하게 채색했을 것이다. 고트프리트는 다음 대목을 시적으로 새롭게 형상화하여 중고지 독일어 버전으로 만들어서 집어넣으면 충분했을 것이다. "그때 두 사람은 갑자기 진실에 눈을 떴다. 그들은 감각의 증언과 무관하게 가슴이 저 비밀스러운 심층으로부터 이미 오래전에 속삭인 것을 인식했다. 바로 서로가 서로를 위해 결정되어 있었음을." 이런 묘사는 고트프리트에게 지나치게 감상주의적 감동을 유발하는 것으로 들렸을 것이다. 좀 더 명확히 하자면, 고트프리트에게 생경한 후기 부르주아적으로 희석된 낭만주의를 너무 많이 함유하고 있다. 이런 묘사에서는 마법의 약으로 비유된 사랑의 마적인 힘, 즉 갑자기 사람을 습격하여 사로잡는 사랑의 힘이 사라진다. 슈넬

---

164) Schnell, *Causa Amoris*, pp. 342~343.

은 민네 사랑에 대한 자신의 주장을 관철하고자 한다. 슈넬은 당시 문학에 나오는 민네 사랑, 고트프리트가 빈번히 '의지하는 주체'로서 언급하는 민네 사랑을 수사적인 비유로 간주한다. 실제로 개체를 넘어서서 영향을 미치는 힘으로 보지 않는 것이다. 이러한 주장이 얼마나 위험한지가 여기서 잘 드러난다. 슈넬은 고트프리트가 묘약의 직접적인 작용(1만 1707~1만 1756행)을 얘기하는 결정적인 문장들을 문자 그대로 읽지 않고 임의로 다른 내용을 읽어 내려 한다. 슈넬의 해석은 고트프리트의 텍스트에서 전혀 감지할 수 없는 감상주의적 감동으로 내려간다. 또 하나 슈넬의 해석에서 비판해야 할 것은 트리스탄과 이졸데의 사랑에서 성적이며 쾌락적인 자극이 지닌 큰 의미를 간과한다는 점이다. 왜냐하면 슈넬이 매혹적인 외양과는 무관하게 사람의 가슴속에서 터져 나오는 '이상적 사랑'을 얘기하기 때문이다. 베츠는 문헌학적 자료들을 동원하여, 사랑 동굴의 문이 닫혀 있는 것과 열릴 가능성이 상징적으로 성행위를 암시한다고 논의했다. 오직 성행위만이 동굴로 들어가는 일의 허락으로 보인다는 것이다.[165] 나는 이 해석에 동의하기 힘들다. 베츠가 지적하는 1만 7040~1만 7051행은 단지 남성 성기의 발기를 암시하는 것으로 이해하면 충분할 것이다.[166]

---

165) Werner Betz, "Gottfried von Straßburg als Kritiker höfischer Kultur und Advokat religiöser erotischer Emanzipation"(1969), *Gottfried von Straßburg*, ed. Alois Wolf, Darmstadt 1973, pp. 518~525.

166) "주석(朱錫)은 사랑의 비밀을 향한 중단 없는 노력을 상징한다. 금은 사랑의 충족을 나타낸다. 누구나 자신의 노력을 자신의 의지에 따라 [주석처럼] 형상화할 수 있다. 좁히거나 넓히고, 줄이거나 늘이고, 넓게 펼치거나 좁은 곳에 집어넣을 수 있다. 이렇게 저렇게, 이쪽저쪽으로 큰 어려움 없이 [주석을] 손상시키지 않고 형상화할 수 있다." 사랑의 비밀을 향한 노력을 마음대로 확장하고 축소하여 조작하는 일이 전혀 해가 되지 않는다는 주장은 확실히 고

## 4. 근대 이후

### 4.1. 정박 지점이 없는 사랑

고트프리트 폰 슈트라스부르크가 사랑에 대한 자기 이해의 역사에서 이룬 선구적인 업적은, 이전까지 당연해 보였던 정박 지점들을 명시적으로 배제하고 거부하면서 정박 지점이 없는 사랑을 구상하고 재현했다는 데 있다. 근대에 들어와 이러한 사랑의 이해가 실제로 관철된다. 이에 결정적 역할을 한 국가는 프랑스였다. 16세기에 몽테뉴는 이런 의미에서 자신과 에티엔 드 라보에티와의 격정적이며 내밀한 우정을 정박 지점이 없는 "두 영혼의 완전한 융합"으로 찬미한 바 있다. "우리의 우정은 오직 스스로에 대해서만 생각하며, 오직 스스로를 주장할 뿐이었다. 이 우정은 그 자체를 위해서 단 하나의 특별한 관점도 내세우지 않았다. [물론] 두 개의 관점, 세 개의 관점, 네 개의 관점, 천 개의 관점도 특별히 내세우지 않았다. 이러한 많은 것 속의 어떤 불확정적인 핵심이 내가 가진 모든 의지력을 규정했다. 이 핵심이 나를 그 친구의 본질 속으로 들어가 잠기도록 했으며, 또 이 본질 속에서 나 자신을 잃어버리도록 했다. 이에 전적으로 상응하여 모든 그의 의지 또한 동일한 강도로 사로잡혔으며 나의 본질 속으로 들어와 잠기고 이 본질 속에서 자신을 잃어버리지 않을 수 없었다. 나는 분명히 '자신을 잃어버린다'

---

트프리트 작품의 음조에 어울리지 않는다. 반면에, (가령 성적 환상을 맘껏 펼치거나 억압함으로써) 육체의 기관을 부풀어 오르게 하거나 줄어들게 하는 것을 고트프리트가 얘기하는 것은 큰 어려움 없이 가능하다.

라는 말을 강조하고 싶다. 왜냐하면 우리에게는 자신만의 것이란 아무 것도, 오직 그에게만 혹은 오직 내게만 속한 것이 아무것도 남아 있지 않았기 때문이다.”[167] 내가 이 책에서 형성한 개념으로 볼 때 이러한 우정은 사랑이다. 이는 적어도 몽테뉴가 “사랑”amour이라 부르는 것과 같은 정도로 그러하다.

이성 간의 성적 사랑에 대한 이해에서, 정박 지점을 완벽하게 밀어 낸 전환점을 명확히 보여 주는 하나의 방법은 두 개의 대표적인 연애소설을 비교하는 일이다. 두 소설은 1700년 전후로 출간되었는데, 하나는 라파예트 부인[168]의 소설 『클레브 공작부인』(1678)이며, 다른 하나는 아베 프레보[169]의 작품 『마농 레스코』(1731)다. 첫째 소설의 비극적인 긴장은 고트프리트의 서사시에 나오는 정황과 많은 공통점을 갖고 있다. 주인공들인 느무르 공작, 공주, 왕자는 거의 트리스탄, 이졸데, 마르케에 상응한다. 그리고 두 소설에서 고유한 삶의 방식과 관습을 지닌 궁정 세계는 사랑이 펼쳐지는 무대이면서 동시에 이에 대조적인 배경이 되고 있다. 하지만 프레보의 소설에서는 중고지 독일어 서사시와 달

---

167) 「우정에 관하여」(『수상록』, 1권 28장); Michel de Montaigne, *Ouevres complètes*, eds. A. Thibaudet and M. Rat, Paris 1962, pp. 186~187. 번역은 다음 판본을 따른다. Michel de Montaigne, *Die Essais*, ausgewählt, ed. A. Franz, Stuttgart 1989, pp. 103~104. “이러한 많은 것 속의 어떤 불확정적인 핵심”이란 말은 원전의 다음 말에 상응한다. “c'est je ne sçay quelle quinte essence de tout ce meslage.”

168) 마리-마들렌 드 라파예트(Marie-Madeleine de La Fayette, 1634~1693)는 프랑스 귀족 문필가로서 작품 『클레브 공작부인』(*La Princesse de Clèves*)은 최초의 역사 소설이자 근대 사랑소설로 평가된다.—옮긴이

169) 앙투앙-프랑수아 프레보(Antoine-François Prévost, 1697~1763)는 프랑스 문필가로서 대표작 『마농 레스코』(*Manon Lescaut*)를 비롯하여 30여 권의 소설을 남겼다.—옮긴이

리 사랑하는 두 사람의 정황이 비극적이다. 왜냐하면 두 사람은 하나의 정박 지점에 결속된 상태에서 벗어나는 데도 실패하고, 동시에 하나의 목소리로 명확하게 어떤 정박 지점에 정향하는 데에도 실패하기 때문이다. 이러한 비극은 주인공 공주의 개체적 상황에서 연유한다. 클레브 공주는——바르고 선한 의지와 섬세한 감정을 지닌 인물로서 기만적인 성애적 허영과 온갖 음모가 지배하는 궁정 세계에 전혀 어울리지 않는데——느무르 공작을 향한 사랑에서 공작의 기사도적 장점들이 자아내는 빛나는 남성성에 정향하고 있다. 하지만 공주는 이 정박 지점을 도덕적인 고려, 즉 자신이 사랑하지 않는 남편의 고상하고 부드러운 인간성에 대한 고려를 무시하면서 관철시킬 수 없다. 또한 정박 지점과 도덕적 고려 사이의 균형을 찾을 수도 없다. 다른 한편, 느무르 공작은 관습적 태도에 머물러 있으며 공주를 (공작이 어찌할 줄 모르게 사랑하면서 무례하게 행동할 때까지) 오로지 하나의 정박 지점을 참조하여, 곧 공주가 아름다운 여성이라는 점으로 인해 사랑할 수 있을 뿐이다. 공주의 비극성은 그녀가 자기 자신을 완결된 온전한 전체로서 느낄 수 없다는데 있다. 왜냐하면 그녀는 자신의 느끼는 삶 전체를 유일한 방안에, 즉 분열되지 않은 중심을 가진 사랑에 걸 수 없을 뿐만 아니라, 이 느끼는 삶을 위한 어떠한 명확한 정박 지점도 갖고 있지 못하기 때문이다. 이는 무엇보다도 궁정적인 관습의 형태를 띤 삶의 반개체적 상황, 즉 그녀의 삶이 펼쳐지는 영역의 반개체적 상황이 두 사람의 사랑을 질식할 만큼 압박하는 데서 기인한다. 이는 앞서 살펴보았던 것처럼, 어느 베를린의 대학생 술집에서 있었던 연애의 대화가 그곳의 [보이지 않는] 관습에 의해 실패로 끝나는 것과 다르지 않다.[170]

이와 비교할 만한 비극적 균열이 『마농 레스코』에는 없다. 마농을 향한 기사 데 그리외의 사랑은 트리스탄과 이졸데의 사랑만큼이나 전혀 비극적이지 않다. 정박 지점이 전혀 없다는 이유 또한 마찬가지다. 두 경우 모두 사랑의 중심이 분열될 수 있는 모든 여지를 배제하고 있으며, 그럼으로써 사랑이 아무것에도 의지하지 않고 어떠한 발판도 필요치 않은 애정, 처절한 종말에 이르기까지 무조건적으로 응축 영역을 향해 있는 애정이 될 수 있는 것이다. 트리스탄과 이졸데의 사랑과의 차이라면, 단지 이들의 사랑이 대칭적이라는 점, 이들이 자신들의 사랑이라는 공동의 상황에 함께 동등하게 참여하고 있다는 점이다. 반면, 기사와 마농의 사랑은 복잡하게 착종된 방식으로 비대칭적이다. 마농이 기사를 사랑하지 않는 것은 아니다. 하지만 기사의 직선적인 사랑에 대해서 마농은 뱀처럼 꼬인 방식의 사랑으로, 피상적이며 이기적인 관심에 빠져드는 사랑으로 응답한다. 이것은 미국으로 망명 가서 서로 화해하는 결말을 맞이할 때까지 계속되는데, 하지만 미국에서 마침내 안정적인 신뢰의 단계로 성숙한 두 사람의 사랑은 외부로부터 가해진 참사로 인해 급작스럽게 중단된다. 따라서 마농은 이른바 '팜므 파탈'이 전혀 아니다. 하지만 『마농 레스코』 이후의 문학에서 팜므 파탈이 성공을 거둔 것은 이 소설에서 명확하고 철저하게 사랑의 정박 지점을 제거한 데에 근거하고 있다. 이를 통해서 현대적인 이른바 "심리적" 연애소설이 가능해진 것이다. 현대적 연애소설이 보여 주는 독특한 지향점은

---

170) Laermann, "Kneipengerede. Zu einigen Verkehrsformen der Berliner 'linken' Subkultur", *Kursbuch* 37, pp. 168~180.

사랑하는 두 사람의 개체적 상황들 속으로 깊이 파고드는 것이다. 또한 그것은 개체적 상황들과 공동의 상황 사이의 얽힘과 관계에서 발생하는 사랑과 이로부터 연유하는 많은 모티브, 긴장, 전개 과정을 재현하고 있다. 만약 사랑이 근거해야만 하는 어떤 가치나 장점이 정박 지점으로 존재한다면, 이러한 현대적 연애소설의 고유한 주제의식과 의미심장한 심층성은 상실될 것이다. 사랑을 묘사하기 위해 사랑을 뒷받침해 주는 어떤 가치를 도입해야만 했다면, 에두아르트와 오틸리에의 사랑을 보여 주는 괴테의 『친화력』이나 레빈과 키티, 안나와 브론스키의 사랑을 보여 주는 톨스토이의 『안나 카레니나』와 같은 소설들은 쓰일 수 없었을 것이다. 1700년 이후 소설 속에 나오는 사랑의 조건과 실제 삶에서 이루어지는 사랑의 조건은 크게 다르지 않았다. 왜냐하면 사랑의 유형을 위한 밑그림을 그리는 일과 관련하여 더 이상 철학자나 교회가 아니라 시인들이 주도적인 역할을 했다는 점에서, 근대와 중세 시대(극성기의 중세와 후기 중세)는 서로 일치하기 때문이다.

고트프리트가 새로운 경지를 개척한 것은 단지 '팜므 파탈'이라는 (문학적이거나 혹은 경험적인) 유형에 대해서만 도움을 준 것이 아니었다. 고트프리트는 또한 두 사람의 성적 사랑을 최고로 순수하고 섬세하며 강렬한 인상을 주는 관계로 부각시키는 데 결정적으로 기여했다. 엘리자베스 배럿-브라우닝Elizabeth Barrett-Browning은 1845년 11월 15일에 그녀의 애인 로버트 브라우닝Robert Browning에게 이렇게 쓰고 있다. "저에 대한 당신의 애착이 몽상의 산물 이상일 수 있다는 **가능성**을 제가 저 자신에게 인정한 최초의 순간, … 이 최초의 순간은 당신이 저를 어떤 이유 때문이 아니라 저를 사랑하기 때문에 사랑한다는 것을 제게 넌지시 알려 주었을 때입니다. (당신은 이후에도 반복해서 이를 알게 해주었어요.) 이제 이러한 '~때문에'₍parce que₎를 이성적인 사람들은 비이성적이라 간주할 겁니다. 하지만 이 독특한 문제에서는 저의 지성에 유일하게 적합한 이유입니다. … 바로 여성에게 적합한 '여성을 위한 이유'였던 것입니다. … 만약 어떤 사실이 그 자체의 원인을 포함하고 있다면, … 그 사실이야말로 영원히 존속하는 사실일 것입니다. 그렇게 스스로의 원인을 포함하는 한, '지상에 존재하는 불멸성들' 가운데 하나인 것이지요."[171] 이 진술에 따르자면, 남자의 사랑에서 정박 지점이 제거되었다는 것이 사랑받는 여성에게는 그 사랑을 본질적이며 신뢰할 수 있는 것으로 여기도록 해주는 신호다. 그것이 사랑의 절대성과 무조건성을 가능하게 해주며(4장 8절을 보라), 엘리자베스는 시한이 제한된 불멸성이라는 논리적으로 모순된 말을 하면서, 확실히 이러한 절대성과 무조건성을 목표로 하고 있다. 그녀는 애인에게 보낸 다른 편지(1846년 2월 26일)에서 이렇게 주장하고 있다. "우리는 이미 오래전에 같은 생각을 하고 있습니다. 그대가 저를 어떤 것을 위해서 사랑하는 것이 전혀 아니라는 것이지요. 왜냐하면 그대가 사랑을 위한 아무런 이유가 없다는 것이 그대가 비이성적으로 비치지 않을 수 있는 유일한 길이기 때문이지요."[172] 정박 지점을 기피하는 것이야말로 바로 사랑을 그 자체에 의해

---

171) E. Kintner ed., *The Letters of Robert Browning and Elizabeth Barrett 1845-1846*, Cambridge Mass. 1969, p. 265 이하. 번역은 다음 책을 따른다. Ludwig Binswanger, *Grundformen und Erkenntnis menschlichen Daseins*, 3rd ed., München/Basel 1962, p. 116. 두 가지 논점의 귀결은 원본에서 연유한다.
172) Kintner ed., *op. cit.*, p. 494. 번역은 빈스방거 책의 같은 곳을 따른다.

정당화하는 일이 된다.

## 4.2. 변증적 사랑과 연합적 사랑

나는 3.1절에서 두 사람의 성적 사랑에서 독일과 프랑스에서 지배적인 사랑의 모델이 서로 다르다는 가설을 제시한 바 있다. 프랑스에서는 변증적 사랑이 우선시되었던 반면, 독일에서는 연합적 사랑이 우선시되었다는 것이 그것이었다. 이러한 사랑의 민족적 양식들이 수백 년 동안 지속적으로 서로 대비되는 형세를 유지해 온 것은 각 민족의 언어가 서로 달리 발전해 온 것과 다르지 않다. 그것은 본질적으로 언어 공동체를 포괄하는 '공동의 상황들'에 의해 가능했다. 실제 역사적 자료에 입각하여, 내가 제시한 가설이 얼마나 뒷받침될 수 있는지를 검증해 보기만 하면 된다. 중세 시대와 관련하여 나는 프랑스에서는 주로 목자시 장르가 선호되었던 반면, 독일에서는 이별시 장르가 선호되었다는 사실을 증거로 제시했다. 목자시의 중심을 이루는 것은 계층적으로 우월한 남성이 성애적으로 여성을 열정적으로 좇는 일과 남성의 공격을 받은 계층적으로 열등한 여성의 다양한 반응 가능성이다. 이로부터 서로 변증적으로 언쟁을 주고받는 다양한 가능성이 생성된다. 넬리는 한 논문에서 남성의 이러한 성애적인 열정적 추격과 관련하여 다음 사실을 언급하고 있다. 즉 남성이 친구들 사이에서 우쭐대면서 여성을 유혹할 수 있다고 강변하는 것은 ── 아키타니아 출신의 최초의 음유시인 기욤 9세[173]처럼 ── 오늘날에도 남프랑스 지역에 널리 퍼져 있다고 언급한

---

173) 기욤 9세(1071~1126)는 남프랑스 아키타니아의 아홉 번째 영주이자 최초의 음유시인(트루

다.[174] 이것은 목자시에서 시적으로 양식화되어 있는 사랑의 이해가 역사적 지속성을 지니고 있음을 나타낸다. 목자시와 이별시는 고상한 민네 사랑의 이상이 억압했던 성적이며 성애적인 소망을 위한 배출구 역할을 했으며, 또한 독일의 이별가는 연합적 사랑의 구상을 순수하게 체현했다. 이런 이유에서 앞의 3.1절에서 논의한 [프랑스와 독일의] 차이는 성적 사랑에서 소망의 방향이 민족적 특수성을 보여 준다는 가설을 명확하게 확인해 주고 있다. 나는 이제 근현대에 대한 역사적 자료를 보완하여 제시하고자 한다.

스탕달(본명 마리-앙리 벨)의 책 『연애론』(초판 1822년)은 출간 직후에는 성공을 거두지 못했지만, 이후 프랑스 문학에서 두 사람의 성적 사랑을 분석한 가장 유명한 책이 되었다. 스탕달은 『연애론』 제1권 2장에서 사랑의 탄생을 일곱 단계로 연속적으로 폭발하는 일종의 폭죽으로 묘사한다. "마음속의 과정은 다음과 같다. 1. 경탄. 2. 사람이 스스로 말한다. '이 여인에게 키스하고 이 여인으로부터 키스당하는 일은 얼마나 큰 쾌락일까!' 등과 같은. 3. 희망 … 4. 사랑이 태어난다. 5. 첫 번째 결정체 형성이 시작된다. 우리는 그녀의 사랑을 확신하고 있으며, 이제 그 여인을 수많은 장점으로 장식하는 일이 우리에게 기쁨을 준다. … 내가 결정체 형성이라 부르는 이 현상은 자연의 작품이다. 결정체 형성은 우리에게 향락을 향한 갈망을 명령하고 우리의 피를 끓어오르게 한다. 이것은 향락이 사랑하는 여인의 장점과 함께 상승할 것이라는 감정

---

바두르)으로서 유럽에서 처음으로 라틴어가 아닌 민족 언어로 시를 지었다. ─ 옮긴이

174) Nelli, *L'Érotique des Troubadours*, p. 79 주석 4.

과 '그녀가 나의 것'이라는 생각 속에서 이루어진다. … 열정적인 남성의 경우라면 이제 사랑하는 여인에게서 온갖 장점을 본다. 그럼에도 불구하고 그는 아직까지는 그녀에게 전적으로 속박된 상태가 아니다. 왜냐하면 마음이란 모든 단조로운 것에서는 포만을 넘어 싫증을 느끼기 때문이다. 완전한 행복이라 하더라도 마찬가지다. … 그가 그녀에게 완전히 속박되도록 하는 것은 다음 단계의 일이다. 6. 의심이 생겨난다. … 간략히 말해서 사랑하는 남자는 좀 더 확고한 보증을 요구하며 자신의 행복을 최종적으로 봉인하려 한다. 그가 승리를 확신하는 모습을 보이면, 사람들은 그에 반대하여 무관심, 냉담, 심지어 분노하는 모습까지 보인다. 프랑스 사람들은 이런 남자를 쉽게 조소하는 방법을 가지고 있다. 이 방법은 이를테면 다음과 같이 말하는 것이다. '너는 실제 너 자신보다 더 멀리 도달했다고 믿고 있다!' … 이제 사랑하는 남자는 고대했던 행복에 대해 의심하기 시작하며, 이전까지 완전히 분명하게 보였던 희망의 근거들을 불신하게 된다. … 7. 이제 두 번째 결정체 형성이 시작된다. 이 결정체 형성이 만들어 낸 다이아몬드는 '그녀가 나를 사랑한다'라는 생각을 확인시켜 준다. 의심이 시작된 이후, 그리고 끔찍한 불행의 순간이 지난 후 밤이 되면 사랑하는 남자는 15분마다 자신에게 말한다. '그래, 그녀는 정말 나를 사랑해.' 그리고 결정체 형성으로 인해 새로운 자극들이 산출된다. 이렇게 금방 가슴을 찢어 놓다가 다시금 금방 행복해지는 상승과 하강 속에서, 사랑하는 남자는 생생하게 느낀다. '그녀는 지상의 어떤 다른 여성도 줄 수 없는 기쁨을 내게 줄 것이다.' 사랑하는 남자는 세 가지 생각 사이에서 끊임없이 흔들리고 있다. (1) 그녀는 모든 장점을 다 가지고 있다. (2) 그녀는 나를 사랑한다. (3)

그녀의 사랑에 대한 명확한 증명을 얻기 위해 나는 무얼 어떻게 시작
할 수 있을까?"[175] 이러한 사랑의 지속에 대해서 스탈당은 3장에서 이
렇게 쓴다. "사랑의 지속을 결정하는 것은 두 번째 결정체 형성인데, 여
기서 사람들은 매 순간 오직 사랑받는 것 아니면 죽음, 이 둘 사이의 선
택밖에 없음을 인식하고 있다. … 너무 빨리 자신을 허락하는 여인과의
연애에서는 이 두 번째 결정체 형성이 거의 전적으로 부재한다."[176] 이
러한 사랑은 완벽하게 변증적 성격을 지니고 있다. 스탕달의 사유의 지
평에서는 사랑이 감정과 상황으로서 사랑하는 사람들에게 공동으로
속한 소유물이라는 생각이 전혀 떠오르지 않는 것 같다. 사랑이 헤겔이
연합적 사랑의 관점에서 거부했던 것 이상이라는 점, 즉 너에 대한 나
의 사랑과 나에 대한 너의 사랑이 교차하는 것 이상이라는 점을 스탕
달은 전혀 고려하지 않는 것처럼 보인다. 여성은 단지 반응하기만 하면
족하다. 행동과 반응에서 변증적 대결의 드라마가 생성되며, 이 드라마
가 얼마나 지속하느냐는 여성이 사랑하는 남성을 충분히 오랫동안 붙
잡고 끌고 가느냐에 달려 있다. 게다가 결정체 형성이란 은유가 성애적
인 결속을 일종의 환상이 만들어 낸 산물이란 방향으로 굴절시키고 있
다. 사랑하는 남자가 이 산물을 가지고 자신만의 집을 짓고서 사랑하는
일의 연대성, 즉 전체적인 사랑을 두 사람이 함께 짊어지는 일에서 벗
어나고 있다고 말이다.

변증적 사랑의 경직된 관점으로 인해 스탕달은 독일의 연합적 사

---

175) Stendhal, *Werke*, vol. V, trans. Friedrich von Oppeln-Bronikowski, Berlin, pp. 54~57.
176) *Ibid.*, p. 58.

랑을 오해하게 된다. 그는 나폴레옹 원정에 참여했던 사람의 말을 빌려 연합적 사랑에 대해서 이렇게 말한다. "독일인들은 이러한 감정을 일종의 미덕으로, 신성神性의 발산으로, 그리고 어떤 신비한 차원으로 간주한다. 그 감정은 생생하지 않으며, 이탈리아 여인의 가슴속처럼 격정적이고 질투심에 가득 차 있으며 [심지어] 폭정적이다. 그것은 심층적이며 신비주의적 광명주의와 흡사하다."[177] 이런 오해를 바로잡기 위해서는, 대표적인 독일 이론가의 지적을 들어 보는 일이 필요하다. 클레멘스 브렌타노는 소설 『고드비』*Godwi*에서 일인칭 화자로서 감상적이며 섬세한 우정을 변호하는 일에 대항하여 사랑에 대한 자신의 견해를 이렇게 밝히고 있다. "나는 정말 가능한 한 사랑에 가까이 있고 싶다. 왜냐하면 사랑 속에 필연성이 놓여 있기 때문이다. 우리는 사랑 속에서 번갈아 가며 진정으로 내밀하게 상대방에게 도움이 되어야 한다. 그렇지 않으면 아무것도 사랑에서 산출되지 않으며, 이 부분 또는 저 부분이 서로에 대한 배고픔과 갈증 속에서 병들게 될 것이다. 어떤 가련하고 곤궁한, 점잔 빼는 언행이 존재하는데, 감상주의가 이 언행의 통증을 완화해 주는 연고의 역할을 할 수밖에 없다. 담담한 태도로 사랑하는 일은 다름 아니라 두 사람의 본질이 두 사람의 눈앞에서 발전해 가는 과정이다. 또한 그것은 두 사람이 서로를 인식하고, 자신의 육체적, 정신적 존재를 서로에게서 발전시키고 상대방과 결합할 수 있는지에 대해

---

177) *Ibid.*, p. 203 (제2권, 49장). [신비주의적 광명주의(Illuminismus)는 18세기 후반과 19세기 초반 유럽의 정신적이며 영적인 사상적 조류였다. 계몽주의와 달리 신비주의적 광명주의가 생각하는 이성은 신비주의적이며 영적인 직관을 포함하고 있었다. 광명주의자들은 그리스와 이집트의 신화, 카발라, 연금술, 야코프 뵈메의 기독교적 신지학 등의 흐름을 적극 수용했다.]

서로 신뢰하기 위한 과정이다. 아울러 두 사람이 제3의 사람인 아이를 함께 키울 수 있는가를 서로에게서 확인하기 위한 과정이기도 하다. 그럼으로써 어떤 살아 있는 산물, 즉 순수하게 사랑하고 살아가는 일, 가장 순수하고 가장 달콤한 비밀이 전하는 순진무구한 복음이 자신들의 존재와 똑같은 권리를 가지고 탄생할 수 있도록 하기 위함이다. 따라서 두 사람 사이의 모든 사랑은 무한하며 [그 자체가] 영원성의 작품이다. 그것은 또한 모든 인식의 신성한 보물이다."[178] 브렌타노는 스탕달이 사랑으로 여기는 것을 애초부터 사랑의 왜곡으로 비판한다. 브렌타노가 이해하는 사랑은 사랑하는 사람들이 동시에 함께 담담하게 귀속되어 있음이다. 그리고 이러한 귀속되어 있음이 진실된 것으로 확인된다면, 그것은 무한하고 영원하며, 하나의 성스러운 보물과 같은 것이다. 스탕달은 감정적 충만함의 저변에 놓여 있는 이러한 담담함을 잘못 이해했다. 여기서 문제의 핵심은, 사랑의 감정이 두 사람에게 공통된 상태적 상황 속에 포함되어 있으며, 아울러 두 사람의 공동의 삶이 서로 뒤엉키는 과정을 통과해 갈 때 사랑의 감정이 섬세한 균형잡기를 필요로 한다는 점에 있다. 이는 상황 속에 걸려 있는 [사랑의] 감정 상태가 지나치게 견고해지지도, 또 지나치게 느슨해지지도 않도록 하기 위함이다(5장 5절). 사랑의 감정은 요청의 성격을 지니고 있으며, 요청을 포함한 감정의 권위는 사랑에게 숭고함의 성격을 부여한다. 이 숭고함의 성격이 바로 '무한성', '영원성', '성스러운 보물'과 같은 표현 속에 침전

---

178) Clemens Brentano, *Godwi*, ed. H. Amelang(*Sämtliche Werke*, vol. V, ed. C. Schüddekopf), München/Leipzig 1909, p. 237 이하.

되어 있다. 브렌타노는 로마인들이 형성하고 제시한 의미의 사랑으로 되돌아온다(3장 2.2절, 이 장 2.1절). 그것은 성스럽고 영원한 결합으로서의 사랑이다. 이 사랑은 카툴루스가 109번째 시에서 사랑하는 여인에게 약속하고 있는 사랑으로서, 일상적 삶의 고난 속에서도 성스러운 사랑의 공동체를 담담하게 견디고 유지하는 것을 뜻한다. 시몬 다흐<sub>Simon Dach</sub>가 쓴 결혼식에 대한 시 「타라우의 엔헨」<sub>Anke van Tharaw</sub>(1642)는 틀에 박힌 장식성이나 외설적인 풍자를 포함하지 않고 있어 바로크 시대의 연애 서정시 가운데 특별하게 시선을 끈다.[179] 이 시는 후에 민중의 노래가 되었는데, 이 시에 표현된 사랑의 개념도 이미 로마적이며 연합적인 성격을 보여 준다. 원본 텍스트에서 사랑하는 약혼남은 엔헨에게 이렇게 말을 건넨다. "저는 저의 삶이 당신 삶 속에 포함되도록 합니다" Mihn Leven schluht öck ön dihnet henönn. 헤르더는 이를 민중적인 버전으로 이렇게 바꾼다. "저는 제 삶이 당신 삶 주변을 에워싸도록 합니다."[180] 다흐의 표현은 저 고대의 시인 카토와[181] 테렌티우스에게서[182] 확인되는 로마인들의 생각을 반복한다. 그것은 사랑하는 사람의 영혼<sub>animus</sub>(그리스어 프쉬케<sub>psyché</sub>)이 사랑받는 사람 안에 있다는 생각이다. 이와 달리, 헤르더가 변형시킨 문장은 남녀 역할의 —— 만약 연합적 사랑의 상태적인 공동의 상황이라면 부부가 공동으로 맡았을 역할의 —— 배분에 대한 손

---

179) Ivar Ljungerud, "Ehren-Rettung M. Simonis Dachii", *Euphorion* 61, 1967, pp. 36~87. 융게루드는 다흐가 실제 저자임을 증명하고, 이 노래의 모든 버전, 즉 방언으로 쓰인 본래 버전과 헤르더가 각색한 두 개의 버전을 모두 제시하고 있다.

180) *Ibid.*, p. 39.

181) Flury, *Liebe und Liebessprache bei Menander, Plautus und Terenz*, p. 34.

182) *Ibid.*, pp. 22~23, 31~32.

쉬운 은유를 표현하고 있다. 골수 둘레에 뼈가, 줄기 둘레에 껍질이 있는 것처럼 남성의 삶은 여성의 삶이라는 축 주위를 둘러싸고 있다. 그럼으로써 두 사람의 삶(개체적 상황)에서 하나의 전체(사랑의 공동의 상황)가 생성된다. 물론 사랑하는 두 사람이 자신들의 삶을 뒤섞거나 융해시켜 사라지도록 하지는 않는다. 그 반면에, 프랑스인들에게 로마인들과 독일인들의 연합적 사랑이 얼마나 멀리 떨어져 있는가를 보여 주는 것은 사랑하는 여인에게 말을 거는 티불루스에 대해서 볼테르가 가하는 비판이다.

> 그대를 나는 바라볼 것이리라, 만약 나의 마지막 시간이 도래한다면.
> 그대를 나는 죽음 속에서 붙잡으리라, 설사 내 손이 기진맥진한다 해도.[183]

볼테르는 이를 우스운 것으로 여긴다.

> 개개의 망각의 순간에
> 그것이 건강하게 만들었던 모든 것.
> 어느 치명적인 것은 절대로 침해받지 않을지니
> 고통과의 만남으로부터?[184]

---

183) Tibullus, *Elegies* I 1, 59행 이하. 번역은 빌헬름 빌리게를 따랐다.
184) "XXXIV. Stances irrégulières.-A madame Lullin, de Genève", *Oeuvres complètes de Voltaire*, vol. VIII, Paris 1877, pp. 539~540(이 텍스트를 직접 찾을 수 없었기에 나는 다음에 따라 인용한다. Erwin Rohrmann, *Grundlagen und Charakterzüge der französischen Rokoko-Lyrik*, Breslau 1930, p. 103).

볼테르에게는 죽음에 이르기까지 함께하는 사랑의 공동체가 남녀의 만남, 성애적이며 변증적인 방식의 격렬한 언쟁으로 전도되고 있다. 변증적인 관점에서 사랑을 이해하는 일을 이렇게 고수하는 것은 아마도 삶의 양식으로서의 변증론이 단지 성애적으로 특수화되어 나타난 결과일 것이다. 프랑스에서 이러한 변증론적 삶의 양식은 재치 넘치는 언쟁의 형태를 띤 대화 문화의 모습으로 드러나고 있다.[185]

한 수와 대응수가 상호 정교하게 교차하는 방식으로 사랑하는 일, 곧 변증적이며 극적인 사랑의 유희는 프랑스의 성애적인 관습을 통해서 관능적인 쾌락을 위해 봉사하게 된다. 이 관습은 루이 14세의 초기 통치 기간 20년 동안(1660~1680) 귀족 계층에서 다듬어지고 이 왕이 지배하던 음울한 말기가 끝난 후 18세기에 들어와 극성기에 도달한다. 그것은 사회적 규약으로 정립된 교제의 양식으로서, 사랑에 대한 예전의 경박하고 이상적인 관념을 가지고 외설적인 유혹을 목적으로 자극적인 유희를 도모하는 관습이다.[186] 성적 유혹의 기예가들은 나르시시

---

185) Annemarie and Werner Leibbrand, *Formen des Eros*, vol. II, Freiburg/München 1972, p. 488: "영국에서는 사람 사이의 대화 주제가 정치인 반면, 프랑스에서는 문학적 대화가 지배적이다. 문학적 대화는 결코 순전히 남성적인 사교 모임의 일이 아니다. 그것은 늘 남성과 여성 사이에서 이루어진다. 프랑스인들은 일화나 개별적으로 관찰한 일을 즐겨 듣는다. 여기에는 자유로움이 지배하고 있다. 이때 '비방하는 말'도 빠지지 않는다. 비방이 멋진 위트를 만들어 내는 것이다. 이러한 대화의 무기가 '조소하기'인데, 이는 지적으로 상대방을 외통수로 몰아넣기 위한 것이기도 하다. 무의미한 것에 대한 대화 자체가 즐거움을 준다. 프랑스인들이 바로 이런 대화의 대가인데, 이는 부분적으로 다소 위험하고 자극적인 일이다. 이에 익숙하지 않은 사람은 여기서 쉽게 불필요한 과장을 끌어들인다. … 잘 계산된 경박한 외설적 언사가 허용되는데, 바로 이것이 독일인들에게 어렵게 느껴진다. 독일인들에게는 직접적이며 재치 있는 위트가 많이 부족하다."

186) Kluckhohn, *Die Auffassung der Liebe in der Literatur des 18. Jahrhunderts und in der deutschen Romantik*, pp. 38~41 ; Luhmann, *Liebe als Passion*, pp. 89~95.

즘적인 즐거움 속에서 자신들의 뛰어난 능력을 즐겼다.[187] 온갖 미사여구와 제스처를 동원한 남성의 애착 유희를 받은 여인 또한 마찬가지로 어떻게 반응할지를 정교하게 조절해야 한다. "여성은 편지를 받아야 할지 혹은 그에 답장해야 할지, 방문을 받아들여야 할지, 소망을 표현해야 할지, 마차를 빌려 탈 것인지를 숙고해야만 한다. 왜냐하면 이로부터 더 많은 것을 허용하는 태도를 추론할 수 있기 때문이다. … 여성이 호의를 표하는 첫 번째 신호를 보내고 나서도, 여성은 여전히 남성이 더 강하게 밀고 들어오는 것을 막아 낼 수 있다. 하지만 그녀가 남성의 더 노골적인 구애를 더 이상 완전히 놀랍거나 파렴치한 일로 취급할 수는 없다."[188] 이러한 성적 사랑이, 헤겔이 부인에게 보낸 편지에서 표현하는 사랑, 곧 공동의 상태적 상황으로서의 사랑에서[189] 얼마나 멀리 떨어져 있는가를 우리는 어떤 프랑스적인 확신에서도 확인할 수 있다. 그것은 사랑과 혼인이 결합할 수 없다는 것에 대한 확신으로서, 이 확신은 프랑스에서는 사회적 규범의 위상까지 획득했다.[190] 안드레아스 카펠라누스는 중세 시대 혼인재판권으로부터 마리 드 샹파뉴[191]의 (아마

---

187) Edmond and Jules Goncourt, *"L'amour"*, *La femme au dix-huitième siècle*, vol. I, definitive ed., Paris o. J., pp. 157~224; p. 193: "이 유혹의 거장들은 자신들의 유희에 예술적인 자기애를 부여했다"; p. 191: "사랑, 그것은 [18세기에는] 남자와 여자의 투쟁"; p. 200 이하: "마키아벨리즘은 용감하게 치고 들어가서 그것을 지배하고 다스린다."

188) Luhmann, *op. cit.*, p. 91.

189) *"Hegel an seine Braut, Sommer 1811"*, *Briefe von und an Hegel*, vol. I, p. 368.

190) Kluckhohn, *op. cit.*, pp. 56~62. 또한 Luhmann, *op. cit.*, pp. 95~96.

191) 백작부인 마리(Marie de Champagne, 1145~1198)는 프랑스 왕 루이 7세의 첫째 딸이었으며, 1164년 샹파뉴 백작 앙리 1세와 결혼하여 백작 부인이 된다. 그녀는 중요한 문학가들을 적극 후원하여 북부 프랑스 문학 발전에 크게 기여했다.─옮긴이

허구적인) 격언을 알려 주었다. 이는 마찬가지로 혼인과 사랑의 양립 불가능성을 정립하는 내용이지만, 양립 불가능성의 이유를 [혼인에서는] 일련의 의무를 강제적으로 고소하여 청구할 수 있음에 감금되어 있는 것이 사랑에 적합하지 않는 데서 찾는다. 이와 달리, 절대왕조 시기 프랑스에서 파트너 사랑의 삶의 형식으로서 혼인을 무시한 이유는, 사랑을 영원히 공동의 상태적인 상황 속에 세우는 일을 거부한 데 있다.[192]

사르트르는 20세기 사랑의 프랑스적인 이해에 관한 저명한 필자다. 그는 변증적 사랑에 일종의 형이상학적인 전회를 가져왔다.[193] 사르트르는 인간의 본질 속에 근거를 둔 하나의 기획, 즉 인간 스스로 신이 되는 기획을 구성하려 한다. 이것은 인간이 자유로운 대자적 존재로서 자기 자신을 형성하는 일과 인간이 지닌 즉자적 존재로서의 안정성을 하나로 통합한다는 의미다.[194] 사르트르는 이러한 부조리하며 도달 불

---

192) Luhmann, *op. cit.*, pp. 89~90. "사랑에서 결혼을 생각하는 것만큼 잘못된 일도 없을 것이다. 사랑은 무관심으로, '차갑게 식는 것'의 전술적 문제들, 혹은 마들렌 드 스퀴데리의 생각을 따른다면 '관대함'으로 끝난다. 조르주 몽그레디앙(Georges Mongrédien)은 이 원리를 이렇게 표현한다. '열정으로 자신을 주고, 신중함으로 자신을 회복한다.'" [마들렌 드 스퀴데리(Madeleine de Scudéry, 1607~1701)는 바로크 시대의 최고의 문필가 가운데 한 사람으로 꼽힌다. 그녀는 프랑스 외 다른 국가에서 많은 독자의 호응을 받은 최초의 여성 작가였다.]

193) Sartre, *L'être et le néant*, pp. 431~445. 독일어 번역은 (늘 신뢰할 수 없지만) 다음 번역을 기반으로 한다. Jean-Paul Satre, *Das Sein und das Nichts*, trans. J. Streller, K. A. Ott and A. Wagner, Reinbek 1962, pp. 467~484.

194) Sartre, *L'être et le néant*, p. 652: "따라서 본래의 기획은 경험적으로 관찰 가능한 각각의 경향 속에 표현되어 있는데, 그것은 **존재의 기획**이다. … 그리고 대자를 표식으로 나타내지 않는 존재는 즉자다." p. 653: "이 기획을 전체적으로 주재하고 있는 근본적인 가치는 정확히 말해서 즉자-대자다. 그것은 이를테면 의식의 이상을 가리키는데, 이 이상은 그 자신이 스스로 떠맡는 순수한 의식에 의해서 그 자신의 즉자-존재의 토대가 되는 것이다. 그것은 우리가 신이라 부를 수 있는 의식의 이상이다. … 인간으로 존재함은 신을 향해 나아가려는 것이다." p. 708: "모든 인간의 현실성은 열정이다. 열정 속에서 인간의 현실성은 자신을 투사하

가능한 목표를 실현할 수 있는 하나의 길로 사랑을 제시한다. 그가 이해하는 사랑은 사랑하는 자가 타자인 사랑받는 자의 자유를 자신에게 복종시키고 전유하고자 하는 노력이다. 이때 사랑하는 자 자신의 객관적 본질은 그 토대를 사랑받는 타자가 수행하는 객관화 안에 갖고 있으며, 사랑하는 자는 자유와 객관성이 통합된 하나의 전체적인 체계가 자신에게 귀속될 수 있도록 사랑받는 자의 자유를 완전히 복종시키고 전유하고자 한다.[195] "사랑에서 우리는 타자와 함께하면서 열정의 결정론도 바라지 않고, 난공불락의 자유도 바라지 않는다. 반대로 우리는 열정을 통해 규정되어 있음을 가지고 **유희하는** 자유, 이러한 유희에 대해 함께 흥분하고 감격하는 자유를 원한다."[196] 이에 따르면 사랑하기는 자신을 사랑하도록 만드는 기획이다.[197] 따라서 사랑은 일종의 속임수duperie이며 무한히 계속 진행되는, 가역적인 나선형의 순환이다.[198] 다시 말해, 사랑은 사람들이 나를 사랑하기를 바라는 것이며, 이는 다시 내가 타자를 사랑하는 것을 타자가 원하게 되는 것을 바라는 것이며 등

---

고 자신에게 매달리는데, 이는 존재를 정초하고 동시에 즉자를 정초하기 위해서다. 즉자는 스스로 자기 자신의 정초가 됨으로써 우연성에서 벗어나는데, '자기 자신의 원인'을 내세우는 종교는 이를 신이라 부른다. … 그러나 신의 관념은 모순적이며 우리는 헛되이 길을 잃는다. 여기서 인간은 어떤 쓸모없는 열정이다."

195) *Ibid.*, p. 439(독어본, p. 476). 이에 따라 사랑받는 자는 헤겔에게서 노예가 주인을 위해 수행하는 것과 같은 봉사를 사랑하는 자를 위해 하도록 규정되어 있다. "주인은 자기 자신에 대하여 대자적으로 존재하는 의식이다. … 이 의식은 타자의 다른 의식에 의해서 자기 자신과 매개되어 있다"(G. W. F. Hegel, *Phänomenologie des Geistes*, eds. F. Wessels and H. Clairmont, Hamburg 1988, p. 132).

196) Sartre, *L'être et le néant*, p. 435(독어본, p. 471이하).

197) *Ibid.*, p. 443(독어본, p. 481).

198) 가역적 나선형의 운동에 대해서는 Schmitz, *System der Philosophie*, vol. V, pp. 56~59 참조.

등, 이런 식으로 계속되는 것이다.[199] 이로써 사랑에 있어 한 수와 대응 수가 이어지는 변증론이 영구적인 상태가 된다. 반면에 연합적 사랑의 이해는 스탕달에서와 마찬가지로 사르트르의 지평에는 전혀 등장하지 않고 있다. (연합적 사랑은 분위기로서의 감정이 공동의 상태적인 상황 속에 삽입되어 있음을 뜻하며, 이때 감정은 사랑하는 자들에 대해 이러한 상황을 함께 떠맡고 꽃피워야 하며 계속 이끌어야 한다고 요구한다.) 사르트르의 의미에서 사랑은 병 속에 갇혀 있는 두 마리의 문어가 벌이는 싸움과 흡사하다. 두 마리의 문어는 스스로 신이 되려는 분투 속에서 상대방에게 최면을 거는 것과 같은 영향력을 행사하면서 서로를 잡아먹어서 소화시키려 시도한다.[200] 사르트르의 변증적 사랑은, 플라톤과 마찬가지로 변증적 사랑의 어떤 변종이라 할 수 있다(2.2절). 플라톤적 사랑의 고유한 특징은 사랑받는 자가 본래 지향하는 사랑의 대상이 아니라 단지 이 대상의 매개자에 그친다는 데 있다. 『파이드로스』에서 사랑하는 자가 사랑받는 자를 넘어서서 이데아의 관조를 추구하는 것처럼, 사르트르의 사랑하는 자도 스스로 신이 되는 것, 즉 아우구스티누스가 말하는 신의 향유를 한층 더 상승시키려는 목표를 추구한다. 또한 사랑받는 자의 자유를 자신에게 복종시키고자 하는 경향과 관련해서도 『파이드로스』와 『존재와 무』는 서로 일치한다. 『파이드로스』에서 문제의 중

---

199) Sartre, *op. cit.*, p. 445. 독어본(p. 483)은 이 부분의 번역에 부정어 'nicht'를 첨가하여 그 의미를 전도시키고 있다.

200) 이를 특징적으로 보여 주는 것은, 사르트르에 따르면 사랑하는 자가 어떤 질문을 머리로 굴리면서 고민한다는 것이다. 그것은 사랑받는 자가 그를 위해 전통적인 도덕을 희생할 것인가, 그를 위해 살인을 저지르고 훔칠 수 있을까 하는 질문이다(*Ibid.*, p. 437; 독어본, p. 474).

심이 되는 것은 교육적 에로스인데, 사랑하는 자는 이 에로스를 가지고 사랑받는 소년을 자신의 고유한 신과 흡사한 모습으로 만들고자 노력한다. 이렇게 노력하는 것은, 사랑하는 자 스스로가 이로부터 자신을 이데아의 관조로 이끌 수 있는 고유한 신을 명확하게 인식하고자 하기 때문이다(2.2절).

일견, 사랑에 대한 사르트르의 개념에서 연합적 사랑이 부재한다는 것은 현실적인 삶, 즉 그가 실제로 시몬 드 보부아르와 연합적인 사랑의 관계를 맺었던 것과 잘 들어맞지 않는 것처럼 보인다.[201] 그러나 이 사랑의 특수성은 그것을 합리적으로 계획하고 구성했다는 점에 있다. 사르트르는 우선 그녀와의 필연적 사랑을 위한 2년간의 조약을 맺는다. 필연적인 사랑 옆에 우연적인 사랑들도, 예컨대 돌로레스 내지 알그렌과의 사랑도 함께 있을 수 있었다. 그 후 계약기간이 일단 30세까지로 연장되고, 나중에 다시 살아 있는 동안으로 연장되었다.[202] 사르트르는 자신이 동시에 유지했던 많은 사랑의 관계를 정확한 업무분장

---

201) Deirdre Bair, *Simone de Beauvoir*, New York 1990(독어본, München 1990), p. 515: "이제 두 사람의 동거 시기가 시작되었다. 사르트르와 보부아르는 저녁마다 뷔셰리(Rue de la Bûcherie) 거리의 집에 함께 누워 지냈다. 사르트르는 낡은 의자에, 보부아르는 두 개의 새로운 자코메티 전등이 연하게 비추는 침대에 있으면서 음악을 듣고 물과 함께 위스키를 마셨다. 두 사람은 함께 있으면서 각자에게 당연한 방식으로 편안함을 느꼈다. 그것은 삶의 가장 소중한 경험들을 함께 공유한 두 사람만이 알고 있는, 그러한 편안함이었다. '내 생각에 그것은 돌로레스가 뉴욕에서 돌아왔을 때였다. 그때 나는 처음으로 너무나 확실하게 알았다. 내가 사르트르와 영원히 함께 있게 될 것이라고. 나는 그때도 여전히 알그렌과도 관계가 있었다. 나는 사르트르가 이후에도 항상 다른 여성들과 관계가 있을 것임을 의심하지 않았다. 하지만 우리는 서로가 서로를 필요로 했는데, 이 필요의 방식은 내 생각에 누구도 적절하게 이해하지 못했다.'"

202) *Ibid.*, pp. 188~189, 205~206, p. 260.

계획에 따라 조정했다. 각각의 여성은 시간과 내용에 따라 규정된 각자의 과업을 지니고 있었다.[203) 심지어 사르트르가 먼저 노년이 되어 간호가 필요하게 되었을 때도, 그는 이러한 정확한 계획을 계속 유지했다.[204) 사랑의 변증론은 개별적인 사랑의 관계로부터 섬세하고 면밀하게 계획된 다성적 교향악의 합주로 전송되었다. 이 합주는 [비유하자면] 성애적인 중앙역에서 각 기차가 지키는 배차 시간이었다. 사르트르의 여성들이 각자 맡은 역할이 정해져 있었기 때문에, 여기서 사람들은 충분히 그가 가진 사랑 개념의 의미에서 타자의 자유에 자신을 복종시키는 것을 말할 수 있다. 사르트르는 자신의 사랑의 관계들을 자신의 욕

---

203) Annie Cohen-Solal, *Sartre*, Paris 1985(독어본, Reinbek 1988), pp. 220~221: "하지만 동시에, 평행한 방식으로 카스토와 다른 여성들과 함께 지내는 면밀하게 계획된, 거의 곡예에 가까운 휴가체계가 있었다. 왜냐하면 거의 사라진 것 같았던 일부다처가 이 작은 남성과 함께 다시 살아났기 때문이다. 올가의 어린 여동생 완다, 루실과 마르탱 부르댕(될랭의 두 여성 연기 제자들), 카스토의 여제자 루이즈 베드린은 몽파르나스의 한 호텔방에서 번갈아 가며 작은 남성의 밤을 채워 주었다. 사르트르는 자신의 휴일을 오세르 근방에 사는 어머니, 마르세유와 주앙레팡에 사는 카스토, 라 클뤼자에 사는 루이즈, 마르세유에 사는 완다 사이에 공평하게 배분했다. 그는 매일 함께하지 못하는 여성들에게 편지를 썼으며, 모두에게 모든 것을 얘기했다. 성적인 체험, 음식, 독서 등 모든 것을 얘기했다. … 카스토와 그 사이에는 한 쌍의 파트너로서의 어떤 독특한 균형 관계가 존재했다. 그것은 모든 '주변적인 사안'을 분명하게 인정하는 균형 관계였다. … 설사 사르트르가 새로운 여성을 사랑하게 되었다 하더라도, 그는 결코 다시는 배타적이며 극히 위험한 열정, 자신을 소진시키는 어떤 유일무이한 열정에 빠지지 않았다." '카스토'(혹은 '비버')는 시몬 드 보부아르의 별칭이었다.

204) *Ibid.*, p. 738: "2차 세계대전 이래 받아들인 휴가 기간의 습관은 사르트르가 시력을 상실한 후에도 같은 방식으로 계속되었다. 사르트르는 매우 성실하게 휴가 기간의 습관을 고수했는데, 그는 역설적이게도 예외 없이 철저하게 중고등학교 휴가 기간을 따랐다. 아를레트와는 3주, 완다와는 2주, 카스토와는 한 달의 휴가를 보냈다." 여성과 함께 보내는 휴가지는 각각 달리 정해져 있었다. p. 739: "그렇게 여성들이 지켜보면서 그의 삶은 하루하루 펼쳐졌다. 여성들은 시간표를 엄격하게 지켰다. 단지 카스토와 아를레트만 같은 밤에 서로 교대했다. 카스토는 50년을 지속한 동지이자 전설적인 파트너였으며, 아를레트는 카스토의 입양한 딸이었다. 이들 외 다른 여성들은 정해진 요일, 정해진 시간에 사르트르에게 다녀갔다. 그것은 정해진 의식과 같은 오고 감이었다."

구에 따라 조정하고 있다. 이에 따르자면, 시몬 드 보부아르는 자신과 사르트르 사이 사랑의 지속성에 대한 확신을 두 사람이 서로 상대방을 필요로 한다는 데서 얻는다. 이것이 두 사람의 사랑에 대한 기묘한 언명의 의미, 즉 계약에 의해 2년 동안 보장된 필연적 사랑이라는 언명의 의미일 것이다.

사르트르는 자기 자신의 이론과는 반대로, 사랑에 성공한 행운을 가졌던 것처럼 보인다. 여성들이 그에게 자발적으로 복종했기 때문이다. 다른 경우에서는 오직 변증적이기만 한 사랑, 곧 도전과 응답이 반복되는 일에 한정된 사랑은 그 일면성으로 인해 실패로 끝날 수밖에 없다. 왜냐하면 양쪽이 의도하는 바가 서로 일치하지 않기 때문이다. 사랑하는 자가 사랑받는 자를 이를테면 무시하거나[205] 혹은 합의에 도달하지 못하는데, 왜냐하면 사랑하는 두 사람 각자가 원하는 것이 서로 크게 어긋나기 십상이기 때문이다. 이러한 딜레마가 앙리 드 몽테를랑이 쓴 4부작 소설의 주제다. 이 4부작의 제목 가운데 두 번째 소설의 제목("여성들을 가엾이 여기다")이 각별한 인상을 준다.[206] "처음에 한 잡지

---

205) 소설가 프루스트(Marcel Proust)의 경우를 보라. Binswanger, *Grundformen und Erkenntnis menschlichen Daseins*, p. 165: "프루스트의 사랑은 단 한 번도 자신이 사랑하는 여성들과 일치하지 않았다. 여성들은 그의 사랑을 일깨우고 자극할 수 있는 '보조적인' 능력(특성, 미덕, 힘)만 지니고 있을 뿐이다. 여성들은 그가 지닌 사랑의 이미지(상)가 아니었다. 그녀들이 그를 보이지 않는 힘들 혹은 신들(신성들, 여신들)과 연관 짓는 일, 그녀들의 역할은 바로 이 일에서 완벽하게 충족되었다. 사랑하는 여인을 다시 보려는 생각해 낼 수 있는 온갖 노력에도 불구하고, 그는 예컨대 여인과 헤어진 후에는 의식적으로 조심했다. 즉 그녀가 어떤 옷을 입고 있었는가를 기억하지 않을 뿐 아니라, 그녀를 만난다는 것조차 기억하지 않으려 노력한 것이다. 『잃어버린 시간을 찾아서』의 『소돔과 고모라』, II, Tome V, 231~232을 참조하라."
206) Leibbrand, *Formen des Eros*, vol. II, pp. 594~606.

사가 거절했던, 전체가 네 권으로 된 소설의 초고는 1936년부터 팔리기 시작하여 여러 출판사에서 금방 36만 부에서 44만 부에 이르는 부수가 팔려 나갔다."[207] 우리는 이로부터 이 주제가 프랑스에서 여전히 가지고 있는 현재성을 추론할 수 있을 것이다. "몽테를랑의 중심 문제는 완전한 총체성 속에서도 여성과 남성이 완전히 상이하다는 점이다. 일련의 상이함 사이에 갈망 속에서 하나가 되는 순간들이 존재한다."[208] "기본 원리는 꼭 사랑하는 것은 아니지만, 갈망하는 남성, 동정심과 어린이의 다정다감함을 원하는 남성이다. 이런 남성이 부르주아적 의미에서 '남자'다. 반면에 여성은 사회적으로 안정된 위상을 뜻한 남자, 즉 '빵과 침대'를 찾는다."[209] "여성에게 행복은 명확한 윤곽을 갖고 있다. 이 상태에는 어떤 개성적이며 독특한 것이 내재해 있으며, 또한 그것은 매우 각별한 생동함과 힘, 그리고 감성적으로 감지 가능한 실체적인 현실성이다."[210] "남성이 비록 성적인 결합을 가장 중요한 일로 여긴다 해도, 남성은 여성의 행복이 어떤 것인지 알지 못한다. 그런데 남성은 단지 여성을 열정적으로 갈망하는 데만 도달할 뿐이다. 그는 목적으로서의 사랑을 발견하지 못한다. 설사 그가 이러한 사랑을 찾는다고 해도, 이것은 그에게 성가시고 불편한 것일 뿐 아니라 심지어 그를 압박하는 것이어서 그는 그로부터 도망치게 될 것이다."[211] "아버지가 금방

---

207) *Ibid.*, p. 594.
208) *Ibid.*, p. 596. 아울러 다음 책도 참조하라. Chrétien de Troyes, *Erec et Enide/Erec und Enide*.
209) Leibbrand, *op. cit.*, p. 598.
210) *Ibid.*, p. 600. 몽테를랑에 따른 인용문이다.
211) *Ibid.*, p. 604.

세상을 떠난 후 결혼 문제가 좀 더 시급하게 떠오른다. 남성은 결혼을 원하고, 다시 원치 않는다. 재차 원하고, 또다시 원치 않는다. 이런 주저함은 주위의 모든 사람이 지칠 때까지 계속된다. 왜 그런가? 남성이 자유를 잃을까 두렵기 때문이다. 왜냐하면 결혼하고 나면 남성의 증오보다 여성의 사랑을 더 두려워하게 될 것이기 때문이다."[212] "스트린드베리August Strindberg 작품에서와 같은 남성과 여성 사이의 증오는 존재하지 않으며, 또한 베데킨트Frank Wedekind적인 의미에서 성적 루소주의와 같은 것도 존재하지 않는다."[213] 따라서 사랑의 관계에서 변증적 대결이 실패했다고 해도, 이러한 실패가 가벼워져서 어떤 극적인 상승으로 옮아가지는 않는다. 오히려 그것은 서로 상대방과 무관하게 대화하고, 또 서로 어긋나게 사랑하는 진부함 속에서 흐지부지 끝난다.

괴테 시대 독일의 낭만주의적 사랑은 루만이 자신의 책에서 한 언급에서 읽어 낼 수 있는 것처럼,[214] 프랑스 로코코 시대의 성적으로 사람을 다루는 어떤 완벽한 기교에 기반을 둔 것이 아니었다. 왜냐하면 이 기교의 유산이 젊은 티크Ludwig Tieck에서 빠져나올 수 없는 곤경으로 끝나고 있기 때문이다. 오히려 사랑하는 독일인들에게서 '내밀한 파트너의 개별성과 관계를 맺는 일'의 근원은 경건주의 속에서 행하는 종교

---

212) *Ibid.*, p. 602.

213) *Ibid.*, p. 604

214) Luhmann, *Liebe als Passion*, p. 55: "여성을 관찰하고 유혹하고 풀어주는 기술로서 발전되었던 것은 여성에 대한 정중한 태도의 입장이 행한 비판을 넘어 살아남았다. 그리고 이제 그러한 기술은 내밀한 파트너의 개별성과 관계를 맺기 위한 수단으로 활용되었다. 이 모든 노력의 종합을 **낭만주의적 사랑**으로 표현하고 이 사랑이 결혼의 조건으로서 공식화되고 난 후, 이전의 것들을 모두 포괄하는 노력들(Inklusionsbemühungen)이 나타난다."

적인 침잠에 있었다. 낭만주의적 사랑의 두 선구자인 노발리스와 슐라이어마허는 바로 경건주의적 분위기 속에서 성장했다.[215] 집단적 사랑이란, 특히 초기 기독교의 근원적 공동체나(2.1절) 경건주의적 공동체의 경우에는 확연히 연합적인 성격을 갖고 있으므로, 괴테 시대에 일반적인 사랑의 이해는 이러한 근원으로 인해 처음부터 연합적 사랑의 유형에 맞춰져 있었다. 아울러 이 사랑의 유형은 여성을 강한 인격체, 남성과 대등한 인격체로 높이 평가하는 태도를 견지했다. 왜냐하면 사랑하는 두 사람이 연합적인 성적 사랑 속에서, 사랑으로 규정된 상황과 분위기에 함께 적절히 부응해야 하는 책임을 떠맡았기 때문이다. 여성을 높이 평가하는 태도 또한 경건주의에서 시작되었다.[216] 반면 변증적 사랑의 유형은 성애적 드라마의 살아 있는 인물들에게 여러 역할을 배분하는 경향을 띠었기 때문에, 여성을 높이 평가해야 한다는 동기를 부여하지 못했다. 독일 낭만주의에서 여성에 대한 높은 평가는 사랑의 이해를 형성하는 통합적인 구성요소였다.[217]

---

215) August Langen, *Das Wortschatz des deutschen Pietismus*, Tübingen 1954, pp. 432~433. "경건주의 의미는 내면적 체험 일반을 표현하고 말하는 강력한 배움의 과정에 있었다. … 그리고 가장 내밀한 내면적 삶을 말하는 데에서 경건주의적 배움이, 구두로 하는 대화뿐만 아니라 글을 쓰는 표현을 통해서 지속적이며 폭넓게 진행되었다. 이 배움의 과정은 리처드슨과 루소처럼 늘 언급되곤 하는 외국의 모범적인 문필가보다도, 특히 언어의 측면에서, 훨씬 더 중요한 역할을 했다." 랑겐은 435~437쪽에서 경건주의적 표현 방식이 우정과 성적인 파트너 사랑의 언어로 전용되는 사례들을 제시한다. 또한 랑겐은 458~459쪽에서 경건주의에 종속된 괴테에 대해, 462~463쪽에서는 소설 『젊은 베르테르의 고뇌』에 나오는 경건주의적 용어들을 서술한다(다음 책도 참조하라. Herbert Schöffler, *Die Leiden des jungen Werther. Ihr geistegeschichtlicher Hintergrund*, Frankfurt a. M. 1938). 아울러 랑겐은 473쪽에서 노발리스의 표현들이 경건주의적 언어를 얼마나 집중적으로 파고들었는가를 보여 준다.
216) Rolf Engelsing, *Der Bürger als Leser. Lesergeschichte in Deutschland 1500-1800*, Stuttgart 1974, p. 305.

만약 우리가 지적인 문필가들의 얘기만 듣는다면, 사랑에 관한 성찰이 사랑의 증언이 지닌 자발성의 측면을 뭔가 왜곡할 위험이 있을 것이다. 고상한 부르주아 가문의 여성인 이른바 디오티마(주제테 곤타르트Susette Gontard)는 괴테 시대의 가장 섬세한 시인이었던 휠덜린과 다정하게 만난 후 온전히 연합적 사랑의 의미에서 스스럼없이 시인을 사랑한다. 휠덜린은 당시 디오티마 자녀들의 선생님이었는데, 그녀가 휠덜린에게 쓴 감동적인 편지들을 보면 그녀의 연합적인 사랑이 잘 드러난다. 디오티마와 휠덜린의 감정에 가득 찬 함께 있음은 은행가인 남편이 둘 사이에 끼어듦으로써 중단되고, 사랑하는 두 사람에게는 은밀하게 주고받는 편지나 짧은 만남의 가능성만이 남는다. 나는 그녀의 편지 가운데 주목할 만한 몇몇 대목을 일부 정서법을 바로잡으면서 인용하겠다. "제가 이미 얼마나 자주 후회했는지. 당신과 헤어지는 그 자리에서 제가 당신에게 충고한 것을. 저는 아직도 도대체 어떤 감정에서 제가 당신에게 그렇게 절박하게 간청해야 했는지를 이해하지 못하고 있어요. 하지만 제 생각에 그건 두려움이었어요. 우리 사랑의 전체적인 느낌에 대한 두려움이 제 안에서 이 거대한 균열 앞에서 너무 큰 소리로 울린 것이에요." "우리에게 남은 것은 오로지 서로에 대한 가장 기쁨

---

217) Ludwig Achim v. Arnim, 인용은 클루크혼의 책을 따른다(Kluckhohn, *Die Auffassung der Liebe in der Literatur des 18. Jahrhunderts und in der deutschen Romantik*, p. 617 주석 4. "우리 독일인들은 애정을 가지고 여성에게 우리의 모든 신뢰를 보낸다; 나는 내 부인을 나 자신처럼 대하지, 어떤 약한 존재들의 특별한 인종에 속한 것처럼 대하지 않는다." 또한 슐라이어마허의 다음 언급을 보라. "하지만 바로 나는 이렇게 그대에게 모든 것을 전하고 그대를 신뢰할 수 있어야 하므로, 나는 또한 그대가 그런 것과 같은 허약함이 없으며 행실이 좋고, 강하고 힘 있는 여성을 갖지 않을 수 없다. 독일 여성 또한 바로 그래야만 하며, 최고의 여성들은 늘 그래 왔다"(*Friedrich Schleiermachers Briefwechsel mit seiner Braut*, p. 249).

에 넘치는 믿음이지요. 그것은 우리를 영원히 보이지 않게 이끌고, 또 영원히 점점 더 강하게 묶어 줄 세상에서 가장 강력한 사랑의 본체에 대한 믿음이지요." "저의 감각 앞에서 모든 것이 컴컴해요. 가장 끔찍한 것은 가혹한 숙명 아래 우리의 섬세한 사랑의 숨이 막혀 버린다면, 우리 가슴속에서 공허하고 둔탁해진다면, 우리의 삶이 사라지고 황량한 의식만이 우리에게 남는다면." "오! 저를 영원히 사랑스럽게 간직하세요! 또 설사 우리 사랑이 영원히 보답받지 못한다 해도, 우리 사랑은 그 자체를 통해서 우리 안에 아주 고요하게 하지만 그토록 아름답게, 우리 사랑은 우리에게 영원히 우리의 가장 고귀하고 유일한 것으로 남아야 합니다. 소중한 그대여, 당신에게도 그렇지 않은가요! 우리의 영혼은 항상, 영원히 만나고 있어요." "그 무엇도 당신을 저와 떼어 놓을 수 없을 만큼 저는 당신과 하나로 결합되어 있어요. 우리가 어느 곳에 있던지 우리는 함께 있어요. 저는 곧바로 당신을 다시 보기를 원합니다." "… 단지 믿기만 하세요. 우리가 **우리**로 머무는 한, 저 삶의 가장 깊은 내면에 우리를 서로 묶어 주는 것이 계속 머물 것임을. 저는 믿음을 단 한순간도 포기할 수 없어요. 우리가 세상 안에서 서로를 다시 찾고 즐거워할 것임을. 부디 계속 행복하기만 하세요(**우리**가 생각하는 그 행복이요). 당신이 시작한 것처럼 시작하고 성공하면 제게도 분명히 사랑스러운 일임을 믿으세요."[218] 주제테는 오직 헤겔이 아내에게 보낸 편지[219]

---

218) 이상 인용한 편지 대목들은 다음 전집을 보라. Friedrich Hölderlin, *Sämtliche Werke*. Stuttgarter Hölderlin-Ausgabe, vol. 7, part 1, Stuttgart 1968, p. 61, 64, 69, 88, 100.
219) "Hegel an seine Braut, Sommer 1811", *Briefe von und an Hegel*, vol. I, p. 368.

에 나타난 사랑, 곧 **우리의 사랑**만을 알고 있다. 그것은 그녀를 사랑하는 사람과 결합시켜 주며 하나의 전체로서 존재하는 사랑이다. 이러한 우리의 사랑은 공간적인 가까움이나 말 내지 다른 사랑의 표시를 주고받았는가와 무관하다.

디오티마가 집에서 쫓겨난 횔덜린에게 보낸 편지들은 —— 횔덜린이 보낸 편지들은 유실되었는데, 아마도 디오티마가 남편에게 들킬 위험 때문에 없앴다고 보인다 —— 흘러넘치는 사랑의 진솔한 표현을 통해서 우리를 사로잡는다. [이와 달리] 빌헬름 훔볼트와 카롤리네 훔볼트 부부가 주고받은 편지들은 괴테 시대의 사랑에 대한 세련된 성찰이 도달한 가장 높은 수준을 보여 준다.[220] 훔볼트 부부의 사랑은 연합적이다. "그런데 제가 얼마나 자주 한 그림, 다른 그림에 머물러 있든, 제가 우리의 결합, 진정한 본질을 생각할 때면 감정이 저 최고의 높이로 치솟아 오릅니다. 우리를 이렇게 서로의 안으로 녹여서 결합하여 우리로 만들어 낸 유일한 사랑을 생각할 때면."[221] "그러므로 당신은 삶을 즐겁고 경쾌하게 느끼면서 사랑스럽고 선한 영혼을 잘 유지하세요. 우리가 현재와 같이 더 오래 함께 살 수 있도록 해요. 우리가 더 오래 함께 살수록, 우리는 서로서로에게서 더 많은 것을 가질 수 있을 거예요. 설사 운명이 우리를 갈라놓는다 해도, 우리는 앞으로 —— 어떤 모습이든 '앞으

---

220) *Wilhelm und Caroline v. Humboldt in ihren Briefen*, ed., Anna von Sydow, 7 vols., Berlin 1906~1916.

221) *Ibid.*, vol. II, p. 4. 결혼하고 1년 후. 카롤리네가 필자라고 밝힌 것을 제외하면, 이후 인용하는 모든 대목은 빌헬름 폰 훔볼트가 쓴 것이다. 훔볼트는 결혼 생활에서 사랑을 성찰하는 일을 주도적으로 떠맡는다. 하지만 부인 카롤리네도 당연히 남편의 성찰에 자연스럽게 동의한다.

로'는 항상 있을 것이기에 ── 더더욱 견고하게 **하나로** 있을 거예요."²²²⁾ "사람이 외적인 자리에서 자신에게로 되돌아올 때, 갑자기 어떤 위로와 행복의 원천이 갑자기 열리는지는 얘기하기 어려워요. 하지만 저는 의구심을 지니고 있어요. 만약 사람이 … **다른 한** 존재가 사랑을 통해서 자신과 결합되어 있음을 알지 못한다면, 그가 자신 안에 머물러 있을 때 [실은] 이중의 존재에게 되돌아온 것임을 알지 못한다면, 과연 그 사람이 이를 제대로 할 수 있을까 의심스러운 것이지요."²²³⁾ "하나의 정신, 감정, 느낌 속에서 끊임없이 지내 온 삶과 존재, 만약 우리가 이런 삶과 존재를 이토록 오래 그리고 내밀하게 유지한다면, 과거의 우리였고 현재의 우리인 이 삶과 존재가 살아남은 자를 눈치채지 못하게 무덤으로 끌고 들어갑니다. 그것은 오직 결합 혹은 사라짐 속에서만 안식을 얻는 동경입니다. 세속적인 것을 지배하는 아름답고 신적인 정신의 지배력이지요."²²⁴⁾ "제가 사람들과의 교제나 다른 세상사에서 아직도 어떤 기쁨을 가질 수 있을까요? 당신이 여기, 제 가까이에 있다는 생각이 제 속의 모든 사고와 느낌과 내밀하게 결합되어 있어요. 만약 이 모든 것이 떨어져 분리된다면 어떻게 될지를 저는 전혀 상상할 수 없어요. 하지만 만약 두 사람 안에 모든 것이 그렇게 하나로 있다면, 사람들은 단지 아주 짧은 동안만 시대에 뒤떨어질 거예요."²²⁵⁾ "저는 당신을, 달콤하고 사랑스러운 가슴을, 당신과 보낸 삶 전체를 무한히 많이 생각하

---

222) *Ibid.*, p. 191.
223) *Ibid.*, vol. III, p. 194.
224) *Ibid.*, vol. VI, p. 261.
225) *Ibid.*, vol. VII, pp. 74~75.

고 있어요. 왜냐하면 설혹 제가 당신과 함께 있지 못한 순간이 있다 하더라도 ── 안타깝게도 우리 삶의 그렇게 많은 시간이 그런 순간이었지만요 ──, 당신은 저와 함께 살고 있고 제 삶 전체와 내밀하게 결합되어 있기 때문입니다. 저는 제 삶이 당신 없이 가능할까, 전혀 생각할 수가 없어요. 또 당신 없는 과거의 제 삶이 어땠는지는 더 상상할 수가 없어요. 또한 저는 확신해요. 두 사람이 서로 진정으로 사랑하면, 이 사랑이 이미 태어날 때부터 두 사람의 존재와 행위를 규정하는 것임을. [자신의 사랑을] 발견하고 인식하고 서로 함께하는 일은 자신도 아직 이해하지 못하는 가슴의 힘을 통해 저 내면으로부터 생성됩니다. 정신과 감각이야말로 항상 이 세상에서 지배하는 역할을 하기 때문입니다."[226]

마지막에 나오는 자기 자신도 아직 이해하지 못하는 가슴의 힘, 사랑하는 두 사람의 발견과 결합을 가져오는 가슴의 힘은 무엇인가? 우리는 이것을 개체적 상황에 포함된 전망적인prospektiv 부분으로 이해할 수 있다. 전망적인 부분은 사랑하는 사람의 주도 인상에 의해서 감지된다. 또한 전망적인 부분은 사랑하는 사람에게 자신의 애인을 도와주는 능력, 즉 자신의 애인이 개체성 안에 미리 그려진 방향으로 삶의 행복을 추구하도록 도와주는 능력을 부여한다(5장 7절). 따라서 훔볼트에 따른다면, 사랑하는 사람의 개체성에 포함된 전망적인 부분은 이미 사랑하는 사람을 선택할 때, 사랑받는 사람, 즉 애인의 개체성에 포함된 전망적인 부분과 서로 상응하고 있다. 사랑하는 사람을 선택할 때, 이미 이 사람의 주도 인상이 일정한 역할을 하는 것이다. 실제로 훔볼트

---

226) *Ibid.*, pp. 252~253.

는 이미 카롤리네와 사귀던 시기에 자신이 카롤리네를 어떻게 바라볼 수밖에 없었는가를 얘기하면서 이런 내용을 밝히고 있다. "그래요 리나, 저는 진실을 이상화시키고 있어요. 저는 이를 스스럼없이 분명하게 인정해요. 저는 당신을 이상화시키고 있어요. 하지만 저는 이러한 이상이 —다른 사람들에게는 그렇게 비칠지 모르겠지만— 제 환상의 산물이 아님을 너무나 명확히 느끼고 있어요. 당신의 이상은 진정 당신 본체의 형상이에요. 그것은 다른 사람에게는 보이지 않고 오직 사랑의 눈에만 계시되는, 그 자체가 당신의 가장 참된 형상이에요. 당신의 참된 형상, 하지만 베일에 싸여 있고 어딘가에 묶여 있어요. 이 지상에는 베일에 싸이지 않는 참된 것은 아무것도 없으니까요."[227] "우리가 인간을 이해할 때 왜 그렇게 자주 오류에 빠지는 걸까요? 인간에게 본래 속한 것과 단지 외부 여건들 내지 인간 능력들의 내적인 갈등과 불화에서 기인한 것을 구별하지 못하기 때문이지요. 오직 이 독특한 형상에 의해서만 한 사람이 무엇을 얼마나 할 수 있는가를 판단할 수 있어요. 오직 이 독특한 형상을 바라보고서만 그 사람의 성격에 대한 확실성을 획득할 수 있어요. 만약 형상을 보는 일이 없다면, 개별적인 관념, 행위, 언사들을 통한 판단이 매 순간 불안정하게 흔들릴 수밖에 없지요. 특히 관념의 진행이 신속하고 불규칙한 사람의 경우에는 더더욱 그렇지요. 오로지 이 근원적 형상에 의해서만 우리는 성격을 묘사해야 합니다. 오로지 이 형상을 통해서만 말의 진정한 의미에서 사랑이 탄생할 수 있어요. 그리고 제게는 왜 사랑이 항상 감성과 분리될 수 없고, 또 왜 늘 현

---

227) *Ibid.*, vol. I, p. 171.

재를 필요로 하는지, 그 이유가 바로 여기에 있어요. 왜냐하면 자신을 표현하는 모든 가능성을 포괄한다는 뜻에서 전체 인간을 지각하는 것, 오직 이러한 지각을 통해서만 저 근원적 형상의 이미지를 얻을 수 있습니다. 그 사람의 모든 육체, 특히 그의 눈이 근원적 형상의 각인입니다. 우선은 멈춰 있는 육체의 각인이며, 다음으로 특히 움직이고 있는 육체의 각인이에요. 움직임의 빠름 혹은 느림, 격렬함 혹은 고요함, 경쾌함 혹은 억지스러움, 장엄함과 단순함, 이 모든 특징의 가장 미세한 수준과 가장 섬세한 뉘앙스에서 우리는 감각의 본성, 넓이, 깊이, 생생함을 측정할 수 있어요."[228] 훔볼트는 여기서 주도 인상에 대한 탁월한 현상학적 관찰과 분석을 보여 준다. 물론 훔볼트는 주도 인상을 자신의 플라톤적인 세계관에 투사한다. 하지만 훔볼트의 관찰과 분석을 통해 우리는 한 사람의 개체성이 보여 주는 함축적인 인상을 이해하려 할 때 무엇이 결정적인가에 대해 주목하게 된다. 결혼 생활이 10년이 지난 후에도 훔볼트는 카롤리네를 자신이 가진 주도 인상에 맞추어 이해하는 것을 고수한다. "… 저는 당신을 생각합니다. 제가 당신을 말로 표현할 수 없고 하물며 당신을 거슬러서 표현할 수는 없지만. 하지만 저는 당신이 당신임을 확실하게 느끼고 있어요."[229] 말로 표현할 수 없는 것은 혼돈적으로 다양한 전체성이다. 그것은 의미심장한 정경으로서 인상 안에 포함되어 있는 사태, 계획, 문제가 혼돈적으로 함께 있는 전체성이다. 이러한 사태, 계획, 문제는 만약 이들이 (개별화되어서) 하나하나

228) *Ibid.*, p. 232.
229) *Ibid.*, vol. II, p. 88.

전개된다면 말로 표현할 수 있다.

두 사람의 연애 시절 편지들을 보면, 사랑하는 두 사람의 결합이 각자의 자유와 개성에 해를 입히지 않고 오히려 각자의 개체성이 전개될 수 있는 최고의 자유를 준다는 확언이 수미일관 지속된다.[230] 그때 자발적으로 먼저 시작하는 것은 카롤리네다. 그녀는 이러한 전망을 어떤 다른 남성에게서 발견하지 못했기에 빌헬름을 남편으로 결정했다고 시인한다.[231] 그는 카롤리네의 자발적인 자극을 받아들여 격언과 같은 명료한 문장으로 표현한다.[232] 빌헬름은 결혼 생활이 오랜 시간 지난 후에도 계속해서 단언한다. 자신의 사랑하는 갈망이 다름 아닌 카롤리네가 원하는 것, 즉 그녀가 자유로워지고 행복해지는 것을 선물하려는 노력으로 수렴된다고 단언하는 것이다.[233] 사랑과 자유가 서로 화합하고 하나가 될 수 있다는 요청, 이 요청은 사르트르가 생각하는 사랑의 이해와 상충된다. 사르트르의 사랑은 일종의 기만이며, 기만의 목표는 상대방의 자유를 전유하여 자신에게 복종하도록 하는 데 있다. 실제로 빌헬름과 카롤리네의 낙관적 요청에 훨씬 더 잘 부응하는 것은 변증적 사랑이 — 변증적 사랑은 상대방을 세우고 특정한 반응을 보이도록 요구하

---

230) *Ibid.*, vol. I, p. 79, 121, 125, pp. 138~139, p. 355, 402, 429, 481.

231) *Ibid.*, p. 121, 125.

232) *Ibid.*, p. 355: "사랑이 없다면 자유도 없어요. 그리고 사랑의 척도는 다름 아닌 제한되지 않은 자유가 얼마나 높은 수준에 도달했는가입니다." p. 402: "최고의 사랑은 언제나 최고의 자유와 한 쌍을 이루고 있어요."

233) *Ibid.*, vol. III, p. 463: "당신은 완전히 자유롭고 당신 자신의 주인이 되어야 합니다. 당신은 제가 당신을 내적, 외적으로 해줄 수 있는 것처럼 행복해야 합니다. 당신도 알고 있듯이, 저는 과시할 마음이 전혀 없어요. 하지만 이것이 저의 유일한 갈망, 참으로 고요하고 깊은 갈망입니다."

는데 ──아니라 연합적 사랑이다. 연합적 사랑에서 두 사람은 감정으로서의 사랑이 채워져 있는 공동의 상태적인 상황을 함께 이끌어 가고 계속 발전시키려 한다. 왜냐하면 개체적 상황은 공동의 상황 속에 삽입될 수 있고 그 안에서 자라날 수 있기 때문이다(5장 4절). 사랑하는 한 쌍이 충격 없이 온전히 이 일에 성공한다면, 공동의 상황 속에서 개체적 상황이 각자의 성격이 지닌 개별성에 따라 잘 성장할 수 있다.

주고받은 편지를 보고 추론한다면, 훔볼트 부부의 성적 파트너 사랑은 완벽한 조화를 이루며 피어나는 듯 보인다. 그러나 우리는 빌헬름이 요하나 모테르비에게 보낸 편지를 통해서 그렇지 않았음을 확인했다.[234] 오히려 빌헬름은 마음의 깊은 심연에서 어떤 사디즘적인 욕구를 억압하고 있었으며 이를 해소할 출구를 찾았다. 빌헬름은 카롤리네에게도 저 멀리서 이에 대해 희미하게 암시한다. 하지만 그가 이를 이내 은폐하기 때문에 카롤리네로서는 정확히 파악할 수가 없다. "만약 어떤 진실되고 부인할 수 없는 선량함, 일반적인 의식보다 훨씬 더 깊은 곳에 있어서 항상 순간적으로 좋은 일을 하지는 않는 선량함, 그리고 특히 결여와 단념을 위해 필요한 일정한 의지의 강함이 없다면, 제 안에 존재하는 많은 것이 위험할 수도 있어요."[235] 모테르비에게 보낸 편지를 근거로 우리가 추정할 수 있는 것은, 훔볼트가 결여와 단념을 위한 의지의 강함에 의지하여 결혼 생활의 사랑의 조화를 유지할 수 있었

---

234) Kluckhohn, *Die Auffassung der Liebe in der Literatur des 18. Jahrhunderts und in der deutschen Romantik*, p. 267 주석 1.

235) *Ibid.*

다는 점이다. 왜 이 "지상의 잔여를 떠맡는 일이 곤혹스러운가"? 행복한 연합적 사랑의 대가인 훔볼트가 어디선가 뭔가 실수를 한 것인가? 훔볼트가 자신의 사랑의 고유한 성격을 카롤리네에게 답하는 대목을 들어 보자! "… 제 안에 있는 사랑에는 어떤 곤궁함에 속하는 것이 일절 없어요. 제 사랑은 하나의 실체의 다른 실체에 대한 가장 순수한 작용이에요. 제 사랑은 사랑하는 대상에 대한 무한한 보살핌을 수반하고 있어요. 이 보살핌은, 대상을 바라보면서 자신을 잃어버리면서, 무한히 조용히 뒤로 물러서고 대상이 무한히 자유롭게 자신을 전개하도록 합니다. 그런데 이제 이 감정이 또한 어떤 확실함을 줍니다. 그것은 불성실에 대한 생각까지 이를테면 황당한 것으로 만드는 확실함입니다. 이 감정은 어떤 것과도 비교할 수 없고, 어떤 것도 그것을 방해할 수 없어요."[236] 훔볼트는 플라톤적인 이데아의 직관을 따르면서 자신의 사랑을 관조적 거리 두기에 기반한 승화된 정점에 위치시킨다. 이것은 과도하다. 감정에 의한 사로잡힘은 언제나 신체적이며(4장 2.2절) 따라서 생동력의 [역동적] 기능이다(4장 2.3절, 7.1.1절). 생동력은 내체화를 통해서(7장 2.1절) 사랑하는 사람들 사이를 포함한 모든 대화적인 연관을 가능케 한다. 그런데 생동력이 이런 기능을 할 수 있는 것은 그 자체가 대화적이기 때문이다. 즉 생동력이 긴장과 팽창 사이의 대립 과정이며 따라서 내적인 불화를 품고 있다. 불화는 잔혹함에까지 도달할 수 있는데,[237]

236) *Wilhelm und Caroline v. Humboldt in ihren Briefen*, vol. VI, pp. 11~12.
237) 잔혹함의 의미에 대해서는 다음을 참조하라. Schmitz, *System der Philosophie*, vol. II part 1, pp. 325~328; vol. IV, pp. 279~283.

사디즘과 마조히즘은 이러한 잔혹함의 극단일 뿐이다. 누군가가 이 어두운 심층을 손쉽게 해결할 수 있다고 믿는다면, 그는 사랑할 수 있음, 아니 어떤 다른 사람과 만날 수 있음 자체에 내재된 근본적인 조건을 경솔하게 간과하는 것이다. 그는 따라서 저 유명한 델피 신전의 지침인 "너 자신을 알라!"를 위배하는 셈이다. 인간으로서 존재함은 불안정하다. 훔볼트가 요구하고 있는 절대적인 안정성은[238] 그 자체로 이미 과도한 요구다. 사랑에 대한 연합적인 이해는 분명 많은 중요한 장점을 지니고 있다. 하지만 훔볼트가 연합적 사랑을 관념론적으로 승화시켜 양식화한 것에서 명확한 약점이 드러난다. 사랑에 대한 변증적 이해라면 이 약점을 피하기가 더 수월할 것이다. 왜냐하면 사랑하는 두 사람이 도전과 응답을 서로 주고받는 변증적인 방식이, 생동력과 내체화에서 일어나는 긴장과 팽창의 대립 과정에 적합한 구조를 지니고 있기 때문이다. 안타깝게도 훔볼트는, 그 자신이 카롤리네에게 증언하듯이, 감성적이지 않은 사랑의 상대방을 구했다. 성적인 희열을 감정적으로 강력하게 해소하는 일은 [분명] 사랑하는 한 쌍이 긴장과 팽창의 대립을 상호적으로 충분히 체험하고, 그럼으로써 어두운 지하세계의 신들에게 경의를 표하는 여러 가능성 가운데 하나다. 하지만 이와 달리, 훔볼트의 세계관은 저 높이 플라톤적인 이데아의 하늘에서 부유하고 있다. "본래적인 고유한 삶은 오직 이념들 속에, 이상 속에 존재합니다. 지나치게 경건하고 신비스럽게 들리지 않기를 바라면서 말하자면, 본래적

---

238) *Wilhelm und Caroline v. Humboldt in ihren Briefen*, vol. VI, pp. 11~12.

인 삶은 신과 하늘 안에 있습니다."[239]

## 5. 20세기 독일 철학자들의 사랑

셸러가 사랑의 현상학을 시도하는 중심 텍스트는 그의 책『공감의 본질과 형태들』*Wesen und Formen der Sympathie*(책의 처음 제목은 "공감의 감정들, 사랑과 증오에 관한 현상학과 이론에 관하여"였다)에 있는 한 장이다. 장의 제목은「사랑과 증오의 현상학에 관하여」다.[240] 셸러는 사랑의 본질을 선험적으로 직관하여 특징적으로 서술할 수 있다고 자신한다. 그는 비유하자면, 이러한 목표를 위해 벌레 잡는 망을 들고서 언어 사용의 용례들이라는 '모기떼' 뒤를 쫓는다. 이제 사람들이 '사람과 상관없는 많은 것'을 사랑한다고 말하고 있으므로, 셸러는 이로부터, 사랑이 그 본질에서 사람에 대한 관계로부터 자유로운 것임을 확정된 사실로 간주한다.[241] 셸러는 언어 사용을 소박하게 본질적인 실체로 만들고 있다. 그는 '주제적 사랑'에 해당되는 모든 경우에서 누군가가 사랑으로 어떤 대상에 가 있을 때, 이 대상도 사랑의 본질의 ─ 특징적으로 서술할 수 있는 통일성을 지닌 본질 ─ 적용 범위에 포함시킨다. 셸러의 이런 소박한 실체화가 현상학적으로 생산적인 결과를 산출하기 어렵다

---

239) *Ibid.*, vol. III, p. 142.

240) Scheler, *Wesen und Formen der Sympathie*, pp. 158~174.

241) *Ibid.*, p. 167 "현대의 인간 사랑에 대한 이론도 부인할 수 없는 분명한 사실은 우리가 (참으로 근원적으로) 사람과 관련이 없는 많은 것을 사랑한다는 점, 그리고 이 대상의 가치와 가치의 인식이 '인간'과 인간의 가치는 물론, 인간이 가치를 인식하는가의 여부와 전적으로 무관하다는 점이다."

는 점을 나는 1장에서 루트비히 클라게스와 연결하여 서술했다. 셸러는 두 가지 잘못된 단초를 선택함으로써 현상에 적절히 접근할 수 있는 길을 스스로 막는다. 그는 프란츠 브렌타노를 따르면서 사랑을 지향적인 행위로 규정한다.[242] 또한 그는 사랑을 가치들과 연관 짓는 일로 규정한다. 첫 번째 오류로 인해(4장 4절 참조) 셸러는 이 책에서 감정으로서의 사랑에 대해 분석한 모든 내용을 시야에서 가리게 된다. 나는 이 책에서 감정으로서의 사랑이 중심화되어 있는, 공간적으로 퍼져 있는 분위기이며 사로잡는 힘이라는 것, 느끼는 일과 그 신체성, 사랑에서 상황과 분위기가 함께 귀속되어 있다는 것을 보여 주었다. 셸러는 이런 내용을 보지 못하고 전통적인 잘못된 견해, 즉 내면적 투사에 의거하고 있는 지향적 행위들 내지 지향적 층위들이라는 망상을 붙잡고 있다.[243] 두 번째 오류는 셸러가 주창한 가치의 윤리학[244]이 지닌 사태의 왜곡을 사랑의 이론 속에 끌어들인다는 점이다. 더군다나 가치 개념을 내세움으로써 사랑에 다시금 의무적인 정박 지점을 귀속시키고 있다. 이것은 역사적으로 힘겹게 성취한 사랑의 핵심 영역이 지닌 고유한 특징과 상충된다.[245] 이 특징은 사랑에서 그러한 정박 지점을 물리치고, 사랑이 스스로 분열되지 않은 중심 위에 자신을 세울 수 있음을 의미한다

---

242) *Ibid.*, p. 159.

243) 가령 나의 다음 책을 보라. Schmitz, *Der unerschlöpfliche Gegenstand*, pp. 17~19, 194~201; *Die entfremdete Subjektivität*, pp. 34~36.

244) Schmitz, *Der unerschlöpfliche Gegenstand*, pp. 351~353.

245) 여기서 고유한 특징은 물론, 앞서 사랑의 역사에서 시인 고트프리트가 이룬 고유한 성취로 논증한 '낭만적이며 자족적인 사랑의 대상', 곧 정박 지점(근거, 이유)이 부재하고 응축 영역 (파트너 자체)만 존재하는 사랑의 이해를 가리킨다. ─옮긴이

(4장 6절; 이 장 3.2.2절, 4.1절). 사랑에 대한 다음 주장도 마찬가지로 부적절하다. "사랑과 증오는, 예컨대 함께 느끼는 일의 작용들이 그런 것과는 달리, 본질적으로 사회적인 행동 방식이 아니다. 가령 우리는 '스스로 우리 자신을 사랑하고 증오할 수 있다'. 하지만 우리는 자기 자신을 가지고 함께 느낄 수는 없다."[246] 그러나 바로 이것을 우리는 충분히 할 수 있다. 이미 호메로스가 'térpesthai góoio'(즉 '스스로 자신을 한탄하는 데서 기운을 되찾는 것', 이것은 순전히 기분 좋게 맘껏 우는 것과는 상반된다)라는 말로 이를 보여 준 바 있다.[247] 또한 나는 사람들이 자기 자신을 증오할 수 있다고 생각한다. 하지만 이로부터 자신을 사랑할 수 있는 가능성에 대해서는 아무것도 추론할 수 없다. 나는 이미 4장 8절에서 셸러가 별다른 숙고 없이 사랑과 증오를 (뒤집힌 특징을 가진 것으로) 평행적으로 다루는 오류를 범하고 있음을 보여 주었다. 자기 자신에 대한 사랑과 관련하여 나는 헤겔의 견해를 따른다. "··· 네 이웃을 너 자신처럼 사랑하라는 말은 네 이웃을 너 자신만큼 많이 사랑하라는 뜻이 아니다. 왜냐하면 자기 자신을 사랑한다는 말은 의미가 없기 때문이다. 반대로 그 말은 바로 너 자신으로서 이웃을 사랑하라는 말로 이해해야 한다. 그것은 더 강하지도, 더 약하지도 않은 삶의 감정을 [가진 사랑하기를] 뜻한다."[248] 여기서 문제의 중심은, 하나의 가족 안에서처럼, 연합적 사랑이라는 공동의 상황 속에 함께 속해 있는 것이다. 이렇게 속해

---

246) Scheler, *Wesen und Formen der Sympathie*, p. 162.

247) Schmitz, *System der Philosophie*, vol. III part 2, pp. 417~418.

248) G. W. F. Hegel, "Der Geist des Christentums und sein Schicksal", *Werke in 20 Bänden und Register*, vol. 1, eds. E. Moldenhauer and K. M. Michel, STW, Frankfurt a. M. 1986, p. 363.

있는 사람들은 서로에 대해 특별한 요구나 권리를 주장하지 않고 오히려 자발적인 연대 속에서 "모두가 함께 같은 방향으로 나아간다". 셸러는 사랑을 정의 내리는 일이 불가능하다고 천명한 후,[249] 사랑을 이렇게 규정하면서 논의를 끝마친다. "사랑은 운동이다. 이 운동 안에서 가치를 지닌 모든 구체적인 개별 대상은 자신에게 내지는 자신의 이상을 위해 가능한 최고의 가치에 도달한다. 달리 말해서, 사랑의 운동 속에서 개별 대상은 자신에게만 고유한 이상적인 가치-존재Wertwesen에 도달한다."[250] 셸러가 어떻게 이러한 주장을 하게 되었는지는 수수께끼 같다. 그는 자신이 적합한 사례로 들고 있는 성경의 두 가지 이야기를 중요한 근거로 삼는 듯 보인다. 잃어버린 아들의 비유와 (성서 외경의) 부정을 저지른 여인의 이야기다. 후자의 이야기에서 예수는 돌에 맞아 죽을 그 여인을 구하고 나서 더 이상 죄를 짓지 말라는 과제와 함께 풀어 준다. 그런데 여기서 여성에 대한 예수의 사랑은 전혀 이야기되지 않는다. 그리고 회한을 안고 돌아온 아들의 이야기, 아버지가 넘치는 기쁨으로 다시 맞아 주는 아들의 이야기에서도, 아들이 과연 자신의 이상에 따라 가능한 최고의 가치에 도달했는지 확인할 방도가 없다. 이토록 불안정한 이야기를 토대로 사랑의 '본질'을 현상학적으로 명확히 밝히는 일이 도대체 가능한가? 사람들이 실제 삶에서 무언가를 좋아하고 일으켜 세우려고 하면서 얘기하는 사랑의 모든 경우가 이렇게 파악될 수 있을까?

---

249) Scheler, *Wesen und Formen der Sympathie*, p. 164.
250) *Ibid.*, p. 174

독일의 내용적인material 가치윤리학을 대표하는 두 번째 철학자인 니콜라이 하르트만은 셸러와 달리 자신의 책 『윤리학』Ethik(1927)을 통해서 사랑의 현상학에 이론적으로 소중한 기여를 했다. 하르트만의 사랑에 대한 구상은 셸러보다 훨씬 더 전망이 밝다. 왜냐하면 그는 환상적인 직관이라는 사자의 발톱으로 도약하여 사랑 일반의 본질을 움켜쥐고 이를 불가능하다고 선언한 정의 속에서 독자에게 제시하겠다는 엄청난 요구를 하지 않기 때문이다. 반대로 하르트만은 겸허하게, 사랑의 네 가지 유형이 지닌 특징을 신중하게 서술하는 것으로 만족한다. 그는 사랑의 모든 유형을 다 포괄한다는 요구도 내세우지 않는다. 그런데 하르트만의 네 가지 유형 가운데 세 가지는(이 중 두 가지만 '사랑'으로 칭해지는데), 즉 이웃사랑, 아주 먼 것에 대한 사랑, 선사하는 미덕은 별 도움이 되지 않는다. 그가 이해하는 이웃사랑은[251] 모든 타인의 평안을 긍정하고, 타인의 불행을 부정하고 이에 저항한다. 이러한 의미의 이웃사랑은 마음의 심층에 뿌리를 두고 있으며, 감정이라기보다는 의도, 신념, 거의 행위라 할 수 있다. 이러한 이웃사랑 속에서 [주체의] 노력하는 힘은 우연히 가까이 있는 사람에게 맹목적으로 도움이 되고자 한다. 이러한 이웃사랑은 병들고 나약하고 모욕당한 사람을 선호한다. 왜냐하면 그것이 가까운 사람의 곤궁함을 동기로 삼아 행동하기 때문이다. 그것은 타자의 가치를 위한 살아 있는 가치의 감정으로서 인류 전체, 인류 안에 있는 삶의 가능성과 삶의 가치를 향해 있다. 이런 방식

---

251) 이하 인용은 다음 저작을 따른다. Hartmann, *Ethik*, pp. 450~454(49장), pp. 491~492(55장의 e절).

으로 이웃사랑은 최상의 경우, 약자를 [삶의] 기력의 평균적 수순으로 끌어올린다. 일관성 있는 이웃사랑은 인간의 평준화를 가져온다. 하르트만은 이렇게 이해한 이웃사랑을 신약 복음서가 말하는 아가페, 사도 바울이 믿음, 희망을 포함한 세 가지 미덕에서 가장 중요한 미덕으로 꼽는 아가페로 간주한다(「고린도전서」 13장 13절). 하지만 두 가지 측면에서 그는 잘못을 범하고 있다.[252] 하르트만은 이웃사랑을 정의보다 더 높은 위치에 둔다. 이때 그는 정의를 일반적 법칙들에 따라 도식적으로 동등하게 대하는 것으로 파악하면서 정의가 지닌 장점을 오해한다. 사실 하르트만은 이 장점을, 자신의 정의에 대한 협소한 희화화에서 예외적으로 벗어나는 곳에서 스스로도 인정하고 있다.[253] 정의는 반성적이다. 즉 정의는 정의로운 자가, 타자를 위해서뿐만 아니라 자기 자신을 위한 하나의 척도를 찾도록 허용하며, 이에 따라 타자에게 너무 가까이 다가서지 못하게 한다. [그런데] 이웃사랑에는 이러한 반성성이 결여되어 있다. 이웃사랑은 우연히 가까이 있는 이웃에게 맹목적으로 향한다. 이웃사랑은 마음의 심층에서 우러나온 자비로움을 해당 이웃에게 가득 채워 주려 하는데, 그러면서 일종의 곤혹스러운 집요함을 드러낼 위험이 다분하다. 하르트만은, 곤혹스러운 측면을 특별히 주목하지

---

252) 앞의 2.1절을 보라. 또한 Schmitz, *System der Philosophie*, vol. III part 4, pp. 29~30; Hermann Schmitz, *Hegels Logik*, Bonn 1992, p. 391.

253) Hartmann, *op. cit.*, p. 479 "고상한 자는 … 타인에게나 자신에게나 동등한 요구를 내세운다. 이것은 일종의 가장 내밀한 감정적 연관들에 대한 정의로움이다. 고상한 자는, 어떤 사람이 자신을 보호할 방도가 없는 곳에서도 그 사람에 대한 경외심을 유지한다. 그럼으로써 고상한 자는 매우 가까워졌을 때 일어날 수 있는 적나라한 노출의 위험에 대해 미리 잘 대처할 수 있다."

는 않으면서도, 그러한 집요함을 명료하게 표현하고 있다.[254] 만약 여기에다 ── 하르트만은 함께 서술하지 않지만 ── 이른바 기독교적 이웃사랑에 자주 결부되는 동정과 자비의 태도 내지 신념이 덧붙여진다면, 분별없음이 경멸스러움과 조응하게 된다. 왜냐하면 동정은 문자 그대로의 의미 혹은 비유적인 의미에서 바닥에 놓여 있는 것으로 몸을 낮춰 내려가는 일이기 때문이다. 아마도 이러한 이웃사랑에 대한 불만으로부터, 니체는 이를테면 이웃사랑을 패러디하기 위해 그 옆에 '아주 먼 것에 대한 사랑'을 내세운다. 이 사랑은 인간이라는 동물 유형을 보다 고귀하게 만든다는 관심을 가지고 거시적으로 가까운 이웃을 무시하거나 혹은 심지어 필요한 경우에는 이웃의 시체를 지나칠 준비가 되어 있다. 하르트만은 이것을 "가치 응시"의 탁월한 성취로 평가한다. 그는 이웃사랑과 갈등하면서 합의를 봐야 하는 '아주 먼 것에 대한 사랑'에, 많은 미덕과 사랑의 형태 가운데 영예로운 위상을, 심지어 이웃사랑보다 우월한 위상을 인정한다. 그러나 '아주 먼 것에 대한 사랑'에는 감정의 중심화가 결여되어 있다. 누군가가 이 사랑의 욕구를 '유토피아'를

---

254) *Ibid.*, p. 452: "이웃사랑은 바로 사람의 삶 전체와 관계한다. 삶의 모든 영역과 차원 안에까지 영향을 미친다. 이웃사랑에 너무 작거나 너무 미미한 것은 아무것도 없다. 설사 극도로 미미한 것이라 하더라도, 그것이 애정 깊은 의향을 표현할 수만 있다면, 그것은 이웃사랑에 의미 심장한 것이 된다. 따라서 이웃사랑은 겉보기에 의미 없는 것을 성스럽게 만들며, 그것에 의미와 중요성을 채워준다." p. 456: "애정 깊은 지향은 인식이 절대 도달할 수 없는 곳으로 파고든다. 낯선 자아의 감춰진 내면 깊은 곳, 행복과 고통을 수반한 체험, 느낌, 투쟁, 실패의 영역 속까지 파고드는 것이다." 주지하듯, 기독교 세계의 역사에서 이웃사랑의 이러한 분별없는 집요함은 아우구스티누스 이래 이교도를 억지로 개종시키겠다는 끔찍한 신념의 강압으로 체계적으로 확장된 바 있다. 그것은 심지어 이교도에 대한 (명목상 이교도에 대한 사랑과 그 영혼의 구원을 위한 치유제로서) 불과 칼을 용인하는 강압이었다!

통해 해소하는 경우가 있을 수도 있겠지만, 이 경우는 정신병리학의 한계 영역에 속하게 될 것이다. 또한 '아주 먼 것에 대한 사랑'에서 과연 미덕이 문제가 되는 것인지도 의심스럽다. 여러 여건이 아주 좋은 경우에, 확실히 칭찬할 만한 미덕이 존재하기는 한다. 그것은 공동의 상황들 안에서, 아직은 혼돈적으로 다양한 의미심장함의 정경 속에 함축되어 있는 전망적이며 계획적인 부분을 상당히 잘 추정하여 전개하는 능력, 이를 통해 사람들을 잘 이끌어 가는 능력이다. 최근 들어 정치인들에게 요구하는 이른바 '비전 제시 능력'이 이런 종류의 미덕이다. 하르트만도 '아주 먼 것에 대한 사랑'의 사례로 '비전 제시 능력'을 들고 있다.[255] 하지만 아주 먼 것에 대한 사랑이 그 고유한 비전을 가지고 이미 현재적으로 존재하는 상황, 단지 구체적인 의미의 전개만을 필요로 하는 상황을 건너뛴다면 ── 헤겔이 (저 이솝의 격언 "여기가 로도스다, 여기서 뛰어 봐라!"[256]를 풍자하면서) 말하듯이[257] 이것은 로도스를 무시하고 건너뛰는 것인데 ──, 아주 먼 것에 대한 사랑은 인류에게 자신의 유토피아를 강요하는 위험한, (혹은 위험하지는 않은) 괴팍한 사람들에게로 이끌어 갈 것이다. '선사하는 미덕'이라는 사랑의 종류의 발명과 관련해서도 니체에게 하르트만이 보내는 것처럼 그렇게 많은 칭찬을 보내기는 어려울 것이다. 선사하는 미덕에서 중심이 되는 문제는 한 개체

---

255) *Ibid.*, p. 489.

256) 라틴어 격언 "여기가 로도스다, 여기서 뛰어 봐라!"(Hic Rhodus, hic salta!)는 본래 이솝 우화 「떠벌이 5종경기 선수」에 나오는 말이다. 그 의미는 '네가 말로 주장하는 능력을 바로 여기에서 증명해 보여라'라는 뜻이다.─옮긴이

257) G. W. F. Hegel, "Vorrede", *Grundlinien der Philosophie des Rechts*.

적 인격이 지닌 넘쳐흐르는 풍성함이다. 즉 문제는 "마치 비밀의 마법을 통한 듯 모든 다른 사람의 가슴이 그들에게로 흘러들어 가는 경이로운 사람들이다. 아니 아마도 좀 더 정확히 이런 다른 비유를 사용해야 할 것이다. '모든 사람의 가슴이 확장된다.' 그들로부터 선물을 받지 못하고 멀어지는 이는 아무도 없다. 하지만 누구도 무슨 선물을 받았는지 말하지 못한다. 사람들은 단지 느낄 뿐이다. 그 사람들에게서 삶의 의미가, 다른 곳에서는 결코 찾을 수 없는 삶의 의미가 뭔가 손에 잡힐 듯 채워지고 있다."[258] 이러한 카리스마를 지닌 사람들이 종종 출현한다. 이러한 카리스마가 (가령 어머니 혹은 할머니와 같은 이의) 사랑으로 채워질 수도 있다. 예컨대 막스 베버의 할머니였던 에밀레 팔렌슈타인-조우하이Emile Fallenstein-Souchay가 그런 경우다.[259] 그러나 하르트만이 선사하는 사람에게 선사받는 사람이 문제가 되는 것으로 잘못 전제하듯이, 선사하는 미덕이 사랑과 결합되어야 할 필요는 전혀 없다.[260] 이에 따라 볼 때, 선사하는 미덕은 [불가피하게] 모호해진다. 한편으로 그것은 "어디로 흘러가는지에 대한 걱정이 없는 충만함의 이행"이다.[261] 하지만 다른 한편으로 그것은 결정적으로 적절하게 받아들이는 사람에 의존하고 있다. 만약 이런 사람이 없다면 선사하는 미덕을 가진 사람에게는 "비극"이며, 자신의 선물을 올바로 받아들이는 사람이야말로 "그의 최고의 행복"이다. 심지어 오히려 "윤리적으로 불완전하고 성숙

---

258) Hartmann, *op. cit.*, p. 506.

259) Schmitz, *System der Philosophie*, vol. V, p. 62.

260) Hartmann, *op. cit.*, p. 503.

261) *Ibid.*, p. 507.

하지 못하고 신선하고 유동적인 사람에게" 우선적으로 최고의 행복이 된다.[262] 그런데 이로써 교육적 에로스의 위험에 매우 가까워진 셈이다. 그것은 사랑의 이해에 있어 플라톤과 사르트르 사이의 위험한 동맹이다(4.2절). 이 동맹에서 사랑받는 사람은 사랑하는 사람의 관심사를 위해 수단으로 격하된다. 여기 선사하는 미덕에서는, 선물이 받는 사람에게 적절히 받아들여지는가 혹은 받는 사람에게 큰 충격을 주는가라는 선사하는 사람의 욕구를 위한 수단이 된다. 선사하는 미덕의 카리스마를 지닌 사람은 (괴테처럼) 어떻게 받아들여지는가를 개의치 않은 만큼 충분히 주권적인 태도를 견지해야 한다. 그렇지 않으면 그는, (사르트르처럼) 신이 되는 것은 아니지만 [암암리에] 반신 혹은 신적인 영웅이 되기 위해, 선물받는 사람의 자유를 자신에게 복종시킬 위험에 근접하게 된다.

사랑의 현상학과 관련하여 하르트만이 도달한 가장 중요한 이론적 성취는 개체적 사랑에 대한 인식에 있다.[263] 하르트만은 '영원한 이념적 가치'와 '선험적인 가치의 직관' 등을 서술하지만, 이 서술은 비유하자면 단지 딱딱하게 굳어 버린 소스에 불과하다. 이 소스 층을 걷어 내면, 우리는 개체성에 대한 그 앞 장부터 시작된 하르트만의 뛰어난 관찰을 확인할 수 있다.[264] "우리는 개체성의 이상적인 에토스를 적절한 말로 개체성의 내적인 사명이라 부를 수 있다. 이것은 여건이 잘 갖춰

---

262) *Ibid.*, p. 504, 507.
263) *Ibid.*, pp. 532~544(58장).
264) *Ibid.*, p. 509~532.

졌을 때 한 인간이 도달할 수 있는 특수한 인륜적 존재형식이다. 그러한 존재형식의 본질 안에는 근본적으로 실패 가능성도 놓여 있다."[265] "개별적 에토스의 본질 안에는 한 개체의 모든 행위에서 특수한 요인들로서 함께 발언하는 일, 하지만 명백한 자기의식의 대상이 될 필요가 없는 일이 포함되어 있다. 좀 더 쉽게 허용되는 일은 어떤 타인의 개별적 에토스를 대상적으로 직관하는 일이다."[266] 하르트만이 말하는 개별적 에토스 개념은 내가 한 사람의 '개체성' 혹은 '개체적 상황'이라 부르는 것과 상당히 근접해 있다. 특히 개체적 상황에 포함된 전망적인 부분과 ——삶의 만족과 행복은 이 부분의 실현에 좌우된다—— 관련하여 상당히 가깝다. 당사자 자신에게 이 전망적인 부분은 불투명한 상태다. 물론 예외적인 경우, 그 부분이 당사자에게 매우 특수한 결정을 위해 충분한 정도로 명확해질 수는 있다. 반면, 당사자 주위에 있는 사람은 쉽게 그 부분에 대한 (풍부한 뉘앙스를 가진 전체적인) 인상을 얻을 수 있다. 이 인상이 틀릴 수도 있지만, 그것은 기본적으로 개선 가능한 상태다(5장 3, 7절). 바로 이로부터 사랑하는 사람의 이끄는 힘이 연유한다. 사랑하는 사람은 애인의 주도 인상이(5장 7절) 자신을 이끌어 가도록 한다. 하르트만이 개체적 사랑에 대해 서술하는 내용은 대부분 이 주도 인상과 연관되어 있다. "개체적 사랑의 시각은 개체성의 이념을 향해 있다. 개체적 사랑은 개체성의 이념이 이를테면 경험적 인간에게 유효하도록 해주며, 경험적 인간이 자신의 최고의 가능성이라는 의미에

---

265) *Ibid.*, p. 512.
266) *Ibid.*, p. 528.

서 자신의 현실적 존재 상태를 넘어서도록 그를 강화시켜 준다."[267] "그리고 이것이 개체성의 심층으로 파고드는 모든 사랑의 고유한 힘이다. 즉 이러한 사랑은 일반적으로 감춰져 있고 제대로 이해되지 못한 개별자의 가장 고유한 본질이 드러나도록 해준다."[268] "개체적 사랑이란, 사랑받는 사람에게는 자신의 의지가 결코 자신에게 줄 수 없는 어떤 것이다. 곧 개체적 사랑은 사랑받는 사람의 채워지지 못한 도덕적 본질과 그의 개체성의 가치를 향해 있는 원함이자 추구함, 그쪽으로 나아감이며 창조다. 자기 자신의 에토스를 그 자체로 추구하면서 실패하지 않고 실현할 수 있는 사람은 아무도 없다. 하지만 누구나 자신이 사랑의 시선으로 애인 안에서 직관하고 있는 그 에토스를 열망할 수 있다. 물론 이 열망은 자기 자신이 아니라 애인의 인격에서 그러한 에토스가 실현되기를 바라는 것이며, 잘못 파악하거나 왜곡할 위험이 전혀 없다."[269] 물론 나는 이렇게 주장하지는 않을 것이다. 곧 사랑하는 사람이 애인의 주도 인상이 실현되기를 아무 위험 없이 열망할 수 있다고 주장하지는 않는다. 내게는 '사랑하는 사람이 애인에 대한 자신의 주도 인상에 자신을 내맡기고, 그럼으로써 애인을 이끌어 간다'라는 표현 방식이 더 적절해 보인다. 이를 염두에 두면, 내가 이미 5장 7절에서 서술한 바와 유사하게, 하르트만이 '사랑은 눈을 멀게 해'라는 통속적 언명에 반대하는 것을 충분히 납득할 수 있다. "개체적 사랑은 투명하게 본다. 그

---

267) *Ibid.*, p. 533.
268) *Ibid.*, p. 535.
269) *Ibid.*, p. 537.

시선은 신적-예언적이다. … 그 때문에 사랑하는 사람은 사랑하지 않는 사람에게 필연적으로 '맹목적으로' 보일 수밖에 없다. 사랑하는 사람이 보는 것, 바로 이것을 사랑하지 않는 사람은 볼 수 없다."[270] 나는 5장 7절에서 주도 인상이 가진 생산적인 인도력을 통해서 두 사람의 파트너 사랑이 집단적 사랑에 비해 우월한 이유를 논증했다. 이 점에서도 나의 견해는 하르트만의 그것과 일치한다. "사랑하는 사람이 애인에게 애인의 개체적 본질의 거울이자 의미 충족의 역할을 함으로써 사랑은 고유한 종류의 윤리적 상황을 만들어 낸다. 이 윤리적 상황은 내밀하면서도 두 사람 사이의 절대적으로 두 항으로 된 결합이다. 왜냐하면 만약 제3의 인물이 등장한다면, 이미 하나의 새롭고 고유한 태도를 요청할 것이기 때문이다. … 오직 두 항으로 된 상황 안에서만 개인적인 윤리적 대자-존재가 존재할 수 있다."[271] "개인적인 윤리적 대자-존재가 상호성에 근거를 두고 있는 곳에서 두 개의 개체성 영역이 상호적으로 서로를 강화시키고, 그리하여 하나의 새롭고 윤리적인 전체적 형성물이 탄생한다. 이 형성물은 두 사람 가운데 어느 한 사람 안에서 충분히 피어날 수 없다. 하지만 그것은 그 의미와 힘의 측면에서는 확실히 두 사람을 넘어서서 성장할 수 있다."[272] 이 형성물이 바로 "사랑의 상황이다".[273] "사랑의 상황이라는 전체가 이를테면 이제 관여하는 두 사람의 삶 위에서 자신의 삶을 살아간다. 이 전체는 윤리적으로 고유한 실재하

---

270) *Ibid.*, p. 542.
271) *Ibid.*, p. 534.
272) *Ibid.*, p. 534.
273) *Ibid.*, p. 535.

는 존재의 온전한 무게를 지니고 있다. 사랑의 상황이라는 전체는 모든 실재하는 것이 그런 것처럼 시간 안에서 탄생했다. 그것은 점점 강해지고 정점에 도달하며, 내적인 위기를 겪고, 변형과 갈등의 시기를 거친다. 그것은 또한 쇠락과 최후의 시간도 맞이할 수 있다."[274] '상황'이라는 용어에 이르기까지 하르트만은 여기서 적어도 두 사람의 파트너 사랑과 관련하여 나의 이론을 선취하고 있다. 즉 사랑을 사랑하는 두 사람의 공동의 상태적인 상황으로 파악하는 이론을 선취하고 있다. 물론 하르트만에게는 나의 [현상학적인] 상황 개념과 그 개념적인 배경이 부재한다. 그의 서술은 오히려 윤리학과 가치에 집중하는 관점에 의거하여 [사랑을] 시적으로 묘사하고 시적으로 환기하는 방식이다. 그 때문에 그토록 고상한 이상적 형성물이 어떻게 경험적 사실들의 바탕으로 내려올 수 있는지가 상당히 불가사의한 상태로 남게 된다. 내가 토대를 놓고 해명한 내용은 이러한 불가사의함을 남기지 않는다. 하르트만은 사랑의 해명하는 힘을 묘사한 후, 사랑하는 자에 대한 경고를 다음과 같이 덧붙이면서 나의 이론을 넘어서고 있다. "정말로 그렇다. 사랑하는 자의 사랑이 자신의 힘을 능가하여 성장하고 자신의 개체성의 법칙과는 다른 법칙(공동 사랑의 상황 법칙)을 따르는 한에서 이런 일이 충분히 일어난다. 즉 그러한 사랑의 해명하는 작용이 사랑하는 자가 견뎌낼 수 있는 범위를 벗어나는 일이 일어난다. 그렇게 되면, 해명하는 작용에서 고통스러운 흥분과 폭로 작용이 생겨난다."[275] 아쉽게도 하르트

---

274) *Ibid.*, p. 535.
275) *Ibid.*, p. 541.

만은 이러한 갈등에 대한 구체적인 사례를 제시하지는 않는다.

셸러와 하르트만이 내용적 가치윤리학의 관점에서 논의하는 반면, 루트비히 빈스방거는 하이데거의 실존적 분석학과 그 독특한 용어를 계승한다. 물론 빈스방거의 이론은 비판적인 추동력도 아울러 포함하고 있다. 그것은 하이데거가 현존재의 존재를 걱정Sorge으로 규정한 것을 현존재의 다른 얼굴, 좀 더 행복한 얼굴, 즉 사랑의 얼굴을 통해서 넘어서려는 시도다.[276] 빈스방거는 이른바 사랑의 공간화로 논의를 시작하는데, 사랑의 공간화는 사랑의 신체성에 대해 숙고해 볼 기회를 제공할 수 있는 문제다. 하지만 그는, 다음과 같은 분석을 사용하는 데서 볼 수 있듯이, 이 도전적인 문제를 충분히 진지하게 받아들이지 않는다. "이제 우리가 '사랑하면서 서로 함께 있음', 줄여서 **'사랑'**을 그에 고유한 방식의 '용인하기'einräumen의 측면에서 인간학적으로 연구하려 한다면, 이 시도를 방해하는 큰 어려움이 등장하지는 않는다. … 처음부터 다음 사실은 명백해 보인다. 즉 사랑이 다름 아닌 명령, 압박, 폭력 사용, 저항을 넘어설 목적으로 한 힘의 전개 등의 정반대를 … 의미한다는 점은 명백하다. 이로써 동시에 다음 사실 또한 분명해진다. 곧 사랑의 공간화는, 어떤 장소에 있는 인간적인 물체-사물을 혹은 이런 물체-사물에 상응하는 권력의 영역을 치워 버림으로써 그 장소를 강압적으로 비우는 일Einräumung과는 전적으로 다른 일일 수밖에 없다. 또한 사랑의 언

---

276) Binswanger, *Grundformen und Erkenntnis menschlichen Daseins*, p. 17(3판 서언). "이 책의 목적은 하이데거의 『존재와 시간』을 논박하는 글이 되려는 것이 아니었다. 오히려 그것은 **사랑의 현상학**이었다."

어도 이런 식의 비우는 일이 주도하는 언어와 다를 수밖에 없다. 권력과 폭력, 그리고 사랑은 서로를 배제한다."[277] 주지하듯이, 이미 성행위에서 남성의 성기가 여성의 질 속으로 들어가는 일에는 자주 어떤 (대부분 고의가 아니지만 육체적인) 저항을 넘어서는 일이 —— 질막을 파괴하는 경우에는 어떤 인간적인 물체-사물을 치워 버리는 일도 —— 속한다. 이어서 남성의 성기가 힘찬 삽입과 마찰로 질 안에 공간을 만들어 냄으로써 어떤 장소를 상당한 정도로 강압적으로 비우는 일도 속해 있다. 그러므로 빈스방거에 따르자면, 사랑은 성행위와 서로 화합할 수 없으며, 모든 질막 파괴는 사랑이 부재할 수밖에 없다. 물론 그가 이러한 순수한 동정의 원리를 내세우는 것은 아니다. 하지만 동정의 원리를 배제하지도 않는다. [더 정확히 말해서] 이런 문제틀[278] 자체가 그의 지평 위에 전혀 등장하지 않는 것처럼 보인다.[279] 마찬가지로 빈스방거는 사랑에 잘 부응하는 몸짓 혹은 사랑에 부적당한 몸짓을 특징적으로 서술하면서, '사랑하면서 서로 함께 있음'이 신체적 역동학에 연결된 지점을 놓치고 있다. "어떤 저항의 극복을 향한 명령의 … 고유한 몸짓은 … '육탄전'이다. … 사랑의 고유한 몸짓은 **포옹**이다. 저쪽의 몸짓은 … 거칠게 떼어 내기, 쳐 내기, 밀어내기, 당겨 내치기 등이라면 … 이쪽의

---

277) *Ibid.*, p. 25.

278) '문제틀'은 물론, 사랑과 성적 차원 내지 성행위의 연관성에 대한 이론적 성찰을 뜻한다. —옮긴이

279) 빈스방거의 두꺼운 책에서 성행위는 단 한 번 언급될 뿐이다. 448쪽에 따르면 인간은 심지어 "'사랑으로 채워진 성행위' 안에서도" 초월하고 있다. 빈스방거는 "사랑으로 채워진 성행위"라는 용어 자체를, 마치 이 용어를 단지 읽기만 한 것인 양, 인용 부호 속에 넣고 있다. 내 기억이 틀리지 않는다면, 셸러의 글에 이 용어가 등장한다.

몸짓은 … 한계가 없는 공간, **하나의** 나눌 수 없는 **서로서로의** 공간을 용인하기Einräumen다. 그것은 무한하고 무진장하며 그 깊이를 알 수 없는 **사랑의 우리**를 용인하는 일이다."[280] 두 종류의 접촉 방식을 이렇게 급격하고 피상적으로 대조하는 것이 얼마나 적절치 못한가를 우리는 7장 1.3, 2.2절에서 확인할 수 있다. 생동력은 몸싸움은 물론 포옹에서도, 생동력이 지닌 대립적 역동학의 양 측면, 곧 긴장과 팽창의 방식으로 자신을 표현할 수 있다. 그런데 생동력은 이렇게 촉각적으로 자신을 현시할 때, 강력한 일격과 다정한 부드러움 사이에서 그 강도를 미묘하고 섬세하게 조절할 수 있는 특별한 가능성을 지니고 있다. 미묘하고 섬세한 조절은 필경, 육탄전부터 조용한 악수나 손잡기까지, 포옹부터 다정한 터치까지를 넓게 포괄할 수 있다. 이러한 연속체를 흑백논리로 찢어 버리고, 엠페도클레스의 정신에 따라 육탄전으로서의 숙명적인 투쟁은 검은색 편으로, 행복한 포옹의 사랑은 하얀색 편으로 보내는 일은 일종의 '공허한 이데올로기'Luftballon-Ideologie의 징후다. 공허한 이데올로기는 사랑이라는 저 높은 상공에 머물면서, 신체적 생동력의 진동하는 바닥이 (내체화를 통해서) 모든 가능한 접촉의 토대라는 사실을 인정하려 들지 않는다.

빈스방거는 사랑의 파트너 사이의 연대를 특징적으로 서술할 때, 실러의 드라마 『발렌슈타인』에서 사랑하는 테클라가 자신의 애인에게 하는 격려의 말에 근거하고 있다. "당신이 당신 자신에게 계속 충성을 다하는 만큼, 당신은 제게도 충성을 다하는 것이지요."[281] 빈스방거는

---

280) *Ibid.*, p. 26.

논평을 덧붙인다. "그러므로 이러한 나와 너의 자아성은 나의 현존재와 너의 현존재 안에 각기 근거하고 있는 것이 아니다. 반대로 그것은 **우리로서의** 현존재 안에, 달리 말해서 **우리임**Wirheit의 현존재 안에 근거하고 있다. 바로 이 '우리임'으로부터 여기서 말하는 자아성이 생성되어 나온다. 그 이전에 우리는 각기 나-자신과 너-자신으로 존재했었다."[282] 우리는 이 묘사를 사랑에 대한 연합적 견해를 다소 독특한 용어를 사용하여 재서술한 것으로 인정할 수 있다. 4.2절에서 나는 벨헬름과 카롤리네 훔볼트 부부의 예에서 개체적 상황들이 사랑의 공동의 상황 속에 중단 없이 성공적으로 통합되어 성장하게 된다면, 두 사람의 개체성이 자유롭게 발전하는 일이 사랑으로 인해 아무런 방해를 받지 않음을 보여 주었다. 오히려 두 사람의 사랑은 두 사람의 개체성이 활짝 피어날 수 있는 매개체 역할을 한다. 실러 드라마의 저 언명도 이런 의미에서 이해할 수 있다. 그 반면에 사르트르가 독자에게 던지는 수사적 질문은 이러한 관점이 사랑에 대한 순수하게 변증적인 이해와 얼마나 거리가 먼 것인가를 잘 보여 준다. 사르트르는 수사적 질문으로, 마치 이미 확정된 사실인 듯, 독자들이 실러의 테클라가 주장하는 사랑에 대한 생각을 절대 동의할 수 없음을 상기시키려 한다. "누가 대체 순수하게 신뢰를 맹세한 충실함으로 드러나는 사랑으로 만족할 수 있을까? 만약 누군가가 이런 말을 들어야 한다면, 즉 '나는 당신을 사랑하기로 스스

---

281) *Ibid.*, p. 125. 빈스방거에 따르면, 테클라의 이 말은 "사랑에 대해 지금까지 언급된 … 가장 심오한 말 가운데 하나다".

282) *Ibid.*, p. 126.

로 굳게 약속했기 때문에, 내 약속을 깨길 원치 않기 때문에 당신을 사랑해' 혹은 '나는 나 자신에 대한 충실함에서 당신을 사랑해', 이런 말을 들어야 한다면, 그가 괜찮다고 여길까?"[283] 사랑의 변증적 견해는, 사랑받는 사람이 스스로 자발적으로 사랑하는 것이 아니라 마치 공처럼 자신에게 던져진 사랑의 도전에 응답하는 일을 요구한다. 사르트르의 일면적이며 급진적인 변증적 견해에서 보이는 또 한 가지 특징은 그가 자기 자신에 대한 충실함을 약속한 말에 대한 충실함으로 환원한다는 점이다. 마치 개체가 오로지 언쟁에 참여할 수 있는 언어적 행위들에만 존재하는 듯 말이다. "나는 나 자신에 대한 충실함에서 당신을 사랑해." 이 말이야말로 참으로 모든 가능한 사랑의 선언 가운데 가장 아름다운 것이라 할 것이다. 실러와 빈스방거는 그렇게 믿는다. 하지만 사르트르는 이런 말을 듣고 싶어 한다. "나는 당신의 도전하는 사랑에 반응하여 '바로 그것을 낚아채기 위해' 당신을 사랑해."

빈스방거의 사랑의 현상학이 다루는 또 다른 주제는 홀로임[고독] Einsamkeit과 둘임Zweisamkeit이다. "심지어 당신이 곁에 있는 때에도, 내가 나를 당신에게 **스스로 선물하거나** 혹은 내가 나를 당신으로부터 **선물받는** 한에서, 나는 홀로다. 이것은 이러한 선물함과 선물받음이 어떤 심리적인 방식으로, 즉 시선으로, '깊은 만족감으로', 혹은 말이나 행동으로 이루어지는가와 전적으로 무관하다. 그러므로 우리는 이렇게 말할 수 있다. 내가 '나를 당신에게 선물하는 자'로서 그리고 '당신의 선물'로서 **나 자신을 지각하는** 한에서, 나는 홀로다."[284] 빈스방거가 1인칭 대

---

283) Sartre, *L'être et le néant*, p. 434(독어본, p. 471).

명사에 '스스로'를 덧붙여 강조하는 것은 주관성을 지시하는 것으로 해석할 수 있다. 나는 6장 2절에서 주관성의 '내밀성'이 실제로 사랑의 홀로임을 초래한다는 점을 보여 주었다. 그러나 빈스방거와의 일치는 단지 말의 일치에 그친다. 왜냐하면 그가 홀로임의 개념을 충분히 엄밀하게 규정하지 못하기 때문이다. 내가 나 자신을 지각하는 것에 의해 이미 내가 홀로인 것은 아니다. 홀로임의 일반적인 의미는 분리와 고립의 특징적인 계기를 지니고 있다. 하물며 랑게의 다몬-티르시스에 대한 시에서 보는 것처럼,[285] 나 자신의 지각이 애인의 현존에 의해 애인으로부터 선사되는 경우라면, 자기 자신의 지각이 홀로임일 수가 없다. 주관성의 내밀성은 홀로임을 진지한 문제로 숙고하고, 공동의 사랑에서도 사랑하기 자체는 공동으로 일어나는 일이 아님을 명확히 한다. 빈스방거는 이러한 주관성의 내밀성을 전혀 고려하지 않는다. 따라서 그가 말하는 홀로임은, 두 사람이 조화롭고 리드미컬하게 연결되어 있는 가운데 [일시적으로] 둘임이 구속력 없이 유희적으로 느슨해진 상태 이상이 아니다. 이때 조화롭고 리드미컬한 연결은 사랑 안에 어떠한 분리와 대립의 흔적도 새겨 넣지 않는다. 사랑은 "우리임 안에서 일어나는 이러한 둘임과 홀로임 사이의 '리드미컬한' 변증법적 운동이다."[286] 이러한 의미에서 "홀로임 혹은 사랑 안의 자아성은 사랑 안의 둘임에서 아무것도 떼어 낼 수 없다. 둘임이 하나임에서 아무것도 떼어 낼 수 없는

---

284) Binswanger, *op. cit.*, p. 131.
285) 3장 각주 24) 참조.
286) *Ibid.*, p. 132.

것도 마찬가지다. 그러므로 홀로임 또한 어떤 '구속력이 있는' 사실이 아니다. 이때 구속력이 있다는 것은 홀로임이 둘임과 양립할 수 없음을 의미한다(그 역도 마찬가지다). 오히려 홀로임은 어떤 '구속력이 없는' 느슨해짐 혹은 동경을 의미한다. 이런 의미에서 둘임도 마찬가지로 '구속력이 없다'. … 사랑은 오직 '이것과 함께 저것도'만을 알 뿐이다. 사랑이 홀로임과 둘임의 대립을 전혀 모르는 것처럼 ——사랑은 홀로임의 우리성이면서 동시에 둘임의 우리성으로 **존재하므로** ——사랑은 또한 사랑과 죽음의 대립과도 전혀 관계가 없다".[287]

빈스방거는 내가 이 책에서 사랑을 분석하면서 밝힌 모든 균열은 고려하지 않는다. 즉 그는 사랑하기의 홀로임과 사랑의 공동성 사이의 균열을 언급하기만 할 뿐 그 실제 무게를 숙고하지 않는다. 마찬가지로 그는 감정과 상황 사이의 균열에 ——감정과 상황이 서로 어떤 수준으로 결합되는가는 위태롭고 섬세한 조정이 필요한 문제인데(5장 5절) ——관해서도 전혀 생각하지 않는 듯하다. 나아가 빈스방거는 생동력 안에 내재된 균열, 즉 모든 감정에 의한 사로잡힘과 (내체화를 경유한) 모든 대화적 만남의 근저에 있는 균열도 적절히 논의하지 않는다. 그가 이 균열을 가리키기는 하지만, 그것은 이미 그가 관념론자인 훔볼트를 따라서 훔볼트적인 사랑의 기술을 표방하게 된 이후다(4.2절). 빈스방거는 황홀하며 이상화된 사랑의 찬란함을 정점에 도달한 것으로 예찬한다. 이 정점을 "우리는 세계를-넘어서서-존재함이라고 (혹은 사랑의 충만함으로) 지칭한다".[288] 사랑의 빛나는 순간들은 신성하다. 자

---

287) *Ibid.*, p. 178.

기 품에 안긴 아이를 바라보는 젊은 엄마의 넘쳐흐르는 행복감, 사랑하는 두 젊은이가 서로 눈을 바라볼 때의 평온한 환희,[289] 성숙한 사랑 안에 함께 속하고 성장하는 일이 주는 깊고 평화로운 행복감(5장 8절), 그 밖에 다른 충족된 사랑의 최고의 가능성들. 이러한 빛나는 순간들은 꿰뚫어 볼 수 없는 빛나는 충만함을 간직하고 있으며, 이 충만함은 그 어떤 회의적 해체에도 흔들리지 않는다. 이런 의미에서 사랑은 시간과 죽음보다 강하다. 사랑이 시간과 죽음의 예속에서 벗어났다는 것이 아니라, 사랑의 광휘가 소멸의 우울함보다 더 의미심장한 것으로 다가온다는 뜻이다. 그렇지만 이러한 사랑의 숭고함이 무조건적인 것은 아니다. 모든 인간적인 것은 풀이나 꽃처럼 불완전하다. 하지만 인간은 풀과 꽃 같은 식물과 달리, 자신의 불완전함을 스스로 받아들이고 불완전함의 이면이라 할 자신의 능력으로 자신을 지키고 대변할 수 있는 소명을 지니고 있다. 이를 사랑에 대해 말하자면, 인간은 파라다이스 환상[290]에 빠지지 않고 깨어 있는 마음으로 사랑할 수 있는 소명을 지니고 있다. 빈스방거는, 볼테르류의 체념과 비웃음은 없지만, 파라다이스 환상에 위험스럽게 접근한다.[291] 이 위험에 대응하기 위해 사랑은 내가 개념적으로 규정한 의미의 철학적인 숙고가 필요하다.[292] 물론 대담한 희망과 활기찬 기획의 산물로서 "아름다운 기만의 해"[293]에 속한 사변적 철

---

288) *Ibid.*, p. 14.
289) 앞의 각주 87) 참조.
290) 6장 각주 14) 참조.
291) 앞의 각주 184) 참조.
292) 1장 각주 4) 참조.
293) 소설가 한스 카로사(Hans Carossa)가 쓴 자서전(1941) 제목이다.

학의 숙고가 아니다. 반대로 내가 말하는 철학적 숙고는 인내심을 지닌 현상학적 숙고를 의미한다. 현상학적 숙고는 분별 있는 섬세함으로 사랑의 복잡한 얽힘을 그 뿌리에 이르기까지 뒤따라간다. 이때 어떤 무력적인 행동으로 사랑에 상처를 입히지 않는다. 내가 이 책을 쓰면서 목표로 삼은 것은 바로 사람들이 깨어 있는 마음으로 사랑하는 일을 돕는 일이었다.

## ◆8장 해설

8장은 모두 다섯 개의 절로 되어 있다. 1절 '실마리들'은 길고 복잡한 사랑의 역사 전체를 어떻게 구조적·체계적으로 파악할 수 있을까에 대한 기본적인 방향 설정이다. 나머지 네 개의 절은 사랑의 역사를 시대적으로 개관한다. 네 개의 절은 각각 '고대', '중세 시대', '근대 이후', '20세기 독일 철학자들의 사랑'으로 구분되어 있다.

시대적 개관에 앞서 1절 '실마리들'을 쓴 목적은 두 가지로 보인다. 한편으로 슈미츠는 사랑의 역사를 이해할 때 범하기 쉬운 오류를 미리 비판적으로 점검하고자 한다. 특히 그는 '사랑'과 '감정'의 존재 성격과 의미를 잘못 규정하고, 이를 바탕으로 사랑의 역사를 자의적으로 왜곡한 사례를 간략히 상기한다. 독자는 이 책의 두 가지 핵심적 통찰, 즉 '감정과 상황'으로서의 사랑, 그리고 '분위기적 힘'으로의 감정에 대한 통찰을 다시 한번 확인한다. 다른 한편으로, 슈미츠는 사랑의 오랜 역사를 체계적으로 정리할 수 있는 자신만의 관점을 제시하고자 한다. 이 관점은 사랑의 두 가지 특징적인 구별에 각별히 주목하면서 사랑의 역사를 재구성하는 것이다. 첫째는 4장에서 논의했던 '정박 지점'에 근거한 사랑인가, 그렇지 않은 사랑인가의 구별을 가리키며, 둘째는 '변증적인 사랑'인가 아니면 '연합적인 사랑'인가의 구별을 가리킨다. 이것은 파트너 사랑을 이해할 때 두 사람 사이의 '개별적인 반응과 대응'을 중시하는가(변증적), 아니면 두 사람을 함께 아우르는 '상황과 분위기'를 중시하는가(연합적)의 구별이다.

또한 슈미츠는 사랑의 역사에서 시인과 문필가들이 남긴 문헌의 중요성을 충분히 인정한다. 그는 3장에서 분석했던 로마 시인들의 성취를 다시 한번 상기한다. 특히 그는 중세 시대 인간적 사랑에서 보이는 놀라운 자극력은 어떤 새로운 사랑의 발견이 아니라, 사랑의 형상화와 담론을 주도한 이들이 철학자가 아니라 시인들이었던 데서 기인한 것임을 분명히 한다.

2절 '고대'에서 슈미츠는 플라톤부터 아리스토텔레스, 헬레니즘 시대, 로마 시대를 거쳐 기독교 시대의 시작까지를 개관한다. 그는 필리아 사랑에 대한 플라톤과 아리스토텔레스 사이의 미묘한 차이를 밝히면서, 사랑에 대한 이해가 크게 볼 때 변증적 태도의 우위에서 연합적 태도의 우위로 점차 변화되었다고 주장한다. 또한 슈미츠는 초기 기독교 공동체의 아가페도 '공동의 상황 속에 걸려 있는 성령의 감정'으로서 근본적으로 연합적 성격을 보여 준다고 역설한다.

하지만 변증적/연합적 사랑의 구별보다 더 흥미롭고 중요한 것은 사랑의 정박 지점에 관한 분석이다. 슈미츠는 플라톤, 아리스토텔레스, 키케로, 아우구스티누스, 사도 바울의 원전을 검토하여, 이들 고대의 사상가 모두 사랑을 정박 지점에 근거하여 이해하고 있다는 점을 설득력 있게 보여 준다. 물론 예외가 전혀 없었던 것은 아니다. 슈미츠는 로마 시대 시인 프로페르티우스의 "그대가 '왜'라고 묻는 그러한 이유가 사랑에는 결코 없으니"라는 시구를 그 예외로 인정한다.

3절 '중세 시대'도 '고대'와 마찬가지로 변증적/연합적의 구별과 정박 지점의 유무의 구별을 중심으로 논의가 진행된다. 그런데 슈미츠는 여기서 변증적/연합적 사랑의 구별을 중세 시대 연가시 장르의 문화적 차이에 적용한다. 그는 파트너 사랑에 관한 프랑스와 독일의 연가를 비교, 분석하여 일종의 '문화유형학적' 고찰을 시도한다. 중세 프랑스와 독일어로 쓰인 여러 연가 사례를 면밀하게 검토하면서, 그는 프랑스의 연가는 사랑을 '변증론적'으로 이해하는 경향이 강한 반면, 독일의 연가는 '연합적' 이해의 경향이 강하다는 평가에 도달한다. 물론 슈미츠는 이러한 문화유형학적인 평가가 엄밀한 논증이라기보다, 어느 정도 신뢰할 수 있는 경험적 개연성의 진단임을 잘 알고 있다.

'중세 시대'에 대한 개관에서도 이론적으로 좀 더 눈길을 끄는 것은, 사랑의 중심으로서 정박 지점이 존재하느냐, 존재하지 않느냐에 관한 분석이다. 슈미츠는 여기서도 중세 후기의 연가 작품들을 응축 영역과 정박 지점의 상호관계를 중심으로 세밀하게 검토한다. 그의 논증이 지향하는 방향은 분명하다. 즉 그는 고대와 달리 중세 시대에 정박 지점을 사랑의 본래적인 근거(중심)로 보는 관점이 점차 약화되었고, 이에 상응하여 응축 영역 자체의 위상을 중시하는 관점이 강화되었음을 논증하고자 한다. 이러한 경향의 정점에 서 있는 작품은 중세 후기 최고의 연가 작품으로 일컬어지는 고트프리트 폰 슈트라스부르크의 『트리스탄』이다. 이 작품은 낭만적 사랑의 핵심 계기 가운데 하나인 '거부할 수 없는, 절대적인 사랑'의 원천이 된 것으로 평가된다. 실제로 이 작품은 19세기 도제티니의 오페라 「사랑의 묘약」과 바그너의 음악극 「트라스탄과 이졸데」에 결정적인 모티브를 제공했으며, 이들 외에도 오늘날까지 무수한 작품에 영향을 미쳤다. 슈미츠는 고트프리트의 『트리스탄』에 관한 기존의 주요 연구 결과를 비교적 상세히 논평하면서 자신의 독자적인 해석을 제시한다. 그것은 물론, '정박 지점 없이 오로지 응축 영역에만' 집중하는 파트너 사랑을, 인상적인 시적 언어와 구성으로 형상화한 최초의 작품으로 해석하는 것이다. 고트프리트가 "사랑에 대한 자기 이해의 역사에서 이룬 선구적인 업적은, 이전까지 당연해 보였던 정박 지점들을 명시적으로 배제하고 거부하면서 **정박 지점이 없는 사랑을 구상하고 재현**했다는 데 있다".

4절 '근대 이후'는 16~19세기를 논의 대상으로 삼고 있으며, 그 중심에는 『트리스탄』이 문학적으로 열어 준 정박 지점이 없는 사랑이 놓여 있다. 하지만 슈미츠는 변증적/연합적 사랑의 구별에 대해서도 논의한다. 그는 이 구별과 관련된 몇몇 주목할 만한 사상가를 선별하고 이들의 저작을 비판적으로 논평한다.

슈미츠는 정박 지점이 없는 사랑이 어떻게 관철되었는가를 보여 주기 위해 라파예트 부인의 소설 『클레브 공작부인』과 아베 프레보의 작품 『마농 레스코』를 비교, 분석한다. 전자의 소설에서는 여전히 정박 지점이 파트너 사랑의 중심으로서의 의미를 유지하는 반면, 후자 『마농 레스코』에서는 정박 지점이 응축 영역 속으로 완전히 통합된 상태다.

슈미츠는 변증적/연합적 사랑의 구별과 관련하여 3절에서 개진한 문화유형학적인 대비로 다시 한번 돌아온다. 슈미츠는 프랑스와 독일의 중세 시대 연가를 분석하면서 프랑스는 파트너 사랑을 기본적으로 변증적으로 이해하는 경향이 강하고, 반면에 독일은 연합적으로 이해하는 경향이 우세하다고 평가한 바 있다. 그는 근대 이후 양국의 사상가들이 사랑에 관해 서술한 내용을 비교하면서 이 평가를 계속 유지한다. 프랑스의 변증적 경향을 대변하는 사상가로 슈미츠는 스탕달과 사르트르를 선택하고 이들의 사랑론을 비판적으로 분석한다. 반면에 그는 독일의 연합적 경향에 대해서는 괴테 시대의 낭만주의적 사랑에 초점을 맞춘다. 특히 젊은 횔덜린과 유부녀 디오티마 사이의 편지와 훔볼트 부부의 편지를 통해 파트너 사랑에 대한 낭만주의적 관념이 근본적으로 연합적 성격을 띠고 있었음을 보여 준다.

마지막 5절에서 슈미츠는 20세기 독일 철학자들의 사랑론을 간략히 논평한다. 그가 선택한 사상가는 막스 셸러, 니콜라이 하르트만, 루트비히 빈스방거다. 슈미츠의 목적은 이들의 사랑론을 상세하게 소개하는 것이 아니라, 자신이 분석한 사랑의 현상학에 비추어 이들의 이론이 철학적·이론적으로 얼마나 생산적인 의미가 있는지 비판적으로 가늠하는 일이다. 슈미츠는 본질 직관에 경도된 셸러에 대해서는 전체적으로 부정적 평가를 내리지만, 하르트만과 빈스방거의 이론에 대해서는 의미 있는 논점들을 찾아내어 긍정적으로 평가한다. 그는 과도한 환상 없이 파트너 사랑을 폭넓고 섬세하게 이해하는 일, 그럼으로써 "사람들이 깨어 있는 마음으로 사랑하는 일을 돕는 것"이 이 책의 목적이었음을 강조하면서 논의를 끝맺는다.

# 핵심 용어 해설

### 신체(성)

슈미츠가 말하는 신체Leib는 우리가 상식적으로 떠올리는 의학적 의미의 육체Körper가 아니다. 반대로 그가 말하는 신체 혹은 신체성Leiblichkeit은 몸이 '비자의적으로 느끼는 자극과 동요의 상태'를 통칭하는 개념이다. 이런 의미의 신체(성)에는 하나의 사물로서, 하나의 객관으로서 대상화되기 위해 반드시 전제되어야 하는 '표면'이나 '경계(선)'가 존재하지 않는다.

### 정동적 놀람 혹은 놀람의 상태

슈미츠가 말하는 '정동적 놀람'affektive Betroffensein은 주체의 내면이나 의지와 상관없이 신체(성)이 예기치 않게 빠져드는 '충격적인 자극과 동요 상태'를 가리킨다. 가령, 나쁜 꿈에 깜짝 놀라 깨어날 때나 소중한 사람에게 닥친 불행을 접했을 때, 혹은 뜻하지 않게 기쁜 소식을 들었을 때가 그런 경우다. 슈미츠는 인간의 신체가 급작스럽게 정동적 놀람에 접어든 순간을 '원초적 현재'라 부른다(뒤의 '원초적 현재와 전개된 현재'

참조). 이 순간 다섯 가지 존재론적 근본 계기('지금', '여기', '이것', '존재', '주관성')는 신체의 '절대적 장소'로 응축된다.

### 존재론적 근본 계기: '지금', '여기', '이것', '존재', '주관성'

슈미츠는 자신의 고유한 현상학적 존재론에서 다섯 가지 근본 계기를 말한다. 이들은 '지금', '여기', '이것', '존재', '주관성'이다. 이 계기들은 정동적 놀람에 의한 원초적 현재가 출현할 때, 서로 분리 불가능하게 신체성 자체의 '절대적 장소'로 통합되어 응결된다. 철학적으로 흥미롭고 중요한 것은, 슈미츠가 서양철학 전통에서 존재론적 기본 개념(범주) 역할을 해온 이 개념들에 전적으로 새로운 현상학적 토대를 부여하면서 그 중요한 이론적·인간학적 위상을 정당화한다는 점이다. 특히 '존재'와 '주관성' 개념을 예기치 않게 닥쳐오는 주체의 신체적 느낌을 바탕으로 해명한다는 점에 주목해야 한다.

### 원초적 현재와 전개된 현재

슈미츠는 시간성의 세 가지 차원을 단순히 과거-현재-미래로 구별하지 않는다. 반대로 그는 신체적 느낌을 바탕으로 '현재'를 두 가지로, 곧 '원초적 현재'primitive Gegenwart와 '전개된 현재'entfaltete Gegenwart로 구분한다. 슈미츠에게 인간의 삶은 두 종류의 현재 상태를 오가는 동적인 과정이다. '원초적 현재'는 정동적 놀람에 의해 신체적 주체에게 닥쳐오는 '순간의 현재'를 의미하며, 반면 '전개된 현재'는 우리가 일상적으로 뭔가를 생각하고 말하고 일할 때 대부분 명료하게 의식하지 않는 '흐름의 현재'를 의미한다.

## 동력과 생동력

슈미츠가 말하는 '동력'Antrieb 및 '생동력'vitale Antrieb 개념도 현상학적 신체 개념 내지 신체적 느낌의 영역을 바탕으로 이해해야 한다. 즉 우리가 통상적으로 떠올리는 생물학적, 생리학적, 혹은 충동이론적 함의를 철저하게 배제해야 한다. 무엇보다도 동력 개념은 슈미츠가 신체성 영역의 구조와 역동적 상호작용을 해명하기 위해 도입하는 '신체성의 알파벳' 속에 근거하고 있다. 신체성의 알파벳은 신체성 영역을 구성하는 아홉 가지 기초 개념(요소)으로서 '수축'과 '확장', '긴장'과 '팽창', '원형감각적 경향'과 '판별적 경향', 그리고 '방향', '강도', '리듬'을 가리킨다 (상세한 내용은 「옮긴이 해제」 참조). '동력'은 이 아홉 가지 기초 알파벳 가운데 특히 '긴장/팽창 사이의 역동적인 긴장과 상호작용'을 나타내며, '생동력'은 동력이 생동감 있게 움직이는 것, 신체적 자극과 동요에 대해 충분한 탄력과 활력을 가지고 움직이는 것을 가리킨다.

## 혼돈적 다양체

'혼돈적 다양체'Chaotisch-Mannigfaltige는 "그 안에 존재하는 모든 것이 개별적으로 존재하지 않고 반대로 일종의 내부적 혼돈 상태가 지배하고 있는 다양체"를 뜻한다. 다시 말해서, 이러한 다양체를 이루고 있는 요소들과 관련하여, 이들 가운데 어떤 것이 다른 것과 동일하거나 다른지가 명확하게 결정될 수 없다. 반면에 요소 사이의 동일성과 차이를 명확히 분별할 수 있는 다양체로는 과학적 의미의 '복합물'과 '집적물', 수학적 의미의 '집합', 생물학적 의미의 '유기체' 등을 들 수 있다.

## 상황과 인상

슈미츠에게 '상황'Situation은 단지 복수의 요소가 형성한 복합체가 아니다. 오히려 그는 상황을 동물, 식물, 사물 등과 마찬가지로 '존재하는 것'에 속하는 하나의 독자적인 유형으로 규정한다. 그는 상황을 "적어도 하나의 사태가 속해 있는 절대적인 혹은 상대적인 혼돈적 다양체 상태의 전체"라고 정의한다. 그리고 이러한 상황 개념을 바탕으로 '인상'을 "명료하지는 않지만 많은 것을 이야기하고 있으며, 함축적 의미를 잉태하고 있는 상황"으로 정의한다. 이렇게 볼 때, '상황'을 이해할 때 관건은 '혼돈적 다양체'와 '전체' 개념에 있으며, 이어 '인상'Impression은 의미론적으로 '상황' 개념을 전제하고 있다. 상황과 인상의 존재론적 성격을 이렇게 이해한다는 것은, 인간이 근본적으로 다양한 혼돈적 다양체 속에서 살아가고, 늘 이들을 적절히 이해해야 하는 과제 앞에 서 있다는 뜻이다.

## 사태, 문제, 계획

슈미츠는 다수의 사태Sachverhalt, 문제Problem, 계획Programm이 서로 분리 불가능하게 엉켜서 하나의 '상황'(혼돈적 다양체)을 형성한다고 말한다. 사태, 문제, 계획이라는 상황의 구성요소들은 문장의 종류와 견줄 때, 각각 '서술문'(~하다), '의문문'(~인가?), '의지문'(~할 것이다)에 상응한다고 볼 수 있다. 우리는 상황을 생각할 때 대부분 여러 종류의 사실 내지 사태의 집합으로 여기는 경향이 있다. 이와 달리, 슈미츠는 사태 외에 문제와 계획을 상황이 포함하고 있는 요소로 분명하게 인정함으로써 혼돈적 다양체로서 상황이 지닌 복합성과 복잡성을 명확히 한다.

## 공간의 세 층위: 확장 공간, 방향 공간, 장소 공간

슈미츠는 인간이 경험하는 공간의 층위를 세 가지로 구별한다. 확장 공간Weiteraum, 방향 공간Richtungsraum, 장소 공간Ortsraum이 그것이다. 이 구별의 토대는 현상학적 신체의 체험이다. 즉 주체가 주어진 공간성의 차원을 신체 느낌을 통해 감지하는 양상이 결정적이다. 확장이라는 말이 '어떠한 방향이나 특질 없이 드넓게 퍼져 있음'을 의미하듯이, 확장 공간은 공간 경험의 가장 낮고 근원적이며 미분화된 층위다. 주체의 신체가 어떤 방향을 인지하거나 방향을 구체화하는 동작을 시작하는 순간, 확장 공간의 층위 위에서 방향 공간이 출현한다. 가령, 어떤 특정한 대상을 향해 시선을 돌리거나, 몸을 위로 일으켜 세울 때 신체가 저절로 감지하는 공간의 층위가 방향 공간이다. 반면, 장소 공간은 우리가 상식적으로 생각하는 객관적인 공간, 사물의 상대적인 위치와 거리를 규정할 수 있는 삼차원의 공간을 말한다. 신체적 경험의 관점에서 보자면, 장소 공간이 신체 느낌으로부터 '소외된' 공간의 층위라 할 수 있다.

## 감정 공간

슈미츠는 영혼, 의식, 내면의 형이상학이 아니라 철저하게 신체현상학의 관점에서 감정을 주목하고 분석한다. 그의 감정 이론, 혹은 감정현상학의 핵심은 "감정들은 공간적으로 퍼져 있는 '분위기적 힘'atmosphärische Macht"이라는 주장으로 압축된다. 슈미츠에게 감정의 경험은 그 현상학적 특징으로 볼 때, 우리의 신체가 매일매일 날씨를 즉각적으로 느끼는 것과 다르지 않다. 날씨의 감지란, 날씨의 공간적으로 널리 퍼져 있는 분위기적 힘에 신체의 느낌이 자연스럽게 공명하고 공감하는 것이라 할 수 있다. 감정을 신체적으로 감지하는 양상도 마찬가지다. 감정은 알 수 없는 '비밀의 방'(영혼, 의식) 속에 있는 것이 아니라, 해당 주체의 신체를 저절로 사로잡고 압박하는 '분위기적 힘'으로 봐야 한다. 이렇게 감정의 존재론적인 성격과 체험 방식이 근본적으로 공간적(분위기적)이기 때문에, 슈미츠는 신체가 느끼는 공간성의 차원을 '감정 공간'Gefühlsraum이라 부른다.

### 분위기적 힘(감정)의 구분: 기분, 동요, 집중화된 감정

슈미츠는 분위기적 힘으로서의 감정을 좀 더 엄밀하게 규정하기 위해 넓은 의미의 감정을 세 가지로 구분한다. 이들은 '기분'Stimmung, '동요' Erregung, '집중화된 감정'이다. 이때 '집중화된'은 분위기적 힘으로서의 감정에서 특정한 '방향'과 '대상'이 명료하게 두드러지는 것을 의미한다. 세 가지 감정은 일정한 체계적 연관성을 보여 준다. 가장 모호하고 미약한 확장 상태를 보여 주는 것이 기분이며, 기분보다 분위기적 힘의 강도와 그 범위가 좀 더 명확하게 드러나는 것이 동요다. 슈미츠에 따르면, 동요는 언제나 또한 기분이기도 하며, 사랑을 포함하는 집중화된 감정은 또한 늘 동요이기도 하다.

### 형성력

슈미츠가 말하는 '형성력'Gestaltungskraft은 직접적으로는 클라게스의 저서 『표현 운동과 형성력』Ausdrucksbewegung und Gestaltungskraft을 받아들인 개념이며, 간접적으로는 '게슈탈트 심리학'의 영향이기도 하다. '형성력'은 주체가 삶의 여러 도전(상황, 인상, 자극, 감정 등)에 대해 수동적이면서도 능동적으로 어떤 '통일된 형태'를 형성해 내는 능력을 의미한다. 이때 두 가지 함의가 중요한데, 하나는 '형성력'을 통해서 슈미츠의 현상학이 인간의 능동적인 구성 능력을 긍정한다는 점이며, 다른 하나는 '형성력'의 구체적인 실천 양상이 개인적으로 다르기 때문에 형성력에 의해 주체의 개별성(개성)과 다원성이 이론적으로 정초된다는 점이다. 슈미츠가 말하는 형성력은 내용적으로 주체가 '원초적 현재'에서 벗어나는 과정에서 시도하는 '대상화' 능력과 다르지 않다. 또한 옮긴이의 소견으로는 슈미츠의 형성력은 발터 벤야민이 말하는 '미메시스 능력'과 친화성이 크다.

## 대상화

대상화Vergegenständlichung는 인간이 자신에게 닥쳐오는 상황, 인상, 감정, 분위기를 자신(이라는 상황)에게서 일정 정도 분리하기 위해, 친숙한 '문화적 상징형식들'을 활용하여 이들을 적절히 표현하는 과정이다. 슈미츠는 대상화를 위한 상징형식들의 예로 언어, 담화Rede, 신화적 제의, 개념, 이론, 그리고 시와 예술 등을 든다.

## 유희적 동일시

'유희적 동일시'spielerische Identifizierung는 어떤 대상의 이미지를 바라볼 때, 그 이미지의 지시체가 그 대상인 것을 알면서도 이 동일성으로부터 일정한 거리를 두고 이미지 자체를 감상하는, 곧 공감적으로 주목하고 관조하는 것을 가리킨다. 유희적 동일시의 아주 흔한 예는 친구나 자신의 사진을 볼 때다. 사진을 보는 사람은 이미지와 대상의 동일성을 확신하면서도, 이 확신으로부터 거리를 두고 이미지를 '이미지로서' 관찰하고 즐긴다. '유희적 동일시' 개념의 이론적 타당성과 중요성은 널리 일반화된 심리학적 용어들인 '동일화' 및 '감정이입' 개념과 비교하면 확연하게 드러난다. 이 용어들의 암묵적인 전제와 의미가 불명료하고 불합리하기 때문이다.

## 에로스와 필리아

에로스와 필리아는 고대 그리스 문화에서 동등하게 중요한 역할을 했던 두 가지 사랑 유형이다. 에로스는 '근원을 알 수 없는 강력하고 걷잡을 수 없는 갈망의 사랑', 필리아는 '친숙한 경험의 시간을 함께함으로써 형성된 살뜰한 애호의 사랑'이라 할 수 있다. 그리스 문화는 두 유형을 명확히 구별했는데, 가령 오랜 시간을 함께 한 원숙한 부부간의 사랑은 필리아라 할 수 있고, 동성이든 이성이든 예기치 못한 충격으로 당사자를 사로잡는 강렬한 매혹의 사랑은 에로스라 할 수 있다. 슈미츠는 3장에서 에로스와 필리아가 로마 시대에 들어와 '아모르'로 통합되는 과정을 흥미롭게 재구성한다.

## 변증적 사랑과 연합적 사랑

슈미츠는 논의 대상인 (동성애를 포함한) 두 사람 사이의 '성적인 파트너 사랑'을 마지막 8장에서 '변증적dialektisch 사랑'과 '연합적koinonistisch 사랑'으로 구별한다. 이 구별은 필리아, 에로스, 민네 사랑과 같은 사랑의 역사적 유형에 관한 구별이 아니다. 오히려 그것은 '상황'으로서의 사랑을 이해할 때 어떤 측면을 중시할 것인가, 즉 두 사람 사이 '대립적인 변증적 논쟁'의 측면을 중시할 것인가, 아니면 두 사람을 함께 포괄하면서 이끌어 가는 '연합적 통일'의 측면을 중시할 것인가의 구별이다. 슈미츠가 이 구별을 도입하는 이유는 두 가지로 보인다. 하나는 서구의 복잡한 사랑의 역사를 구조적으로 좀 더 명쾌하게 파악하고자 하기 때문이며, 다른 하나는 두 측면 가운데 한쪽만 주목하는 사랑의 이론을 비판적으로 교정하고자 하기 때문이다.

# 옮긴이 해제

## 독일 현대철학의 거목

헤르만 슈미츠(Hermann Schmitz, 1928~2021)는 독일의 현대철학자로서 2차 세계대전 이후 가장 참신하고 독창적인 '신체현상학'을 전개한 것으로 평가된다.[1] 슈미츠의 신체현상학은 그 기본 구상과 사상적 지향점에서 메를로-퐁티의 '몸의 현상학'과 친화성이 깊다. 두 철학자 모두, 서구철학 전통이 ── 아마도 하만, 헤르더, 니체, 키르케고르 정도가 예외일 텐데 ── 간과하거나 무시해 온 '신체' 내지 '신체적 느낌'leibliche Befinden에 정당한 위상과 권리를 되찾아 주고자 하기 때문이다.

그러나 슈미츠의 철학적 성취를 신체에 관한 현상학적 연구에 국한한다면, 그것은 대단히 일면적이고 불공정한 일이 될 것이다. 안타깝

---

1) J. Soentgen, *Die verdeckte Wirklichkeit*, Bonn: Bouvier 1998; M. Großheim and H.-J. Waschkies eds., *Rehabilitierung des Subjektiven. Festschrift für H. Schmitz*, Bonn: Bouvier 1993.

게도 슈미츠는 2021년 5월 세상을 떠났다. 그가 90여 년의 삶에서 남긴 사상적 유산은 문자 그대로 거대하고 기념비적이다. '분위기의 미학' Ästhetik der Atmosphäre을 주창한 독일 철학자 게르노트 뵈메는 한 학술 심포지엄에서 "거인의 어깨 위에 걸터앉은 소인"이라는 비유를 쓴 적이 있다. 자신의 미학이 결정적으로 슈미츠에게 빚지고 있음을 드러내는 표현이자 철학자 슈미츠에 대한 경의의 표현이다. 이것은 결코 과장된 수사가 아니다.

슈미츠는 자신의 주저 『철학의 체계』System der Philosophie를 1964년부터 1980년까지 16년에 걸쳐 완성한다. 총 10권(약 5400쪽)에 달하는 방대한 거작이다. 다행스럽게도 그는 이 거작의 전면 개정판도 2019년 겨울에 세상에 내놓는다. 개정판은 1980년 완간 이후 근 40년 동안 진척된 자신의 연구와 학계의 비판적 목소리를 적극적으로 수용한 결과다. 그런데 대부분의 독자는 『철학의 체계』라는 제목을 보고, 금방 칸트나 헤겔 같은 고전적인 근대철학 체계를 떠올릴 것이다. 혹은 심지어 뭔가 시대에 뒤떨어진 것 같은 느낌이 들지도 모른다. 하지만 고풍스러운 제목과 달리 『철학의 체계』는 전래의 철학적 체계들과는 비교할 수 없이 독창적인 거작이다. 뒤에서 좀 더 보겠지만, 독창성의 핵심은 '성찰의 방법론'과 인간에 관한 '단호하고 독특한 관점'에 있다.

1980년 거작 출간을 완료한 후, 슈미츠의 발걸음은 서양철학사 전체로 향한다. 이때부터 그는 고대부터 현대에 이르는 주요 철학자들에 대한 많은 연구서를 경이로운 속도로 출간한다. 10여 권에 이르는 철학사 연구서 가운데 가장 중요한 것으로는, 『아리스토텔레스의 이데아론』(1985, 전3권), 『대상의 원천. 파르메니데스에서 데모크리토스까지』

(1988),『칸트는 무엇을 원했는가?』(1989),『헤겔의 논리학』(1992),『소외된 주관성. 피히테에서 헤겔로』(1992),『철학으로서의 자기-재현. 소외된 주관성의 변형들』(1995),『후설과 하이데거』(1996),『유럽 철학의 길』(2007, 전2권) 등을 꼽을 수 있다. 이 연구서들은 하나하나가 문헌학적 정확성, 분석의 치밀함, 해석의 독창성을 두루 갖춘 탁월한 역작으로 평가된다.[2]

슈미츠의 작업은 여기에 그치지 않는다. 철학사 연구와 병행하여 그는 서양의 중요한 주제들을 선정하고, 이들을 하나씩 집중적으로 파헤친 저서들도 연이어 내놓는다. 이 그룹에 속하는 저서들도 총 10여 권에 이르는데,『사랑의 현상학』(1993/2007, 원제『사랑』),『인식론의 새로운 정초』(1994),『자유』(2007),『논리 연구』(2008),『의식』(2010),『신체』(2011),『규범의 왕국』(2012),『수학의 비판적 정초』(2013),『시간의 현상학』(2014),『분위기』(2014),『자기 존재. 정체성, 주관성, 개체성에 관하여』(2016) 등이 있다. 물론 이 주제적 연구서들은 내용적으로 완전히 새로운 것은 아니다. 이들은『철학의 체계』에서 분석하고 해명한 내용에 근거하고 있으며, 그것을 좀 더 발전시키고 명료하게 구조화하고 있다. 하지만 각각의 주제에 대해서『철학의 체계』이후 심화시킨 연구 내용을 통합시키고 있을 뿐 아니라, 근현대철학의 핵심 주제들을 하나씩 역사적, 체계적으로 해명하려는 분명한 목표를 보여 주기 때문에, 이 연구서들은 하나하나가 독자적으로 완결된 저서다.

---

2) 슈미츠가 쓴 저작의 상세한 목록은 다음 링크를 보라. https://www.gnp-online.de/publikationen/bibliographie-h-schmitz.html(2022. 4. 1. 접속).

놀랍게도『철학의 체계』이후 슈미츠가 쓴 저서들에는 또 하나의 그룹이 있다. 그것은 자신의 현상학적 철학을 대중에게 보다 널리 확산시키려는 책들이다. 즉 이 그룹은『철학의 체계』, 철학사 연구, 주제적 연구에 속하는 전문적인 책들을 쉽고 간명하게 전달하는 책들을 포함하고 있다. 대표적으로『다함이 없는 대상』(1990),『새로운 현상학이란 무엇인가?』(2003),『새로운 현상학 입문』(2009) 등을 들 수 있다.『다함이 없는 대상』은 칸트의『프롤레고메나』(1783)와 유사하다. 칸트가 길고 난해한『순수이성비판』을 쉽고 간명한 형태로 전달하기 위해『프롤레고메나』를 쓴 것처럼, 슈미츠는『다함이 없는 대상』에서 10권에 달하는 주저『철학의 체계』를 한 권으로 요약한다. 다른 한편,『새로운 현상학 입문』은 각주가 전혀 없는 일련의 에세이 묶음이다. 이 책에서 슈미츠는 "새로운 현상학"의 근본적인 문제의식과 이론적 지향점을 쉬운 사례를 곁들이며 흥미롭게 소개한다.『새로운 현상학 입문』은 분량도 짧고(130여 쪽) 가독성도 뛰어나다. 그래서인지 이 책은 이미 8개 언어로 번역되었다.

이외에도 슈미츠는 거의 유일한 역사적-정치철학적 저서라 할『역사 속의 아돌프 히틀러』(1999)와 현대사회의 '총체적 네트워크'라는 이데올로기를 반박하는 책『상황과 성좌』(2005)를 썼다. 그는 또한 87세를 맞은 2015년 이후에도 몇 권의 진지한 철학서를 더 출간한다. 이 책들은 생의 시간이 얼마 남지 않았음을 예감한 노학자의 '사유의 유언'으로 다가온다. 여기에는『현실적 삶을 향한 발굴』(2016),『개인의 새로운 탄생에 대하여』(2017),『왜 철학하기가 필요한가?』(2018),『어떻게 인간은 세계에 왔을까?』(2019) 등이 속한다.

이상 슈미츠의 저서를 몇 가지 그룹으로 나눠 간략히 소개했다. 그는 총 57권의 책을 집필했고, 책 외에도 철학적 학술지와 단행본 학술서에 논문, 철학적 비평, 서평 등도 왕성하게 발표했다. 발표한 학술 논문이 총 165편에 이르며, 서평도 35편을 남겼다. 슈미츠는 철학에 전념하기 위해 평생 독신으로 살았는데, 이를 감안한다고 해도 경이로운 치열함이 아닐 수 없다. 물론 슈미츠가 현대철학의 '무진장한' 거목으로 불릴 수 있는 것은 결코 글의 양 때문은 아니다. 그 진정한 이유는 그의 사유의 길을 밝히고 이끌어 준 '철학적 이념'과 그 여정에서 길어 낸 '빛나는 통찰들'에 있다. 이제 몇 가지 중요한 사유의 모티브를 경유하면서 슈미츠 철학의 고유한 이념과 통찰에 좀 더 가까이 다가가 보자.[3]

## 서양철학의 세 가지 원죄

1928년생인 슈미츠는 하루하루가 흥미로운 체험과 배움으로 가득 차야 할 10대에 독일 나치즘과 홀로코스트, 무엇보다도 길고 참혹한 2차 세계대전을 겪었다. 아마도 그 때문에 그가 모든 정치적 극단주의, 종교적 근본주의, 철학적 교조주의를 단호히 거부하게 되었을 것이다. 또한 그가 서구문명과 서구정신의 역사를 철저하게 비판적으로 되돌아

---

3) 이어지는 서술은 새로 쓴 글이지만, 내용적으로 그동안 슈미츠의 철학에 대해 발표한 세 편의 논문을 바탕으로 하고 있음을 밝혀 둔다. 「미감적 경험의 현상학적 재정의: 헤르만 슈미츠의 신체현상학과 미학이론에 대하여」, 『미학예술학연구』 23, 2006, 275~315쪽; 「감정과 상황으로서의 사랑: H. 슈미츠의 '사랑의 현상학'과 그 인간학적 의미에 대한 고찰(1)」, 『감성연구』 17, 2018, 5~41쪽; 「예술과 유희의 연관성에 관한 현대 미학적 고찰: W. 벤야민과 H. 슈미츠의 이론을 중심으로」, 『대동철학』 89, 2019, 383~410쪽.

봐야 한다는 생각을 품게 된 것도 끔찍한 10대 시절이 결정적인 동기가 된 것으로 보인다. 슈미츠는 서구정신사에 대한 비판적 성찰을 통해서 세 가지 '치명적인 원죄'를 찾아낸다. 바로 '영혼론', '환원주의', '내면적 투사론'Introjektionismus이다.

슈미츠가 말하는 '영혼론'은 흔히 플라톤주의라 불리는 '영혼 실체주의' 내지는 '영혼의 형이상학'을 가리킨다. 그것은 영혼을 '하나의 완결된 실체'로 간주하는 입장 혹은 믿음이다. 슈미츠에 따르면 이러한 영혼론은 영혼과 육체를 엄격하게 구별하는 '이원론'과 짝을 이루어 강력한 독단을 형성했으며, 고대 그리스의 데모크리토스부터 기독교 중세를 거쳐 근대 흄 이전까지 서구철학 전통을 지배했다.

'환원주의'는 '영혼론'처럼 서구철학과 학문을 지배해 온 또 다른 독단이다. 그것은 '지각이론의 독단'인데, 그 핵심은 주관이 감지하는 지각 내용을 객관적인 '감각자료'와 주관적인 '느낌'으로 엄격하게 양분하는 데 있다. 슈미츠에게 이러한 양분은 주관의 지각 내용을 폭력적으로 재단하는 일과 다르지 않다. 왜냐하면 주관이 감지하는 지각 내용 안에는 객관적 감각자료와 주관적 느낌, 혹은 대상적 속성과 주관적(개인적) 동요로 양분될 수 없는 '이중적이며 통합적인 부분'이 포함되어 있기 때문이다. 좀 더 정확히 말해서, 주관의 지각 내용은 그 본래의 모습으로 볼 때, 객체와 주체, 속성과 동요로 나눠질 수 없는 "혼돈적이며 통합적인 전체"다. 엄밀하게 말해서, 주관은 이 전체를 자신의 알 수 없는 '내면'(영혼) 속에 가지고 있는 것이 아니라, 그러한 혼돈적이며 통합적인 전체를 느끼면서 그 속에서 살아간다. 서구정신은 이러한 지각 내용의 전체를 주체 중심으로 효과적으로 관리하고 통제하기 위해, 그것을 고정된 사물의 속성과 주관의 내면적 느낌으로 강압적으로 분할하고 환원시켰다.

서구정신이 범한 세 번째 치명적 오류는 '내면적 투사론'이다. 이 말은 생경하게 들린다. 우리에게는 심리학 용어인 '투사'projection가 익숙하다. 투사에서는 내면의 무언가가 바깥쪽으로 옮겨지고 가상의 형태를 띠고 나타난다. '내면적 투사'는 이와 정반대의 운동이다. 즉 바깥의 무언가가 내면 안으로 옮겨지고 가상의 형태를 띠면서 존속하는 것이다. 슈미츠가 '내면적 투사'를 비판적으로 거론하는 것은, 서구정신이 본래 존재하지도 않는 내면(영혼)을 실체화시켜 놓고, 그 속에다가 주관의 신체를 사로잡는 '분위기적인 지각 내용들'을 ―여기에는 기분, 동요, 감정 등이 속하는데 ― 강제로 집어넣었기 때문이다. 따라서 내면적 투사는 앞선 영혼의 실체론과 지각의 환원주의를 전제하고 있으며, 이들로 인한 필연적인 귀결이라 할 수 있다.

세 가지 치명적 원죄의 직접적인 결과는 '인간 분열'과 '세계 분열'이다. 인간은 영혼과 육체, 객관적 감각자료와 주관적 느낌으로 분열되었다. 이에 상응하여 인간을 둘러싼 세계도 객체와 주체, 객관적 사실과 주관적 자극으로 분열되었다. 분열은 원리적이며 절대적이다. 적어도 서구정신을 주도적으로 관리해 온 철학과 종교 전통은 이 분열을 확고한 이론적 출발점으로 삼았다.

물론 인간 분열과 세계 분열이 전적으로 부정적인 영향만 미친 것은 아니다. 아이러니하게도 이 두 가지 분열 덕분에 서구문명은 지난 500년 동안 자연과학과 기술 분야에서 놀라운 발전을 이룰 수 있었다. 지난 100년 동안 서양의학의 발전으로 인간의 평균 수명이 얼마나 현저하게 연장되었는가. 슈미츠도 서구문명의 성취를 결코 부인하지 않는다. 그럼에도 슈미츠가 보기에 인간 분열과 세계 분열의 대가는 매우 컸다. 무엇보다도 그는 인간이 내몰린 곤궁한 존재 상태에 주목한다. 이 상태의 구체적인 내용은 다음 두 가지다.

한편으로 주체는, 모든 비자의적인 '기분, 동요 감정'을 자신의 내밀한 영혼(의식) 속에 집어넣은 결과, 일종의 '내면적 과부하' 상태에 빠지게 된다. 그 참된 존재 양상으로 볼 때, 기분, 동요, 감정, 정동과 같은 '비자의적 동요'는 밀폐된 영혼 속에 봉인되어 있는 경험이 아니다. 반대로 이들은 상당한 정도로 상호주관적으로 공감하고 이해할 수 있는 경험이다. 우리는 공감과 이해의 가능성을 다양한 미적-예술적 경험에서 충분히 확인할 수 있다. 일상적 삶에서도 우리는 '비자의적 동요'에 대해서, 완벽하게는 아니더라도 큰 어려움 없이 공감하고 소통할 수 있다. 그럼에도 주체는 그러한 '비자의적 동요' 모두——그 존재 여부조차 알 수 없는——자신의 영혼이 전적으로 홀로 이해하고 소화해 내야 한다고 여긴다.

다른 한편으로, 주체는 삶의 정향을 위해 더 이상 자신의 '이성'에 의지할 수 없다. 이성의 권능과 역할이 논리적 추론, 수학적 인식, 실증적 지식에 국한된 것으로 밝혀졌기 때문이다. 그리하여 주체는 삶의 목표와 가치를 외부에서 찾으려 한다. 주체는 늘 밖을 향하여 시선을 던지며, 어떤 특정한 대상이나 신비한 체험이 자신의 존재 전체를 붙잡아 주기를 원한다. 슈미츠가 보기에, 주체는 삶의 목표와 가치를 어떤 절대적인 존재(유일신), 역사적인 '진보', 미래의 이상향, 혹은 의식 자체를 중단시키는 '쾌락의 순간'에서 찾으려 한다. 하지만 이것은 특히 19

세기와 20세기의 많은 역사적 사례가 보여 주듯이, 언제든 허위, 기만, 허무, 폭력으로 귀결될 수 있는 위험천만한 도박이다.

## '주관적 사실'의 복권

현대 주체의 내적 폐쇄성과 곤궁함. 철학은 어떤 일을 할 수 있을까? 슈미츠는 철학을 "인간이 자신을 둘러싼 세계 안에서 자기 자신을 발견하는 일Sichfinden에 대해 스스로 성찰하는 일Sichbesinnen"이라고 정의한다. 얼핏 보면, 다소 모호하기도 하고 너무 당연한 말처럼 들린다. 또한 '세계 안에서'라는 말이 하이데거의 '세계-내-존재'를 연상시킨다. 하지만 이 정의에서 두 가지를 유념해야 한다. 하나는 인간에게 '자신을 발견하는 일'이 저절로 이루어지거나 미리 결정된 사안이 아니라는 점이다. 이 점에서 슈미츠는 키르케고르가 궁구한 '참된 자기self'의 인간학을 이어받고 있다. 두 번째는 자신을 찾는 일에 관한 철학적 성찰이 여타의 학문들과는 본질적으로 다르다는 점이다. 이 다름의 핵심은 철학이 주목하고 해명해야 하는 대상이 '객관적 사실'이 아니라 '주관적 사실'이라는 데 있다.

　주관적 사실. 이 말은 일상의 상식으로 볼 때 일종의 '형용 모순'인 듯하다. '사실'은 이미, 모두 객관적이어야 하지 않는가. 슈미츠는 이 상식을 뒤집는다. 그는 '사실'에는 질적으로 다른 두 종류가 있다고 확언한다. 곧 '객관적 사실'과 '주관적 사실'이 있다. 우리가 흔히 실증적 학문이라 부르는 자연과학과 사회과학이 분석하고 설명하는 대상은 객관적 사실이다. 문법적으로 말하자면, 객관적 사실은 3인칭 관점에서 그 의미와 내용을 충분히 전달할 수 있는 사실이다. 반면, 주관적 사실은 3인칭 관점에서는 그 의미를 온전히 전달할 수 없고 또 충분히 이해될 수 없다. 주관적 사실은 문제가 되는 주체 자신만이 그 참된 의미와 뉘앙스를 정확히 느끼고 이해할 수 있는 사실이다. 이때 중요한 것은, 해당 주체만이 그 참된 의미와 뉘앙스를 정확히 이해할 수 있다고 해서, 그 사실들이 전적으로 '사적이며 개인적인' 것은 아니라는 점이다.

가령 친한 친구의 부모님이 돌아가신 경우를 생각해 보자. 친구의 슬픔은 절대적이다. 친구에게 슬픔은 절대적으로 확실한 주관적 사실이다. 우리가 아무리 그와 친하다 해도 이 주관적 사실의 무게와 뉘앙스를 완벽하게, 똑같이 느낄 수는 없다. 그럼에도 우리는 이 주관적 사실을 충분히 공감하고 함께 아파할 수 있다. 우리에게도 그 사실이 3인칭의 객관적 사실이 아니라, 함께 충격을 받을 수밖에 없는 주관적 사실이기 때문이다. 요컨대 주관적 사실은 주체의 '주관성'subjectivity이 내적으로 연루되어 있는 사실이다. 주관성에 충격을 가하고, 주관성과 뗄 수 없이 결합되어 있는 사실이다. 반면, 객관적 사실에서 주체의 주관성은 상당히 멀러 물러나 있으며 사실 자체로부터 분명한 거리를 유지하고 있다.

철학은 왜 주관적 사실을 고유한 성찰 대상으로 삼아야 할까? 우선은 실증적 학문들이, 그 방법론적 전제로 인해 거의 전적으로 객관적 사실만을 분석하고 설명하기 때문이다. 하지만 슈미츠에게 더 결정적인 이유는 인간의 삶이 이미, 항상 주관적 사실들 속에서 펼쳐지기 때문이다. 삶은 객관적 사실들의 나열이 아니다. 인간은 합리적으로 생각하고 판단하기 이전에 신체적인 존재다. 살아 있는 인간은 열려 있는 몸의 느낌으로 변화하는 세계 속에서 살아간다. 언제나 독특한 정서적 뉘앙스를 띤 상황을 감지하며, 그 안에서 자신의 삶 전체의 방향을 찾아간다. 다시 말해, 뭔가 의미 있는 삶의 경험은 근본적으로 주관적 사실들의 경험이다.

다시 모호해 보이는 철학의 정의로 돌아와 보자. "자신을 둘러싼 세계 안에서 자기 자신을 발견하는 일에 대해 스스로 성찰하는 일." 철학이 주목해야 할 대상은 객관적 사실이 아니라 주관적 사실이다. 인간의 삶에서 참된 관심을 불러일으키는 것은 주체의 주관성에 충격을 주고, 이 주관성을 동반하고 있는 주관적 사실이다. 물론 객관적 사실과 정보가 아무 의미가 없는 것은 아니다. 이들도 때때로 주체의 자기 이해에서, 자기 성찰에서 중요한 역할을 할 수 있다. 이들도 주체의 경험과 인식의 변화에 따라 어느 순간 주관적 사실로 도약할 수 있다. 그러나 철학적 성찰의 참된 '출발점'은 언제나 주관적 사실이다. 철학은 주관적 사실의 독자적인 위상과 의미를 온전히 긍정해야 한다. 철학은 주관적 사실 속에서 자신을 찾으려 하는 인간의 모습을 최대한 섬세하게 관찰하고 기술해야 한다. 그런데 섬세한 관찰과 기술은 어떻게 가능한가? 슈미츠는 단호하게 현상학적 방법을 옹호하는데, 그 결은 '지향적 의식' 중심의 현상학과는 사뭇 다르다.

## 가장 낮은 곳으로 내려온 현상학

방법론으로서 현상학은 브렌타노의 '기술하는deskriptiv 심리학'에서 시작되어 후설에 의해 독자적인 철학적 방법이자 사상적 흐름으로 정립되었다. 후설 이후 현상학적 방법은 하이데거, 사르트르, 인가르덴, 메를로-퐁티, 레비나스 등 많은 현대철학자에게 계승되어 주목할 만한 이론적 성취를 이루었다. 슈미츠도 현상학적 방법의 역사적 기원과 전개를 분명하게 인정한다. 그에게 현상학적 방법이 지닌 결정적인 강점은 '삶의 구체적인 경험'에 최대한 밀착해 있다는 점이다. 현상학적 방법은 살아 있는 경험 자체를 충실히 구제하려는 '차분하고 겸손한' 연구 방법이다. 그것은 어떠한 형이상학적 개념이나 원리도 전제하지 않는다. 현대의 학문 세계를 주도하는 과학적이며 실증적인 이론도 과신하거나 맹종하지 않는다. 반대로 현상학은 인간 경험의 구체적인 양상을 최대한 조심스럽고 섬세하게 관찰하고 기술하려 한다.

그런데 슈미츠가 보기에 기존의 고전적 현상학은 충분히 '아래로' 내려오지 않았다. 살아 있는 삶의 경험, 신체적 감지의 경험으로 내려오지 못한 것이다. 후설의 '에포케'(판단 중지), '현상학적 환원', '본질 직관', '초월론적 의식' 등은 근원적으로 '의식의 지향성'에 정향하고 있다. 하이데거는 '현상학적 해석학', '전회', '존재 사유'를 통해 서구철학 전체의 근본적 방향 전환을 촉구했다. 하지만 슈미츠는 하이데거의 시도가 과장된 역사적 제스처, 추상적인 개념화, 다의적이며 모호한 독백에서 벗어나지 못했다고 비판한다. 하이데거도 여전히 구체적인 삶에서 먼 '관념의 하늘'에 머문 것이다. 이와 달리, 슈미츠가 주장하는 현상학적 방법은 난해한 개념이나 추상적인 일반화를 최대한 배제하고자 한다. 그는 보통 사람들이 이해할 수 있는 '삶의 언어'를 사용하여 경험의 구체적인 양상을 가능한 한 있는 그대로 기술하고 해명하고자 한다.

슈미츠는 인간의 '가장 낮은 곳'으로 내려온다. 그는 매우 하찮아

보이는 신체적 느낌과 지각 자체에 섬세하게 주목한다. 슈미츠에게 인간은 우선적으로 신체적으로 놀라고 동요하고 있는 존재다. 동시에 인간은 항상, 독특한 색채를 띤 '상황'과 '인상'의 도전에 직면해 있는 존재다. 상황과 인상이 도전인 이유는 이들이 언제나 '혼돈적 다양체'라는 본성을 지니고 있기 때문이다(이에 대해서는 뒤에서 좀 더 상세히 설명할 것이다). 인간은 어떤 경우에도 신체적인 놀람과 동요에서 벗어날 수 없다. 또한 혼돈적 다양체를 완벽하게 지배할 수 있는 길도 없다. 신체적으로 유동하는 인간. 혼돈적 다양체와 마주한 인간. 이 '지극히 인간적인 조건'을 온전히 인정함으로써, 슈미츠는 영혼, 이성, 사물, 실체 중심의 서구 전통을 나지막하지만 단호하게 벗어난다.

## 주관성은 닥쳐오는 사건이다: '원초적 현재'와 '전개된 현재'

슈미츠가 강조하는 '주관성'은 근대 의식 철학 전통이 정초한 사유와 행동의 근본원리 같은 것이 아니다. 가령, 데카르트의 '코기토', 칸트의 '선험적 통각' 혹은 피히테의 '자발적 행위'Tathandlung와는 그 의미가 전혀 다르다. 슈미츠의 주관성은 철저하게 신체의 지각 경험을 바탕으로 하고 있다. '주관성'은 어떤 삶의 상황에서 주체의 신체가 의심할 수 없이 느끼는 "정동적 놀람의 상태"에서 주체에게 닥쳐오는 '사건'이다. 주관성은 어떤 주관적 사실이 주체의 신체를 사로잡을 때, 곧 주체가 '이것이 바로 나의 일이구나!' 하고 절감할 때 주체에게 저절로 부각하는 '존재론적 계기'다. 슈미츠는 인간이 경험하는 '현재'를 두 가지로 구별하면서 정동적 놀람과 주관성을 이렇게 설명한다.

슈미츠는 주관적 사실이 불러일으키는 놀람의 상태에서 인간의 신체가 처하게 되는 상태를 '원초적 현재'라 부른다. 이 원초적 현재에서 신체의 전체적인 상태는 극단적인 수축 상태로 접어든다. 그리고 이때 다섯 가지 '존재론적 근본 계기'('지금', '여기', '이것', '존재', '주관성')가 일순간에 신체 느낌의 안쪽으로 응축된다. 이러한 정동적 놀람에 처할 때, 다섯 계기는 순간적으로 신체성의 '절대적' 지점으로, 다시 말해서 갑자기 경악하여 수축하는 신체 느낌의 수렴점으로 분리 불가능하게 응축되는 것이다. 슈미츠에게 주관성은 신체적 경험에서 예기치 않게 주체에게 닥쳐온다. 그것은 주관이 자신의 의지로 통제할 수 없는 일어남이며, 신체적 인간의 존재를 확인시켜 주는 존재론적 근본 계기다.

슈미츠에게 신체적 존재로서 인간의 삶은 '원초적 현재'와 '전개된 현재'의 두 가지 현재 상태를 오가는 동적인 과정이다. 우리가 일상적으로 뭔가를 생각하고 말하고 일할 때, 우리는 '전개된 현재'의 상태에 있다. 원초적 현재의 충격에서 벗어나 전개된 현재로 이행해야 일상적인 삶이 시작될 수 있다. 전개된 현재에서는 원초적 현재에서 응축되었던 다섯 가지 존재론적 근본 계기가 서로 거리를 확보하면서 독자적인 위상을 획득하게 된다. 즉 지금과 연관되면서도 구분된 '이전'과 '이후'가 수면 위로 등장하며, 여기와 연관되면서도 구별되는 '저기'와 '거기' 등이 분명하게 드러난다. 마찬가지로 이것과 저것, 존재와 비존재(가능성과 불가능성), 주관성, 객관성, 중립성 등도 상호연관된 존재론적 계기로서 독자적인 위상을 획득하게 된다. 동시에 주체 자신의 삶이라는 '독특한 상황'도 하나의 전체로서 자신에게 다가오게 되는 것이다.

슈미츠는 주관성을 이렇게 해명함으로써, 주관성을 주체의 의식,

사유, 의지, 능력 등과 결부시켜 이해해 온 철학적 전통에서 완전히 벗어난다. 주관성은 주관의 자율성이나 능동성과는 전혀 관계가 없다. 오히려 그것은 급작스럽게 주관의 신체의 느낌을 장악하고, 이 느낌을 통해 현시되는offenbar '돌발적인 사건'이다.

## 신체성의 알파벳

슈미츠는 가장 낮은 곳에서 인간을 바라본다. 신체적으로 느끼는 인간을 현상학적으로 섬세하게 관찰하고 분석하면서 그는 이른바 '신체성의 알파벳'이라 불리는 일련의 기초 개념들을 찾아낸다. 이 개념들은 아래 표에서 보듯 아홉 가지인데, 모두 우리의 신체적 감지 상태에서 찾아낸 것인 만큼 추상적이거나 난해한 개념이 아니다.

〈'신체성의 알파벳들' 사이의 상호연관〉[4]

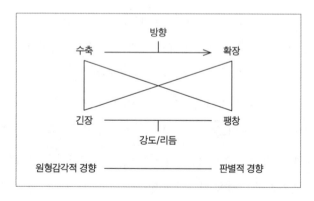

---

4) Soentgen, *Die verdeckte Wirklichkeit*, p. 23

신체성의 알파벳을 형성하는 아홉 개념은, '수축'과 '확장', '긴장'과 '팽창', '원형감각적 경향'과 '판별적 경향', 그리고 '방향', '강도', '리듬'이다. 슈미츠가 이들 개념을 통해서 신체성의 영역, 그리고 그 내부의 역동적인 긴장과 상호작용을 명확히 해명하고자 한다. 다시 말해서, 이들 개념은 슈미츠가 이해하는 '신체성의 핵심 구조'라 할 수 있다.

먼저 정방형의 네 꼭지점을 이루고 있는 두 가지 상관 개념, 즉 수축/확장, 긴장/팽창을 보자. 수축/확장은 신체성의 가장 기본적인 흐름 혹은 '공간적인 변화' 양상이라 할 수 있다. 그리고 긴장/팽창은 신체의 방면Gegend에서 느껴지는 대립된 동요 양상이다. 수축에서 확장으로 나아가는 방향으로만 화살표가 있는 이유는, 앞서 말했던 원초적 현재에서 전개된 현재로의 이행에 상응한다. 반대 방향, 즉 확장에서 수축으로 되돌아가는 방향은 '이행'을 얘기할 수 없다. 수축의 출현은 돌발적으로 일어나기 때문이다. 기본적인 성향으로 볼 때, 수축은 긴장과, 확장은 팽창과 서로 친화적이다. 하지만 대각선 연결이 시사하듯이, 수축이 팽창과 연결될 수도 있으며, 긴장이 확장과 결합할 수도 있다.

이어 '원형감각적 경향'과 '판별적 경향은 서로 대립된 신체적 느낌의 '분화(구체화) 양상'이다. 슈미츠는 이 분화 양상의 차이를 '통증'의 종류를 통해 쉽게 설명한다. 즉 통증은 크게 특정한 부위를 확정할 수 없이 넓게 퍼져서 압박하는 통증과 좁은 부위에서 날카롭게 찌르는 듯한 통증으로 나눌 수 있다. 누구나 한 번쯤 겪는 치통을 떠올려 보자. 그러면 이 통증의 구별이 지닌 설득력을 금방 수긍할 수 있다. 넓게 퍼져서 압박하는 통증이 원형감각적 경향에, 날카롭게 찌르는 듯한 통증은 판별적 경향에 상응한다. 통증의 구별을 통해 쉽게 설명했지만, 슈미츠가 이 두 가지 경향을 언급하는 것은 신체적 감지의 기본적인 분화 (구체화) 양상을 구별하고자 하기 때문이다.

다음으로 '방향', '강도', '리듬'의 세 가지 기초 개념은 신체적 느낌의 흐름이 보여 주는 핵심적인 국면aspect이다. '방향'을 '강도' 및 '리듬'과 따로 구별한 것은, 일차적으로는 신체적 느낌의 변화 '방향'이 신체적 느낌의 강도 및 리듬과 질적으로 다르기 때문이다. 또한 '방향'은 신체성의 공간적 성격과 관련하여 강도나 리듬보다 더 근원적인 국면이라 할 수 있다.

## 상황과 인상: 혼돈적 다양체의 긍정

주관적 사실은 주체의 신체적 자극과 느낌을 동반하고 있는 사실이다. 신체적인 인간은 주관적 사실 속에 깊이 연루되어 있다. 아니 좀 더 정확히는 주관적 사실 속에 '던져져 있다'고 말해야 한다. 그런데 주관적 사실 가운데 가장 일반적인 형태는 다름 아닌 '상황'이다. 신체적 인간은 근본적으로 상황 속의 존재다. 슈미츠는 '상황'을 하나의 독자적인 '존재론적 개념'으로 정립한다. 그런데 '상황'은 어떤 의미에서 독자적인 존재론적 개념일까?

우리는 보통 '존재하는 것'을 객관적으로 확인할 수 있는 '사물'이나 '사실'로 이해한다. 반면에 '상황'을 존재자의 한 종류라고 생각하지는 않는다. 사전적인 의미에서 상황은 "일이 되어 가는 과정이나 형편"을 의미한다. 우리도 통상적으로 상황을 여러 사실과 조건이 복잡하게 얽혀 있는 '과정', '여건', '사정' 정도로 이해한다. 슈미츠는 상황에 대한 이러한 통념을 뒤집는다. 그에게 상황은 사물이나 사실과 마찬가지로 독자적 특성과 의미를 지닌 '존재자의 한 유형'이다.

슈미츠의 철학에서 중요한 것은 존재자의 한 유형으로서 상황이 지닌 세 가지 특징이다. 첫째로 하나의 상황을 이루고 있는 요소들은 사물이나 사실이 아니라 다수의 '사태', '문제', '계획'이다. 이것은 질적으로 확연히 다른 여러 요소가 모여서 하나의 상황을 이룬다는 것을 의미한다. '사태'는 통상적인 사실보다 훨씬 넓은 개념으로 서술문을 통해 제시될 수 있는 모든 사실과 상태를 가리킨다. '문제'는 의문문의 형태로 표현될 수 있는 여러 사안과 질문을 뜻한다. '계획'은 주체가 앞으로 하고자 하는 미래의 일을 뜻한다. 하지만 일반적인 계획이 주체의 주관적 의지를 바탕으로 한 '미래의 사태'인 반면, 여기서 계획은 주체의 희망, 전망, 예감 등을 포괄한 더 넓은 의미다. 어떤 특정한 상황 속에 다수의 사태, 문제, 계획이 상호 간에 어떻게 시공간적, 논리적, 현실적으로 연관되어 있는가는 미리 확정할 수 없는 열린 문제다. 모든 주관적 사실이 그렇듯이, 하나의 상황은 늘 변화하고 있으며, 해당 주체가 실천적으로 헤쳐 나가야 하는 '삶의 문제'다.

둘째로 슈미츠는 이러한 사태, 문제, 계획 사이에 존재하는 내적 연관성과 복합성의 양상을 '혼돈적 다양체'라 부른다. 그는 '혼돈적 다양체'를 "그 안에 존재하는 모든 것이 개별적으로 존재하지 않고 반대로 일종의 내부적 혼돈 상태가 지배하고 있는 다양체"로 정의한다. 이것은 이 다양체를 이루고 있는 요소들과 관련하여, 이들 가운데 어떤 것이 다른 어떤 것과 동일하거나 다른지가 명확히 결정될 수 없음을 의미한다. 상황을 구성하고 있는 요소들이 서로 이질적일 뿐 아니라, 이들 사이에 '동일성과 차이'를 구별할 수 없는 '혼돈적 다양'의 상태가 지배하는 것이다. 요컨대, 상황을 이루고 있는 많은 사태, 문제, 계획을 개별적으로 분별해 내는 일은 불가능하다.

셋째로 상황은, 비록 내부적으로는 혼돈적 다양체이지만, 하나의 전체로서 상당히 '명확한 완결성과 통일성'을 지니고 있다. 가령 슈미츠가 이 책에서 분석하는 두 사람의 파트너 사랑도 상황의 기본적인 특징을 지니고 있다. 즉 두 사람의 파트너 사랑은 하나의 특수한 상황으로서 그 안에 다양하고 이질적인 사태, 문제, 계획이 혼돈적으로 엉켜 있다. 하지만 두 사람의 사랑이라는 상황 자체는 다른 어떤 사태나 상황과 혼동될 수 없는 하나의 '명료한 전체'인 것이다.

슈미츠의 현상학은 상황과 더불어 또 하나의 개념에 각별히 주목하고 그 철학적 중요성을 인상적으로 부각한다. 바로 '인상'이다. 인상은 어떤 대상에 의해 주체의 마음에 '각인된 이미지'를 뜻한다. '첫인상'이라는 말에서 보듯, 우리는 인상을 대개 '주체가 받은 잠정적인 느낌과 이미지' 정도로 이해한다. 슈미츠는 인상을 현상학적으로 예리하게 관찰, 분석하면서 이러한 통념을 완전히 넘어선다. 인상은 결코 주관적이며 잠정적인 이미지가 아니다. 인상은 상황과 마찬가지로 하나의 독자적인 존재자의 유형이다. 달리 말해서, 인상은 대상과의 만남과 소통을 이끌어 가는 중요한 '이해의 매개체'다. 물론 주체가 가진 인상이 틀릴 수도 있고 새로운 경험을 통해 상당한 변화를 겪을 수도 있다. 그렇지만 주체가 대상과 만나면서 인상에서 완전히 벗어난다는 것은 불가능하다. 요컨대 인상은 세계와의 만남과 이해의 필수 조건이다. 슈미츠는 이런 의미에서 인상을 "명료하지는 않지만 많은 것을 이야기하고 있으며, 함축적 의미를 잉태하고 있는 상황"이라고 정의한다. 이 정의에서 인상이 의미론적으로 상황을 전제하고 있음이 분명하게 드러난다. 따라서 인상도 앞서 언급한 세 가지 상황의 특징을 지니고 있다. 즉 인상도 이질적인 다양한 요소들이 혼돈적으로 엉켜 있는 하나의 독립된 전체인 것이다.

슈미츠가 들고 있는 상황과 인상의 예는 매우 다양하다. 두 사람 사이의 '사랑'도 하나의 상황이고, '우정'도 마찬가지로 하나의 고유한 상황이다. 고대, 중세, 르네상스, 바로크와 같은 시대 구분 개념들도 각각이 하나의 상황, 곧 '시대적 상황'을 나타내는 개념이다. 또한 '서양'과 '동양'과 같은 문화권의 구별도 상황 개념이며, 한 개인의 독특한 성격을 일컫는 개체성 내지 개성도 하나의 상황이다. 흥미롭게도 슈미츠는 한 사람이 그 안에서 태어나고 성장하는 '모국어'도 하나의 '상황'으로 본다. 인상의 예도 매우 다양하다. 처음 도착한 낯선 도시의 이미지도 하나의 '인상'이며, 처음 만난 타인의 '얼굴'과 '모습'도 '인상'이다. 나아가 박물관에서 접하는 예술작품들도 하나하나가 자신의 '인상'을 지니고 있다. 슈미츠는 한 사람이 지닌 독특한 목소리도 하나의 독자적인 '인상'으로 규정한다.

중요한 것은 슈미츠가 '상황'과 '인상'이라는 개념에 결부된 뭔가 '주관적이며 불확실한' 뉘앙스를 단호하게 떨쳐낸다는 점이다. 주체는 이미, 언제나 특정한 상황 속에 던져져 있으며, 항상 어떤 인상을 바탕으로 세계와 타인들과 소통한다. 모든 상황을 떠난 삶, 인상이 전혀 없는 만남은 존재하지 않는다. 그런데 상황과 인상은 근본적으로 '혼돈적 다양체'의 모습을 띠고 있다. 상황과 인상의 구성요소들을 하나하나 명확히 분별해 내는 것은 불가능하다. 상황과 인상을 혼돈적 다양체로 규정함으로써, 슈미츠는 논리적이며 분석적인 사유의 한계를 분명하게 인정한다. 이것은 고대부터 이러한 사유를 지향하고 세밀하게 발전시켜 온 서구정신사에 대한 우회적이지만 단호한 비판이기도 하다.

## 사랑에 대한 상식적 통념: 정신분석과 신비주의

슈미츠는 1장 첫 문단에서 괴테의 소설 『친화력』에 나오는 오틸리에의 말을 인용한다. "사랑이 없는 삶, 사랑하는 사람의 가까움이 없는 삶이란 일종의 삼류 희극, 즉 서랍 속에 내버려진 형편없는 작품에 지나지 않을 것이다. 사람들은 이런 작품을 하나 꺼냈다가 다시 집어넣고 이내 다음 작품을 재촉할 것이다. 좋고 특별한 것으로 다가오는 모든 일조차 옹색한 몰골로 여기저기 널려 있을 것이다. 사람들은 어디서나 처음부터 다시 시작해야만 하고, 또 아무 데서나 끝내고 싶을 것이다." 사랑이 없다면, 삶 자체가 무미건조한 서류 뭉치에 불과할 거라는 생각. 사랑이 없다면, 삶이 어디서 시작하고 어디서 끝나도 별 차이가 없을 거라는 생각. 이 생각은 우리에게도 전혀 낯설지 않다. 오늘날에도 많은 사람이 마음 깊은 곳에서 같은 생각을 품고 있기 때문이다. 영화, TV 드라마, 웹툰, 대중가요, 대중소설, 뮤지컬 등 다양한 대중예술 장르를 떠올려 보자. 사랑을 얘기하지 않는 작품이 과연 몇 개나 있을까? 두 사람 사이의 '운명적인 사랑'이야말로 대중문화 전체를 관류하는 가장 강력하고 매력적인 '신비주의'가 아닌가?

그런데 근대철학사를 돌이켜 보면, 놀랍게도 두 사람 사이의 '사랑'

은 본격적으로 논의된 적이 거의 없었다. 오틸리에가 삶의 관건으로 여기는 사랑을 진지한 성찰 대상으로 삼은 사상가는 찾아보기 어렵다. 아마도 파스칼과 하만, 그리고 독일 낭만주의 정도가 예외일 텐데, 사랑에 대한 이들의 논의도 체계적인 이론이라기보다는 단편적인 시도에 그치고 말았다. 참으로 아이러니한 일이다. 왜냐하면 철학과 달리, 근대문학은 단테와 페트라르카 이래 두 사람 사이의 사랑을 다채롭게 형상화해 왔기 때문이다. 시, 드라마, 소설은 '아름다운 사랑'에 대한 흥미로운 서사와 고결한 이상화의 전통을 견고하게 형성해 왔다. 이것은 문학뿐만 아니라, 미술, 음악, 오페라, 영화 등 다른 예술 장르에도 해당되는 특징이다.

오늘날 사랑에 대한 일반적인 이해는 어떠한가? 전체적으로 볼 때, 두 가지 관점이 사랑에 대한 상식적 통념을 지배한다고 보인다. 하나는 '정신분석'이고, 다른 하나는 '신비주의'다. 정신분석은 특정한 개별자의 개인사와 그 억압된 충동에 근거하여 사랑을 설명하려 한다. 프로이트와 라캉은 개별자의 삶의 과정에서 성적 욕망과 충동의 심리적 기원, 그 불가피한 환상과 모호한 대상, 그 억압적 작동 기제와 난점들을 치밀하게 해명했다. 정신분석은 이 해명의 연장선상에서 우리가 생각하는 사랑도 충분히 설명할 수 있다고 본다. 거칠게 요약해서, 정신분석은 문화·사회비판적인 태도로 기만적 사랑을 해체하고, 그 자리에 이루지 못한 '참된 사랑'을 새로 정립하고자 한다.

우리의 통념이 의지하고 있는 또 하나의 관점은 '사랑의 신비주의'다. 사랑의 신비주의는 흔히 '비합리주의'와 뗄 수 없이 결합하여 나타난다. 즉 사랑을 합리적으로 이해하고 설명할 수 없다고 보는 것이다. 사랑의 비합리주의는 가령, 사랑을 어떤 불가사의한 '사건'이나 어떤 피할 수 없는 '운명'으로 생각할 때 드러난다. 그리고 사랑의 신비주의는 사랑을 상대방과의 '영원한 합일'이나 모든 것을 초월한 '절정의 행복' 같은 것으로 떠올릴 때 암묵적으로 전제되어 있다고 할 수 있다. 사랑의 신비주의와 비합리주의의 역사적 기원은 직접적으로는 19세기 유럽에서 시작되어 전 지구적으로 널리 퍼져 나간 '낭만적 사랑'에 있다. 하지만 슈미츠가 이 책에서 추적하듯이, 낭만적 사랑은 중세 후기 고트프리트의 연가 『트리스탄』까지 거슬러 올라간다. '이유 없는 사랑'과 '두 영혼의 융합'을 핵심으로 하는 낭만적 사랑은 이후 르네상스의 휴머니즘, 근대 개인주의와 감상주의, 낭만주의를 거치면서 오늘날까지 지배적인 사랑의 관념을 형성하게 된다. 낭만적 사랑의 관념을 일종의 '기술적 전략'의 관점에서 정리한 책이 바로 스탕달의 『연애론』 (1822)이었다.

오늘날 사랑의 통념 속에는 정신분석의 충동이론적 관점과 비합리주의적 신비주의 관점이 함께 자리 잡고 있다. 방법론적 전제와 이론적 지향이 전혀 다른 두 관점이 기묘하게 공존하고 있는 셈이다. 본래 통념은 단편적, 피상적이며 내부적으로 모순을 가진 경우가 많다. 일상적인 삶에서는 주체가 이 기묘한 공존을 불편하게 여기지 않는다. 그러나 만약 자신의 사랑에 문제가 생기면, 통념의 표면적인 안정은 순식간에 무너진다. 주체는 두 관점 사이의 간극과 충돌을 무한히 절감한다. 주체는 두 관점 사이를 오가면서 사랑의 위기와 실패에 대한 '원인'을 찾는다. 하지만 자신이 가진 사랑의 통념 자체를 근본적으로, 비판적으로 성찰하는 데까지 나아가는 경우는 거의 없다. 대부분 자신이나 파트너가 행한 불성실한 행동, 태도, 표현을 반복해서 회상하면서 합리적인 논리를 구성하고자 노력한다. 이 노력마저 여의치 않으면, 흔히 이른바 '성격 차이'로 결론짓고자 한다.

　두 사람이 만나 시작하는 파트너 사랑은 참으로 멋진 일이다. 삶에서 그보다 더 멋진 일을 찾기가 어려울 만큼 놀랍고 소중한 경험이다. 하지만 파트너 사랑은 결코 쉽지 않다. 왜 파트너 사랑은 어려울까? 그 어려움은 어디에서 오는 걸까? 파트너 사랑을 배우고 공부할 수 있다면, 그 어려움에 미리 대비하고, 어려움을 만족스럽게 해결할 수 있을까? 그러나 사랑의 법칙이나 공식 같은 것은 없다. 전혀 다른 두 사람의 '개인적 상황'이 만나서 하나의 새로운 '사랑의 상황'을 탄생시키고 보듬고 성숙시켜 가는 과정에 어떻게 정해진 법칙이나 공식이 있을 수 있겠는가. 또한 설혹 극히 정교한 사랑의 이론이 있다고 해도, '사랑하기'라는 삶의 구체적인 실천과 과정을 대체할 수는 없다. 수영에 관한 정교한 이론이 직접 수영하는 일을 대체할 수 없는 것처럼 말이다. 그렇지만 파트너 사랑을 좀 더 깊고 세밀하게 이해할 수 있는 가능성은 분명히 존재한다. 슈미츠의 『사랑의 현상학』이 바로 이 가능성을 인상 깊게 보여 준다. 그는 자신의 현상학적 방법론과 신체현상학 연구에 근거하여 독자를 사랑에 대한 흥미진진한 성찰의 길로 초대한다. 이 초대를 따라가다 보면, 독자는 왜 우리가 파트너 사랑을 원하는지, 파트너 사랑의 결정적 어려움이 어디서 오는지, 사랑의 숙명론과 신비주의가 어디서 연유하는지, 사랑의 근본적 딜레마가 무엇인지, 사랑의 환상과 신비주의를 어떻게 현명하게 넘어설 수 있는지에 대한 값진 통찰을 만나게 된다.

## 『사랑의 현상학』의 특징

『사랑의 현상학』은 슈미츠가 남긴 방대한 전작全作 가운데 '주제적 연구서'에 속한다. 그런데 『사랑의 현상학』은 주제적 연구서 중에서도 각별히 눈에 들어온다. 왜냐하면 다른 연구서들의 주제가 '의식', '자유', '규범', '시간', '논리', '수학', '인식론'과 같은 전통 철학의 주제이거나 '분위기'와 '신체'처럼 슈미츠 현상학의 고유한 주제인 데 비해, 사랑은 이들 어디에도 속하지 않기 때문이다. 확실히 『사랑의 현상학』은 몇 가지 지점에서 시선을 끄는 저작이다. 첫째로 이 책은 서양철학 전통에 대한 우회적이지만 분명한 비판을 담고 있다. 인간의 삶과 문화에서 '사랑'이 얼마나 중요한 주제인가? 그럼에도 불구하고 서양철학은 사랑을 진지하고 깊이 있게 다룬 적이 거의 없었다. 바로 그렇기 때문에 둘째로, 슈미츠는 『사랑의 현상학』에서 자신의 (신체)현상학적 방법론에 대한 자신감을 분명하게 드러낸다. 물론 현상학적 방법론이 사랑과 연관된 많은 문제를 모두 망라할 수 없고, 이들을 모두 완벽하게 해명할 수도 없다. 하지만 전통적인 철학이 사랑에 대한 성찰에서 별로 생산적이지 못했던 반면, 현상학적 방법론은 사랑 혹은 파트너 사랑의 인간학적 의미와 역동적인 구조를 해명하는 데 결정적인 돌파구를 마련할 수 있다.

세 번째로 『사랑의 현상학』은 슈미츠가 '역사'와 '경험'에 대해 겸허하게 열려 있는 사상가라는 점을 분명하게 확인할 수 있는 저작이다. 슈미츠는 서구 역사에서 종교나 철학이 아니라 문학이 문화적 형식으로서의 사랑을 주도해 왔음을 인정하면서 책을 시작한다. 또한 그는 자신의 현상학적 관찰과 분석을 뒷받침하기 위해 사상사적 문헌 못지않게 문학, 심리학, 사회학 문헌들을 즐겨 인용한다. 그의 신체현상학에 속한 독특한 용어들이 적잖이 등장하기는 하지만, 독자는 『사랑의 현상학』을 읽으면서 추상적인 이론가가 아니라 '지혜로운 관찰자'가 곁에 있다는 느낌을 받는다. 슈미츠의 현상학은 어떤 예외적인 직관이 아니라 과거를 철저히 돌아보고, 타인의 다양한 경험을 존중하는 '겸허하고 원숙한 통찰'을 지향한다.

네 번째로 『사랑의 현상학』은 슈미츠의 고유한 '생철학'을 엿볼 수 있는 저작이다. 슈미츠는 파트너 사랑을 한편으론 '감정'으로서, 다른 한편으론 '상황'으로서 분석한다. 그런데 감정과 상황은 개별자의 '주관적 사실'과 직결되어 있다. 감정과 상황은 개별자가 추구하는 의미 있고 소중한 삶의 바탕이라 할 수 있다. 그 때문에 『사랑의 현상학』에는 인간 삶의 조건과 가능성에 대한 언급이 상당히 구체적이며 직접적인 형태로 등장하고 있다.

## 『사랑의 현상학』의 전체 구성과 논지 흐름

『사랑의 현상학』은 「서언」과 8개의 장으로 구성되어 있다. 각 장의 주요 논점에 대해서는 장별 해제에서 소개했으니, 여기서는 『사랑의 현상학』의 전체 구성과 흐름을 개략적으로 되짚어 보면서 글을 마무리하고자 한다.

서언
1장 「주제의 한정」

2장 「주제의 동기」

3장 「역사적 입문」

4장 「감정과 느낌으로서의 사랑」

5장 「상황으로서의 사랑」

6장 「사랑과 주관성」

7장 「사랑과 신체」

8장 「사랑의 역사에 대하여」

본문에 해당되는 1~8장의 내용은 다시 내용의 흐름에 따라 네 부분으로, 즉 1~3장, 4~6장, 7장 그리고 8장으로 나눌 수 있다. 1~3장은 책의 연구 대상인 '성적 파트너 사랑'의 의미와 이 사랑의 형성과 핵심적 특징에 대한 '기본적 고찰'을 시도한다. 4~6장은 파트너 사랑에 대한 '현상학적 분석'을 담고 있다. 슈미츠는 4~5장에서 파트너 사랑이 지닌 두 가지 존재론적 성격, 즉 감정으로서의 성격과 상황으로서의 성격을 차례대로 섬세하게 논의한다. 4~5장은 신체의 의미를 분석한 7장과 함께 현상학적으로 가장 독창적이며 탁월한 성취를 보여 준다. 6장에서 슈미츠는 4~5장의 분석을 바탕으로 파트너 사랑이 안고 있는 하나의 본질적인 '난점'을 해명한다. 그것은 사랑의 고독, 즉 사랑하기의 '근본적인 외로움'을 말한다.

7장은 제목이 시사하듯이, 파트너 사랑에서 신체적 경험의 의미와 그 핵심적인 작용 양상을 분석한다. 물론 이때 '신체'는 의학적인 '육체'가 아니라 현상학적 의미에서 '신체가 감지하는 전체적인 동요와 느낌'을 말한다. 슈미츠가 성적 희열, 가슴, 성기, 구강 영역에서 일어나는 희열의 특징 등을 비교적 상세히 논하지만, 그의 시선은 희열의 육체적, 생리학적 설명이 아니라 희열에서 일어나는 신체 경험의 역동적 구조를 향해 있다. 그 때문에 앞에서 소개한 '신체성의 알파벳'이 결정적인 설명 도식의 역할을 한다.

8장은 책에서 가장 긴 장으로서 서구의 사랑의 역사를 고대부터 현대까지 다섯 부분으로 나누어 재구성한다. 특기할 만한 것은 슈미츠가 저 복잡하고 오랜 사랑의 역사를 구조적으로 명료하게 파악하기 위해 두 가지 개념적 구별을 도입한다는 점이다. 하나는 '변증적 사랑'과 '연합적 사랑'의 구별이고, 다른 하나는 '정박 지점이 있는' 사랑과 '정박 지점이 없는' 사랑의 구별이다. 전자의 구별은 파트너 사랑에서 두 사람 사이의 '대결'을 중시하느냐, 아니면 두 사람을 함께 포괄하는 '연합'을 중시하느냐의 구별이다. 후자의 구별은 4장에서 논의한 감정으로서의 사랑이 향해 있는 '대상' 구별, 즉 사랑의 '응축 영역'(사람 자체)과 사랑의 '정박 지점'(근거, 이유)의 구별을 전제하고 있다.

이렇게 볼 때, 『사랑의 현상학』은 체계적 완성도와 논증적 정합성이 잘 갖추어진 하나의 '작품'이라 할 수 있다. 특히 1장부터 7장까지의 논지 전개는 유기적으로 연결되어 나선형으로 앞으로 전진하는 운동을 보여 준다. 다만, 독자에게 8장은 다소 의아하게 다가올 수 있다. 슈미츠가 3장에서 매우 간략하지만 사랑의 역사를 이미 다루었기 때문이다. 그가 8장에서 사랑의 역사를 재차 상세히 논의하는 이유는 두 가지로 보인다. 한편으로 3장에서 사랑의 역사를 그리스와 로마 제정시대를 중심으로 다루었는데, 슈미츠는 이것으로 사랑의 역사를 갈음하기에는 상당히 부족하다고 여겼을 것이다. 다른 한편으로 그는 ——이 점이 더 중요한데 ——사랑의 역사를 세밀하게 상기함으로써, 오늘날 주체가 파트너 사랑을 갈망하는 일이 어떻게 형성되었는가를 분명하게 보여 주고자 한다. 또한 역사의 상기는, 주체의 갈망을 철학적으로 깊이 해명하는 일이 어떤 의미가 있는가를 좀 더 명료하게 부각해 줄 것이다.

# 옮긴이 후기

헤르만 슈미츠의 글을 처음 만난 지도 어느덧 30여 년이 흘렀다. 쾰른 대학교에서 철학(전공)과 영화학(부전공) 공부를 막 시작했을 무렵, 독일어 실력이 많이 모자라 스트레스가 이만저만이 아니었던 시절이다. 당시 나는, 지금은 세상을 떠난 귄터 슐테Günter Schulte(1937~2017) 교수의 세미나 '감정의 이론'을 수강하게 되었다. 동기는 단순했다. '감정'이란 주제에 대한 호기심과 '감정에 관한 철학적 이론이 과연 가능할까?'라는 궁금증이었다. 세미나에서 중점적으로 토론한 텍스트는 세 가지였는데, 그중 하나가 슈미츠의 논문 「신체적 느낌 상태와 감정들」(1974)이었다. 다른 두 가지는 고전적인 심리학자(아마도 테오도어 립스)의 텍스트와 사르트르의 에세이 「감정의 이론에 관한 스케치」(1938)였다. 내가 사르트르와 슈미츠의 텍스트에서 받았던 충격이 지금도 너무 생생하다. 충격의 구체적인 내용은 두 가지였다.

　두 철학자는 공히, 감정의 자리가 주체의 마음, 영혼, 의식이 아니라고 말한다. '나의 감정', '너의 감정'이라고 말할 때, 우리는 감정이 저 보이지 않는 '영혼(마음, 의식) 안'에 있다고 당연히 전제한다. 사르트르와 슈미츠는 이 상식적인 전제와 믿음을 단호하게 논박한다. 그렇다면 감정의 자리는 대체 어디라는 말인가? 사르트르는 감정을 "사물 사이에서 혹은 주체와 사물 사이에서 부유하는 마법적 특질"로 묘사한다. 따라서 감정의 자리는 존재 여부를 알 수 없는 '영혼의 내부'가 아니라, 감각적으로 느낄 수 있는 저 바깥 어딘가의 '사이 공간'이다. 슈미츠는 이 통찰을 더 급진적으로 밀고 나간다. 그는 서구철학을 지배해 온 (데카르트, 칸트의 의식철학을 포함하여) '영혼의 형이상학'을 송두리째 부정하며, 감정을 현상학적 의미의 "신체를 감싸고 압박하는 분위기적 힘"으로 정의한다. 감정의 존재론적 본성이 영혼 내부의 특질이 아니라, "공간적으로 경계선 없이 널리 퍼져 있는 힘"이라는 것이다.

충격의 두 번째 내용은 현상학적 방법론에 대한 인식이었다. 나는 당시에 후설의 『이념들』(1913)을 힘겹고 어설프게 읽으면서 현상학을 공부하고 있었는데, 이 책에서 후설이 부각한 '에포케', '현상학적 환원', '본질 직관'이 현상학적 방법론 일반을 대변한다고 여겼다. 그런데 사르트르와 슈미츠의 텍스트를 읽으면서 현상학적 방법론이 삶의 모든 구체적인 경험을 해명하는 데 매우 유용한 방법론이라는 사실을 알게 되었다. 현상학적 방법론은 결코 후설의 방법론이 아니다. 현상학적 방법론은 '본질 직관'에 집착할 필요 없이 타인의 경험, 역사, 문학의 기록과 열린 대화를 나눌 수 있는 열린 방법론이다. 요컨대, 나는 사르트르와 슈미츠를 통해서 현상학적 방법론의 '겸허한 개방성'과 '생산적 가능성'을 확신하게 되었다.

이렇게 만난 슈미츠는 베를린 자유대학으로 옮겨 보낸 근 8년의 유학 시절 동안 철학 공부의 멘토가 되었다. 슈미츠를 사유의 멘토로 늘 곁에 두게 된 것은 물론, 그의 저작 때문이었다. 나의 철학 공부는 플라톤, 아리스토텔레스, 데카르트, 칸트, 쇼펜하우어, 헤겔, 니체, 지멜, 크라카우어, 벤야민, 아도르노를 중심으로 진행되었는데, 나는 이 사상가들의 텍스트를 읽으면서 늘 슈미츠의 저작을 조금이나마 함께 읽었다. 감정의 이론을 접한 후 나는 도서관으로 달려가 그의 책 『주관성』, 『새로운 현상학』, 『아낙시만드로스와 그리스 철학의 시초』, 『칸트는 무엇을 원했는가?』(이하 『칸트』)를 읽었다. 나는 특히 『주관성』과 『칸트』에 담긴 빛나는 통찰들에서 깊은 감명을 받았다. 『주관성』에서 슈미츠는 '혼돈적 다양체' 개념을 엄밀하게 정초하면서, 이 개념을 '상황' 개념과 '수학적 존재론과 집합론의 역설'에 설득력 있게 적용한다. 이른바 '카오스 이론'이 널리 알려지기 훨씬 전에, 이미 슈미츠가 그 철학적 핵심을 현상학적으로 명확하게 논구한 것이다. 또한 그의 『칸트』는 200년이 넘는 칸트 연구사 전반에 관한 해박한 학식을 바탕으로 칸트 사유의 발전 과정과 핵심적 모티브들을 치밀하게 재구성하고, 칸트의 사상적 지향점과 근본적인 한계도 예리하게 적시한다. 나는 전前비판기 칸트의 신학, 목적론, 미학에 관한 논문으로 1998년 박사학위를 받았는데, 슈미츠의 『칸트』는 내게 결정적인 영감을 준 책 중 하나였다(슈미츠의 책 외에 나의 칸트 연구와 근대철학사 연구를 이끌어 준 것은 게오르크 지멜, 게하르트 크뤼거, 레오나르트 넬존, 카를 야스퍼스, 에른스트 카시러, 하인츠 하임죄트, 디터 헨리히, 클라우스 뒤징, 게르노트/하르트무트 뵈메 등의 저작이었다).

　하지만 슈미츠가 나의 멘토가 된 데에는 훨씬 더 직접적이며 내밀한 이유가 있었다. 그것은 그가 궁구한 주제들이 모두 나 자신과 직접 연관된 '실존적' 문제였기 때문이다. '신체', '주관성', '주관적 사실', '감정', '상황', '인상' 등은 단지 새롭고 흥미로운 연구 주제가 아니었다. 반대로 이들은 모두 하나하나가 '나의 감정과 주관성'을 절실하게 일깨우고 사로잡은 주제였다. 그것도 내 기억이 닿기 훨씬 이전부터, 또 내 느낌에 알려지지 않은 저 깊은 심연으로부터 말이다. 그리고 이것은 지금까지도 변하지 않았다. 철학은 어떤 경우에도 가장 가깝지만 가장 덜 알려진 '신체의 느낌'을 무시하거나 경시해서는 안 된다. 또한 만약 철학이 '주관성'과 '주관적 사실'의 고유한 위상과 의미를 충분히 숙고하지 않는다면, 철학은 결국 실증적 학문과 사회과학으로 해체될 것이다. 감정 또한 시인과 문필가, 혹은 경험심리학이나 심리상담에 내맡길 수 없는, 너무나 시급하고 중요한 철학적 주제다. 만약 우리가 '감정에 속지 마라', '네 감정에 충실하라' 같은 상투어에 만족하거나 굴복하지 않으려면, '감정'이 대체 무엇이고 왜 중요한지, 그 존재론적 성격과 그 영향력의 양상을 치밀하게 따져 봐야 한다. 왜냐하면 감정이야말로 삶의 모든 경험에 '생동감과 동력'을 부여하는 주관적인 힘이며 의미(있음)의 뉘앙스이기 때문이다. 나아가 철학은 '상황'과 '인상'을 개별 요소들로 완벽히 분해할 수 없음을 유보 없이 인정해야 한다. 동시에 철학은 상황과 인상의 '전체성', '복합성', '독특성'을 최대한 조심스럽고 명료하게 파악해야 한다. 왜냐하면 '자기 이해'와 '세계 이해'의 조건이자 출발점은 다름 아닌 '상황'이며, 모든 '소통과 신뢰'의 성공 여부는 우리가 얼마나 인내심과 유연함을 가지고 주어진 '인상'을 활용, 변형하는가에 달려 있기 때문이다.

박사논문이 끝나 가던 1997년 즈음부터 나는 네 권의 슈미츠 저서

(『다함이 없는 대상』, 『소외된 주관성』, 『사랑의 현상학』, 『새로운 현상학 입문』)를 더 통독했다. 『다함이 없는 대상』은 앞의 「옮긴이 해제」에서 말했듯 슈미츠가 5400쪽이 넘는 『철학의 체계』를 약 500쪽으로 집약한 책이다. 이 책은 지금도 그의 철학 정신과 전체 구조를 통관하기에 가장 적합하다. 『소외된 주관성』은 '주관성의 아포리아에 대한 사유의 대응'이라는 관점에서 피히테에서 헤겔에 이르는 독일 관념론의 전개 과정을 독창적으로 재구성한다. 이어 『사랑의 현상학』에서 슈미츠는 자신의 신체현상학을 바탕으로 사랑의 역사와 사랑의 현상학을 구조적, 통합적으로 분석한다. 슈미츠가 쓴 가장 대중적인 책 『새로운 현상학 입문』은 신체현상학의 기본 구상을 쉬운 사례를 들어 간명히 서술한다.

하지만 나는 결코 슈미츠 철학의 전문가가 아니다. 무엇보다도 내가 읽은 책들은 그가 남긴 거대한 지적 유산 가운데 극히 일부분에 불과하다. 그럼에도 나는 슈미츠의 철학을 한국에 소개하겠다고 결심했다. 슈미츠 현상학의 겸손하고 개방적인 태도와 그의 철학사 연구가 보여 준 뛰어난 통찰에 대해 굳게 확신했기 때문이다. 또한 슈미츠의 글이 내게 선사해 준 전율과 감동을 미지의 독자와 함께 공유하고픈 마음도 컸다. 그렇게 해서 나는 2006년부터 2018년까지 슈미츠 철학의 기본 구상과 핵심 개념들을 소개하고, 이들을 미학적 주제와 연결하여 논한 네 편의 논문을 발표했다. 그리고 이제 이 책 『사랑의 현상학』을 번역하여 슈미츠의 저작을 처음으로 우리말 독자에게 내놓게 되었다.

번역이 끝나 갈 무렵인 2021년 7월, 나는 슈미츠 철학에 정통한 독일 로스토크대학 철학과의 미하엘 그로스하임Michael Großheim 교수와 메일로 소통하게 되었다. 그로스하임 교수는 슈미츠의 『사랑의 현상학』

이 한국어로 번역되는 것을 기뻐했다. 아울러 그는 슈미츠의 급작스러운 사망으로 매우 안타깝고 황망한 심정이라고 전했다. 얼마 후 그로스하임 교수는 고맙게도 나에게 책 한 권을 보냈는데, 그것은 슈미츠가 남긴 중요한 논고와 에세이를 모아 주제별로 분류하고 서문을 붙인 『자기 자신을 이해하기』*Sich selbst verstehen*(2021)다. 이 책은 '사상사적 위치', '방법론', '인간학', '지각', '인간과 세계' 등 다섯 가지 주제 아래에 각각 4~5편의 글을 배치하여 총 20편의 글을 모아 놓은 선집이다. 내가 보기에 이 선집은 슈미츠의 현상학적 방법론과 철학적 정신을 파악하기에 가장 적절한 책이다.

\* \* \*

모든 출판이 그렇듯, 이 책의 번역도 많은 분의 도움이 없었다면 불가능했다. 먼저, 4년 전 세상을 떠난 쾰른 대학의 슐테 교수에게 깊이 감사한 마음이다. 슐테 교수는 슈미츠를 처음 만나게 해주었을 뿐 아니라, 삶의 유한성을 항상 기억하면서도 경쾌하고 유머러스하게 철학을 공부할 수 있는 멋진 태도를 가르쳐 주었다. 이어, 2005년부터 정기적 혹은 부정기적으로 슈미츠에 대한 내 강의의 청중이 되어 준 홍익대학교 예술학과 학부생들과 미학과 대학원생들에게 진심으로 고맙다. 이들의 따뜻한 호응과 격려가 있었기에, 나는 슈미츠 철학에 대한 관심과 열정을 지금까지 지속할 수 있었다. 또한 이 번역을 오래 참고 기다려 준 그린비출판사 유재건 대표와 홍민기 편집자에게 꼭 고마운 마음을 전하고 싶다. 아울러 숭실대학교 철학과 박준상 교수에게도 깊은 감사를 전한다. 이 책의 번역을 11년 전에 그린비출판사에 추천해 준 이가 바로 박준상 교수였는데, 이제 번역을 끝내게 되어 송구하고 고마울 따름이다. 나아가 라틴어 인용문 번역에 대한 질문에 친절히 답해 준 대구가톨릭대학교 김율 교수에게도 꼭 감사 인사를 전하고 싶다. 번역 초고를 읽고 오타와 문장 수정을 도와준 홍익대 미학과 박사과정 이종서 군과 그린비출판사 신효섭 편집자에게도 심심한 감사의 마음을 전한다. 이들 덕분에 많은 대목에서 오류를 바로잡고, 우리말도 훨씬 매끄러워질 수 있었다. 그럼에도 번역상 오류가 더 있다면, 이는 전적으로 나의 책임이다. 독자 여러분의 비판적인 지적과 제언을 언제나 기쁜 마음으로 받아들일 것을 약속드린다.

# 슈미츠 철학에 대한 연구 문헌

## 1. 해외 문헌

Blume, Anna, *Scham und Selbstbewußtsein. Zur Phänomenologie konkreter Subjektivität bei Hermann Schmitz*, Freiburg: Karl Alber 2003.

_____ ed., *Zur Phänomenologie der ästhetischen Erfahrung*, Freiburg: Karl Alber 2005.

Böhme, Gernot, *Atmosphäre: Essays zur neuen Ästhetik*, Frankfurt a. M.: Suhrkamp 1995.

_____, "Die Phänomenologie von Hermann Schmitz als Phänomenologie der Natur?", *Phänomenologie der Natur*, eds. Gernot Böhme and Gregor Schiemann, Frankfurt a. M.: Suhrkamp 1997, pp. 133~148.

_____, *Aisthetik. Vorlesungen über Ästhetik als allgemeine Wahrnehmungslehre*, München: Wilhelm Fink 2001.

Gamm, Gerhard, *Flucht aus der Kategorie*, Frankfurt a. M. 1994.

Griffero, Tonino, *Atmospheres: Aesthetics of Emotional Spaces*, trans. Sarah de Sanctis, Farnham: Ashgate 2014.

Großheim, Michael / Waschkies, Hans-Jürgen eds., *Rehabilitierung des Subjektiven. Festschrift für Hermann Schmitz*, Bonn: Bouvier 1993.

Großheim, Michael ed., *Neue Phänomenologie zwischen Praxis und Theorie: Festschrift für Hermann Schmitz*, Freiburg: Karl Alber 2008.

_____, *Leib und Gefühl: Beiträge zur Öffnung der Anthropologie*, Berlin 1995.

_____, *Wege zu einer volleren Realität. Neue Phänomenologie in der Diskussion*, Berlin

1994.

Hastedt, Heiner, "Neuerscheinungen zum Leib–Seele–Problem", *Philosophische Rundschau* 42, pp. 254~263(257 f.), 1995.

Hauskeller, Michael, *Atmosphären erleben: Philosophische Untersuchungen zur Sinneswahrnehmung*, Berlin 1995.

Janich, Peter, "Gestaltung und Sensibilität. Zum Verhältnis von Konstruktivismus und Neuer Phänomenologie", *Konstruktivismus und Naturerkenntnis. Auf dem Weg zum Kulturalismus*, Frankfurt a. M. 1996, pp. 154~177.

Mersch, Dieter, "Leiblicher Logos–Hermann Schmitz' Philosophie der Betroffenheit", *Welten im Kopf: Profile der Gegenwartsphilosophie*, eds. Ingeborg Breuer, Peter Leusch and Dieter Mersch, Darmstadt: Rotbuch 1996, pp. 195~208.

Rappe, Guido, *Archaische Leiberfahrung: Der Leib in der frühgriechischen Philosophie und in außereuropäischen Kulturen*, Berlin 1995.

Rentsch, Thomas, "Der unerschöpfliche Gegenstand. Grundzüge der Philosophie bei Hermann Schmitz", *Philosophische Rundschau* 40, 1993, pp. 121~128.

Soentgen, Jens, "Die Philosophische Methode als Jagdzauber", *Zeitschrift für Didaktik der Philosophie und Ethik*, 1996.

_____, *Die verdeckte Wirklichkeit. Einführung in die Neue Phänomenologie von Hermann Schmitz*, Bonn: Bouvier 1998.

_____, "Probleme des Schmitz'schen Leibkonzeptes. Ein Kommentar", *Körperskandale: Zum Konzept der gespürten Leiblichkeit*, eds. Stefan Volke and Steffen Kluck, Freiburg/München: Karl Alber 2017, pp. 58~64.

Thomas, Philipp, *Selbst-Natur-sein: Leibphänomenologie als Naturphilosophie*, Berlin 1996.

## 2. 국내 문헌

김산춘, 「뵈메의 새로운 미학: 분위기와 감각학」, 『미학예술학연구』 30, 2009, 221~239 쪽.

김정섭, 「연극에서의 분위기 미학: 공연의 수행성과 분위기적 지각을 중심으로」, 『드라마 연구』 52, 2017, 61~94쪽.

윤화숙, 「지각(aisthesis) 개념 확장을 통한 미학의 재정립: G. 뵈메(Böhme)의 지각학(Aisthetik)을 중심으로」, 서울대학교 미학과 석사학위논문, 2012.

최준호, 「미학에서 지각학으로의 전환과 그 함의」, 『철학연구』 45, 2012, 313~343쪽.

하선규, 「미학적 경험의 현상학적 재정의: 헤르만 슈미츠의 신체현상학과 미학이론에 대하여」, 『미학예술학연구』 23, 2006, 275~315쪽.

_____, 「공간, 영화, 영화-공간에 대한 미학적 고찰: 헤르만 슈미츠의 신체현상학적 이론을 중심으로」, 『현대미술학 논문집』 12, 2008, 295~333쪽.

_____, 「현대 영상매체와 공간적 경험에 관한 매체미학적 연구」, 『미학』 71, 2012, 179~191쪽.

_____, 「감정과 상황으로서의 사랑: H. 슈미츠의 '사랑의 현상학'과 그 인간학적 의미에 대한 고찰(1)」, 『감성연구』 17, 2018, 5~41쪽.

_____, 「예술과 유희의 연관성에 관한 현대 미학적 고찰: W. 벤야민과 H. 슈미츠의 이론을 중심으로」, 『대동철학』 89, 2019, 383~410쪽.

# 색인